国家社会科学基金项目 全国艺术科学规划课题

 天津外国语大学"求索"文库

杨柳青木版年画的戏曲文物价值与戏曲传播价值研究

洪畅◎著

天津出版传媒集团

天津人民出版社

图书在版编目(CIP)数据

杨柳青木版年画的戏曲文物价值与戏曲传播价值研究/
洪畅著. -- 天津：天津人民出版社，2021.11
ISBN 978-7-201-17793-9

Ⅰ.①杨… Ⅱ.①洪… Ⅲ.①杨柳青木版年画—古代
戏曲—历史文物—研究—中国 Ⅳ.①K875.54

中国版本图书馆CIP数据核字(2021)第229167号

杨柳青木版年画的戏曲文物价值与戏曲传播价值研究
YANGLIUQING MUBAN NIANHUA DE XIQU WENWU JIAZHI YU XIQU CHUANBO JIAZHI YANJIU

出　　版	天津人民出版社
出 版 人	刘　庆
地　　址	天津市和平区西康路35号康岳大厦
邮政编码	300051
邮购电话	(022)23332469
电子信箱	reader@tjrmcbs.com
责任编辑	孙　瑛
封面设计	刘　帅　汤　磊
印　　刷	天津新华印务有限公司
经　　销	新华书店
开　　本	710毫米×1000毫米 1/16
印　　张	20
插　　页	2
字　　数	300千字
版次印次	2021年11月第1版　　2021年11月第1次印刷
定　　价	68.00元

天津外国语大学"求索"文库

天津外国语大学"求索"文库编委会

序

　　杨柳青木版年画是天津特有的民间艺术形式,最早出现于明代万历年间(1573—1620),至清代乾、嘉年间发展到鼎盛,当时年画作坊遍及全镇,年画作品远销海外。作为中国"四大年画"之一,杨柳青木版年画继承了宋、元绘画的传统,受到明代木刻版画的影响,形成了木版套印和手工彩绘相结合的创制方法,不仅题材吉祥喜庆、丰富活泼,还具有笔法细腻、人物秀丽、形式多样、诗画一体等艺术特色,呈现出纯朴的乡土气息和典雅的中国气派。经中华人民共和国国务院批准,杨柳青木版年画于2006年5月被列入第一批国家级非物质文化遗产名录,在中国民间文化史和天津文化发展史上均占有重要的地位。

　　杨柳青木版年画对天津地区的民俗文化及北方年画乃至中国美术而言都具有重要的学术意义,学者们很早便展开了对杨柳青年画的整理工作,出版了很多经典的著作,如毛再生《杨柳青年画》(1951)、张映雪《杨柳青木刻年画选集》(1957)、天津市艺术博物馆编《杨柳青年画》(1987)、王树村《杨柳青年画全集》(1999)等。特别是随着非物质文化遗产保护工作的开展,学者们更加普遍地认识到挖掘、抢救和保护杨柳青木版年画的文化意义,并展开了广泛的田野调查,收集、整理了大量的年画作品,最显著的成果是冯骥才主编的二十二卷本《中国木版年画集成》,其中的"杨柳青卷"(2007)运用文化学与人类学的方法,在田野调查的基础上,对杨柳青木版年画的历史和现状进行了深入全面的调查与总结,"俄罗斯藏品卷"(2009)与"日本藏品卷"(2011)也考察和收集了流传于俄罗斯与日本的杨柳青木版年画。这套年画集成的出版,堪为中国民间文化抢救工程的重要成果,也如全景画卷一般展示了杨柳青木版年画的整体面貌。

　　可以看出,对杨柳青木版年画的挖掘、抢救和保护工作已经取得了相当可观的成绩,但与此并不平衡的是,对于杨柳青木版年画的研究工作及其研究价值却并未得到相匹配的重视。中国艺术人类学学会会长方李莉教授认为:"经过十几年非遗保护工作的开展,中国已经进入一个'后非遗'

时代……'文化自觉'和'文化自信'都是非遗保护带来的成果。但即使是这样,我们的非遗保护理论的变化并不大,因为理论总是滞后于社会实践。为了跟上时代的步伐,我们必须要重新总结和不断研究,提出一些更新的、更有前瞻性的、更重要的新视野、新观点,以理论指导当下的中国文化实践,避免将非物质文化遗产作为一种不变的文物,以教条主义和保守主义的观点去片面强调其所谓的原生态,从而忽略了其内在的创造性以及所具有的生命力,并因此进一步忽略了其在中国社会发展中所呈现出的真正价值。"(方李莉:《"后非遗"时代与生态中国之路的思考•序》)面对"后非遗"时代的来临,如何在挖掘、抢救和保护非物质文化遗产的基础上,进一步对其进行学术研究,思考其在人类历史和社会转型中所具有的价值和意义,建立智能基础上的生态文明体系,成为当今人文学者的重要责任之一。

与此同时,推动中国非物质文化遗产"走出去",让世界了解中国文化,以先进的数字化传播方式传播非遗,开拓国际市场,讲好中国故事,也是我国当前文化艺术事业的发展方向。著名社会学家、人类学家费孝通先生曾用十六字箴言概括了其毕生从事文化艺术事业的理想:"各美其美,美人之美,美美与共,天下大同。"所谓"各美其美"强调的是每一个国家、每一个民族都要有自己的文化自觉和文化自信,珍惜并懂得欣赏自己的文化艺术之美;"美人之美"强调的是每一种文明的美都值得人们去关注,要以开放的胸怀去借鉴其他文化的先进之处;"美美与共、天下大同"强调的是不同文明可以互相尊重、和谐共处,共同推动建构人类命运共同体。这其中,文化的自觉、文化的自信是我们开展文艺工作的前提:拥有足够的文化自觉,才能实现充分的文化自信;拥有充分的文化自信,才能实现更加坚定的文化自觉。诚如费孝通先生所讲,"文化自觉是一个艰巨的过程,首先要认识自己的文化,理解所接触到的多种文化,才有条件在这个已经在形成中的多元文化的世界里确立自己的位置"。(费孝通《反思•对话•文化自觉》)因此,如何以专业的学术眼光深入研究中国非物质文化遗产,更加全面系统地阐释其内涵与价值,在此基础上推动中华文化走向世界,对人文学者来讲,是责任,更是使命。奉献在读者面前的《杨柳青木版年画的戏曲文物价值与戏曲传播价值研究》,就是这样一部关注非物质文化遗产的研究价值进而展开学理探索,并在此基础上对非物质文化遗产的海外传播问题进行思考的学术著作。

本书以杨柳青木版年画中的戏曲题材内容为主要研究对象,重点在于研究其戏曲文物价值与戏曲传播价值,包括绪论、上编"画中有戏:承载与珍存"、下编"戏以画传:接受与传播"、余论,共四个部分,概括了杨柳青木版年画,特别是戏出年画的出现、发展变化的过程和呈现状态,以及这一艺术形式的文物价值和传播价值。绪论部分对研究对象与主要观点、研究现状与选题意义、研究方法与基本概念、研究思路与基本结构进行了系统的介绍。上编的三章牢牢抓住"以图证史"的学术追求,通过对戏出年画的细致分析,并与文本文献及其他文献的三重论证,对戏曲史特别是京津京剧、梆子戏的演出风俗、流行剧目、服饰发展、切末变革进行了考察钩沉,使得文献中的模糊概念得以形象化。下编的三章以三国戏为切入点,从多个角度将杨柳青木版年画对三国戏的接受与重构、传承与传播进行了系统梳理和重新审视,并通过具体案例充分阐释了杨柳青木版年画对于戏曲传播所起到的不可替代的重要作用。余论部分分析了杨柳青木版年画的地域审美特性与蕴含于其中的民间传统观念,并对杨柳青木版年画的海外传播现状进行了系统梳理,提出了关于杨柳青木版年画的品牌定位与国际推广的策略思考。

本书在木版年画的美术性质和戏曲文物及传播媒介之间进行了打通和综合,将木版年画纳入戏曲表演艺术的特殊视野中考察,从中获得了难能可贵的学术结论。著者认为,杨柳青戏出年画是民间艺人根据戏曲演出的真实场景精心描摹而来,为后人探讨戏曲艺术舞台演出的历史实况提供了可资借鉴的实物载体,可以通过"以图证史"原则和跨学科的交叉研究,探讨清代中期至民国年间京津地区的演剧情况。整个研究成果从宏观出发,对三国戏年画又进行了个案的深入、具体分析,理论与实证结合,其结论不仅拓宽了木版年画的学术视域,填补了戏出年画的研究空白,更在相当程度上扩展了戏曲文物学和戏曲传播史的研究空间,同时,其对民间艺术的当代转型,非物质文化遗产的保护、传承与国际传播等问题的思考,也将会在丰富杨柳青木版年画理论研究的基础上,提供有利于天津本土艺术和民间艺术发展的经验和方法,既有可贵的学术价值,也有现实的应用价值。

2018年,我负责的《中国世界级非物质文化遗产概览(多语种外译)》入选国家重点图书(人文社科类)出版规划项目。此项目的实施和获批,是我校积极参与中华文化海外传播实践与研究的具体举措,也体现了我校中文学科有志于推广中国传统文化,展开多语种、跨学科协同创新的努力与追求。2019年,我带领团队建设的"非物质文化遗产传播与研究实验中心",成功获得首批天津市普通高等学校社会科学实验室认定。该实验室力求运用跨学科的交叉研究,以及现代技术手段、实验实践方式,有效推进非遗传承、非遗传播与非遗研究。借此,天津外国语大学中文学科实现了"非遗外译项目—非遗传播实验室—非遗研究"的三位一体,形成了围绕非遗文化的跨学科研究学术特色。团队骨干洪畅老师是我校"非遗传播与研究"之"杨柳青木版年画的传播与研究"这一分支的负责人,依托其主持的国家社科基金艺术学项目,重点开展杨柳青木版年画的价值与传播研究。本书既是其项目研究成果,也是学校非遗特色研究的学术精品。

2010年洪畅博士毕业,我将她招进天津外国语大学,十年弹指一挥间,我见证了洪畅老师的成长与进步,感到很欣慰。该书稿通过了学校出版资助的评审,洪畅邀我作一篇序,于情于理,我义不容辞,只是诸事繁冗,不免拉杂成篇,姑且算是对她的鼓励。希望洪畅能够再接再厉,再创佳绩。

余江

2020年7月于天津

目　录

上编　画中有戏：承载与珍存

下编　戏以画传：接受与传播

绪　论

一、研究对象与主要观点

本书以杨柳青木版年画为主要研究对象,研究其戏曲文物价值与戏曲传播价值。

戏剧艺术是时间与空间相结合的艺术类型,随着时间的流逝,古代戏剧大部分只有文本流传下来,而舞台演出的痕迹则留存在各种形式的戏曲文物中。这些戏曲文物是古代戏剧舞台演出的物化形式,承载着古代戏剧的表演场所、服饰化妆和道具乐器等文化信息,是我们深入研究中国戏剧艺术舞台历史与审美特征的有效途径。天津杨柳青戏出年画就是一种亟待深入研究的戏曲文物。

杨柳青木版年画因其精湛的刻工与细腻的笔法而常常供应给宫廷或官商人家,画店如齐建隆、戴廉增、忠兴等字号,也都财力雄厚。清代乾隆年间,随着戏曲艺术逐渐发展成为京津地区城市文化的主角,毗邻京城的杨柳青人也开拓了戏出年画这一领域。而且,为了创作出优秀的戏出作品,年画店主常常不惜财力,派画师到京津地区有名的茶园戏楼去看演出,选择当时名伶的拿手好戏,将感人至深的戏剧情节与优美精到的表情身段画成底稿,记录下来,时间艺术转瞬即逝的审美菁华就这样转化成了年画这种可以流传下来的空间艺术形式,可谓"笙歌散后声情在,木版丹青觅音容"。

杨柳青戏出年画是民间艺人根据戏曲演出的真实场景精心描摹而来,为我们探讨戏曲艺术舞台演出的历史实况提供了可资借鉴的实物载体。我们可以遵循舞台美术史的研究原则,"以图证史",从杨柳青戏出年画切入,通过跨学科的交叉研究,探讨清代中期至民国年间京津地区的演剧情况。

同时,杨柳青戏出年画在承载清代京津演剧文化信息的过程中,也承担着传播戏曲艺术,传承民间审美的文化功能,更是当时新戏的宣传载体,向我们呈示出昔日戏曲艺术的繁荣情况,甚至参与到了广阔的社会斗争之中,例如齐建隆画店刻绘的《女子爱国》(光绪三十二年,横四裁,23cm×30cm)就是一幅记录了晚清反抗列强侵略,提倡爱国救亡新戏的年画作品。这些戏出年画承载着宣传戏曲和传播新思想的双重功能,对市井大众起到了戏曲宣传和观念传播的作用。本书将进一步阐释杨柳青戏出年画的大众传播功能,研究其传播特点与传播价值。

2006年5月20日,经中华人民共和国国务院批准,杨柳青木版年画被列入第一批国家级非物质文化遗产名录。目前杨柳青木版年画正经历发展的低潮,与繁荣阶段"家家会点染,户户善丹青"的鼎盛之况形成鲜明反差。因此,对杨柳青木版年画的品牌定位与国际推广研究是本书最后要集中思考的问题。

本书坚持如下观点:(1)杨柳青戏出年画是民间艺人根据戏曲演出的真实场景描摹而来,通过解读杨柳青戏出年画中所包含的戏曲艺术信息,我们可以考察清代中期至民国年间京津地区的演出情形;(2)杨柳青木版年画作为一种传播载体,也发挥着宣传戏曲、传播戏曲的功能,而区别于其他传播媒介,年画艺术对戏曲艺术的传播也会具有一定的独特之处;(3)本书为展示杨柳青木版年画的审美内蕴与文化品格提供了新的视角,也有助于进一步推广杨柳青木版年画,发展天津城市文化与本土艺术。

本书的重点和难点主要有以下几项:(1)挖掘和梳理杨柳青戏出年画;(2)考察杨柳青戏出年画的戏曲文物价值;(3)阐释杨柳青木版年画对戏曲艺术的传播现象,总结其作为戏曲传播载体的媒介特性与传播价值。(4)探索杨柳青木版年画的品牌定位与推广策略,实现哲学社会科学创新服务天津经济社会发展。

首先,考察杨柳青戏出年画作为戏曲文物的历史价值,尽量接近历史真实是本书的重点与难点。于此,本书在展开的过程中努力挖掘和整理历史留存的年画作品,并对笔记、小说和方志等历史文献进行搜索和阅读,还对博物馆、艺术馆、展览馆等文化保存机构进行了走访,力求将图像考察和文物整理相结合,做到有理有据地梳理和阐释杨柳青木版年画所承载的丰富戏曲艺术信息。

其次,打通民间年画与戏曲艺术两个门类的界限,从宏观艺术学的视角对杨柳青戏出年画展开研究,既需要具有良好的门类艺术素养,能够正确解读与合理分析年画与戏曲两大门类艺术,也需要具备良好的理论素养,能够从宏观把握戏出年画的独特属性,并从理论高度详细阐释杨柳青戏出年画的审美内蕴与文化价值,进而借鉴传播学研究方法,总结杨柳青木版年画对戏曲艺术的传播效果与传播特点,这种跨门类、跨学科的研究,需要相应的学科理论功底。于此,在内容进展过程中,笔者坚持研读戏剧戏曲学、民间艺术学、传播学、美学、文艺学等方面的资料,力求通过不断努力,切实做到宏观理论研究与门类艺术研究的有效结合,合理而有效地解决本书的主要论题,努力跨越文学、艺术学、传播学三个学科,实现研究的学理深度。

二、研究现状与选题意义

目前已有的与本书相关的研究成果大致可以分为戏曲文物研究、戏出年画研究和戏曲传播研究三个方面。

第一,戏曲文物研究。

1986年刘念兹先生在《戏曲文物丛考》中提出"戏曲文物学"的概念,戏曲文物学作为一门独立的学科正式诞生。从现有成果来看,这一学科主要集中在宋元时期和剧场、碑刻、画像等方面的文物研究,例如周贻白《中国剧场史》(1936)、山西师大戏曲文物研究所《宋金元戏曲文物图论》(1987)、周到《汉画与戏曲文物》(1992)、周华斌《京都古戏楼》(1993)、黄竹三《戏曲文物研究散论》(1998)、车文明《20世纪戏曲文物的发现与曲学研究》(2001)、冯俊杰《戏曲与考古》(2002)、杨太康《三晋戏曲文物考》(2006)、张淑贤《清宫戏曲文物》(2008)、黄竹三与延保全的《中国戏曲文物通论》(2010)、廖奔《中国戏剧图史》(2012)、元鹏飞《戏曲文物与戏剧形态》(2013)等专著,以及周国雄《山西洪洞明应王殿戏曲壁画新探》(1985)、黄可《三幅"角抵戏图":戏曲画史漫说之一》(2008)、延保全《宋杂剧演出的文物新证——陕西韩城北宋墓杂剧壁画考论》(2009)、周华斌《灯戏图例——中国戏曲史上的两件重要文物》(2011)、徐子方《戏曲史研究不可或缺的五幅图像》(2012)等学术论文。

此外,还有日本学者田仲一成《清代会馆戏剧考——其组织·功能·变迁》、吉川良和《日本盂兰盆会歌舞中现存的目连故事》等论文。这些成果丰富了戏剧艺术和戏剧史的研究,也为本书内容的展开提供了丰富的资料基础。

第二,戏出年画研究。

近年针对戏出年画的研究大致可以分为三个方面:首先,对杨柳青木版年画进行搜集、整理和历史性梳理,代表性的成果有毛再生《杨柳青年画》(1951)、阿英《中国年画发展史略》(1954)、张映雪《杨柳青木刻年画选集》(1957)、天津市艺术博物馆编《杨柳青年画》(1987)、张道一选编《老戏曲年画》(1991)、上海图书馆近代文献室编著《清末年画汇萃(上海图书馆馆藏精选)》(2000)、张道梁编《中国年画百年》(2004)、王树村《戏出年画》(2007)、冯骥才《中国木版年画集成》中的"杨柳青卷"(2007)、"俄罗斯藏品卷"

(2009)与"日本藏品卷"(2011),还有张道一编《老戏曲年画》等专著,以及王星荣《清代前期山西平阳戏曲拂尘纸年画考释》、杨连启《戏出年画考述》、卢辅圣《中国戏曲与中国画》、黄可《清代年画和瓷画中的戏曲:中国戏曲画史漫说之八》等论文。

其次,从美术学的角度探讨民间年画的画类特点,例如王树村《中国民间年画史论集》(1991)、左汉中编著《民间木版年画图形》(2000)、舒惠芳与沈泓合著的《凡尘俗子:民间年画中的温情风俗》(2007)、王树村编著《艺林拓荒广记》(2008)、霍庆有与俞彬文编著《中国民间杨柳青木版年画技法》(2009)等专著,还有学术论文如郑士恒《杨柳青戏出年画的构图法则》,冉学梅《观画品戏——杨家埠戏出及戏文故事类年画的形式与美感》、董捷《杨柳青年画中的戏曲元素》、张士闪《中国传统木版年画的民俗特性与人文精神》等。

再次,从跨学科的角度,探讨戏出年画的多重文化价值,例如郭爱红的论文《滑县戏出扇面年画与邻近地区戏出年画之比较》(2012),将滑县戏出扇面年画、朱仙镇年画、武强年画和杨柳青年画进行比较研究,探讨了戏出年画的地方特色和艺术价值;还有张雯的博士论文《图像与文本之距——清代杨柳青〈红楼梦〉年画对原著的"接受"与"重构"》(2008),对清代杨柳青《红楼梦》年画对原著的接受与重构、清代杨柳青《红楼梦》年画对中国传统画科的继承发展,以及小说与年画两种不同文化形态的转换效应进行了解读。

第三,戏曲传播研究。

这部分成果包括艺术传播、图像传播、戏曲传播史论等几类研究,如邵培仁的《艺术传播学》(1992)、斯蒂文·小约翰《传播理论》(1999)、詹姆斯·W.凯瑞《作为文化的传播:"媒介与社会"论文集》(2005)、陈鸣《艺术传播原理》(2009)、韩丛耀《图像传播学》(1994)、范文霈《图像传播引论》(2018)、赵山林《中国戏曲传播接受史》(2008)、胡绪伟《中国戏曲传播论》(2009)、林一与马萱著《中国戏曲的跨文化传播》(2009)等专著;也包括戏曲传播现象分析研究,如郑传寅《节日民俗与古代戏曲文化的传播》、周华斌《戏曲的记录、传播与再创》、冯保善《明清通俗小说中的戏曲传播》、王廷信《戏曲传播的两个层次——论戏曲的本位传播和延伸传播》、刘建明《明廷文化政策与明代后期戏曲传播》、聂付生《论晚明戏曲演出的传播体系》以及矶部祐子的《日本江户时代对中国戏曲的接受与扩展》等论文;近年也出现一些探索绘画艺术对小说戏曲的传播功能的研究成果,例如乔光辉的论文《建本插图与戏曲传播》、王省民的论文《图像在戏曲传播中的价值——以"临川四梦"的插图为考察对象》等。

通过对现有研究成果的大致整理，笔者对戏出年画的研究现状分析如下：

第一，戏出年画的搜集、整理等相关研究已经非常丰富，学人们也普遍关注到了戏出年画不同于其他题材的年画，具有自身的艺术特点与审美价值。这些研究为本书提供了丰富的资料依据。

第二，将美术作品作为戏曲文物的研究正在日益展开，但以杨柳青戏出年画为切入点探讨京津演剧问题则颇为少见。

第三，通过跨学科研究，探讨民间年画对传统戏曲的传播价值与传播特点等问题，更几为学术空白。

美国学者詹姆斯·W. 凯瑞把传播研究分为传播的传递（a transmission view of communication）与传播的仪式（a ritual view of communication）两种，可以说民间年画对戏曲艺术的传播，既有着传递信息的功能，也先显示出民间文化浓郁的仪式性意味，因此，民间年画的戏曲传播研究也是一个有待深入探索的领域。

本书将在借鉴前人研究成果的基础上，结合自身的研究专长，以杨柳青戏出年画为中心展开跨学科研究，也希望可以为戏曲研究与年画研究作出贡献。从研究的意义来看，将杨柳青木版年画作为戏曲文物，结合文字记载，梳理清代至民国年间的津京演剧情况，是我们深入研究中国戏剧艺术舞台历史与审美特征的有效途径，有利于深化中国戏剧史的相关问题的研究。同时，以"戏出年画"为关键词展开学术研究，也契合了当前哲学社会科学提倡交叉研究的学术理路。"戏出年画"本身即打通年画艺术与戏曲艺术的门类界限，对其展开深入探索，阐释戏出年画的审美内涵，可以整合艺术学的两大门类，实践交叉研究。

戏出年画也是特定历史时期戏曲艺术的传播载体。民间年画对戏曲艺术的传播价值、传播效果与传播特点等问题，较少有人注意。站在综合艺术学的高度，打通年画艺术与戏曲艺术两个门类，贯穿戏剧戏曲学与传播学两个领域，将民间年画作为戏曲艺术的传播媒介展开研究，我们可以看出：在传播媒介有限的农耕社会，不同于戏曲艺术的舞台传播与剧本传播，民间年画作为一种大众传播媒介，表现出视觉直观性的媒介特质，其在传播的广泛性与深远性方面也具有特定的优势；而且，戏出年画因其隶属于民俗艺术的文化特点，在传播戏曲艺术的过程中，也表现出凝聚民间信仰、传递社会观念、维系民间秩序的功能，从而彰显出仪式意味的传播效果与文化价值，这也是年画传播不同于其他种类图像传播所具有的独特意义。这种综合研究,也彰显了戏剧戏曲学在交叉研究与跨学科研究方面可以开拓的学理空间。

同时,本书也有利于推广天津本土艺术,发展城市文化,实现哲学社会科学服务社会的现实意义。杨柳青木版年画在中国民间文化史上占有重要的地位,清代天津的戏剧活动,特别是京剧活动,也是中国戏剧发展过程中的重要一环,"北京学戏,天津唱红,上海赚钱"已成为时人的普遍共识。因此,挖掘、阐释杨柳青戏出年画,梳理清代中期至民国年间京津地区的演剧活动,对研究天津地区的民俗文化与戏剧历史也体现出重要学术意义,对发展天津文化艺术事业,打造天津城市文化品牌,促进地域经济发展具有一定的推动作用,进而有利于促进国家非物质文化遗产的保护与传承,推动文化强国的建设。

三、研究方法与基本概念

本书坚持以人为本的唯物主义历史观,遵循舞台美术史的研究原则,"以图证史",在考论相辅的基础上,通过对杨柳青戏出年画做多层面的考察,挖掘和梳理其中所承载的戏曲文化信息,探讨清代中期至民国年间京津地区的演剧情况。本书力图在文史互证的基础上,做到理论研究与个案分析相结合,微观探索与整体把握相结合,历史梳理和现代阐释相结合,立足天津本土文化,打通年画艺术与戏曲艺术的门类界限,运用文化学理论、艺术史理论、美学和文艺学理论、传播学和城市文化建设等相关理论方法,探索杨柳青戏出年画所承载的京津演剧信息及其对戏曲艺术的传播与推广,深入挖掘杨柳青木版年画的多重文化价值。

为了更加明确地呈现本书的研究对象与研究方法,笔者需要对戏出年画、图像证史、传播的仪式观这三个概念做重点介绍。

(一)戏出年画

杨柳青木版年画是天津特有的民间艺术形式,为中国"四大年画"之一,与苏州桃花坞年画并称"南桃北柳",乾隆年间一度发展到"家家会点染,户户善丹青"的繁盛局面,2006年5月被当时的文化部列入第一批国家非物质文化遗产名录。杨柳青木版年画约产生于明代崇祯年间,继承了宋、元绘画的传统,吸收了明代木刻版画、工艺美术、戏剧舞台的形式,采用木版套印和手工彩绘相结合的方法,创立了鲜明活泼、喜气吉祥、富有感人题材的独特风格,具有笔法细腻、人物秀丽、色彩明艳、内容丰富、形式多样、气氛祥和、情节幽默、题词有趣等特色,民间艺术的韵味浓郁,富于中国气派。

与其他产地的年画相比,杨柳青木版年画在题材上的一大特色,就是戏出种类最多。通过查阅现存的年画作品和文献资料，我们可以看到，在全国各地的年画作坊刻印的戏出画样中，天津杨柳青出品的戏出年画要比其他产地制作工序更多，刻绘技艺更妙，年画成品数量更丰富，画面形象也更加精彩传神。天津杨柳青木版年画可以说是中国戏出年画中的翘楚，从清代乾隆、嘉庆年间开始，杨柳青就有了《百花赠剑》《游园惊梦》《凤凰楼》等戏出年画的刊印。这时期的戏出年画大都背景写实，没有舞台演出的道具摆设，但戏曲人物的动作表情基本呈现了舞台表演渐趋程式化的特点。道光年间，京剧艺术已经初步形成，许多著名的表演艺术家相继出现，戴廉增、齐健隆等画店为了刻绘新鲜画样，常请年画艺人去北京的茶园观戏，戏出年画有了进一步的发展，出现了《空城计》《群英会》《打金枝》等戏出新样，成为当时新戏的宣传载体，甚至各地画店竞相效仿翻印，向我们呈示出当时戏曲艺术的繁荣情况。

咸丰到宣统年间，侠义打斗戏徒增，戏曲艺术越来越向"靠把"和"短打"的武戏发展。杨柳青木版年画也有了取材于《施公案》《三侠五义》的公案戏画，如《连环套》《拿谢虎》《打龙袍》等；取材于《三国演义》《杨家将演义》等小说题材的戏画，如《让成都》《辕门射戟》《穆家寨》《辕门斩子》等。

晚清朝廷腐败，帝国主义侵华战争连续不断，中华民族陷入了空前的危机之中，梁启超、康有为等爱国知识分子发起了"戊戌变法"运动，唤起了人民大众的爱国热情，戏曲演剧活动也加入了发愤图强、励精图治的救国浪潮之中，天津杨柳青镇的齐建隆画店刻绘了《女子爱国》等戏出年画，记录了当时反抗列强侵略、提倡爱国救国的新戏，为研究我国戏曲艺术发展史提供了研究资料。

此外，杨柳青还有一些刻印当时新戏的年画在角色旁边标有演员的姓名，如义成永画店刻印的《黄鹤楼》，就在刘备、赵云、周瑜三个主要人物旁边写有达子红、薛凤池、高福安三个演员的名字；再如《石秀算账》中潘巧云的下面写有"小桃"的艺名，《马小五纺棉花》上面也刻有演员元元红的名字。这些演员都是当时演唱河北梆子的优秀表演艺术家，杨柳青木版年画刻印演员演出的真实面容，表现了当时"梆黄两下锅"的演出实况，对于深入展开清代戏曲表演艺术的历史研究具有重要价值。

早期的杨柳青戏出年画大多背景写实，将戏装扮相的人物置于实景山水之中，车骑城池也都是写实描绘，还没有脱离戏文插图的表达规范。随着京剧艺术的发展，杨柳青戏出年画不仅品类日渐增多，也能够更加真实地呈现出戏曲演出的舞台场景：舞台人物的衣装扮相更加明确地体现出角色行当的特色，如武生的扎靠插旗、老生的褶子髯口、净角的脸谱扎扮，都十分鲜明生动;动作表情也更具程式化意味,武净"起霸"往往伸开臂膀,旦角表现害羞大多是嘴唇轻抿、面带微笑、两眼微眯、平头向右扭的"含羞眼",生角表现惊惧之情则都是以袖抱头;舞台道具的使用情况也得到了恰当表现,例如用车旗表现乘车的动作、用布城表现城池的所在,现场写真一般,精彩纷呈。诚如王树村先生所讲:"杨柳青的戏出年画之所以能居我国清代年画之冠,即在于它的画工细腻,色彩柔丽,人物形象清俊传神,令人感到犹如工笔重彩的新作,故有雅俗共赏之美誉。"①

　　本书以杨柳青戏出年画为研究对象,为了更加丰富地探讨杨柳青戏出年画的戏曲文物价值与戏曲传播价值,笔者搜集汇总了清代中期至民国年间杨柳青出品的"戏出年画",这其中,既包括舞台刹那写真形式的年画作品,也包括将戏出扮相的人物置于实景山水中的年画作品,还包括画面内容中涉及戏曲元素的作品,虽然有一些年画并非直接意义的戏出画作,但其中或者呈现戏出人物,如《五美放风筝》,或者精彩地刻绘了戏曲舞台的扮相、道具等戏曲元素,如《玩学闹戏》,它们都对戏曲艺术的传承与传播产生了积极的意义。

(二)图像证史

　　图像学一词是由德国艺术史家阿比·瓦尔堡于1912年在罗马举行的国际艺术史大会上宣读的论文《费拉拉斯基法诺亚宫中的意大利艺术与国际星相学》(*Italian Art and International Astrology in the Palazzo Schifanoia in Ferrara*)中首次提出的。图像学主张以图像和视觉文化为主要研究对象,将视觉图像搜集汇总,创见"可视的历史记忆库"②,通过解读图像来了解历史,认识文化。图像学特别提倡作为艺术品的图像能够和其他种类的图像一起,与文件资料相结合,共同作为历史证据。在西方学术史上,图像学研究也被称为瓦尔堡方法。欧文·潘诺夫斯基把瓦尔堡的图像研究方法发展为系统的图像阐释方法,即图像学。瓦尔堡解读图像以阐释历史的方法对现代文化史研究产生了重要的影响。

　　其实,在瓦尔堡之前,现代图像学理论于19世纪中叶已然发轫,西方现代文化史宗师、瑞士艺术史学家雅各布·布克哈特在协助其导师弗兰茨·库格勒修订《康斯坦丁大帝时代的艺术史手册》(*Handbuch der Geschichte der Malerei seit Constantin dem Grossen*)时,吸收了库勒格的学术思

---

① 王树村:《中国民间美术史》,岭南美术出版社,2004年,第273页。
② 曹意强:《艺术史的视野——图像研究的理论、方法与意义·序:论图像证史的有效性与误区》,中国美术学院出版社,2007年,第5页。

想,"艺术是历史的有机组成部分,它和一个时代的政治、思想观念以及文化都有着密切的联系,因而要理解一件艺术作品,就必须了解它所产生的时代,即艺术作品赖以产生的文化环境:人们的思想观念,当时的社会政治背景等"①,并开始了"图像证史"的实践。

1852年,布克哈特出版了第一部文化史著作《君士坦丁大帝时代》(*The Age of Constantine The Great*),在这部著作中,布克哈特明确了其连续性的史学观念,提出不能把过去某一历史时期作为一个独立的单元,"在危机中显现出来的延续性是历史的标识"②,历史延续下来的是传统,对传统的追寻可以让我们以过去为参照,认识未来。在这连续性的历史图景中,国家、宗教、文化是三个重要的潜能,其中,文化居于首要地位。文化由诗歌、戏剧、绘画、建筑、雕塑等艺术成果的不断积累,沉淀为民族传统的思想动力。在此基础上,布克哈特努力通过对艺术作品的阐释去解读特定时代的民族精神:通过对文学作品的解读,布克哈特提出,罗马作为统治世界的中心和理想虽然仍被认为是永恒的,但罗马帝国的衰落也以一种无可置疑的方式得到公认;通过对坟墓、钱币、镶嵌画、玻璃酒杯等绘画作品中人物形象的分析,他解读出,这一时期人的体质,至少在上层阶级中,每况愈下,古代生活正在进入总的衰落;通过对罗马雕像等造型艺术中人的衣着刻绘和诗歌中对人物服饰的描写进行考察,他看到"各种外来的、蛮族的服饰仅仅因为昂贵和难得而在晚期罗马的服饰中大受欢迎"③,可见古典文化的衰朽。在布克哈特的历史观念中,他始终坚持:"就内容而言,文化的世界文艺为形式最为直接地敞开民族的精神。"④

1860年,布克哈特出版了他最负盛名的专著《意大利文艺复兴时期的文化》(*The Civilization of the Renaissance in Italy*),该书被公认为欧洲文艺复兴研究的奠基之作。该著作记述了从13世纪下半叶至16世纪中叶意大利三百年间的文化发展史,指出政治是社会的基础,对思想、学术、社交活动、道德宗教、文化发展也都具有决定性的影响作用,但是,意大利文艺复兴的文化盛况并不是政治黄金时代的产物,而是在无止境的政治动荡中,由一群具有高度创造力的文化精英和深切了解艺术重要性的有识之士,

---

① [瑞士]雅各布·布克哈特:《君士坦丁大帝时代》,宋立宏、熊莹、卢彦名译,上海三联书店,2006年,第3页。
② [德]卡尔·洛维特:《雅各布·布克哈特》,楚人译,商务印书馆,2013年,第183页。
③ [瑞士]雅各布·布克哈特:《君士坦丁大帝时代》,宋立宏、熊莹、卢彦名译,上海三联书店,2006年,第213页。
④ [德]卡尔·洛维特:《雅各布·布克哈特》,楚人译,商务印书馆,2013年,第4页。

合力打造出来的文化高峰。

在这部著作中,布克哈特坚持用艺术的眼光和美学的研究方法考察历史,通过重点阐释绘画的文化内涵论证了意大利文化所具有的文艺复兴的特质,解读出一个时代的"时代精神"。特别是第四篇"世界的发现和人的发现",内容大多是对文学和艺术资料的论证,包括但丁的《神曲》、薄伽丘的《十日谈》、十四行诗、叙事的骑士诗、弗伦哥的讽刺诗、阿里奥斯托《疯狂的罗兰》、塔索《被解放的耶路撒冷》、彼得拉克的田园诗,还有悲剧、喜剧、假面剧,以及幕间插曲和舞蹈、布景等,还有意大利的传记文学和在中世纪确立了哥特时代的法兰德画派。

在简单介绍了哥伦布的航海贡献和意大利的自然科学成就之后,布克哈特通过对文学艺术的解读全面地呈现了意大利人对自然美和人的发现。他认为,彼得拉克在十四行诗中明显地表示了自然美对他的影响,开启了欧洲文艺复兴时期人们欣赏自然美的先河,因为这种表达在欧洲古代和中世纪的文学艺术中是没有的。此后,许多意大利诗人开始精致地刻画自然界的美,而兴起于15和16世纪的法兰德画派尤其善于描绘自然美,这对欧洲艺术观念的发展产生了巨大的影响。之后,布克哈特提出,意大利文艺复兴运动最为重要的成就是对"人性"的发现,这是意大利文化所具有的最鲜明的文艺复兴特质。他指出,但丁在《新生》中极其优美、细腻、真诚地表达了自己内心的情感,"他是第一个探索自己的灵魂的人"[1]。后来的很多诗人都像但丁一样,对丰富的内心世界进行了深刻的探索和精彩的刻画。这一时期,传记文学也很兴盛,布克哈特认为,在这类作品中,意大利人表现出了善于刻画性格的才干。同时,这一时期的文学家们和艺术家们也在他们的作品中细致地刻画了人的外形,呈示出意大利文艺复兴"人的发现"的历史过程。

布克哈特在历史与艺术之间的互动研究在当时的欧洲社会产生了广泛的影响,德国学者瓦尔堡就十分推崇他,并且继承发展了他的历史观念。与布克哈特一样,文化史学家瓦尔堡也十分热衷于视觉艺术,他把艺术、风俗、哲学、道德、礼仪、神学等都纳入历史描述的考察范围,明确提出了"图像"研究的理论方法,并且用这种"读图"的方法对意大利文艺复兴的艺术与文化展开研究,取得了丰硕的成果。

瓦尔堡强调图像是一种具有表意功能的符号,它可以在"表意"的历史

---

① ［瑞士］雅各布•布克哈特:《意大利文艺复兴时期的文化》,何新译,商务印书馆,1979年,第307页。

过程中形成一种"情念形式"，也就是特定历史时期人们的情绪变化和情感波动的固定程式。在瓦尔堡的历史观念中，图像的"表意程式"是通向"历史记忆"的桥梁，是人们理解和阐释某些民族的历史文化的前提。在此基础上，瓦尔堡形成了他"图像研究"的两个关键词：文化研究与象征符号。

文化研究（德文为 kulfurwissen chaft）是瓦尔堡学术思想中的一个核心概念。瓦尔堡热衷于从文化的层面去揭示视觉图像的深层意义，对其中的象征含义和观念内容进行阐释。因此，瓦尔堡力图展开交叉学科研究，将艺术研究与政治、宗教、科学、文学、哲学、人类学、心理学等结合起来，进行一种跨学科的文化研究，诚如瓦尔堡研究院的编辑艾德加·温德所讲："瓦尔堡的基本信念之一是：任何企图切割图像与宗教、诗歌、崇拜、戏剧的联系的尝试都等于切割了图像的生命线。"[1] 瓦尔堡所提倡的这种跨学科的交叉研究，引起了西方学术界对文化研究的重视，更引领了当前学界文化研究的热潮。

与跨学科的文化研究思路相表里，瓦尔堡发明了不同于一般图书馆处理图书编目的方法，他用"好邻居原则"将自己的藏书组织成了一个历史记忆库。身为优裕的犹太银行家家族的长子，瓦尔堡将自己的继承权与兄弟做了交换，唯一的条件就是为其购买所需要的图书。最终，瓦尔堡用自己的藏书创建了一个"精美的图书馆"。这个图书馆的分类系统，不是按照字母顺序来编排的，而是围绕着某一中心或主题，将艺术、考古、科学、哲学、文学、宗教、神话，甚或是人类学、星象学的书籍组织在一起，建构一个虽有差异却彼此毗邻的互补的世界。

其实，"好邻居原则"也就是文化史原则，它们在本质上是相同的。对瓦尔堡而言，他所提倡的就是通过这一原则把不同时代、不同领域的图像纳入一个开放的系统，由此消弭艺术史学科本身的种种限制，让文化碎片可以在异质的时空中重新组合，从而还原更加完整的、更具文化意味的历史真实。在瓦尔堡看来，"放到一起的书籍——每本书都各有其或多或少的一些信息，并被相邻的书籍所补充——应当以其书名指导学生领悟人类心灵及其历史的本质力量"[2]。这些来自不同领域的书籍被分组到一起，它们可以建立起一种能量交换和能量生产的关系，从恒定的和变化的方面表达着人类的思想。

---

① ［德］埃德加·温德著，杨思梁译：《瓦尔堡的"文化科学"概念及其对美学的意义》，《中央美术学院学报》，2018年第3期。

② ［德］弗里茨·扎克斯尔：《瓦尔堡图书馆的历史》，见范景中主编《美术史的形状Ⅱ：西方美术史的文献和书目》，中国美术学院出版社，2003年，第608页。

以跨学科的文化研究为宗旨,瓦尔堡提出了他"图像研究"的具体方法。在瓦尔堡看来,图像是一个时代特定文化的症状,图像与文化通过隐秘的精神象征联系在一起,因此,图像研究的核心就是要解读并阐释存在于图像细节中的"象征符号"。这些特殊的象征符号可能游离于主题之外,散布在文本的边缘,却是文化因子的载体,既展示着艺术家的绘画技艺与艺术巧思,也蕴含着情感表现的原型结构,是潜藏着文化遗传的社会记忆与基因编码的"情念形式"。在瓦尔堡看来,"在象征符号中——在这个术语的最宽泛的意义上——我们发现那些能量得到保存,而它本身就是那些能量的结果"[①],也就是说,存在于图像细节中的象征符号是图像及其历史的真理所在。

运用图像细读以考察其象征内涵的方法,瓦尔堡破解了斯基法诺亚宫的湿壁画之谜。在1912年国际美术史大会的演讲中,瓦尔堡通过解读斯基法诺亚宫一组湿壁画的题材与构图,发现了中世纪的占星术与古希腊神话之间的承继关系,进而阐释了意大利文艺复兴艺术与古典文化的内在联系:"根据原始资料我们不仅可以在一切细节上用文献证明奥林匹斯山神话的影响,它们是由博学的神话作者从西欧传播开来的;而且可以用文献证明星宿神话的影响,它原封不动地保存在占星术习俗的原典和图像中。"[②] 瓦尔堡通过考察古希腊神话与中世纪占星术中的人物形象得出结论:希腊诸神装扮成星象恶魔在教会对古典遗产的长期查禁中存留下来,积淀成从古代到文艺复兴时期的图像所传承和保存的古典文化的丰富意蕴。在瓦尔堡看来,波蒂切利、达·芬奇、拉斐尔等意大利的文化天才们所创造的艺术风格都潜藏着古希腊人文主义的历史记忆。

瓦尔堡对斯基法诺亚宫的湿壁画的破解,厘清了文化史上的诸多问题,而他的努力却不仅仅在于得出结论,而在于提倡一种图像分析的历史研究方法:"解开一个绘画之谜当然不是这篇论文唯一的目的……我希望,我在阐明费拉拉斯基法诺亚宫湿壁画的解释方法已经表明,一种图像学的分析不允许自己受前沿卫士的规则的钳制,而看不到古典时期、中世纪和近代各时期是相互联系的时期,看不到最自由最实用的艺术作品可以成为同样重要的表现证据。"[③]如其所愿,瓦尔堡凭借此篇论文赢得了学界的赞誉,也使得他的"图像研究"的学术方法获得了学界的认可,并最终被冠名"瓦尔堡研究方法"。

---

① [英]E. H. 贡布里希:《瓦尔堡思想传记》,李正本译,商务印书馆,2018年,第276页。

② [德]瓦尔堡:《费拉拉斯基法诺亚宫中的意大利艺术与国际星相学》,见范景中主编《美术史的形状 I:从瓦萨里到20世纪20年代》,中国美术学院出版社,2003年,第438页。

③ 同上,2003年,第437页。

瓦尔堡学院的著名学者潘诺夫斯基对瓦尔堡开创的图像学方法进行了深入系统的阐释，将其发展为"图像学"。1939年，潘诺夫斯基出版了《图像学研究：文艺复兴时期艺术的人文主题》（*Studies in Iconology: Humanistic in the Art of the Renaissance*）一书，该书的导言系统论述了图像学的研究对象、研究方法及其特征。首先，潘诺夫斯基将其定义为一种研究艺术作品的主题事件或意义的方法，并对"图像学"与"图像志"做了区分："图像志的graphy来源于古希腊语动词 *graphein*，意为'书写'。表示纯粹描述性的，而且常常是统计性的方法……所以我建议启用一个相当古老的术语'图像学'，凡是在不孤立地使用图像志方法，而是将它与破译难解之谜时使用的其他方法，如历史的、心理学的、批判论等方法中的某一种结合起来的地方，就应该复兴'图像学'这个词。后缀graphy意味着某种描述，而'logy'则表示某种解释。"①潘诺夫斯基强调，图像创作的过程必定会与某种哲学的、宗教的、政治的、伦理的文化心理，甚至是无意识的积淀相关联，因此，应把图像解释纳入更为广泛的人文主义传统之中，在文化史视野之下进行符号意义的综合阐释。图像学研究的核心就在于发现并阐释艺术作品的深层意义，以及其中所呈现的人类心灵的基本倾向。

进而，潘诺夫斯基系统归纳了阐释图像符号象征价值的操作程序，将图像学研究分成前图像志描述、图像志分析、图像学解释三个阶段。"前图像志描述"阶段旨在结合风格史的考察解释图像形式所呈现的事实意义和情感意义，如达·芬奇《最后的晚餐》，画面上的人物围坐在餐桌旁，呈现出的就是晚餐的情景；"图像志分析"阶段涉及图像、故事和寓意，旨在阐释艺术作品所具有的特定主题和概念寓意，例如结合福音书的内容去理解《最后的晚餐》所呈现的宗教教义，在这一阶段阐释者还可以"通过探究不同历史环境中艺术家使用物体和事件表现特定主题和概念的不同方式，即通过探究类型的历史，修正和控制我们从文献中获得的知识"②，进而展开图像证史的研究；"图像学解释"阶段，旨在阐释艺术作品的内在含义和文化象征意义，阐释者用"洞察人类心灵的一般倾向和本质倾向在不同历史条件中被特定主题和概念所表现的方式"③的"综合直觉"（synthetic intuition）去阐释艺术作品所呈现的"一般意义的文化象征史"（a history of cultural symptoms），在这一阶段阐释者要尽可能多地结合其他文化史料，时代的、民

① ［美］欧文·潘诺夫斯基：《图像学研究：文艺复兴时期艺术的人文主题》，戚印平、范景中译，上海三联书店，2011年，第1页、第6页。
② 同上，第10页。
③ 同上，第12页。

族的、阶级的、宗教的、哲学的等多方面资料去阐释和印证艺术作品的内在意义。例如,在这一阶段,《最后的晚餐》阐释者所应关注的,是形成达•芬奇的创作个性的社会心理,以解读艺术品背后构成"象征"价值的世界。潘诺夫斯基用一张简表(见表1)概括了他的图像阐释方法,并且强调表格中虽然列出了三个部分,看起来像是三种互不相关的研究方式,但在实际工作中却是彼此融合的有机整体,三个研究阶段往往同时进行,是不可分解的过程:

表1:潘诺夫斯基图像阐释方法①

解释的对象	解释的行为	解释的资质	解释的矫正原理 (传统的历史)
Ⅰ.第一性或自然主题——(A)事实性主题,(B)表现性主题——构成美术母题的世界	前图像志描述(和伪形式分析)	实际经验(对象、事件的熟悉)	风格史(洞察对象和事件在不同历史条件下被形式所表现的方式)
Ⅱ.第二性或程式主题,构成图像故事和寓意的世界	图像志分析	原典知识(特定主题和概念的熟练)	类型史(洞察特定主题和概念在不同历史条件下被对象和事件所表现的方式)
Ⅲ.内在意义和内容,构成"象征"价值的世界	图像学解释[深义的图像志解释(图像志的综合)]	综合直觉(对人类心灵的基本倾向的熟悉),但受到个人心理与"世界观"的限定	一般意义上的文化象征或象征的历史(洞察人类心灵的基本倾向在不同历史条件下被特定主题和概念所表现的方式)

最后,潘诺夫斯基在图像学研究的层面提出了人文学科之间的互动研究,在他看来,视觉图像"就是能够为他所研究的某位个人、时代和国家的政治、诗歌、宗教、哲学和社会倾向提供证据的材料。反过来说,研究政治活动、诗歌、宗教、哲学、和社会情境等方面的历史学家也应该这样利用艺术品。人文学科的各个分支不是在相互充当婢女,因为它们在这一平等水平上的相遇都是为了探索内在意义或内容"②。作为图像学研究最重要的系统阐释者和理论实践者,潘诺夫斯基运用他所建构的图像学理论,破解了多个文艺复兴时期的绘画作品的谜题,阐释出很多表现现实情节的画面所呈现

---

① [美]欧文•潘诺夫斯基:《图像学研究:文艺复兴时期艺术的人文主题》,戚印平、范景中译,上海三联书店,2011年,第13页。

② 同上,第11—12页。

出的丰富的"象征符号"价值，他也因此被称为"艺术史界的索绪尔"。在潘诺夫斯基的影响下，图像学研究在20世纪上半叶迅猛发展，盛极一时。

欧内斯特·贡布里希是瓦尔堡学院另一位从事图像学研究的重要学者。贡布里希于1959—1976年间担任瓦尔堡学院的负责人，他的图像学研究也深受瓦尔堡研究传统的影响，可以说是瓦尔堡学派的集大成者。贡布里希对图像学研究的主要贡献在于，他结合了心理分析的方法，将图像与语言相比较，力图从哲学的高度探索图像符号传播人类思想的意义，并努力修正因对图像的过度阐释而潜存的图像学研究危机。

贡布里希于1972年出版了图像学研究论文集《象征的图像》（*Symbolic Image*）。在这本书的导言中，贡布里希肯定了图像学研究的价值，"图像学家正是靠着对这些原典的熟悉和对绘画的熟悉，从两边着手，架起一座桥梁，沟通图像和题材之间的鸿沟。这样，解释就是业已失传的证据"①。进而，他对图像学研究方法的滥用进行了批评，"我们应该随时要求图像学家从他的每一次想象猎逐中重新回到起点上，并告诉我们，他在津津有味地重建的任何一个艺术方案是能用原始材料来证明呢，还是只能从他的同行图像学家的著作中获得证据"②，并对图像学的概念进行了修正，将图像学的研究重点放在了作者意图的阐释和历史情境的重建之上。

贡布里希试图完善图像学的研究方法，他借鉴了阐释学者赫希"类型第一"（the principle of primacy of genres）的原理，强调确定作品所属的类型（种类或体裁）是阐释作品意义的第一部，图像学研究就是要在还原艺术家的创作情境的基础上，找到作者的创作意图，进而对艺术作品的意义进行有效的阐释。基于对作者原意的重视，贡布里希提出了支配性意义（dominant meaning）和"交叉原理"（principle of intersection）这两个概念。支配性意义也就是艺术作品的"意图意义或主要目的"。在贡布里希看来，"假如麦穗和葡萄在一幅圣母画中不是赐福的对象，它们就不会被转化成圣餐的象征。这里和在别的地方一样，象征只起一个隐喻的功能，它只有在特定的上下文中才有特定的意义"③。可见贡布里希对原意的重视。交叉原理是根据流行于罗马诗学和修辞学理论中的美学概念"得体原理"（principle of conveniens）而来。在西方古典主义美学后期，特别重视艺术作品的"得体"，也就是艺术作品中各个成分之间的协调和艺术作品与它

---

① ［英］E. H. 贡布里希：《象征的图像：贡布里希图像学文集》，杨思梁、范景中译，广西美术出版社，2017年，第33页。

② 同上，第50页。

③ 同上，第44页。

所反映的外在现实之间的合适。贡布里希认为，每一位文艺复兴时期的艺术家追求艺术品的"得体"的同时，也会根据特定的历史条件（赞助商的委托、艺术家的偏爱等）选择合适的绘画语言与艺术风格。因此，为了确定作者的原意，还原艺术的创作过程，就要将这些因素相交叉，重建历史情境。

贡布里希缩小了图像学的研究范畴，通过重建历史情境和还原创作原意的方法对波提切利的《春》和《维纳斯的诞生》做了精彩阐释，为人们了解波提切利和他的作品提供了新的视角。在图像学研究发展史上，贡布里希有效规避了图像学研究中的过度阐释问题，也继承并发展了图像学的研究方法，成为图像学转型时期的代表。

经布克哈特、瓦尔堡、潘诺夫斯基、贡布里希等学者的努力，图像学最终发展成为一种系统的理论方法，并由此开启了西方学术史上的"图像学时代"。"图像学"给艺术工作带来的一个重要启发，就是艺术史研究应该是综合的、开放的，研究者应努力去阐释图像符号与其他人文学科，如政治、宗教、伦理等共同构成的人类文明史。

历史是如何通过图像说话的，这在历史研究中是个严肃的问题。"图像证史"研究方法的核心在于辩证地看待图像的史料价值：一方面，图像虽然具有视觉直观性的特点，但我们并不能因此断定图像可以比抽象的语言文字更直接、更生动、更真实地记录历史原貌，甚至具有更为可靠、更为重要的史证价值，毕竟图像也具有造伪的能力；另一方面，我们必须肯定历史图像具有相当的资料价值，图像不仅可以被拥有与文字资料同等重要的史料价值，甚至可以作为第一手资料去承载文字无法记录和保存的历史事实与观念内涵，毕竟历史真实不仅仅是事件的真实，历史的原貌还包括日常生活、民间习俗、观念信仰等丰富的内涵。

诚如布克哈特所讲："艺术也通过无数的纪念碑提供了无可辩驳的展现，不能借口艺术家技艺不精来否认纪念碑提供的证据。"①本书借鉴"图像学"的研究方法，考察杨柳青木版年画的戏曲文物价值与戏曲传播价值，其理论启发亦在于此。特别是对于杨柳青戏出年画的文物价值的考察，我们首先认可其在承载剧目、剧种、演员、后台等方面的资料价值，通过图像细读和形式分析的方法，考察其中所呈的历史原貌；其次，我们认为，杨柳青戏出年画因其现场临摹的创作特性，可以在一定程度上记录舞台表演的服饰、道具和角色演出的动作、神情等文献资料甚少涉及的内容，以供我们更加直

---

① ［瑞士］雅各布·布克哈特：《君士坦丁大帝时代》，宋立宏、熊莹、卢彦名译，上海三联书店，2006年，第209页。

观地了解昔日戏曲表演的历史情境;第三,用民间年画的形式刻绘出的戏出图像必定是在当时的社会上广泛流行和深受喜爱的戏出作品,因此,戏出年画在承载、传播戏曲剧目的同时,也往往迎合并引领了广大民众的审美观念和当时社会的时代精神,这样,通过对戏出年画进行合理的阐释,我们也可以解读特定时代的戏剧观念和审美风尚,这也是我们接近历史并解读历史的一个方向,同样对戏剧史研究具有一定的助益。

(三)传播的仪式观

詹姆斯·W. 凯瑞是美国文化研究"最杰出的代表",他曾任美国新闻与大众传播教育协会、美国记者组织协会的主席,伊利诺伊大学传播学院院长,哥伦比亚大学国际新闻教授。凯瑞在文化研究的视野下阐释传播现象与传播技术,并借鉴了社会科学和人文科学的相关知识,通过交叉研究,提出了"传播的仪式观",为美国的传播学研究开辟了新的路径。

詹姆斯·W. 凯瑞的传播学研究开始于20世纪50年代,当时盛行的传播学研究是拉扎斯菲尔德开创的效果研究模式,这类研究的核心和焦点在于"考察传播过程的结构与功能,传播对于人的心理、态度和行为的影响,以及如何通过传播来达成个人或群体的目标"[①]。在凯瑞看来,这种传播研究模式虽居主流,却是经院式的研究,而且很少关注传播媒介对社会的控制与影响,也很少从历史的角度去分析传播过程的社会意义,他想要做的,就是"重新开启对传播学的分析"[②]。

凯瑞借鉴了美国实用主义哲学家、早期芝加哥学派的代表约翰·杜威对传播与社会关系的经典诠释:"社会不仅因传播与传递而存在,更确切地说,它就存在于传递与传播中。"[③]在这里,杜威区分了"传播"与"传递"这两个概念,给了凯瑞理解传播意义很大启发。不仅如此,杜威还重点讨论了传播与社会的关系,强调传播是创造和维系社会的有效途径:"在共同、社区和传播这三个词之间,有一种比字面更重要的联系。人们由于拥有共同的事物生活在一个社区里;传播即是他们拥有共同事物的方法……目标、信仰、渴望、知识——一种共同的理解——就像社会学家说的想法一致。"[④]杜威所主张的让大众传媒在工业社会建构共同的社区和共同的集体认同,成为凯瑞解

---

① 郭庆光:《传播学教程》,中国人民大学出版社,1999年,第268页。
② [美]詹姆斯·W. 凯瑞:《作为文化的传播——"媒介与社会"论文集》,丁未译,华夏出版社,2005年,第10页。
③ 同上,第28页。
④ [美]詹姆斯·W. 凯瑞:《作为文化的传播——"媒介与社会"论文集》,丁未译,华夏出版社,2005年,第28页。

读传播意义的逻辑起点。

芝加哥学派的其他社会学专家们也都坚持传播能创造一个大的共同体这样一种理念,这一学派"不仅仅把传播看成一个信息传递的过程,而是一种文化建构的象征过程。因此传播也就出现在艺术、建筑、准则、规范、仪式甚至政治当中"①。这种传播思想给了凯瑞解释传播起源与传播意义的灵感,在《芝加哥学派与大众传播研究》一文中,凯瑞否认以往传播学研究的历史,"严格地说,传播学研究并没有历史……所有这些方面的书籍、论文、演讲、回忆录、传记、政治宣言以及意识形态宣传都难以构成大众传媒研究的历史,甚至难以成为理解此类问题的必备素材"②。进而,凯瑞对美国大众传播的起源作出了自己的解释,他认为美国作为一个新兴的移民国家缺乏一种共有的、共同的继承文化,传播就必须承担起社会整合的任务。在凯瑞看来,"传播媒介可能会再制造一个公共生活,可能会带来一个理性的公共话语可以存在的巨大社会,这样,消失的传统民主社会就有可能依赖于现代大众传播媒介而再生"③。

通过借鉴杜威和芝加哥学派的思想,凯瑞提出了传播的"仪式观"。他发表于1975年的《传播的文化研究取向》一文,被认为是美国学术史上最早提出传播仪式观的重要文献。在这篇文章中,凯瑞给出了关于传播的两种不同解释:传播的传递观(a transmission view of communication)和传播的仪式观(a ritual view of communication)。

在詹姆斯•W. 凯瑞看来,传播的传递观来源于美国传统的功利化传播理论,注重的是传授(imparting)、传输(transmitting)、发送(sending)或者是向他人提供信息(giving information to others),这种传播观念来自地理和运输(transportation)方面的隐喻,将传播看作一种过程和技术,认为传播的目的就是把信号或讯息从一端传输至另一端,注重的是将思想、知识、信息等内容更远、更快地扩散(spread)、传输(transmit)、散播(disseminate)出去。传播的仪式观则与此不同,它并非指资讯在空间的扩散,而更注重传播过程在时间上对一个社会的维系,传播一词与分享

---

① 陈卫星:《传播的观念》,人民出版社,2004年,第5页。

② James W. Carey: *The Chicago School and Mass Communication Research*. Edited by Everette. Dennis and ellen wartella: American Communication Research: The Remembered History, Mshwah, New Jersery, Lawrence Erlbaum Associates, Inc, 1996.

③ Eve Stryker Munson & Catherine A. Warren. *James Carey: a Critical Reader*. University of Minnesota Press, 1997,Pxiii, 28.

（sharing）、参 与（participation）、联 合（association）、团 体（fellowship）、拥有共同的信仰(the possession of a common faith)这类词相关,是共享信仰的表征。凯瑞强调,"传播的仪式观不是指空间上讯息的拓展,而是指时间上对社会的维系,它不是一种传递信息或影响的行为,而是共同信仰的创造、表征与庆典,即使有的信仰是虚幻的。如果说传播的传递观其核心在于讯息在地理上的拓展(以控制为目的),那么传播的仪式观其核心则是将人们以团体或共同体的形式聚集在一起的神圣典礼"①。"传 播 的 仪 式 观"将 传 播 看 成 一 个 生 产（produced）、维 系（maintained）、修 正（repaired）和转变（transformed）共享文化的过程,它的原型是以团体或共同的身份把人们吸引到一起的神圣典礼。

在《技术与意识形态:以电报为个案》一文中,凯瑞对电报承载历史文化与社会生活的功能做了精彩分析,从细微之处挖掘了电报改变人类的互动模式、生产的概念体系、建构社会关系的过程,由此论证了他提出的传播的仪式观。在凯瑞看来,19世纪的电报作为一种传播技术,除了传递信息之外,还在意识形态层面上影响着人们的日常生活,包括思想、自然态度、实践意识或是笼统的常识。例如电报完成了标准时间的统一,将各地连成一个整体,"对时间的新的界定……会渗透到了普通人的实践经验意识之中,并铲除旧的节奏和时间观念"②。电报还在精神的层面开启了民众,由此引发了人们对传播人性、启蒙、进步的想象,"传播是发动这一理想的引擎。"③电报以符号的形式分析意义、生产现实,从而成为凝聚人类思想的真实缩影和维系人类社会的神经网络。

凯瑞将传播技术与历史、文化的发展相结合,对电报做了全面的阐释,并通过对电报的分析,指出了传播并非只是一种传递信息的行为或过程,而是一个以历史为经、文化为纬,串联起整个世俗生活与宗教理念的综合文本,它改变了人类的互动在空间上和时间上的限制,创造了新的社会结构关系。电报是传播史上的一个分水岭,它第一次使传播从运输（transportation）中有效地分离出来,也打破了人们对"传播"一词的思维模式,而成为转变思想的工具（agency）。

詹姆斯•W.凯瑞提出传播的"仪式观"批判了线性传播理论,给人们理解传播现象、建构传播模式提供了新的视角,以仪式为隐喻,传播成为以团体

---

① [美]詹姆斯•W. 凯瑞:《作为文化的传播——"媒介与社会"论文集》,丁未译,华夏出版社,2005年,第2页。

② 同上,第181页。

③ 同上,第166页。

或共同的身份把人们吸引到一起的神圣典礼。在这一典礼中,人们的身份不是咨询的发送者与接受者,而是共享信仰的凝聚者。由此,凯瑞对传播做了新的诠释,"传播的起源及最高境界,并不是指智力信息的传递,而是建构并维系一个有秩序、有意义、能够用来支配和容纳人类行为的文化世界"①。传播的目的是建构并维系一个有序的文化世界,受众都可以成为该文化世界的角色。传播的仪式观所倡导的文化研究取向,也成为美国传播研究中最具创新价值的理论命题,对美国的传播学研究影响深远。

詹姆斯·W.凯瑞提出传播的仪式观的过程中,也曾论及艺术传播问题,他指出:"物质形式体现——舞蹈、戏剧、建筑、新闻事件和一系列演说——产生了一种人工的(artificial)然而却是真正的符号体系,其作用不是提供信息,而是一种确认(confirmation);不是为了改变态度或思想,而是为了代表事物的基本秩序;不是为了履行功能,而是为了表明一个正在进行的、易逝的(fragile)社会过程。"②凯瑞的理论为我们探讨中国戏曲的传播现象与传播过程提供了新的视角,可以说,中国传统戏曲不仅是一种经典的舞台艺术,其本身也具有仪式性的文化意蕴。在中国传统社会,戏曲的表演者与观赏者拥有共同的文化底蕴和心理积淀,戏曲作为一种符号体系也在建构并维系着共同的生活观念与民间信仰,发挥着某种社会学的功能。

作为戏曲传播媒介的杨柳青木版年画更是一种经典的民俗。在农耕文明漫长的岁月里,杨柳青木版年画随着年节风俗的变迁而衍生为一种象征性、隐喻性的装饰艺术,在寓意吉祥的同时,也成为一种社会秩序与民间信仰的传承载体。当我们以这种仪式观的传播视角,来考察民间年画对传统戏曲的传播时,亦可见出其在传播过程与传播价值上的独特之处。

特别是当我们将民间年画与插图版画放在一起比较的时候,可以看出,民间年画作为一种戏曲传播媒介,其对戏曲曲目的选择与接受也是来源于广大民众所普遍信仰的核心观念,其对戏曲曲目的承载与传播,也是为了宣扬这种主导性的思想精神。因此,同样作为戏曲艺术的传播媒介,同样具有图像传播的性质与特点,但是,就传播的文化价值而言,插图版画因其依附于戏文图书的社会属性而远离了不通文字的广大下层人民,因其更注重商业价值的利益考量而更多以信息的传递为主导,民间年画则因其更注重共同的观念契合与身份认同,而在传播戏曲艺术的过程中,具有更加明显的仪

---

① [美]詹姆斯·W.凯瑞:《作为文化的传播——"媒介与社会"论文集》,丁未译,华夏出版社,2005年,第7页。
② 同上,第8页。

式性意味。因此,本书在探讨杨柳青木版年画对于戏曲艺术的传播方式与传播效果之后,将专门讨论其在传播戏曲艺术的过程中所表现的仪式性意味,及其凝聚民间信仰、维系民间秩序的文化价值。

四、研究思路与基本结构

以杨柳青戏出年画为研究对象,考察其戏曲文物价值与戏曲传播价值,本书的主要研究内容设定为一个中心、两个支点。

研究中心:杨柳青戏出年画与清代京津演剧。将杨柳青木版年画作为戏曲文物,通过跨门类的整合研究,探讨清代京津演剧情况:①做剧目、剧种梳理。能够用民间年画的形式刊印的剧目和剧种,必定是特定历史时期最流行的剧目和颇受欢迎的剧种,通过梳理剧目剧种,可以呈示出戏剧史发展过程中经典剧目和流行剧种的发展情况,从而探索大众审美观念的发展进程;②做服饰扮相考梳。杨柳青戏出年画大都是画师根据舞台表演直接临摹而来,所以戏出年画可以辅文献,帮助我们解读戏曲艺术的衣装扮相逐渐程式化的发展历程,详查清代中期至民国年间京津地区演剧角色的多彩面貌;③做举止身段呈现。"手眼身法步"是戏曲演员必备的表演技艺和基本功,杨柳青戏出年画把戏剧演员在舞台演出的过程中手、眼、身、法、步的艺术修养和程式化的表演精彩地记录下来,可供我们仔细回味,由此欣赏传统戏曲表演的精妙之处。④做切末道具呈现。通过对杨柳青戏出年画的欣赏与解读,我们也可以掌握特定历史时期戏剧演出过程中大小道具的使用情况,以及舞台布置等情况,结合文字记载,直观地把握清代中期至民国年间京津地区戏剧演出的历史场景。

支点一:杨柳青戏出年画的传播价值与传播特点。作为一种大众传播媒介,杨柳青戏出年画在承载清代京津演剧文化信息的同时,也承担着传播戏曲艺术,传承民间审美的文化功能,更是当时新戏的宣传载体,对市井大众起到了戏曲宣传和观念传播的作用。本书将借鉴传播学理论,通过跨学科研究,探讨杨柳青木版年画对戏曲艺术的接受与重构、传承与传播,并详细梳理杨柳青木版年画在传播戏曲艺术的过程中所呈现出的传播方式与传播效果,进而总结杨柳青木版年画的戏曲传播价值与传播特点。

支点二:杨柳青木版年画的品牌定位与文化推广。杨柳青木版年画作为维系津沽民众情感的纽带,承载着天津地域文化的审美精神。本书在最后将综合考察杨柳青出品的多种题材的木版年画,以呈示天津年画的审美特性,进而对杨柳青木版年画进行品牌定位,并对其海外传播现状进行梳理,思考如何拓宽国际视野,更好地实现杨柳青木版年画的文化传承与国际推广,希望可以为发展天津文化艺术事业做出贡献。

基于以上考虑,本书的整体结构设置为绪论、上下两编(共六章)、余论,共四个部分。绪论部分对研究对象与主要观点、研究现状与选题意义、研究方法与基本概念、研究思路与基本结构进行了系统的介绍。

主体部分的上编为"画中有戏:承载与珍存",包括三章,将杨柳青木版年画作为戏曲文物展开研究。第一章首先对杨柳青戏出年画进行概述,简要介绍杨柳青戏出年画将戏曲程式加以形象化再现的审美内涵,及其记录戏剧种类与演员信息和保存茶园戏楼与后台景象的文化价值,然后对杨柳青戏出年画中包含三国戏出的作品进行汇总整理,对整个研究打下基础。本章包括四个小节:年画的戏曲题材、年画与戏曲程式、年画中的戏曲文化、三国戏年画汇总。

第二章"杨柳青木版年画的戏曲文物学研究"以三国戏年画为切入点,综合考察清代中期至民国年间京津地区舞台演剧的历史信息,包括剧目、剧种考梳,服饰、扮相考梳,动作、表情珍存,舞台、切末珍存四个小节。这部分也将扩展到其他戏出题材年画作品,通过综合考察,我们可以看到:就剧目而言,戏出年画所呈现的剧目在数量上基本涵盖了旧日戏曲舞台上盛演的剧目和最受广大下层民众喜爱的剧目;就剧种而言,杨柳青戏出年画呈现了以京剧为主,包括梆子戏、昆曲、民间小戏等多个戏曲种类的表演场景,甚至还刻绘流行在乡村的歌舞小戏、高跷戏等民俗景观;就服饰扮相而言,通过对杨柳青戏出年画中赵云扮相的梳理,我们可以以管窥豹,了解到杨柳青戏出年画既为我们留下了赵云这一经典角色多种形式的舞台扮相,也向我们呈现了其武小生形象逐渐凝定为白靠银枪这一经典扮相的复杂过程;就动作表情而言,在没有现代光影技术和影像记录的年代,杨柳青年画师以其精湛的刻绘技艺为世人留存了当日戏曲舞台上手、眼、身、法、步的精妙表演,和演员们模拟性、艺术化的表演身段与表情神态,其呈现昔日舞台演剧的资料价值不容小觑;就切末道具的刻绘而言,杨柳青戏出年画也记录了当时戏曲舞台上大小道具的使用情况,我们将从生活用品、交通工具、兵器把子、场上布景四个方面梳理、呈现,展示其记录舞台的戏曲文物价值。

第三章将杨柳青戏出年画的戏曲文物价值进行理论总结,呈现其以图载史的文献价值、视觉直观的媒介属性、以图证史的资料价值、弥补史载不足的文献价值多重意义。首先,由民间艺人根据舞台演出的真实场景描摹而来的杨柳青戏出年画,承载着清代中期至民国年间京津舞台的丰富信息,是我们得以了解往昔戏曲文化的经典文物,呈现出"以图载史"的文献价值;其次,杨柳青出品的戏出年画精品无论是对于舞台布置、切末道具的呈现,还是对于人物扮相、身段表情的刻绘,都与舞台演出实景一般无二,不是剧照,恰似剧照,体现出以视觉直观的形象承载演剧历史的媒介属性,这也是图像史料所普遍具有的文献特质。再次,杨柳青戏出年画中的一些作品所呈现出的戏曲场面具有"以图证史"的文献价值,例如我们从梅兰芳的口述中了解到,李顺亭在《长坂坡》中扮演赵云一角时曾有过老生扮相,但却少有戏曲资料将这种扮相做直观呈现,而杨柳青戏出年画中却有一幅年代较早的《长坂坡》(乾隆—嘉庆,横三裁,34cm×58cm)便绘有赵云一角儿的老生扮相,这幅年画可以与文字记载互相印证,向我们展示了戏剧艺术发展过程中,赵云扮相的复杂过程。第四,杨柳青戏出年画还可以弥补史载不足,呈现出文字资料所没有记载的戏出场景。这主要表现在杨柳青戏出年画中的一些作品呈现的是已经失传剧目的演出片段,如《小放牛》(该剧与另一出《小放牛》又名《杏花村》的剧目不同,叙演的是朱元璋年轻时代的故事,而非叙演一个正在放牛的牧童偶遇邻村路过的姑娘,二人对唱歌舞,互相表达爱慕之意),杨柳青戏出年画刻绘了此剧在昔日戏曲舞台的演出场景,为我们进一步考察该剧目的历史信息提供了难得的资料。此外,杨柳青戏出年画还有一些作品刻绘的是曾被禁演或久已辍演的剧目的演出片段,如《小花园》《打灶王》《人才驸马》等,也可以帮助人们了解戏中人物的服饰扮相、动作身段与表情神态,以及切末道具的使用情况,对于禁演剧目和辍演剧目的考察也提供了珍贵的视觉直观图像。

下编为"戏以画传:接受与传播",同样包括三章。第四章"杨柳青木版年画对三国戏的接受与重构",以杨柳青出品的三国戏年画为主要考察对象,集中讨论其对三国戏出与《三国演义》原著的接受与重构情况,以呈现清代中期至民国年间的杨柳青"三国戏"年画所呈现的"文本—舞台—年画"三维立体动态互文关系,及其中所浸润的来源于京津民众的思想、情感和观念。此章包含三个小节:故事情节的接受、画面形象的重构、戏剧性的呈现。

从对故事情节的接受来看,杨柳青"三国戏"题材年画呈现舞台情节最多的是以"龙凤呈祥"和以"长坂激战"为中心的演剧情节。首先,《龙凤呈祥》是旧时逢年过节搭台唱戏时人们必点的"吉祥戏",不仅行当齐全、场面宏大、情节紧凑、引人入胜,而且喜庆祥和,适合节庆的气氛,以装饰年节为主要功能的民间年画往往寓意吉祥喜庆,自然对这一主题借鉴更多。而且,杨柳青木版年画对"龙凤呈祥"戏剧主题的呈现,多集中在刘备"洞房见兵"这一更具喜剧性意味的紧张情节。之所以会出现这种接受的倾向,也呈现出民间年画主动接受民间视角与社会心理,更善于体现并引领城乡民众的欣赏习惯的社会属性。其次,《长坂坡》也是传统戏剧中的优秀剧目之一。

这类武打场面成为杨柳青戏出年画题材选择的首要倾向,主要有三方面原因:一是因为杨柳青镇具有毗邻京城的地理优势,而必然更容易感受时代风气之先,无论是题材的选择还是形象的刻绘,都表现出对宫廷趣味和京城时尚更加直接、更加广泛的艺术接受;二是因为武打戏出在清末戏曲舞台的异常活跃,拥有敏锐的艺术直觉的杨柳青画师们为了刻绘新鲜画样,引领时代风尚,必然会选择戏曲舞台上最受欢迎的剧目、广受追捧的戏出;三是因为年画的消费群体中有相当一部分是城市百姓或乡村民众,而充满正义力量和热闹氛围的武打场面则正是这些生活在社会底层的劳苦民众特别喜爱的内容。

从画面形象的重构来看,民间年画作为装饰年节的喜庆吉祥之物,其对《三国演义》原著故事与"三国戏"舞台演出的"重构"是一种富于创造性的活动,是迎合并引领下层民众的理解、心境和美感等心理机制的再创造,是直接受到民间年画创作准则,也就是民间年画作坊的画诀的客观影响的创新性"误读"。通过对杨柳青三国戏年画的整理与研究,我们可以看到杨柳青戏出年画对戏出与原著的"重构"主要表现在对故事气氛的有效烘托、对吉祥喜庆的普遍追求、对核心人物的刻意强调这三个方面。同时,杨柳青"三国戏"年画的这种创造性的"重构",也使其作为一种传播载体而具有了浓厚的戏剧性意味:通过刻绘舞台动作,呈现了人物表演的戏剧性;通过定格情节瞬间,呈现了故事冲突的戏剧性;通过渲染画面氛围,呈现了故事情境的戏剧性。

第五章重点讨论杨柳青木版年画对三国戏的传承与传播。本章包括两个小节:传播方式、传播效果。以"传播方式"为研究中心,我们可以看到对于戏曲艺术的传播,杨柳青木版年画主要有两种经典的传播方式:一是实景画面的静态传播,杨柳青戏出年画或者以写真手法描摹舞台演剧,或者借戏曲形象绘画戏文故事,或者借鉴文人画艺术融诗、书、画、印于一体的综合表现方式,融多种元素呈现戏出内容,或者在非戏出年画的作品中呈现诸多戏曲符号,表现出作为平面媒介的多样传播方式;二是吆喝传唱的有声传播,这是杨柳青戏出年画源于一类体裁——"带唱年画"而具有的传播方式。这类年画一般都会有十段左右的唱词,旧时贩卖此类年画的人,往往在集市上依照画上所绘之词高声唱赞,以招徕买者。这样,年画上所刻绘的戏出便通过贩卖者的唱赞吆喝,传遍集市,从而使得戏出年画不仅能够以静态再现的方式传播戏出,更可以通过声音的传递过程让年画上所刻绘的剧目实现更加有效的传播与推广。这种传播方式可以说是一种典型的广告手段,其传播效果不言而喻。

通过对杨柳青木版年画所具有的这两种经典传播方式进行梳理,我们可以初步解释中国古典戏曲以杨柳青年画为媒介的一系列传播现象,进而探讨杨柳青木版年画在传播戏曲艺术的过程中所表现出来的媒介属性与传播效果。按照媒介属性而言,年画与插图都是以瞬间性的时空定格为经典模式的大众传播媒介,但是从传播效果来看,年画艺术以现场传真的精湛技艺将舞台演出瞬间定格,不仅再现了舞台演剧的真实场景,而且比文本插图传播得更加广远,也更具明显的仪式性意味,从而在对戏曲艺术的传播与推广过程中表现出三个方面的明显效果:舞台写真的积极效果、扩展时空的广泛效果和仪式意味的文化效果。

第六章综合讨论杨柳青木版年画的戏曲传播价值,包括两个小节:戏曲文化的直观呈现与视觉整合、凝聚民间信仰的传播过程与文化价值。首先,对于戏曲传播而言,可视性再现使得图像传播相对于文字媒介对戏曲故事的讲述和人物形象的间接描述,可以通过形象塑造完成对戏剧艺术的形象化和直观化的表达,在吸引观赏者注意力的同时,更能形成视觉冲击,给观者带来视觉的快感。特别是对于文化水平不高的城乡平民而言,图像更成为他们接受戏曲艺术最重要的媒介形式。就杨柳青木版年画来讲,其技艺精湛、精彩传神的人物刻绘与融多个戏出情节于一幅的匠心构图,都使得其对戏曲艺术的接受与传播鲜明地表现出了印刷媒介的视觉直观性的传播优势。进而,我们借鉴美国学者詹姆斯·W.凯瑞所提出的“传播的仪式观”这一概念,分析杨柳青木版年画传播戏曲艺术的过程中所呈现出的媒介特质,特别是将民间年画与插图版画作比较的时候,我们可以看到,民间年画作为一种传播媒介,因其具有装饰年节的核心功能和隶属于民俗艺术的重要属性,具有更加明显的建构社会精神、民众信仰与价值观念,以及维系民间秩序的功能,从而彰显出浓郁的传播过程的仪式性效果。

余论题为“杨柳青风:特色与推广”,包括四个部分:第一,杨柳青木版年画的地域审美特性。在继承前人研究成果基础上,运用图像分析和观念分析的方法,从人物形象分析和审美风尚解读两个方面对杨柳青女性题材木版年画进行综合研究,从而挖掘并彰显杨柳青木版年画所体现出的京津地区民间艺术的独特魅力与审美情怀。第二,杨柳青木版年画的民间传统观念。我们通过对杨柳青木版年画的画面题跋进行整理,解读了其中所蕴含的丰富内容,包括疾恶扬善与忠孝治家的传统美德、幸福美满与勤劳致富的生活理想、关注时政与爱国救亡的启蒙精神、诗情画意与雅俗共赏的审美趣味,这些也都呈现出天津地域文化的独特韵味。第三,杨柳青木版年画的海外传播现状。通过系统梳理现有文献,考察杨柳青木版年画的海外传播现状,进而以数字传媒为出发点,思考如何拓宽国际视野,更好地实现文化传承与国际推广。第四,品牌定位与国际推广的策略思考。我们首先对杨柳青木版年画做了四个方面的品牌定位:品种最多,题材最丰;刻绘最细,格调最雅;研究最早,价值最高;文人趣味,雅俗共赏。进而,我们针对如何将传统的年画艺术与现代的数字技术相结合,充分利用新媒体传播,探索民间年画的文化传承与国际推广的新方向,做了两个方面的策略思考:第一,有效利用数字化传播媒介进行传播与推广;第二,增加多语种导览项目,推动杨柳青木版年画的对外宣传与海外传播。希望可以有助于实现哲学社会科学推进城市建设与社会进步的美好愿景。

上编

画中有戏:承载与珍存

第一章　杨柳青戏出年画概述

中国戏剧素以"综合艺术"闻名,周贻白称其为"第七项艺术":因为它本身所包含的艺术成分,兼具诗歌、音乐、舞蹈、绘画、雕塑、建筑等六项艺术的缘故。[1]中国传统戏剧既注重故事情节的生动性、唱词的文学性,也强调演员表演的身段扮相与舞台程式,往往能够给人以视觉和听觉的多重美感。戏曲演出过程中呈现出的雕塑美和绘画美,使戏曲表演常常成为美术家关注的焦点和表现的对象。天津杨柳青木版年画中的戏出题材即是这样一种承载戏剧表演、纪录戏剧之美的经典载体。

杨柳青木版年画是天津特有的民间艺术形式,为中国"四大年画"之一,与苏州桃花坞年画并称"南桃北柳",2006年5月被当时的文化部列入第一批国家非物质文化遗产名录,在中国民间文化史上占有重要的地位。

天津杨柳青年画约产生于明代崇祯年间,继承了宋、元绘画的传统,吸收了明代木刻版画、工艺美术、戏剧舞台的形式,采用木版套印和手工彩绘相结合的方法,创立了鲜明活泼、喜气吉祥、富有感人题材的独特风格,具有笔法细腻、人物秀丽、色彩明艳、内容丰富、形式多样、气氛祥和、情节幽默、题材有趣等特色,民间艺术的韵味浓郁,富于中国气派。

杨柳青木版年画作为一种富于浓郁的乡土气息、有着鲜明纯朴风格的民间艺术样式,不仅具有独特的艺术价值,也是民间社会与民俗文化的图解,更承载着内涵丰厚的人文信息与文化资源。通过对中国年画几大产地的综合考察,我们可以看到,天津杨柳青的木版年画以精致典雅的审美风格誉满京畿,在题材范围方面,则更多取材于戏曲故事。而且,据史料记载,为了创作出优秀的作品,画店往往不惜财力,派画师到京津地区有名的茶园戏楼亲看演出,将舞台上戏曲名伶的经典好戏记录下来,把惊心动魄的戏曲情节、优美精湛的表情身段画成底稿,描摹下来,宛若现场抢拍的照片,真实地呈现了戏曲舞台的整体效果。

---

① 周贻白:《中国戏曲发展史纲要》,上海古籍出版社,1979年,第7页。

戏出年画是民间年画的一个重要组成部分。借助于对戏曲故事的刻绘，戏出年画宣扬着赞美忠勇、惩恶扬善、重视孝义的文化精神，让市井民众在装饰年节、获得审美享受的同时，也能感受到其所发挥的道德教化的功能。作为刻绘戏曲故事情节与舞台演出场景的年画本身，也自然成为承载戏曲艺术的经典文物。诚如我国年画艺术研究的先驱王树村先生所讲，"到了清初，杨柳青和桃花坞的年画大量印制，其中才有不少是以戏曲故事为题材的佳作。桃花坞年画……珍贵作品都很难找到。所幸，清代早期杨柳青所刻印的珍本年画，大部分尚未散失，其中有许多戏出形式的作品，是过去从未被人发现，也可以说，只有这部分材料比较完整。这对我们研究清代京剧发展及我国民间木刻年画艺术的发展，确是提供了较有系统而又可靠的资料"①。也正是因为杨柳青戏出年画是手工艺人在描摹戏曲演出的真实场景的基础上刻绘而成，它们为我们探讨戏曲艺术舞台演出的历史实况提供了可资借鉴的实物载体。可以说，天津杨柳青年画是中国戏出年画的翘楚。

笔者对杨柳青木版年画的戏出题材作品进行了系统的梳理，可以从戏曲题材、戏曲形式和戏曲文化三个方面，呈现杨柳青戏出年画的整体面貌：就戏曲题材而言，杨柳青戏出年画涉及的剧目广泛，为我们留下了清代至近代京津演剧的鲜活景象；就戏曲形式而言，杨柳青年画的戏出题材涉及各地方戏与说唱表演，古装剧与时装剧等多种戏剧曲艺类型，呈示了京津演剧的多样生态；就戏曲文化而言，年画不仅展现了舞台演出的服饰、扮相、动作、表情、切末、装饰等内容，还绘有后台、衣箱等场景，为我们了解清代中期至民国年间戏剧艺术的发展状态提供了丰富的参考。

第一节　年画的戏曲题材

据年画专家王树村先生考证，现存最早的一批杨柳青戏出年画是清代乾隆、嘉庆年间的作品，刻绘了《百花赠剑》《游园惊梦》《长坂坡》《盗仙草》《宇宙锋》等戏曲题材的内容。这个时期的戏出年画大多将戏曲人物置于实景山水之中，虽然没有脱离戏文插图的表现范围，没有呈现舞台演出的实景，但也有效地渲染了戏曲故事的发生情境，也具有一定的戏曲文物的研究价值。

道光以后，戏曲"雅部"式微，"花部"逐渐繁盛，天津宝坻人李光庭成书

---

① 王树村：《中国民间年画史论集》，天津杨柳青画社，1991年，第32—33页。

于道光三十年(1850)的《乡言解颐》卷三"优伶"条中有载:昆曲"无奈曲高和寡,六十年渐少知音;人往风微,寻常辈难为嗣响"①。可见,虽然当时王公府邸豢养的戏班多为高腔班或昆腔班,但毕竟其曲高和寡,后继乏人,而在民间戏园中,秦腔、梆子腔、皮黄等地方戏已经热闹上演,京剧艺术已经初步形成。距离京城不足百里的杨柳青人引领了时代的风气之先,也因当时的画店大多实力雄厚,店主往往不惜重金聘请有名的画师亲临戏园观摩名角的演出,这样,在当时的杨柳青年画中,不仅有河北梆子《闯宫》、秦腔《凤仪亭》等戏画,更有《打金枝》《大登殿》《空城计》《群英会》《醉写番表》《木兰从军》等戏出新样。

这时的戏出年画更强调人物的核心地位,虽然有些年画依然有亭台楼榭等背景,但是人物的表情动作更具舞台演出的效果,呈现出程式化的味道,例如同治年间的画作《拿高登》就刻绘得十分精致,无论是人物的勾脸,还是武生的动作,皆惟妙惟肖,栩栩如生。而且,这时的部分年画已经开始专门描绘舞台演出的场面,不仅描摹了很多旦角的做工,也有武净"起霸"等舞台造型的呈现。戏出年画成为当时新戏的传播载体,以至于杨柳青出品的画作被各地画店竞相效仿翻印,向我们呈示出当时戏曲艺术的繁荣情况,颇具戏曲文物与戏曲传播的研究价值。

光绪年间,不仅京剧剧种已经定型,而且戏曲艺术的各种演出形式如文戏、武戏、唱功戏、做工戏、折子戏等,都获得了繁荣发展,深受观众们的喜爱,特别是以"靠把"和"短打"为主的武戏,更成为在这一时期最为精彩的戏曲样式。与戏曲艺术的花样翻新互为表里,杨柳青戏出年画也迎来了最繁荣的发展时期,不仅数量激增,品类与形式也日渐增多,广泛地呈现了当时戏曲演出的热闹景象。就题材而言,这时的杨柳青木版年画有了取材于《彭公案》《施公案》《包公案》的公案戏画,如《拿九花娘》《剑峰山》《八蜡庙》《恶虎村》《拿谢虎》《连环套》《打龙袍》等;有了取材于《三国演义》《杨家将演义》《红楼梦》《西游记》等经典小说题材的戏画,如《让成都》《辕门射戟》《穆家寨》《辕门斩子》《藕香榭吃螃蟹》《无底洞》等;也有取材于民间故事如《白蛇传》《宝莲灯》《天河配》的戏画,和《西厢记》《王昭君》等传统戏曲题材的画作;还有取材于侠义类公案小说《三侠五义》②的《拿花蝴蝶》《红翠图》等短打戏出的画作。

---

① (清)李光庭:《乡言解颐》,中华书局,1982年,第54页。
② 作者署名石玉坤(约1790—1882,字振之,天津人,清嘉庆至同治年间著名玩票说唱艺人),首刊于光绪五年(1879),清代后期侠义类公案小说最具代表性的作品。

这一时期的戏出年画特别注重刻绘角色表演程式,展现剧中最精彩的情节瞬间,戏中人物的优美身段、工架姿势、细腻表情,都在杨柳青年画中得到了逼真的展现,甚至连角色的盔头冠戴、袍带靠甲、车骑布城都写实无误,宛若用相机现场抢拍的照片,令人百看不厌。这部分画作数量最多、内容最丰,具有重要的戏曲文物价值,不仅可以为今天的剧目、剧种梳理工作提供佐证,更为我们保存了不少已经失传的剧目,并以直观的视觉形象,为我们留下了当时戏曲演出的舞台场景。

晚清朝廷腐败,帝国主义侵华战争连续不断,中华民族陷入了空前的危机之中,梁启超、康有为等爱国知识分子发起了"戊戌变法"运动,唤起了人民大众的爱国热情,戏曲演剧活动也加入了发愤图强、励精图治的救国浪潮之中,天津杨柳青齐建隆画店的画师就曾根据北京义顺和班崔灵芝在广和楼的演出,刻绘了一副《女子爱国》,记录了当时提倡女子读书,反抗列强侵略,提倡爱国救国的新戏。这是一幅反映戏曲改良的年画珍品,不仅借古喻今,具有反帝爱国的意义,也为研究我国戏曲艺术的新发展提供了研究资料。

民国初年,随着天津曲艺的流行,说唱艺术也启发了戏曲艺术的创作,出现了评书传统书目《三侠剑》[①]的剧目《莲花湖》等,也在杨柳青木版年画中及时地反映出来。另外,杨柳青年画也有一些表现当时新戏的画作,如戴廉增画店刻印的《京都部新排梦游上海》,还有《新排东霸天》等。这些都为我们了解当时新戏的发展提供了可资借鉴的材料。

"八国联军"进攻天津以后,时局日益动荡,政府腐败、军阀混战、经济萧条、农村破产,杨柳青画业受到了严重的摧残,加上石印机的兴起,传统木版年画的印制几无立足之地。天津瑞昌画店较早开始使用机器彩印年画,印制了诸如《大登殿》《卖荣花》《金沙滩》《取成都》《长坂坡》等戏出画。增兴画店也印制了《长坂坡》《苦肉计》《箭射蓬索》《回荆州》《取桂阳》等戏出画。这些戏出年画虽然规格较小,纸张和颜料的品质也不算佳,却也为我们留下了当时社会上流行的剧目信息,也具有一定的文献价值。

到1937年,日本帝国主义在我国华北地区大搞"三光"政策,天津杨柳青镇及附近村庄的老艺人家里珍存的雕版或者被抢或者被烧,几无所剩。加上1939年一场猝不及防的洪灾突袭天津,四十多天的洪水浸泡更让久经

---

① 天津评书艺人英致常、王致久、徐长胜等人编述,"天津剑侠书"之一,被视为《明清八义》与《彭公案》之间的"桥梁书目"。参见中国曲艺志全国编辑委员会、《中国曲艺志·天津卷》编辑委员会:《中国曲艺志·天津卷》,中国ISBN中心出版社,2009年,第195页。

灾难的杨柳青年画雪上加霜。就这样,曾经盛极一时的杨柳青画业破碎殆尽,它对传统戏曲艺术的刻绘与珍存也便告一段落。

第二节　年画与戏曲程式

"程式化的歌舞"让中国传统戏曲成为一种独具品格的表演艺术。"程式"是戏曲表演自身的特点决定的,程式的形成始于动作的虚拟化,经过观众的审美认同与共同创造,并经历了一段颇为复杂的发展过程,最终约定俗成。

正所谓"近代百年看天津",就戏剧艺术来说,天津不仅推广了秦腔、梆子、评剧等多种剧种,更成功地扶植了京剧艺术,以至于在中国近代史上"北京学戏,天津唱红,上海赚钱"已成为普遍共识。天津出品的木版年画,也形象地记录了中国传统戏曲艺术程式的发展与成熟。

伴随着京城戏园的不断普及,天津的茶楼戏园也如雨后春笋般林立,让戏剧艺术的传播载体,从民间庙会的祈天酬神、节庆自娱的庙会舞台转移到了以娱乐性、商业性为主的营业性演出场所。道光四年(1824)崔旭作《津门百咏》,其中有《戏园》一首:"戏园七处赛京城,纨绮逢场皆有情。若问儿家何处住?家家门外有堂名。"作者原注:"戏园起于近年,伶人寓此者五十余家。"①可见当时天津城内茶园数量陡然剧增的盛况。另据周利成、周雅男编著的《天津老戏园》讲,旧时的戏园都是将舞台与观众统一在一起的室内剧场,舞台不大,为伸出式三面敞口的戏台,戏台外分池座、包厢与两廊。当时的戏园里没有扩音器设备,唱戏全凭演员嗓子好,看戏则要尽早抢占座位。有钱人都坐在池座位子上,围着八仙桌相对而坐,侧脸看戏。桌子上有壶碗茶具、干鲜果品供坐客饮用,所以也叫"茶园"。杨柳青年画师们刻绘的许多戏出作品,都是在茶园中边看边画、现场临摹而来的。

王树村先生在《戏出年画》中就介绍过杨柳青已故画师阎文华对"观戏作画"的记忆:"杨柳青画店主人若请画师观戏作画,画师必先到戏园池座中,坐在下场门的台下一边,为的是看清楚从上场门出来的角色全貌。画师入场之前,携带用柳木烧制的碳条或烧焦的香头和毛边纸。他们一面品茶嗑瓜子,一面注视着演员表情身段、举止动作、衣帽行头、武行把子等。每至戏中情节感人、表演精绝处,画师则立即拿起炭笔(香头)在纸上草草勾出见

① 　(清)崔旭:《津门竹枝词》,见陈恬、谷曙光本卷主编,《京剧历史文献汇编·清代卷8·笔记及其他》,凤凰出版社,2011年,第605页。

的瞬间印象。如此边吃边画，直到戏终散场，画师挟画稿方出戏园大门。"①
这样，经杨柳青年画艺人的勾描与刻绘，戏剧舞台上演员的身段动作所铸就
的千姿百态、缤纷灿烂的动感美，便凝结在了视觉直观的平面艺术中，让特
定时空的艺术创造具有了永恒的意味。当人们注视这些精美的画作时，不
仅流连忘返，回味无穷，更能让思绪穿越时空，感受历史留下的痕迹，特别是
那些已经程式化的舞台做工，因为转瞬即逝，更令人无限向往。杨柳青的年
画师们借鉴了戏曲艺术传承下来的程式"规范"，将其凝结为民间美术的"口
诀"，以此来刻绘戏曲舞台的程式化表演，由此人们便可"观画"而"看戏"。
戏剧表演艺术转瞬即逝的审美菁华也因此转化成了民间年画这样一种可以
流传下来的空间艺术形式，并以之为媒介传承和延续着中国传统戏剧的艺
术魅力与审美精神。

一、戏曲程式：舞台艺术的美学原则

中国传统戏曲既注重故事情节的生动性、唱词的文学性，也强调演员表
演的身段扮相与舞台程式，因其综合运用了唱、念、做、打多种表现手段而呈
现为一种程式化了的歌舞表演，往往能够给人以视觉和听觉的多重美感。
可以说，"程式化"让中国戏曲成为一种独具品格的表演艺术。

对于中国戏曲的"程式"概念，张庚先生做过明确定义："什么是程式？
动作的程式产生于生活动作的舞蹈化，即把普通的生活动作变成舞蹈，变成
节奏化。这样把一种生活动作，经过长期的琢磨，形成一套节奏化或舞蹈化
的动作，这就产生出程式来。"②也就是说，戏曲演员在塑造角色形象时，要把
生活中的举手投足等动作结合一定的曲调与舞蹈，而展示为一种具有节奏
感的歌舞表演。例如开门关门、上马下马都有一套固定的程式；旦角的水袖
有程式，武行的起霸也有程式。

戏曲程式有广义和侠义两个概念。广义的"程式"可以代表中国传统戏
曲艺术的总体特征，强调的是传统戏曲以歌舞表现生活的独特艺术形式，剧
本结构的安排、行当角色的设置、音乐唱腔的使用、服饰扮相的讲究，等等，
大凡带有一定规范性的戏曲表现形式，都称为程式。狭义的"程式"则专
指表演程式，"唱"有格律、声腔、板式的规范，"念"有发声、吐气、声调的要
求，"做"有身段、脚步、手势的功法，"打"有工架、套路、力道的要领，喜怒哀
乐有不同情感与神态的表达方式，走马行船有模拟生活的虚拟表演手段，等

---

① 王树村：《戏出年画》（下卷），北京大学出版社，2007年，第8页。
② 张庚：《戏曲艺术论》，中国戏剧出版社，1980年，第120页。

等,这是对戏曲表演的表现方法与表现手段的具体规定,也就是戏曲演员在表演过程中塑造人物形象、表现故事情节所应遵循的舞台法则。

传统戏曲程式化的舞台表演是伴随着中国戏曲的发展成熟而逐渐定型下来的。元代胡祗遹在《黄氏诗卷序》中就曾提出戏曲表演艺术的"九美说":

> 女乐之百伎,惟唱详焉。一、姿质浓粹,光彩动人;二、举止闲雅,无尘俗态;三、心思聪慧,洞达事物之情状;四、语言辨利,字句真明;五、歌喉清和圆转,累累然如贯珠;六、分付顾盼,使人解悟;七、一唱一说,轻重疾徐,中节合度,虽记诵闲熟,非如老僧之诵经;八、发明古人喜怒哀乐、忧悲愉佚、言行功业,使观听者如在目前,谛听忘倦,惟恐不得闻;九、温故知新,关键词襄,时出新奇,使人不能测度为之限量。九美既备,当独步同流。①

这是对戏曲演员的艺术素养与表演技艺提出的九项标准,其中已经包含了注重角色扮相、动作造型、唱腔念白等表演规矩的说明。到清代李渔的《李笠翁曲话》中也有结构、词采、音律、宾白、科诨、格局、选剧、变调、授曲、教白、脱套、习技十二个部分,包含编、导、演、教方方面面内容,概括了传统戏曲艺术的综合美学原则,诚如李渔自诩:"创为成格以示人,自制曲、选词,以至登场、演习,无一不作功臣。"②清代中晚期传统戏曲的程式化特点已经基本定型,这种"以虚带实""虚实结合"的表演规范也塑造了中国戏曲的独特美感,也正是在这个意义上,阿甲认为戏曲程式实现了见离性和传神的幻觉感的结合,是"戏曲艺术最高的美学原则"③。

作为中国戏曲的整体特征,戏曲程式不同于广义的艺术程式,是文学、音乐、舞蹈、美术等文化艺术形式多彩融合的结果。戏曲程式源于生活而又高于生活,是将生活素材经过诗歌的文学化、音乐舞蹈的艺术化之后,提炼并熔铸成的相对独立的形式语言,而在表演的过程中无论演员的脸谱、妆容、衣饰,还是演员的动作、表情、造型,或是舞台的布置、装饰、道具,等等,都普遍呈现出一种既多姿多彩、令人目不暇接,且亦动亦静、让人有迹可循的雕塑美与绘画美。

---

① 隗芾、吴毓华:《古典戏曲美学资料集》,文化艺术出版社,1992年,第61页。
② (清)李渔:《李笠翁曲话》,陈多注释,湖南人民出版社,1980年,第155页。
③ 阿甲:《阿甲论戏曲表导演艺术》,文化艺术出版社,2014年,第251页。

二、年画口诀:现场写真的技艺总结

传统戏曲程式化的艺术特性使得戏曲表演常常成为美术家关注的焦点和表现的对象,以戏曲演出场景为题材的美术作品不断出现在壁画、插图等民间美术的创作中。这样,很多戏曲艺术传承下来的"规范"常常被民间画工所借鉴,成为民间美术的"口诀"。清人恒庵居士就曾辑有《八形说》:

老形:起迟、立歌、抬肩、呆容、曲背、硬膝、转身慢、步平、头摇点、支杖。

少者:乐容、佻健、风流、身如弓、双袖垂、步俏、目转。

文者:正容、恭袖、舒眉、凝目、步蹉、身端背前探、手拈指。

武者:威容、眉锁皱、挺胸、腰劲直、侧立不可立、肘屈如抱月、手揣舟势、步阔。

贫者:愁容、锁眉、酸子气、擦涕、搔鬓、缩头、耸肩、袖手、端正步、摩腕、风雪状、低视。

富者:欢容、捻指、仰面、昂头、硬颈、拍胸圈指、舒眉、撑手。

癫者:呆视、定眼、斜步、目直、手摇、头僵胸露、身侧、忌脱去本来面目。

醉者:呆容、目倦、步伧、口吐、手扶、语混、身摇、头垂、坐斜、混身软独脚硬。

据王树村先生考察,恒庵居士的生平事迹与"八形说"的诞生年代已无从可考,旧说为清末戏剧家汪笑侬所藏,可知的是:"《八形说》是根据已往不知多少名角演出和传统表演程式,加以概括、提炼出来的精华,而又经过琢磨、斟酌、推敲,最后形成的简要的'口诀'。所以它不仅是戏曲表演艺术方面的'口诀',而且也是民间画工创作戏曲画和其他艺术上,都可以通用的艺术诀窍。"[①]可见,戏曲舞台的表演程式与民间美术的绘画口诀有着直接的承继关系。

戏曲题材在民间美术中的日益流行也感染了思维敏锐的杨柳青人。杨柳青在明代就已经是我国南来北往的运河要津,在接受新鲜事物方面,也往往更容易感受时代风气之先。戏曲艺术的流行、戏出画作的出现都启发了杨柳青年画创作的艺术思维。到清代中晚期,以戏曲舞台场景为年画创作

---

① 王树村:《民间画样与画诀》,见张道一主编:《民间工艺》,1984年创刊号,第112页。

题材也成了杨柳青木版年画的一大特色。与画店雄厚的经济实力分不开，杨柳青年画不仅使用的颜料特别考究，而且有条件让画师到北京戏园去看戏，根据舞台角色的衣装、扮相与表演，用不同的笔姿墨线即席写生，再回到作坊反复修改，做工笔写实的精细描绘。因此，杨柳青出品的戏出年画往往比其他产地的年画更具舞台的真实性，更具刻绘的艺术性，甚至成为其他产地纷纷效仿的典范。

天津杨柳青戏出年画也因此成为承载戏曲表演、纪录戏剧之美的经典媒介。画师们为了将精彩的技艺传承下去，也通过观察戏曲演员的表演，总结即兴创作的经验，提炼出了许多刻画戏曲舞台上各种行当的性格、动作的绘画"要诀"：

旦：画旦难画手，手是心和口，若要用目送，神情自然有。

又：青衣手捧心，武旦急如风，闺门目下行，花旦插腰巾。

小生：风流又潇洒，举止多文雅，歪头目传情，直立易发傻。

武生：脚为武将根，立要丁字样，两臂向开岔，必是拉弓架。

丑：缩头又耸肩，蜂腰搭架手，脚翘腿下蹲，坐行如摆柳。

身段：武将扬手过盔头，文官捻髯露半手，小生不作呆立像，媒人摸鬓侧面瞅。

动作（以扇为喻）：文生搧胸，花脸搧肚，小生不过唇，黑净到头顶。丑搧目，旦掩口，媒婆搧两肩，僧道搧衣袖。[1]

这些绘画口诀来自杨柳青画师们对戏曲表演过程中演员身段程式的准确观察，既服务于年画刻绘的精准，也集中体现了戏曲表演的程式。现场观剧的真实体验，结合了口耳相传的绘画要诀，杨柳青画师们创作的戏出年画不仅色彩清新，风格典雅，更显舞台真实性，也就更具文献价值。

三、戏出年画：戏曲程式的形象再现

在戏曲表演中，来源于生活的自然形态与生发于艺术的舞台表演，都将融入戏曲程式，才能整合进戏曲舞台的整体艺术风格，可以说，程式既是中国传统戏曲在歌舞表演的发展过程中形成的一种艺术特色，也是戏曲艺术在表演过程中要严格遵守的艺术规范。正是在这个意义上，黄克保先生认

---

① 王树村：《中国民间画诀》，上海人民美术出版社，1982年，第24页。

为"没有程式,就没有戏曲的表演艺术"①。程式作为戏曲艺术的经典标志,在我国清代的戏曲舞台上就已经缤纷呈现。我们可以从历史文献中查找资料,了解关于程式的信息;我们可以从清宫画谱中看到规范,了解戏曲人物的扮相。但是,对于舞台演出的现场景象,却因为没有今天的声光电影技术留下影像,往往少有真实且直观的记录。

杨柳青戏出年画是一种难得的文献,它以图画的形式刻绘了戏曲演出的经典场景,通过一幅幅真实地临摹于戏曲舞台表演现场的年画作品,我们可以直观地了解清代至民国年间京津地区戏曲舞台上演员演出时的服饰扮相、表情动作,也可以清楚地查看戏曲表演过程中的舞台布置与切末道具,更可以通过解读绘画构图,一目了然地欣赏当时戏曲演出过程中的演员台位与舞台调度。可以说,杨柳青戏出年画以一纸之力,形象地记录了"戏曲程式"的丰富内容。特别是其对于演员在演出过程中具有包孕性的经典动作的刹那刻绘,犹如演出过程中拍下来的精彩剧照,用形象语言,向我们讲述着清代演剧的舞台程式。

杨柳青戏出年画中有一副《拾玉镯》(横四裁,24cm×36cm),就是这类用年画口诀记录舞台程式的精彩创作。

《拾玉镯》又名《买雄鸡》《孙家庄》,是京剧传统剧目,系《法门寺》中的一折。故事讲明朝年间,陕西孙家庄少女孙玉娇为孙寡妇之女,母女养鸡为业。一日,孙母外出听讲佛经,玉娇独自一人坐于窗前绣女红。来买雄鸡的少年世袭指挥傅朋见此情景,为其美貌所动,遂不顾冒昧,上前叩问。孙玉娇见傅朋风流俊俏,也心生爱慕。傅朋临走前故意留下一只玉镯,以表心迹。玉娇含羞俯身,欲拾还休。此情此景被邻居刘媒婆看见,遂从中撮合。后几经波折,二人终结良缘。(此剧原有调情成分,是老戏迷口中的粉戏。1953年中国戏曲研究院参考桂剧本,加以修改完善,遂以表演细腻而著称。杜近芳曾在1957年世界青年联欢节演出此剧并获奖。②)

杨柳青木版年画刻绘的是此剧中"拾镯"的精彩场景。年画正中放置一长方桌,扎挑红色桌帷,桌上放一针线包裹,既鲜明地交代了故事的背景,也初步呈现出传统戏曲舞台以桌为主要布置的程式特点。桌前孙玉娇头簪翠花首饰,粉面红唇,身穿橙色宽领大袖清式短袍,蓝色宽筒长裤,外露绿色花腰巾,脚穿红色绣花布鞋。此时右手下探,正微微俯身,意欲拾起地上玉镯,但又唯恐被傅朋窥见,一边回首后顾傅朋,一边以左手持帕遮面。画师巧妙

---

① 黄克保:《戏曲表演研究》,中国戏剧出版社,1992年,第29页。

② 参见黄钧、徐希博:《京剧文化词典》,汉语大词典出版社,2001年。

地刻绘了玉娇脚步向前、身体向右微倾、回头向左顾盼的S型身姿，既精准地描摹了妙龄少女的婀娜体态，也恰切地呈现出她芳心初许的微妙心情。

画面右侧，傅朋头戴文生巾，穿墨色褶子，足登高方靴，右手倒拿洒金折扇，藏于身后，左手轻粘飘带，指向前方，做迈步前行状，仿佛走向下场，却又回头再看玉娇，粉面含春，眉目溢情。此时的傅朋也是一个精彩的亮相，他脚做丁字步，带动身体欲向前迈进，头部却向后回转，眼波流向玉娇，既成功地塑造了一个翩翩少年遗镯留情的俊美身姿，也流露了他欲罢不能、欲走不忍的牵顾之态。

画面左侧，看穿二人心意的刘媒婆为彩旦扮相，头顶上簪花，着粉紫短袄红色长裤绿色布鞋，右边鬓角处贴一块儿菱形膏药，极富喜剧色彩。她左手拿一把羽毛扇，横在肩颈处，小拇指放在唇边，做拈轻姿态，右手正以大烟袋锅子勾取地上的玉镯。刘媒婆躬身轻步，动作虽指向玉镯，双眼却暗瞅玉娇、傅朋二人，其神情姿态令人忍俊不禁，拍案叫绝。

通过年画的刻绘，我们可以看到，舞台上的傅鹏与玉娇二人构成了一个X型的台位，他们双脚方向相反，身体反躬相背，头部却都在回首顾盼彼此，足见画师在刻绘戏中人物的形象时，精雕细琢出了两个角色的心理状态，淋漓尽致地呈现了两个有缘人情窦初开的娇羞与郎情妾意的缠绵，把舞台上花旦与小生的对儿戏中最动人心弦的演出场景凝固在了尺幅画面之上，可谓精彩绝伦。

从画面形象上我们也可以看出，孙玉娇左手以帕遮面，眼神微微下视的姿态，正是按照"手是心和口，若要用目送，神情自然有"的画诀所表现出的戏中少女的羞赧，也完全符合"闺门目下行，花旦插腰巾"的戏出绘画口诀；傅朋遗镯有意，身姿向前却又回首凝望的姿态，也正是小生"歪头目传情"的精准表达。这些绘画口诀整合戏曲艺术与年画艺术的审美特性于一体，巧妙地实现了将舞台演出的时间艺术转化为年画刻绘的空间艺术，也将戏曲艺术转瞬即逝的美凝固下来，得以实现历史的传承。

我们通过考察这些珍贵的戏出作品，也可以直观地了解戏曲演出过程中的服饰、扮相、表情、动作、切末、道具、台位、调度，等等，与文字记载相互印证，通过对图像的细读和阐释，揭开戏曲演出的历史面纱，解读戏曲程式的审美意蕴。

第三节　年画中的戏曲文化

　　现存清代中期以降的戏出年画以苏州和杨柳青两地的作品最为著名。苏州的戏出年画往往是江南一带演剧实况的再现,而杨柳青因毗邻北京,出品的戏出年画也就自然更多呈现了京津演剧的历史场景和文化信息。

　　1843年上海开埠,并逐渐发展成为一座现代大都会,随着京剧在道光年间的日益盛行,上海的戏园便经常邀请京剧名伶登台演出,最终促成了"海派京剧"的表演风格。苏州因为地近上海,出品了很多呈现海派京剧表演信息的戏出年画。《花园赠珠》(横四裁,25.5cm×28cm)绘制的是戏出《明月珠》中陈翠娥赠珠方卿的动人场景,画面上舞台布景写实,不仅呈现出上、下场门垂以龙凤绣帘的华丽布置,底幕背景正中间还挂有一个时钟,指针临近十一点三刻,更展示了十里洋场融合中西方文化、歌舞不夜天的热闹与繁华。

　　杨柳青则地近京城,它的戏出年画题材也就很自然地反映了都城一带的演出盛况。作为明清以来政治、经济、文化的中心,北京城可谓人文荟萃,剧种繁多。清代乾隆年间开始,这里不仅上演着昆曲、弋阳腔、秦腔、梆子、徽剧、汉剧等各地方剧种,还有后来盛极一时、而今被誉为国粹的京剧。杨柳青的年画师为了创作新鲜画样,常常到京师的戏园写生,因此,杨柳青的戏出年画不仅刻绘了在天津一带广泛流行的河北梆子等戏剧场面,还呈现了各地剧种在京会演的缤纷情形。这些年画以戏曲舞台为蓝本,线条精细灵动,不仅人物表情栩栩如生、唱念做打美轮美奂,更通过舞台布置、人物装扮等写实无误的精纯刻绘,让后世得以从中辨认戏曲演出的文化信息,为我们了解京津演剧的繁华盛况提供了参考。

一、戏剧种类与演员信息的精彩记录

　　杨柳青戏出年画展现出以京剧演出为主、各地方戏异彩纷呈的创作题材,反映了清代中叶以后京津地区戏剧发展的概貌,部分年画甚至附有演员的名字,为我们提供了当红地方戏演员的研究资料。

　　北京是清代的都城,也是时代文化的聚焦之地,各地方剧种的戏班几乎在这里都有演出,其中除了昆曲、弋阳腔、梆子、吹调、徽剧、汉剧等,更有后来盛极一时、流行至今的京剧,呈现出"六大名班,九门轮转"[①]的演出盛况。

---

① 　(清)杨静亭:《都门纪略》,广陵书社,2003年,第124页。

天津地近京城,容易受京城时代风尚的感召而体现出大致相同的审美取向。光绪十年(1884)张焘撰写的《津门杂记》中就有"戏园"一章,对当时天津的茶园演剧活动做了丰富的记载:"所有戏班向系轮演,有京二簧,有梆子腔,生、旦、净、丑,色艺俱佳,铙歌妙舞,响遏行云,是足动人观听。每日宾朋满座,尝有雏伶三五成群,周旋客座,秋波流媚,粉腻衣香,旁观者不觉延颈举踵,目光灼灼。昔人有咏官座云:'左右并肩人似玉,满园不向戏台看。'概可想矣。惟座后看白戏者,人数壅塞,环绕如六屏山。……各班角色,聚散靡恒,不能备也。"①可见当时戏园演剧的热闹与繁荣,而且京剧和梆子业已十分流行。

杨柳青年画师为求新鲜画样,常常到京师的戏园写生,因此,杨柳青出品的戏出年画,除了多有刻绘天津一带流行的河北梆子等戏剧场面的作品外,还有相当一部分反映了各地剧种在京会演的情形,以及在京剧盛行后,以京剧演出为主、各地方戏异彩纷呈的戏剧史盛况。目前留存下来的杨柳青戏出年画,大部分都是京剧剧目,此外,像《雄黄镇》(乾隆,横三裁,31cm×55cm,粉本)从演员身段上看,应是昆曲剧目;《老少换》(清,横四裁,24cm×30cm,戴廉增画店)刻绘的是梆子戏马胡伦被换妻的喜剧故事;《刘二姐赶庙》(清中期,横三裁,35cm×57cm,粉本)描绘的是秦腔剧中的打诨戏"刘二姐拴娃娃";《小花园》(清中期,横三裁,35cm×57cm,粉本)描绘的是当时流行的"三小戏"②剧目;《高跷会》(光绪,横三裁,35cm×58.5cm,半印半绘,大树画馆藏)呈现的是民间流行的秧歌戏。

更难得的是,杨柳青的一些年画店主人受到当时兴起的名伶传真画像的启发,也从民间聘请了传真画像艺人专门描画京都名角演出真容,并在角色旁边刻出演员的姓名,如南乡"义成永"画店出品的《黄鹤楼》,分别在赵云、刘备、周瑜三个主要人物旁书写了演员的名字"薛凤池""达子红""高福安"。晚期的杨柳青戏出年画《马小五纺棉花》上刻有演员元元红的名字,《翠屏山》上刻有演员小桃的名字,还有一幅《石秀算账》,也在人物潘巧云之

---

① (清)张焘:《津门杂记》,见傅谨主编:《京剧历史文献汇编·清代卷8·笔记及其他》,凤凰出版社,2011年,第127页。

② 清代中期以后,天津的戏台上逐渐活跃起一种载歌载舞、表演诙谐幽默的小戏,大都由小生、小旦、小丑三种行当合演,行话称为"三小戏",这类剧目的唱腔既不属于梆子腔,也不属于皮黄腔,多是吹腔、柳枝腔、罗罗腔、鲜花调或其他民歌小调,伴奏也并非京胡或者板胡,多是横笛、海笛、大唢呐等,可以看作由民间歌舞发展而来的剧种,具有浓厚的民俗气息。参见甄光俊:《杨柳青年画中的戏出映像》,见冯骥才主编:《年画研究》,2015秋,文化艺术出版社,2015年9月,第37页。

下写有"小桃"的艺名。这些名字都是属于在当时社会上以唱河北梆子而著名的戏剧表演艺术家的。从京津地区戏园演出现场传真而来的戏出画像，在摄影机还未被发明的年代，由民间画家描摹出来，在年节的喜庆气氛中被广泛传播到十里八乡，既在客观上促进了戏曲艺术的民间传播，也为我们了解当红演员们的演出实况留下了珍贵的资料。

二、角色扮相与舞台表演的刹那写真

戏剧艺术是时间与空间相结合的艺术类型，随着时间的流逝，古代戏剧大部分只有文本流传下来，而戏曲文物则承载着古代戏剧的表演场所、服饰化妆和道具乐器等文化信息，是我们深入研究中国戏剧艺术舞台历史与审美特征的有效途径。天津杨柳青戏出年画注重刻绘角色表演程式，展现剧中最精彩的情节瞬间，是清代京津地区戏剧舞台演出的物化载体。通过对杨柳青戏出年画的解读，我们可以掌握特定历史时期戏剧演出的服饰道具、角色扮相等情况，以及演员在表演过程中的神态表情与举止身段，结合文字记载，直观地把握到清代京津地区戏剧演出的历史场景。作为一种典型的戏曲文物，杨柳青戏出年画拥有和文字相同的功能，记录并延续着中国传统戏剧的艺术魅力与审美精神。

（一）服饰扮相

清代各种地方戏兴起，为舞台艺术的全面发展提供了基础，戏曲的扮相艺术有了极大提高，戏曲人物服饰装扮逐渐走向个性化、象征化与定型化。清人徐孝常在《梦中缘·序》中讲："长安梨园称盛，管弦相应，远近不绝。子弟装饰，备极靡丽，台榭辉煌。"[①]记载了当时梨园子弟舞台演出服装的精美华丽。

杨柳青戏出年画的显著特点即是注重角色的表演程式，因为许多年画都是画师根据舞台表演直接临摹而来，所以对于台上角色的服饰扮相都写实无误，可以辅助文献，帮助我们解读戏曲艺术的衣装扮相逐渐程式化的发展历程。

齐建隆画店刻印的《长坂坡》（乾隆—嘉庆，横三裁，34cm×58cm），是杨柳青戏出年画的早期样本。年画情节选自家喻户晓的三国故事：刘备携十几万百姓撤出新野，向江陵进发，途径当阳被曹军冲散队伍，赵云单枪匹马杀入敌阵，与糜夫人相遇。糜夫人重伤不能前行，将阿斗托与赵云，投井而死，赵云推倒断墙掩盖井口，怀抱阿斗骑马力战，终于脱险。年画呈现的是

---

① 蔡毅：《中国古典戏曲序跋汇编》第3册，齐鲁书社，1989年，第1692页。

糜夫人托子于赵云的场景。画中的赵云戴武生巾,挂五绺长髯,穿马褂,系下甲,扮相非常独特。

中国古代戏曲服饰的显著特征是程式化与类型化,赵云的扮相也基本凝定为英俊的武生形象:武生、俊扮,白夫子盔、白硬靠、苫肩、红靠绸、红彩裤、厚底。[①]《中国戏曲志·陕西卷》记有两幅凤翔的明代戏曲版画,描绘的是《回荆州》的场面,图一赵云立在孙夫人轿后,身穿铠甲,头戴尖顶盔帽,左手挥剑,右手举矛,护送辇车;图二赵云身穿靠衣,插靠旗,左手握剑,右手提长刀,正与东吴二将作战。这组版画呈示出明代演剧过程中赵云形象已有武生俊扮。而杨柳青出品的这幅乾隆—嘉庆年间的木版年画却呈现出穿马褂、挂五绺长髯的赵云形象,可见明清时期,中国演剧过程中戏剧服饰与角色扮相的丰富性与复杂性。

杨柳青木版年画中也有一幅《回荆州》(清,横四裁,23cm×33cm),是清代晚期流传下来的年画珍品,此图刻绘赵云依诸葛亮锦囊妙计救刘备回荆州的场景。图中赵云戴深色盔头,披靠甲,插靠旗,虽然靠旗上依然没有"单龙戏珠"的图案,但靠肚上已经有"双龙争珠"的纹饰,脚蹬高方靴,神态威武,气势勇猛。由此可见"常山一条龙"的武生俊扮在京津地区已经流行,亦可见出杨柳青戏出年画对赵云扮相的程式化过程的精彩记录。

(二)舞台表演

近代戏剧大师齐如山先生曾经讲过国剧表演的特点在于"有声必歌,无动不舞"[②],可以说"唱念做打"的舞台表演既是戏曲演出的重要原则,也是戏曲艺术的魅力所在。戏剧演员舞蹈化、技巧性的动作在传递戏剧内容信息、烘托戏曲气氛、营造戏剧效果的同时,这种模拟性、艺术化的表演身段本身也具有相当强的艺术魅力与欣赏价值。

清代花部勃兴,舞台演技获得了长足的发展,特别是武打技巧的精进,更成就了清代演戏的一大特色。在廖奔、刘彦君看来,清代戏曲舞台着重发展了武技,与普通观众爱好热闹场面、不爱看气无烟火的旧式传奇有关,"民间观众对于节奏缓慢、无病呻吟、小题大做、千篇一律的生旦传奇舞台不感兴趣,他们爱好看那些热烈奔放、感情浓郁、节奏快捷、表演质朴的动作戏。这种审美倾向有力地促成了清代花部声腔(将舞台表演放在第一位)的兴起"[③]。花部戏在舞台上充分地发展了武技,刀枪剑戟,十八般武艺,在舞台

---

① 万如泉等:《京剧人物装扮百出》,文化艺术出版社,1998年,第33页。

② 齐如山:《齐如山全集》,(台湾)联经出版公司,1979年,第1466页。

③ 廖奔、刘彦君:《中国戏曲发展史》第4卷,山西教育出版社,2000年,第155页。

上尽情施展,赢得了观众的喜爱,也成就了花部戏对中国舞台表演艺术的重要贡献。

没有现代光影技术的影像记录,对于清代京津剧坛舞台演出的精彩场面,除了文字记载以外,我们只能从图像类的戏曲文物入手,或可观览一二。杨柳青戏出年画为我们提供了这样一个难能可贵的欣赏机会,使我们得以管中窥豹,初探清代戏曲舞台演出的缤纷场景。

杨柳青戏出年画有一幅《伐子都》(横四裁,23cm×30cm),年画取材于《东周列国志》第五至七回,颍考叔与公孙子都争挂帅印抵挡惠南王兴兵伐郑的故事。"伐子都"一出以翻打扑跌见长的武生戏,需有"台漫""劈叉"等硬功武技,唱做武打都很精彩。此画刻绘了二人在操练场上比武较量的场景,颍考叔英勇善战,夺得军中蠹旗,公孙子都技不如人,却怀恨在心。此图正是颍考叔和子都争车的一幕,左为颍考叔,中为车夫,右为子都。

画面左侧颍考叔勾红三块瓦的花脸扮相,挂长髯,戴帅盔,扎靠,外穿绿色蟒袍,足蹬高方靴,右手紧握蠹旗扛于肩上,左手扯住象征战车的车轮旗道具,大步向前迎风飞走,气魄勇武雄伟,工架浑厚有力;画面右侧公孙子都头戴紫金盔,扎靠,外穿白色蟒袍,靠旗飘带迎风飞动,因颍考叔战胜夺帅而做愤恨状,口衔翎子,左手按剑,剑已出鞘,右手作剑诀,指向右方,单足立地,满面杀气,举止神情紧扣愤恨心态,精彩至极,特别是图中子都的身体动作与风向都朝向右方,而眼神却是向左,紧盯战车,将心中杀机暗起的思绪呈示于动作与身段的表演之中。

"手眼身法步"是戏曲演员必备的表演技艺和基本功,所谓"手为势,眼为灵,身为主,法为源,步为根",精彩的戏曲表演讲究指法、眼神跟身段与台步的紧密配合,展现出戏曲表演意境和神韵。这幅年画把戏剧演员舞台演出过程中手眼身法步的艺术修养记录下来,可供我们仔细回味,由此欣赏清代戏曲表演的精妙之处。

三、茶园戏楼与后台景象的珍贵保存

作为京畿门户,天津戏剧艺术的近代化过程特别引人注目:在演出形式上,除了正规戏班之外,从茶园戏到堂会戏、会馆戏,再到"彩头班"的重兴,以及连台本戏的蔚然成风,既呈现出天津近代艺术经济的新面貌,也让戏剧艺术的传播载体,从民间庙会祈天酬神、节庆自娱的庙会舞台转移到了以娱乐性、商业性为主的营业性演出场所——茶楼戏园。

19世纪六七十年代天津被迫对外开埠之后,随着市内交通条件的改善和京津地区戏剧人才的辈出,天津的茶园数量陡然剧增,戏曲演出繁盛一

时。最初,茶园主要以喝茶为主要盈利方式,听戏只是娱乐和飨客的辅助手段,所以经营者对于入园喝茶的人,只收茶钱,不收戏钱,实为以茶资抵戏票的戏曲演出场所。但是,随着戏剧艺术的发展,观看演戏已经成为消费者进茶园的主要目的,此后,茶园的经营者便把组织演出作为盈利的主要手段,既收茶钱,也收戏钱。以茶园为营业性演出场所、以赢利为目的的戏曲演出,大约起自嘉庆—道光年间,兴盛于同治、光绪两朝。天津最初开设的茶园主要分布在侯家后和钞关一带,以后不断增多,遍布城厢各处。

据中国戏曲编辑委员会编著的《中国戏曲志·天津卷》记载,自同治年间到民国初年,天津约有茶园109处。另据郑立水《天津的戏园》所记,"天津的茶园还有一百三十余处,主要分布在老城里及其周围河北大街、南市、南开、河东等地"①。可见茶园分布之广,发展之盛。这些茶园的经营者,为展现场所的演艺特点,十分注重茶园建筑外观的设计和内部装修,常在园门或舞台两侧书有抱柱对联。伴随戏曲艺术的发展与繁荣,茶园逐渐成为不可或缺的演出场所,甚至许多戏曲艺人由此成名。

杨柳青戏出年画上常常刻绘有茶园戏楼与后台景象等丰富的内容,也为我们研究北方戏剧的发展面貌、了解清代戏曲文化信息,提供了珍贵的参考资料。

年画《大观茶园》(清末,贡尖,61cm×107cm),杨柳青年画馆收藏,就堪称清代戏园舞台的写真。大观茶园始建于清光绪二十四年(1898),坐落在北马路东端官银号附近,2000年拆除。此画描绘的剧目是《连环套·天霸拜山》,年画对戏曲舞台做了精细描摹,"此图似为当年大观茶园的宣传画"②。画面上绘有黄天霸、窦尔敦等七人,黄天霸手牵御马,单足立地,大义凛然,窦尔敦作弓步,双手捉翎,愤恨交加,其他五人也都姿态各异,表情丰富,足见当时戏剧演出的热闹场景。更令人叹为观止的是,画作呈现了当时戏曲舞台的装饰与布置:舞台中间挂有梅花翠竹白色幕帘,幕帘上方有"双凤朝牡丹"围子,显得贵气而又雅致;幕帘拉起,正中悬挂"九义合班"金字黑牌,字牌由红绸装饰,庄重而又喜庆;舞台两边分设两个角门,左边角门写有"大观茶园"字样,右边角门写有"官银号旁"字样,点名了茶园的具体位置,也展示出演员上、下场门的布置,角门上挂有白梅粉帘,装饰以单凤围子,白梅的枝干走势与单凤的飞动走势都朝向舞台中间,动静有致,与舞台正中的帘幕

① 郑立水:《天津的戏园》,见中国人民政治协商会议天津市委员会文史资料研究委员会编:《天津文史资料选辑》第51辑,天津人民出版社,1990年,第152页。

② 冯骥才:《中国木版年画集成·杨柳青卷(上)》,中华书局,2007年,第138页。

遥相呼应，共同装点出一个富丽雅致的戏曲舞台。画作既呈现了大观茶园最经典的舞台表演场景，作为戏曲文物，也可以辅助文字记载，让我们直观地了解清代晚期天津戏园的存在实况。

杨柳青年画另有一幅《拿费德功》(清末民初，贡尖，59cm×101cm，广盛增画店)，萨拉马州艺术博物馆藏。此图以丹桂茶园为背景，刻绘了传统剧目《趴蜡庙》的场面，既呈现了戏曲演出的精彩情节，也可以看作"丹桂茶园的宣传画"。画面正中置一长条桌案，铺粉色桌帏，上挂粉色帐幔，中间挂一红色牌子，写有"丹桂茶园"四个大字；两边各放一椅，铺红色椅披；旁边是上、下场门，挂着粉底麒麟图案的门帘。舞台上正在演出众人合围费德功的紧张情节，武净、武老生、武小生、武旦，各个行当精彩表演，生动传神。这幅年画虽不如《大观茶园》那样华丽，却也十分难得地向世人展示着曾经上演过戏曲艺术的丹桂茶园舞台面貌，同样具有一定的戏曲文物价值。

杨柳青木版年画还有两幅《戏院后台图》(一为清，贡尖，53cm×107cm，墨线稿，天津博物馆收藏；另一为清，贡尖，59cm×104cm，墨线稿，天津博物馆收藏)，描绘了演员在后台化妆、包头、练习、候场等情景。

后台是戏班演职人员的活动空间，戏剧表演的一切准备工作都是在后台完成的。但是，后台作为戏园"重地"，外人很少有机会进入，所以后台景象具体如何，史料留下甚少，直观的图像更是凤毛麟角。杨柳青年画中的这两幅后台墨线图在我国目前发现的戏曲文物中实属少见，可谓十分珍贵，是难得的戏剧史研究材料。

戏台形制的变化在相当程度上反映着我国戏剧观演形式的发展演变。诚如廖奔、刘彦君所讲："随着戏曲艺术形式的独占舞台和朝着高、精方向的不断完善和发展，它对于演出的准备工作提出了越来越多的要求，与之相联系的是，戏台建筑越来越重视后台的设置。"[①] 宋元之前，我国戏台大多仅有一个方形的台子，即使留有后台，也是挂一帷幔以示阻隔。明清时期，戏台的主体结构已经明确地区分出前台、后台两个部分，演出准备工作的重要性被提上历史舞台。

杨柳青戏出年画的两幅后台图以直观的形式向人们呈现出了后台忙碌的景象。从画面的人物扮相和文字标识可以看出，正在演出或准备演出的剧目有《断后》《状元谱》《岳家庄》等。《断后》为京剧传统剧目，故事出自《三侠五义》第十五回和《龙图公案》卷七，演包拯陈州放粮的故事，为花脸、老旦唱工重头戏，河北梆子也有此剧目；《状元谱》又名《打侄上坟》，京剧传统剧

---

① 廖奔、刘彦君：《中国戏剧发展史·史论卷》第2卷，中国戏剧出版社，2013年，第148页。

目,演陈伯愚抚养侄儿大官的离合故事,谭鑫培、孙菊仙等均擅演此剧,后发展为余派代表作,此剧也是汉剧的传统剧目;《岳家庄》取材《说岳全传》第四十回,演岳飞之子岳云在牛皋的邀约下,与姐姐银瓶率领家丁迎战金军、生擒金将的故事,《庆升平班戏目》著录,是清代经典的花部剧目。《戏园后台图》(清,贡尖,59cm×104cm)下场门旁边的壁龛上还标有"玉成班"字样。玉成班由清末河北梆子艺人田际云创办于光绪十三年(1887),初为科班,名为"小玉成班",以河北梆子为主,兼习昆腔、高腔。四年后改名"玉成班",人称大玉成班,梆子、京剧同台演出始自该班。1913年散班。这些画面信息,都在讲述着徽班、汉调汇合二黄、西皮、昆曲、秦腔等最终促成京剧,以至京津地区逐渐时兴"梆黄两下锅"的缤纷历史。

通过对年画的欣赏与解读,我们可以直观地了解到清代京津地区戏园后台的具体布置与活动景象。两幅画的布局大体相同:画面背景为舞台的上、下场门,《戏园后台图》(清,贡尖,53cm×107cm)显示一名女子正从下场门回到后台,一名丑角扮相的男子正从上场门的门帘背后窥视舞台,准备上场;上、下场门两边的墙壁上,或挂或靠,存放着各式武器道具;下场门旁边为壁龛(搁置碗碟、弯弓等物品),上场门旁边的格架上放着各式冠冕和髯口;画面两侧均为化妆、装扮的位置,有的演员在勾脸,有的演员在簪花,有的演员在穿靴,有的演员的在扎靠;画面前方两侧分别是衣箱,衣箱上坐着候场的演员们;画面正中是各色装扮的演员,有的在练习打斗、有的在整理服饰、有的在互相交谈、有的在静立候场。画面满满当当,展示出戏园后台的各个角落,事无巨细,精彩生动。

可以看出,无论是对戏剧种类和演员信息的精彩记录,还是对角色扮相与舞台表演的刹那写真,亦或对茶园戏楼与后台景象的珍贵保存,杨柳青木版年画承载了丰富的戏剧文化信息,可谓"画中有戏"。这些精彩的戏出年画不仅生动地刻绘了戏文故事的感人情节与昔日演剧的经典场面,更在呈现出戏曲史资料价值的同时,发挥着传承教化、积淀信仰的仪式功能,其对经典戏出的"接受"与"重构",也是迎合并引领下层民众的观念、心境和美感等心理机制的过程,我们可以据此考察晚清民国时期京津民众的艺术期待与审美视野,而有助于从文化史、观念史的角度进行戏剧史的综合研究。

第四节　三国戏年画汇总

所谓"唐三千,宋八百,演不完的是三国","三国戏"自元杂剧创演至今,一直活跃在中国戏曲舞台上,其在中国戏曲史的重要地位,可称独树一帜。对"三国戏"的整理与研究,也成为学术界关注的热点。特别是自20世纪初王国维用现代学术方法研究古典戏曲开始,戏剧戏曲学逐渐成为一门独立的学科,并在与其他学科的交叉融合中实践着新的发展,渐成独具特色的综合学术体系,"三国戏"的研究开启了许多新的领域,包括戏曲文献学、戏曲文学、戏曲传播学、戏曲文物学、戏曲文化学与戏曲美学等几个方向,都取得了显著的成绩。

从现代学术体系的分支学科入手,对现有研究成果进行梳理和归纳,可以发现,接近于传统研究的文献考辨与文学研究方面的成果最为丰硕,而借鉴其他学科的交叉研究和跨学科研究,则还有许多有待深研的领域。就戏曲文物学而言,目前的研究主要集中在宋元时期的文物和剧场、碑刻、壁画等方面。诚如冯俊杰在"千禧之交——两岸中国戏曲回顾与展望学术研讨会"上所言:"戏曲文物学在下一世纪的发展仍有十分广阔的前景。"①二十年后的今天,戏曲文物研究依然有着尚待开拓的空间,戏曲年画就是一个亟待深入研究的领域。年画研究专家王树村先生曾讲:"'戏中有画,画中有戏。'古代许多知名或不知名的美术家早就注意到两种艺术互相结合、互相发挥的可能性。宋、金的石刻、砖雕,元代的壁画,明代的版画、木雕,清代的灯画、戏谱等等,各种美术形式都有戏出或戏曲人物的题材。但真正把'画中有戏'的观点发挥得淋漓尽致,内容最丰富、风格最多变、影响最广远的,却是戏出年画。"②杨柳青木版年画作为中国"四大年画"之首,以其精湛的画技、经典的角色和精彩的情节,发挥着记录戏曲文化、承载戏曲信息的文物功能。

笔者在收集杨柳青戏出年画的时候发现,在庞大的年画遗存中,以"三国"题材数量最多、品质精良,所以本书将以杨柳青"三国戏"年画为切入点展开研究,希望可以以管窥豹,呈现杨柳青木版年画的戏曲文物价值。进而,笔者通过去杨柳青镇实地走访、参观京津年画展览,以及收集各种书籍报刊上的年画作品等方式,收集了杨柳青"三国戏"年画图谱共一百二十余张,整理出杨柳青戏出年画中的"三国戏"年画图样汇总表,希望可以在梳理杨柳青木版年画所承载的"三国戏"的具体信息的同时,见出杨柳青戏出年画的戏曲文物价值。

---

① 冯俊杰:《戏曲文物学的兴起及主要成就》,《戏曲艺术》,1999年,第4期。
② 王树村:《戏出年画(上)》,北京大学出版社,2007年,第9页。

表2：杨柳青"三国戏"年画信息汇总表

序号	名称	主人公	取材	版藏信息	来源	备注
1	长坂坡	赵云、糜夫人	"三国"故事"刘玄德携民渡江，赵子龙单骑救主"	乾隆—嘉庆，横三裁，34cm×58cm	王树村：《戏出年画（下）》，北京大学出版社，2007年，第18页	背景写实。赵云挂长髯穿马褂相与传统戏剧中英俊武生扮相有所不同
2	长坂坡	刘备、赵云、张飞	同上	清，横四裁，22.5cm×40cm，线版	同上，第60页	按照三国故事的情节，在刘备择子的过程中张飞应不在场，此图的人物设置很有意趣
3	当阳长板（坂）坡	刘备、简雍、赵云、糜夫人、甘夫人、张飞、糜芳等	同上	光绪，贡尖，64cm×114.5cm，天津博物馆藏	天津市艺术博物馆：《杨柳青年画》，文物出版社，1984年，第81页；冯骥才：《中国木版年画集成·杨柳青卷（上）》，中华书局，2009年，第263页	写实背景，人物为戏装扮相，穿靠甲，戏曲意味浓郁，特别是画面正中，不同于武将骑马的写实造型，糜夫人的车架以侍女手拿车轮旗为代表，更显示出戏曲道具的意味。另外，虽然画作展示的是刘备降江陵的情境，但将赵云置于画面前方正中位置，亦见其中心人物的身份地位。主要人物旁刻有姓名

序号	名称	主人公	取材	版藏信息	来源	备注
4	长坂坡	赵云、曹休、张郃等曹氏众将	同上	清，贡尖，63cm×113cm，健隆号	冯骥才：《中国木版年画集成·杨柳青卷（上）》，中华书局，2009年，第270页	有祥云飞龙，赵云征战对象不同（参见本表第7条）。此图为散蓝法绘制（清嘉庆四年（1799），大上皇乾隆等驾崩，嘉庆帝下旨，一百天内民间禁止动响器，穿红挂绿，禁止一切娱乐活动，时为"断国孝"，杨柳青画师创造了深蓝、深灰、墨黑等凝重的冷调散发出一股清秀的气息。画作以淡雅的色调散发出一股清秀的气息。画面上方有题诗，有落款
5	长坂坡	赵云、夏侯渊、曹操、徐庶	同上	民国，增兴画店	张道一：《老戏曲年画》，上海画报出版社，1999年，第22页	实景山水。主要人物旁有姓名
6	大战长板（坂）坡	赵云、曹休、张郃、曹操与曹氏众将	同上	清末，贡尖，60cm×106cm，喀山大学民族学博物馆藏	冯骥才：《中国木版年画集成·俄罗斯卷》，中华书局，2009年，第33页	背景写实，赵云为武小生扮相，未穿靠甲
7	当阳长板（坂）坡	赵云、焦触、张郃、马延、张凯	同上	晚清，贡尖，60cm×106cm，圣彼得堡国立艾尔米塔什博物馆藏	同上，第35页	无背景，赵云头顶上方有飞龙

序号	名称	主人公	取材	版藏信息	来源	备注
8	天河配长坂坡	糜夫人、赵云、刘备	同上	清末，横三裁，35cm×59cm，圣彼得堡国立博物馆什博物馆藏	同上，第203页	图为糜夫人将阿斗交给赵云的场景，按照三国故事情节，刘备应不在场
9	赵子龙单骑救主	赵云、焦触、张南、马延、张郃	同上	清，贡尖，58cm×104cm，版印笔绘，中国美术馆藏	杨柳春风——中国美术馆藏杨柳青古版年画展	按照三国故事的情节，张郃退后，赵云大战四将。杨柳青年画则绘出赵云与张郃正在激战之时，四位大将赶来助战，展示了赵云力战五将的情形。这种改变既渲染了故事的紧张气氛，更加强了赵云的威猛与勇武。画师又绘出赵云头上一条巨龙盘桓，亦彰显了赵云长坂激战的神力。在杨柳青戏出年画中，"赵子龙单骑救主"的主题基本都是这种人物设置
10	赵子龙单骑救主	赵云、焦触、张南、马延、张操等	同上	光绪，贡尖，58cm×105.5cm，天津博物馆收藏	天津市艺术博物馆:《杨柳青年画》，文物出版社，1984年，第82页 冯骥才:《中国木版年画集成·杨柳青卷（上）》，中华书局，2009年，第264页	实景山水，戏装扮相

序号	名称	主人公	取材	版藏信息	来源	备注
11	截江夺斗	张飞、赵云、孙尚香	"三国"故事"赵云截江夺阿斗,孙权遗书退老瞒"	清末民初,横四裁,26cm×37cm,线版	王树村:《戏出年画（下）》,北京大学出版社,2007年,第61页	按照三国戏故事情节,张飞赶到时,赵云已夺回阿斗,而年画则描绘张飞,赵云二人同在传中,阿斗却还抱在夫人怀里
12	长江夺阿斗	赵云,周善,孙夫人,张飞,兵士	同上	民国,增兴画店	张道一:《老戏曲年画》,上海画报出版社,1999年,第32页	主要人物旁刻有姓名。实景山水。
13	赵云截江夺阿斗	赵云,孙夫人,东吴军师	同上	光绪版,贡尖,70.5cm×116cm	天津市艺术博物馆:《杨柳青年画》,文物出版社,1984年,第80页	实景山水,戏装扮相
14	夺阿斗	张飞,周善,孙夫人	同上	清,线版	王树村:《图说〈三国演义〉》,民间珍品遗产之一,百花文艺出版社,2007年,第117页	周善守护东吴大船中的孙夫人与阿斗,张飞架小舟赶来追截,此图没有赵云
15	长江夺阿斗	张飞,赵云,孙夫人,将士等	同上	清末,贡尖,56cm×99cm,圣彼得堡国立艾尔米塔什博物馆藏	冯骥才:《中国木版年画集成·俄罗斯卷》,中华书局,2009年,第43页	实景山水。孙夫人怀抱阿斗坐在东吴大船,赵云乘小舟追其后,张飞乘另一小舟赶来援助。画面三船,动感十足。情节紧凑呈现,场面宏大壮观
16	长江夺阿斗	赵云,张飞,孙夫人	同上	清末,横三裁,29cm×48cm,喀山大学民族学博物馆藏	同上,第45页	

序号	名称	主人公	取材	版藏信息	来源	备注
17	长江夺阿斗	张飞、赵云，赵夫人，周善	同上	横三裁，35cm×55cm，苏联科学院民族学博物馆藏	王树村等：《苏联藏中国民间年画珍品集》，人民美术出版社，1990年，第100页	
18	龙凤配	刘备、孙尚香、众侍女	"三国"故事"吴国太佛寺看新郎，刘皇叔洞房续佳偶"	民国，横三裁，33.9cm×57.8cm，增兴画店，沃伦斯坦藏品	张道一：《老戏曲年画》，上海画报出版社，1999年，第24页	背景写实。主要人物旁刻有姓名
19	龙凤配	刘备、孙尚香、众侍女	同上	清代，贡尖，61.5cm×107cm，廉增戴记，天津博物馆藏	冯骥才：《中国木版年画集成·杨柳青卷（上）》，中华书局，2009年，第168页	
20	龙凤配	刘备、孙尚香、两侍女	同上	清末民初，横三裁，30cm×50cm，庆云号画店，咯山大学民族学博物馆藏	冯骥才：《中国木版年画集成·俄罗斯卷》，中华书局，2009年，第37页	
21	龙凤配	刘备、赵云，孙夫人，吴国太等	同上	民国，贡尖，57cm×106cm，弗赖斯藏品	[加拿大]詹姆斯·弗莱斯：《两批民国时期年画藏品的比较》，《年画研究》2013年，第143—151页	

序号	名称	主人公	取材	版藏信息	来源	备注
22	龙凤配	孙尚香，二侍女	同上	清，条屏	王树村：《图说〈三国演义〉》民间珍品遗产之一，百花文艺出版社，2007年，第101页	
23	龙凤配	刘备、孙尚香、众侍女	同上	清末，方子，隆合画店	《清末年画荟萃》编委会：《清末年画荟萃》人民图书馆藏精选）上海美术出版社，2000年，第65页。	画面上方有题诗，右侧摆有兵器架
24	东吴招亲	刘备、孙尚香、众侍女	同上	光绪，贡尖，68.9cm×118cm，天津博物馆藏	天津市艺术博物馆：《杨柳青年画》，文物出版社，1984年，第79页	写实背景，设色清丽，画面左侧有题诗落款，颇具文人画意味，刘备为戏出扮相，动作表情颇具程式化特点
25	东吴招亲	刘备、孙尚香（众侍女）	同上	民国，贡尖，61cm×105cm，弗赖斯藏品	[加拿大]詹姆斯·弗莱斯：《两批民国时期年画藏品的比较》，《年画研究》2013年，第143—151页	
26	甘露寺	刘备、赵云，孙权，乔国老	同上	清末，横三裁，万兴画店	《清末年画荟萃》编委会：《清末年画荟萃》人民图书馆藏精选）上海美术出版社，2000年，第36页	主要人物旁均有姓名
27	画题不详	吴国太，孙尚香，两侍女	同上	清末（同治—光绪）	冯骥才：《中国木版年画集成·日本卷》，中华书局，2009年，第202页	此图描绘的是吴国太正在劝说女儿嫁给刘备的场景

序号	名称	主人公	取材	版藏信息	来源	备注
28	回荆州	赵云、刘备、孙尚香	"三国"故事"玄德智激孙夫人,孔明二气周公瑾"	清,横四裁,23cm×33cm	王树村,《戏出年画(下)》,北京大学出版社,2007年,第32页	
29	回荆州	赵云、刘备、孙尚香、驾车侍女、东吴二将	同上	清,贡尖,64cm×108cm	冯骥才:《中国木版年画集成·杨柳青卷(上)》,中华书局,2009年,第168页	画面弱化刘备,而突出赵云的工架,和孙夫人斥责丁,徐二将的义勇
30	回荆州	同上	同上	清,贡尖,64cm×114cm	天津市艺术博物馆:《杨柳青年画》,文物出版社,1984年,第79页	
31	回荆州	刘备、赵云、孙尚香、诸葛亮、侍童等	同上	民国,横三裁,33.9cm×57.6cm,增兴画店、沃伦斯坦藏品	张道一:《老戏曲年画》,上海画报出版社,1999年,第27页	实景山水。主要人物旁刻有姓名
32	回荆州	赵云、刘备、孙尚香、推车侍女	同上	清,线版	王树村:《图说〈三国演义〉民间珍品遗产之一》,百花文艺出版社,2007年,第55页	刘备,赵云二人手持马鞭,侍女以车轮旗象征马车,道具意味明显

序号	名称	主人公	取材	版藏信息	来源	备注
33	回荆州	赵云、孙夫人、刘备、二将	同上	民国,贡尖,61cm×102cm,弗赖斯藏品	[加拿大]詹姆斯·弗莱斯:《两批民国时期年画藏品的比较》《年画研究》2013年,第143—151页	
34	回荆州	赵云、刘备、孙尚香、推车侍从、东吴二将	同上	不详	阿英:《中国年画发展史略》,朝花美术出版社,1954年,第11页	
35	回荆州	赵云、刘备、孙尚香、东吴二将	同上	清末,横三裁	《清末年画荟萃》编委会:《清末年画荟萃》:上海图书馆藏精选),人民美术出版社,2000年,第36页	
36	《戏曲八出1》:捉放曹、回荆州	曹操、陈宫、吕伯奢、刘备、孙尚香、赵云	"三国"故事"废汉帝陈留践位,谋董贼孟德献刀" "三国"故事"玄德智激孙夫人,孔明二气周公瑾"	贡尖,54cm×103cm,苏联地理学会藏	王树村等:《苏联藏中国民间年画珍品集》,人民美术出版社,1990年,第205页	

续表

序号	名称	主人公	取材	版藏信息	来源	备注
37	胭粉计	刘备、诸葛亮、赵云、周泰、蒋钦	同上	清，线版	王树村：《图说〈三国演义〉民间珍品遗产之一》，百花文艺出版社，2007年，第116页	实景山水，江上行船，人物戏装扮相。刻绘刘备携夫人回荆州时，遇东吴将士追截的紧张情节。京剧传统剧目另有一出《胭粉计》，内容与此完全不同
38	辕门射戟	吕布、刘备、纪灵	"三国"故事"吕奉先射戟辕门，曹孟德拜师清水"	横四裁，26cm×38cm	王树村：《戏出年画（下）》，北京大学出版社，2007年，第30页	画载绑在椅子上，可见当时舞台道具设置情景
39	辕门射戟	吕布、刘备、纪灵、兵士多人	同上	清，横三裁，34cm×60cm 杨柳青年画馆藏	冯骥才：《中国木版年画集成·杨柳青卷（上）》，中华书局，2009年，第246页	石景山水，主要人物旁刻有姓名
40	辕门射戟	吕布、刘备、纪灵	同上	光绪，横三裁，34cm×60.5cm，荣昌画店	天津市艺术博物馆馆编：《杨柳青年画》，文物出版社，1984年	荣昌画店。与前版相比，仅吕布扮相有所差别
41	辕门射戟	吕布、纪灵、刘备、张飞、众将官	同上	清末，贡尖，52cm×94cm，莫斯科奥美香尼科娃收藏	冯骥才：《中国木版年画集成·俄罗斯卷》，中华书局，2009年，第31页	舞台上一桌两椅，一椅插旗，主要人物旁刻有姓名
42	凤仪亭	吕布、貂婵、董卓	三国故事"王司徒巧使连环计，董太师大闹凤仪亭"	光绪，横四裁，24cm×41cm，线版，荣昌画店	王树村：《戏出年画（下）》，北京大学出版社，2007年，第58页	貂婵头戴花冠，身着霞帔，吕布穿马褂，董卓穿蟒袍，这些与传统京剧的官装扮相不同，而近乎秦腔的装束

序号	名称	主人公	取材	版藏信息	来源	备注
43	凤仪亭	同上	同上	横三裁，30cm×45cm，戴廉增画店，苏联艾尔米塔什博物馆馆藏	王树村等：《苏联藏中国民间年画珍品集》，人民美术出版社，1990年，第95页	人物扮相与今日舞台大有不同（王允戴忠纱，未穿蟒；吕布戴紫金冠，未穿蟒衫）。人物旁刻有姓名
44	连环计	吕布，貂蝉，王允	同上	清，线版	王树村：《图说〈三国演义〉》，百花文艺出版社，2007年，第47页	貂蝉插雉尾；貂蝉穿花衫。人物旁刻有姓名
45	草船借箭	诸葛亮，鲁肃，曹操，于禁，兵士等	"三国"故事"用奇谋孔明借箭，献密计黄盖受刑"	民国，增兴画店	张道一：《老戏曲年画》，上海画报出版社，1999年，第30页	背景写实。于禁、鲁肃旁刻有姓名
46	苦肉计	孙权，黄盖，诸葛亮，鲁肃等	同上	民国，增兴画店	同上，第23页	画面左右一动一静，呈示了精彩的故事情节。传统京剧为了适应舞台表演对小说曲白适当修改，《苦肉计》这出戏，除了戏曲道白更加通俗外，还将诸葛亮改了"袖手旁观"。但年画中却保留了"在一边吃酒"的姿态，这也许是因为年画作为视觉艺术更有利于多加改动，而无须在动作上多表达人物心思。背景写实。主要人物旁刻有人名

序号	名称	主人公	取材	版藏信息	来源	备注
47	简射篷篥索	赵云、孔明、徐盛、丁奉	"三国"故事"七星坛诸葛祭风,三江口周瑜纵火"	民国,增兴画店	同上,1999年,第26页	实景山水。赵云,孔明处刻有姓名
48	借东风	赵云、诸葛亮、二兵士	同上	清,线版	王树村:《图说〈三国演义〉民间珍品遗产之一》,百花文艺出版社,2007年,第54页	图左两位兵士手持长棍,象征以桨划船。这出戏中诸葛亮时为主角,但年画却重点刻画了赵云的威武形象
49	取成都	刘备、诸葛亮、刘璋	"三国"故事"马超大战葭萌关,刘备自领益州牧"	清,横三裁,55cm×86cm,线版	王树村:《戏出年画(下)》,北京大学出版社,2007年,第62页	"捧印"一出虽为老生唱功戏,但此画作超越了视觉艺术的借鉴,将已然定型的人物扮相传神的姿态与动作表情融为一体,再现了戏剧表演过程中典雅,精工的美感
50	让城(成)都	刘备、刘璋(多人)	同上	清,贡尖,57cm×104cm,齐健隆画店,天津博物馆藏	冯骥才:《中国木版年画集成·杨柳青卷(上)》,中华书局,2009年,第163页	今天的演剧已不见张飞,许靖的戏份,但此二人实乃外部的重将,杨柳青年画让此二人亮相于画中,亦可见画师对戏曲艺术的"接受"与"重构"。画面可见壁画,座椅,华盖,布置丰富华丽,人物旁刻有姓名,带有明显的解说效果
51	让城(成)都	刘备、诸葛亮、刘璋	同上	横三裁,33cm×60cm,杨柳青年画馆藏	同上,第167页	

序号	名称	主人公	取材	版藏信息	来源	备注
52	取成都	孔明、刘备、刘璋、魏延、赵云	同上	民国，石印	王树村：《中国年画史》，北京工艺美术出版社，2002年，第201页	
53	让成都	刘备、刘璋、诸葛亮、魏延、兵士等	同上	民国，增兴画店	张道一：《老戏曲年画》，上海画报出版社，1999年，第34页	年画虽为实景，却依然使用了车轮旗的舞台道具，使得画面面富于更加浓郁的戏剧意味。主要人物旁刻有姓名
54	天水关	诸葛亮、姜维、关兴、赵云	"三国"故事"姜伯约归降孔明，武乡侯骂死王朗"	清，横四裁，25cm×41cm，线版	王树村：《戏出年画（下）》，北京大学出版社，2007年，第63页	杨柳青齐健隆画店印制的另一幅《天水关》中，诸葛亮站在桌上，姜维伸手指天，跪地盟誓，看上去不如此幅生动。此图中，画师把诸葛亮放在画面桌后，呈现出尺幅横长竖短的协调感。另外，关兴的妆，扮与后来的演出服饰也不尽相同。画面标注人物姓名，颇有插图意趣
55	天水关	诸葛亮、姜维、赵云	"三国"故事"姜伯约归降孔明，武乡侯骂死王朗"	清，竖三裁，61.1cm×36.3cm，齐健隆画店，天津博物馆藏	冯骥才：《中国木版年画集成·杨柳青卷（上）》，中华书局，2009年，第170页	诸葛亮头戴八卦巾，挂花白髯口，身穿粉色八卦衣，手持羽扇，站在桌上，象征站在关口。刻有人物姓名

序号	名称	主人公	取材	版藏信息	来源	备注
56	天水关收姜维	诸葛亮、姜维、赵云、军士、道童	同上	清末，贡尖，50cm×95cm，李福清收藏	冯骥才：《中国木版年画集成·俄罗斯卷》，中华书局，2009年，第55页	京剧剧目《收姜维》
57	取桂阳	赵云、赵范、刘备、诸葛亮、樊氏	"三国"故事"诸葛亮智辞鲁肃，赵子龙计取桂阳"	民国，增兴画店	张道一：《老戏曲年画》，上海画报出版社，1999年，第28页	《三国演义》诸多点评本此处对赵云的赞美有加，杨柳青年画中也多有此类题材。人物旁刻有姓名。背景写实
58	取桂阳城	赵云、赵范、樊氏	同上	民国，横三裁，35cm×58.4cm，又兴合，早稻田大学图书馆藏	冯骥才：《中国木版年画集成·日本卷》，中华书局，2009年，第227页	画面一桌两椅，赵云站在桌后
59	提亲受辱	赵范、樊氏、鲍龙	同上	清，条屏	王树村：《图说〈三国演义〉民间珍品产之一》，百花文艺出版社，2007年，第100页	图写"松鹤延年"屏风下，赵范戴乌纱帽，穿圆领官衣，在向赵云（未在画面上出现）拱手致意，樊氏手托酒盘在前行走，后有鲍龙陪坐。刻画了赵范亲提亲之故事情节
60	八门金锁阵	赵云、李典、曹仁、刘备、单福、士兵	"三国八"故事"玄德用计袭樊城，元直走马荐诸葛"	光绪，贡尖，71cm×118cm，天津博物馆藏	天津市艺术博物馆：《杨柳青年画》，文物出版社，1984年，第81页	背景写实，戏装扮相，主要人物旁刻有姓名

序号	名称	主人公	取材	版藏信息	来源	备注
61	八门金锁阵	赵云、李典、曹仁、众军士	同上	民国，贡尖，59.6cm×107.6cm，义成永，早稻田大学图书馆藏	冯骥才：《中国木版年画集成·日本卷》，中华书局，2009年，第224页	背景写实，戏装扮相，主要人物旁刻有姓名
62	八门金锁阵	赵云、李典、曹仁、刘备、单福、土兵	同上	贡尖，62.5cm×107cm	冯骥才：《中国木版年画集成·杨柳青卷（上）》，中华书局，2009年，第153页	背景写实，戏装扮相，主要人物旁刻有姓名
63	大破金锁阵	赵云、李典、曹仁、众军士	同上	线版	王树村：《杨柳青墨线年画》，人民美术出版，1980年，第12页	背景写实，戏装扮相，主要人物旁刻有姓名
64	张辽威震逍遥津	孙权、谷利、吕蒙、甘宁、凌统、张辽、李典等	"三国"故事"曹操平定汉中地，张辽威震逍遥津"	贡尖，64cm×110.5cm，天津博物馆藏	冯骥才：《中国木版年画集成·杨柳青卷（上）》，中华书局，2009年，第267页	不同于京剧传统剧目以演曹操为主的《逍遥津》。旧时演曹操逼宫后，继演张辽勇战孙权而威震逍遥津的这段故事，现在删掉后半部分，已然保留张辽袭击孙权的即是张辽威震《逍遥津》。年画刻绘的故事情节。画面为实景山水，戏装扮相，主要人物旁刻有姓名
65	张辽威震逍遥津	与上略同	同上	清末民初，贡尖，萨马，64cm×110cm，拉州艺术博物馆藏	冯骥才：《中国木版年画集成·俄罗斯卷》，2009年，第46页	背景写实，戏装扮相，主要人物旁刻有姓名

序号	名称	主人公	取材	版藏信息	来源	备注
66	张辽威震逍遥津	与上略同	同上	光绪，贡尖，70.5cm×116cm	天津市艺术博物馆:《杨柳青年画》,文物出版社,1984年,第80页	背景写实，戏装扮相，主要人物旁刻有姓名
67	曹操大宴铜雀台	曹操，徐晃，许褚，众将	"三国"故事"曹操大宴铜雀台,孔明三气周公瑾"	贡尖，65cm×114cm,杨柳青青年画馆藏	冯骥才:《中国木版年画集·杨柳青卷(上)》,中华书局,2009年,第268页	背景写实，戏装扮相，主要人物旁有姓名
68	铜雀台	曹操，许褚，晃，李典，夏侯渊，曹洪，张郃	同上	清,线版	王树村:《图说〈三国演义〉》,百花民间珍品遗产之一,文艺出版社.2007年,第57页	画面上一桌一椅，曹操坐在桌上，旁边椅上插柳枝，象征铜雀台;柳枝上挂一箭，埃上插有四支羽箭，以表射箭者皆中。合下徐晃，许褚正在争夺锦袍。左右侧各立旗幡。人物旁刻有姓名
69	走马荐诸葛	刘备，徐庶(众将)	"三国"故事"玄德用计袭樊城，元直走马荐诸葛"	戴廉增画店	王树村:《杨柳青墨线年画》,人民美术出版,1980年,第13页	刘备身后，张飞、赵云相伴，张飞勾脸，官袍;赵云亦是官袍打扮
70	走马荐诸葛	刘备，关羽，张飞，徐庶，军士	同上	民国,贡尖,60.7cm×106cm,线版彩绘，德源画店,早稻田大学图书馆藏	冯骥才:《中国木版年画集·日本卷》,中华书局,2009年,第225页	实景山水，戏装扮相，主要人物旁刻有姓名

序号	名称	主人公	取材	版藏信息	来源	备注
71	空城计	诸葛亮、司马懿（众军士）	"三国"故事"马谡拒谏失街亭，武侯弹琴退仲达"	清代，贡尖，56cm×102cm，墨线，义成永画店，杨仲达收藏	"义成永"年画艺术文献展——实物、技艺与口述	《三国演义》中诸葛亮并未与司马懿直接对话，而此出唱功戏则主要以二人对话形式展开，可见戏出年画取材，直接来源于戏曲艺术
72	空城计	诸葛亮、司马懿、众军士	同上	清末，横三裁，27cm×44cm，永庆合画店，喀山大学民族学博物馆藏	冯骥才：《中国木版年画集成·俄罗斯卷》，中华书局，2009年，第53页	城墙为实景
73	黄鹤楼	刘备、赵云、周瑜	元人杂剧《刘玄德醉走黄鹤楼》	清末，横四裁，26cm×52cm，莫斯科国立东方民族艺术博物馆藏	同上，第38页	年画左侧刻绘《黄鹤楼》舞台场景，人物旁侧刻有姓名，右侧刻绘的是梅花营鹤图
74	黄鹤楼	刘备、赵云	同上	清末，竖三裁，58cm×35cm，戴廉增画店，圣彼得堡国立艾尔米塔什博物馆藏	同上，第39页	
75	黄鹤楼	赵云、刘备、周瑜	同上	清，线版	王树村：《图说〈三国演义〉》，百花文艺出版社，2007年，第56页	周瑜小生扮相，口衔雉尾，儒雅英俊而又透着很辣；赵云武生扮相，手提靠甲，做丁字步，雄姿英发而又露出稳健

序号	名称	主人公	取材	版藏信息	来源	备注
76	黄鹤楼	赵云、刘备、鲁肃	同上	清	同上，第80页	鲁肃应不在场
77	黄鹤楼	赵云、刘备、周瑜	同上	清，线版、齐健隆画店	同上，第97页。	实景山水，内容丰富，刻绘了这段戏曲故事最紧张的情节，画面右侧为黄鹤楼，楼上三人戏装扮相；周瑜口衔雉尾，怒向刘备，似在讨还荆州；刘备举手上扬，掩向头部，满面惊慌；赵云率领丁丰，满面义愤。楼下，鲁肃率领丁丰，徐盛、陈武、潘彰等吴大将前来攻楼。画面左侧，长江之后滚滚流逝，水上两片轻舟，孔明立于船头，张飞持枪驾舟，紧随其后
	《戏曲八出2》：黄鹤楼、定军山	赵云、刘备、周瑜、诸葛亮、严颜	元人杂剧《刘玄德醉走黄鹤楼》"三国"故事"占对山黄忠逞待劳"	贡尖，52cm×100cm，苏联地理学会藏	王树村等：《苏联藏中国民间年画珍品集》，人民美术出版社，1990年，第206—207页	
78	借云	刘备、张飞、公孙瓒、赵云	"三国"故事"刘皇叔北海救孔融，吕温侯濮阳破曹操"	清，墨线	同上，第114页	背景写实，戏装扮相，人物旁刻有姓名

序号	名称	主人公	取材	版藏信息	来源	备注
79	借云	刘备、张飞、于禁	同上	清、墨线	同上，第115页	图画刘备与张飞杀向曹营，大将于禁出战，被张飞、刘备战败，张飞随后追杀，如抵徐州城下之情节。背景写实，戏装扮相，人物旁刻有姓名
80	反西凉	马超、曹操、众兵士	"三国"故事"马孟起兴兵雪恨，曹阿瞒割须弃袍"	民国，增兴画店	张道一：《老戏曲年画》，上海画报出版社，1999年，第29页	背景写实。主要人物旁刻有姓名
81	反西凉	马超、曹操、庞德	同上	清、线版	王树村：《图说〈三国演义〉民间珍品遗产之一》，百花文艺出版社，2007年，第58页	庞德持刀，马超举枪，曹操做惊吓状，刻画了戏曲情节最紧要的关头。人物旁刻有姓名
82	反西凉	马超、曹操、庞德	同上	线版	阿英：《中国年画发展史略》，朝花美术出版社，1954年，第76页	人物旁刻有姓名
83	战宛城	曹操、邹氏、曹安民、侍女春梅	"三国"故事"吕奉先射戟辕门，曹孟德败师淯水"	清、线版	王树村：《图说〈三国演义〉民间珍品遗产之一》，百花文艺出版社，2007年，第50页	年画从左到右依次是曹安民、曹操、邹氏、侍女春梅。曹操戴花相巾，应穿开氅。邹氏为花旦扮相。实际演出的过程中，这场戏应设设帐子后面，代表楼窗，邹氏与春梅都站在帐子后面。曹安民为丑角，应戴文生巾，穿花褶子，例不挂髯

序号	名称	主人公	取材	版藏信息	来源	备注
84	战宛城	曹操、邹氏、张绣、曹安民、典韦、兵士等	同上	民国，贡尖，59.1cm×108.1cm，戴廉增敬记，早稻田大学图书馆藏	冯骥才：《中国木版年画集成·日本卷》，中华书局，2009年，第226页	画面中央有一案，案前是邹氏，四周的张绣、曹操、曹安民、典韦等人姿态各异，工架力道，再现了经过艺术加工的京剧场景
85	战北原	诸葛亮与众将	"三国"故事"司马懿占北原渭桥，诸葛亮造木牛流马"	单色版	阿英：《中国年画发展史略》，朝花美术出版社，1954年，第69页	主要人物旁刻有姓名
86	取北原	诸葛亮、郑文、廖化、马岱等	同上	清末，横三裁，三盛昌画店	《清末年画荟萃》编委会：《清末年画荟萃：人民图书馆藏精选》，上海美术出版社，2000年，第35页	
87	祭江	孙尚香、侍女、官吏、龙君等	"三国"故事"陆逊营烧七百里，孔明巧布八阵图"	清，线版	王树村：《图说〈三国演义〉·民间珍品遗产之一》，百花文艺出版社，2007年，第118页	实景山水，主要人物旁有姓名。一水族护卫头戴面具，手持滚水旗幡，道具颇有意趣
88	孙夫人祭江	孙尚香、侍女、官吏	同上	清代，横三裁，33.3cm×59cm，齐健隆画店，天津博物馆藏	冯骥才：《中国木版年画集成·杨柳青卷（上）》，中华书局，2009年，第169页	画面人物彩妆打扮，桌案布置的华丽颜色，及红烛道具等，与故事情节的凭吊气氛不甚相符，而更倾向于年画本身装饰年节，以示喜庆的民俗功能。侍女手拿车轮旗，戏曲道具意味明显

序号	名称	主人公	取材	版藏信息	来源	备注
89	战磐河	赵云、公孙瓒、颜良	"三国"故事"袁绍磐河战公孙,孙坚跨江击刘表"	清代,竖三裁,62cm×38cm,齐健隆画店,天津博物馆藏	同上,第170页	赵云乃寻武常小生扮相。画面刻有人物姓名
90	三顾茅庐	刘备、诸葛亮、关羽、张飞、侍童(远处渔夫耕樵)	"三国"故事"司马徽再荐名士,刘玄德三顾草庐"	民国,贡尖,63cm×111cm,杨柳青年画馆藏	同上,第257页	画面设色雅致,加上赋诗题词,落款留名,颇有文人画意味。画面的春耕图景与原著所讲大雪纷飞时节有所不同。画面正中为张飞、关羽,而刘备、诸葛亮在左侧屋檐下,可见年画以故事情节为主,虽未戏出装扮,却非以人物出场为主,不同于戏剧表演
91	三顾茅庐	刘备、关羽、张飞、赵云、诸葛亮、侍童、诸葛瑾、樵等	同上	清末,贡尖,东永吉画店	《清末年画荟萃》编委会:上海图书馆藏《清末年华荟萃:馆藏精选》,人民美术出版社,2000年,第85页	实景山水,戏装扮相。此图将多情节合于一图,而且图中有两幅赵云的顾茅庐的故事应是没有赵云的,可见这里的不同
92	马跳檀溪	刘备、蔡瑁	"三国"故事"刘皇叔跃马过檀溪"	清	王树村《图说〈三国演义〉》,百花文艺出版社,2007年,第65页	实景山水

序号	名称	主人公	取材	版藏信息	来源	备注
93	博望坡	诸葛亮、赵云、张飞	"三国"故事"荆州城公子三求计,博望坡军师初用兵"	民国,横三裁,54cm×86cm,线版	王树村:《戏出年画(下)》,北京大学出版社,2007年,第59页	诸葛亮稳坐内帐,军帐颇具装饰感。另外,张飞脸谱的形象颇具特点,都显示出此图约刻绘于民国初年
94	刘玄德南漳逢隐沧	刘备、司马徽、庞统、牧童等	"三国"故事"玄德南漳逢隐沧,单福新野遇英主"	横三裁,34cm×60cm,杨柳青年画馆藏	冯骥才:《中国木版年画集成·杨柳青卷(上)》,中华书局,2009年,第258页	画面左上角刻有题词,详述了故事梗概。画面为实景山水,类似插图版画,仅远处颇庞统具为戏装扮相,且勾画脸谱,具程式化意味
95	姜伯约斗阵困邓艾	邓艾、姜维(众将)	"三国"故事"丁奉定计斩孙琳,姜维斗阵破邓艾"	清,贡尖,59cm×102.2cm	同上,第271页	姜维扮相已经疑定;额头画有阴阳图,表示神机妙算;红色脸谱表示忠勇土义烈
96	姜维兵败牛头山	姜维、夏侯渊、郭淮	"三国"故事"魏主政归司马氏,姜维兵败牛头山"	民国,增兴画店	张道一:《老戏曲年画》,上海画报出版社,1999年,第36页	背景写实。主要人物旁刻有姓名
97	姜维劫粮	姜维、郭淮、众兵士	"三国"故事"曹髦驱车死南阙,姜维弃粮胜魏兵"	民国,增兴画店	同上,第37页	三国故事讲述的是姜维与邓艾之战,而杨柳青年画则画面对峙两方绘过程中为姜饮郭淮。也许是戏剧表演过程中为了剧情更加集中而将魏将邓艾换为与姜维多次交锋的老对头郭淮,各有胜负,有待进一步考证。背景写实。主要人物旁刻有姓名

序号	名称	主人公	取材	版藏信息	来源	备注
98	捉放曹	曹操、陈宫、二兵士	"三国"故事"废汉帝陈留践位，谋董贼孟德献刀"	清，线版	王树村：《图说〈三国演义〉》，百花民间珍品遗产之一，文艺出版社，2007年，第26页	城门写实，人物戏装扮相，曹操、陈宫二人拿马鞭，道具意味明显。二人旁边刻有姓名
99	捉放曹	同上	同上	清，横三裁，32cm×54cm，版印笔绘，中国美术馆藏	杨柳春风——中国美术馆藏杨柳青古版年画展	
100	捉放曹四郎探母	同上	同上		王树村：《中国戏出年画》，北京工艺美术出版社，2006年，第224页。	
101	汉阳院	刘备、徐庶、将士等	"三国"故事"刘玄德携民渡江，赵子龙单骑救主"	清，线版	王树村：《图说〈三国演义〉》，百花民间珍品遗产之一，文艺出版社，2007年，第52页	据《三国演义》此时黄忠尚未归顺刘备，图中疑为关羽之误。刘备、徐庶都由生角扮演，人物扮相与传统京剧也不太相同。而且，京剧以刘备为主，此图则近似梆子戏。人物舞台具颇具装饰性。人物旁刻有姓名
102	曹操逼宫	曹操、献帝、侍从等	"三国"故事"关云长单刀赴会，伏皇后为国捐生"	清	同上，第86页	背景写实，人物戏装扮相

序号	名称	主人公	取材	版藏信息	来源	备注
103	收严颜	严颜、张飞、一兵士	"三国"故事"兄逼弟曹植赋诗,伍陷叔刘封伏法"	清末,横三裁,35.5cm×58.5cm,戴廉增,早稻田大学图书馆藏	冯骥才:《中国木版年画集成·日本卷》,中华书局,2009年,第229页	
104	曹子建七步成诗	曹丕、曹植、一宦官	同上	民国,横三裁,34.8cm×47.6cm,义兴合,早稻田大学图书馆藏	同上,第230页	画面左侧有花架盆栽装饰,上方刻有"七步诗",主要人物旁刻有姓名
105	三气周瑜	张飞、周瑜(众将)	"三国"故事"曹操大宴铜雀台,孔明三气周公瑾"	清末,贡尖,47cm×87cm永庆和画店,喀山大学民族学博物馆藏	冯骥才:《中国木版年画集成·俄罗斯卷》,中华书局,2009年,第37页	京剧剧目,又名《柴桑关》,出自明代传奇《草庐记》
106	武侯上表,二出祁山	诸葛亮、姜维,后众陈主、众将	"三国"故事"追汉军王双受诛,袭陈仓武侯取胜"	清末,贡尖,46cm×97cm,义兴画店,喀山大学民族学博物馆藏	同上,第52页	舞台中间一桌两椅,后有屏风,前有地毯,左右两个各有兵器架,颇具装饰性
107	大战张郃	张飞、张郃、众军士	"三国"故事"猛张飞智取瓦口隘,老黄忠计夺天荡山"	清末,贡尖,53cm×92cm,喀山大学民族学博物馆藏	同上,第49页	京剧剧目《瓦口关》
108	三义图	刘备、关羽、张飞	三国人物	民国,镜心,36cm×58cm 石印,岑大维藏	冯骥才:《天津年画史图录·以画过年》,河南美术出版,2009年	镜心独特的结构形式;没有情节,人物戏装呈现

序号	名称	主人公	取材	版藏信息	来源	备注
109	定军山	严颜、黄忠、孔明	"三国"故事"老黄忠计夺天荡山"和"古对山黄忠逸待廉增待劳"	清，竖三裁，24.6cm×38.2cm，戴廉增画店	廖奔：《中国戏剧图史》，人民文学出版社，2012年，第403页	共2幅，此为上幅
110	油江口	周瑜、刘备、孔明	"三国"故事"曹仁大战东吴兵，孔明一气周公瑾"	清，贡尖，58cm×96.5cm	同上，第404页	
111	火烧葫芦谷	诸葛亮、司马懿、魏延	"三国"故事"上方谷司马受困，五丈原诸葛禳星"	嘉庆，贡尖，61cm×110cm，中国美术馆藏	杨柳青春风——中国美术馆藏杨柳青古版年画展	
112	鲁肃二次讨荆州	刘备、孔明、赵云、糜竺、鲁肃等	"三国"故事"诸葛亮智辞鲁肃，赵子龙计取桂阳"	清末，贡尖，55cm×96cm，李福清收藏	冯骥才：《中国木版年画集成·俄罗斯卷》，中华书局，2009年，第36页	实景山水，戏装扮相，主要人物旁刻有名字
113	群英会	周瑜、蒋干、大史慈	"三国"故事"群英会蒋干中计"		王树村等：《苏联藏中国民间年画珍品集》，人民美术出版社，1990年，第98页	

序号	名称	主人公 取材	版藏信息	来源	备注
114	代唱三国叹十声	十段三国故事：蒋干盗书，单骑救主，草船借箭，连环计，讨荆州，东吴招亲，张松献地图，失街亭	民国，贡尖，63.5cm×112.5cm，天津博物馆藏	冯骥才：《中国木版年画集成·杨柳青卷（上）》，中华书局，2009年，第272页	"据说，当年卖此年画时，卖画者依词名高声唱赞，以招徕买客，故此图名为《代唱三国叹十声》。"这也是杨柳青年画所具有的独特形式，也是一种独特的传播方式。每个故事片段上方有解说性文字，人物旁刻有姓名
115	三国演义八条屏1	全出《群英会》：蒋干盗书，#，大史慈拔剑免说军令，群英会，孔明智激周公瑾，舌战群儒，诸葛亮巧说东吴，鲁子敬引孔明遇诸葛瑾	清末民初，八条屏，62cm×110cm，杨柳青年画博物馆收藏	同上，第322页	条屏是一种独特的年画形式，多幅小图在一起排印，既有相对独立的情节，也能够体现出故事的连续性，更具有独特的传播效果
116	三国演义八条屏2	全出《群英会》：定计破曹；曹操用造箭；葛亮与周瑜定计造箭；孔明用苦肉计；周瑜给周瑜用苦肉计；周瑜收蔡中、蔡和来降；阚泽下诈降书；周瑜定计打黄盖	清末民初，八条屏，62cm×110cm，杨柳青年画博物馆收藏	同上，第323页	条屏中各小故事的名称几乎非非剧目之名，也非小说章节之名，而更多的是对情节的通俗介绍，但人物衣装多为戏曲扮相
117	三国演义八条屏3	全出《群英会》：张飞擒周瑜，#（1），油江计刘备欲取南郡，#，孔明一气周瑜，张飞擒周瑜（2），#，赵云取桂阳赵范认为宗兄，张飞拈阄要取桂阳	清末民初，八条屏，62cm×110cm，杨柳青年画博物馆收藏	同上，第324页	另见王树村：《图说〈三国演义〉民间珍品遗产之一》，百花文艺出版社，2007年，第104页

序号	名称	主人公	取材	版藏信息	来源	备注
118	三国演义八条屏4	全出《群英会》：周瑜探曹营，#，孔明看病，曹孟德宴长江赋诗，赤壁蓬锁，#，南彝陵遇曹操，庞统献连环	清末民初，八条屏，62cm×110cm，杨柳青年画博物馆收藏	同上，第325页	
119	三国演义八条屏5	全出《群英会》：周瑜，孔明定计破曹；曹操用蔡中、蔡和诈降东吴；阚泽下诈降书；蒋干盗书；太史慈拔剑免说军令；孔明巧说东吴	清末民初，条屏	王树村：《图说〈三国演义〉民间珍品遗产之一》，百花文艺出版社，2007年，第104页	
120	三国演义八条屏6	全出《群英会》：油江计，孔明一气周瑜，张飞拈阄要取桂阳，赵云取桂阳，张飞擒周瑜等	清，条屏	同上，第104页	
121	三国演义八条屏7	全出《群英会》：周瑜孔明定计破曹，蔡中蔡和诈降东吴，周瑜用苦肉计，阚泽下诈降书，蒋干盗书，太史慈拔剑免说军令，孔明巧说东吴	清，条屏	同上，第105页	

序号	名称	主人公	取材	版藏信息	来源	备注
122	三国演义单条屏	孙夫人回荆州、长坂坡、箭射蓬索等		清末民初,单幅条屏,33cm×110cm,霍庆有祥顺画店收藏	冯骥才：《中国木版年画集成·杨柳青卷（上）》,中华书局,2009年,第326页	
123	三国演义六条屏	#、#、取桂阳、牛头山、孙夫人回荆州、姜维		清末民初,条屏,33cm×36cm,霍庆有收藏	同上,第327页	
124	三国故事条屏	赐环、凤仪亭、卧龙岗		光绪,条屏,55cm×61cm,李福清收藏	冯骥才：《中国木版年画集成·俄罗斯卷》,中华书局,2009年,第28—29页	画中人物非戏装扮相,但刻画的为戏曲剧目
125	三国故事条屏	长坂坡		光绪,条屏,55cm×61cm,喀山大学民族学博物馆收藏	同上,第28页	同上
126	三国故事炕围	磐河大战、草船借箭、黄鹤楼		清末,炕围,35cm×56cm,廉增戴记,萨拉托夫拉吉舍夫艺术博物馆收藏	同上,第30页	背景写实,戏装扮相,勾脸、工架,十分精美
127	建安七子	曹氏父子之外的七位文人,始	见曹丕《典论·论文》	贡尖,64cm×113cm,杨柳青年画博物馆收藏	冯骥才：《中国木版年画集成·杨柳青卷（上）》,中华书局,2009年,第271页	实景山水,戏装扮相,画面有题诗"三国纷纷出英贤,七子各任忠与奸。遇其主者得吐气,不得其主任负才。"颇有政治纷争的意味

序号	名称	主人公	取材	版藏信息	来源	备注
128	昭君出塞	王昭君，仆人	《后汉书·南匈奴传》	清末，横三裁，32cm×54cm，得堡国立艾尔米塔什博物馆藏	冯骥才：《中国木版年画集成·俄罗斯卷》，中华书局，2009年，第26页	背景写实，透视画法。戏装扮相，昭君上方刻有名字。仆人手持马鞭表示骑马，颇具戏曲的程式化意味，但昭君头戴风帽而未披斗蓬，与传统戏曲服饰略有出入
129	昭君和北番（番）陈杏元和番	王昭君，毛延寿；梅良玉，陈杏元，推车侍女	《后汉书·南匈奴传》《二度梅》	清末，横四裁，22cm×55cm，莫斯科国立普希金造型艺术博物馆藏	同上，第27页	年画虽将昭君出塞的故事和唐代二度梅的故事融为一图，但歌舞相和表演之外，除人物的扮相意味浓厚，侍女手持车轮旗，明显具有道具性质
130	词演取长沙			民国，横四裁，24cm×34cm，线版	王树村：《杨柳青年画·民俗生活卷》，汉声出版有限公司，中华民国九十年，第181页	大鼓书

注：1.杨柳青木版年画中有些条屏类作品，一幅条屏包含三幅、六幅或八幅不同情节，不同形象的小图，我们对三国戏年画的统计以单幅小图核算，将条屏拆分而计，出现一次三国戏情景便记为一幅。

2.此表中收录的年画信息包括三国时期除"三国"故事情景之外的其他戏目。

第二章　杨柳青木版年画的戏曲文物学研究

　　"戏曲文物学"的概念由刘念兹先生于1986年正式提出:"戏曲文物学,是戏曲艺术学与考古学相结合的产物,是运用考古手段研究戏曲历史现象的一门新兴的边缘学科。"① 这一概念的提出,标志着戏曲文物学作为现代学术体系中的独立学科正式确立。

　　"戏曲文物学"的兴起是中国戏剧学在20世纪的一大突破,从现有研究成果来看,目前戏曲文物研究除了从理论方面对学科性质进行讨论外,主要集中在对于剧场、碑刻、图画等文物的研究,例如周贻白《中国剧场史》(1936)、刘念兹《戏曲文物丛考》(1986)、山西师范大学戏曲文物研究所编《宋金元戏曲文物图论》(1987)、周到《汉画与戏曲文物》(1992)、车文明《20世纪戏曲文物的发现与曲学研究》(2001)、冯俊杰《戏曲与考古》(2002)、杨太康与曹占梅《三晋戏曲文物考》(2006)、张淑贤《清宫戏曲文物》(2008)、黄竹三和延保全《中国戏曲文物通论》(2010)、廖奔《中国戏剧图史》(2012)等专著,以及学术论文包括周华斌《灯戏图例——中国戏曲史上的两件重要文物》、周国雄《山西洪洞明应王殿戏曲壁画新探》、黄可《三幅"角抵戏图":戏曲画史漫说之一》、徐子方《戏曲史研究不可或缺的五幅图像》等。

　　通过对现有研究成果的大致整理,我们可以看到:

　　第一,戏曲文物学自20世纪80年代作为现代学术体系中的独立学科正式确立,历经了几十年的发展取得了显著的成绩,除了从理论方面对学科性质进行讨论外,对戏楼、碑刻、砖雕、瓷器等戏曲文物的考察,深化了中国戏曲发生发展的历史研究;第二,将美术作品作为戏曲文物的研究正在日益展开,但以杨柳青戏出年画为切入点探讨京津演剧问题则颇为少见;第三,从年画研究领域来看,戏出年画的搜集、整理等相关研究已经非常丰富,学人们也普遍关注到了戏曲年画不同于其他题材的年画,具有自身的艺术特点与审美价值,但却很少谈及其所承载的戏曲历史信息;第四,艺术学领域的

---

　　①　刘念兹:《戏曲文物丛考》,中国戏剧出版社,1986年,第14页。

跨学科研究虽然已经广泛展开,但是,打通年画艺术与戏曲艺术的界限,探讨年画艺术对传统戏曲的文物价值,更几为学术空白。综上可见,天津杨柳青戏出年画就是一种亟待深入研究的戏曲文物。

正是因为杨柳青戏出年画是手工艺人在描摹戏曲演出的真实场景的基础上刻绘而成,所以,不仅一些人物形象与当年的戏曲名伶酷似,更可以完美地承载传统戏曲作为时间艺术稍纵则逝的精彩瞬间,而成就了自身作为戏曲文物的独特价值,因而更具珍贵的戏剧史研究资料意义。我们可以遵循舞台美术史的研究原则,以图证史,从杨柳青戏出年画中的三国戏题材作品切入,通过跨学科的交叉研究,探讨清代京津地区的戏剧历史与演剧情况。

第一节 剧目剧种考梳

清代戏曲演出空前繁荣,形成了北京与扬州一北一南两个戏曲中心。杨柳青戏出年画可以说是清代京津地区戏剧舞台演出的物化载体,色彩斑斓而又形象生动的戏出年画为我们记录了当时戏剧演出的缤纷场景。这些年画所刻绘的精彩瞬间向我们呈示着某个精彩的故事情节,由此可以推断出年画的题材,而这些题材所蕴含的正是当时上演剧目的历史信息。与此同时,我们也可以结合历史,从年画所呈现出的戏剧情节与人物装扮入手,考察其所反映的剧种信息。

能够用年画的形式刊印的剧目和剧种,在相当程度上可以说是特定历史时期在民间最为流行的剧目和颇受欢迎的剧种,通过梳理这些剧目和剧种信息,我们可以考察戏剧史发展过程中经典剧目和流行剧种的发展情况。

一、剧目整理

笔者将收集到的杨柳青戏出年画中的"三国戏"题材作品所呈现的剧目做了大致归类,现将梳理结果呈现如下:

1. 以"长坂坡""赵子龙单骑救主"等为主题的戏出年画主要呈现的是传统剧目《长坂坡》《单骑救主》《子龙救主》

"长坂坡之战"是三国故事中的经典桥段。史书记载:"曹操以江陵有军实,恐刘备据之,乃释辎重,轻军到襄阳。闻备已过,操将精骑五千急追之,一日一夜行三百馀里,及于当阳之长坂。备弃妻子,与诸葛亮、张飞、赵云等数十骑走,操大获其人众辎重。"① 在这场战役中,刘备遗失了家小,赵云奋不顾身,回去寻找,奋力血战杀透重围,成功救出了刘备妻甘夫人和子刘禅。赵云因护送刘备家眷有功升任牙门将军,也由此奠定了他在中国古典文学中的英勇形象,而《长坂坡》也成为传统戏剧中的优秀剧目之一。明《礼节传簿》与清《春台班戏目》《庆升平班戏目》都有著录。

相传《同光十三绝》画像中孔明的装扮者卢胜奎曾根据《三国演义》与《三国志·蜀书·赵云传》改编此剧。该剧是长靠武生应工的重头戏,以表现赵云为主,也是俞菊笙、杨小楼的代表作,高盛麟、杨胜春、李万春、李少春等均擅演赵云。同时,此剧生、旦、净行当齐全,裘桂仙、侯喜瑞、裘盛戎、袁世海等擅演曹操,王少楼、管绍华等擅演刘备,钱金福、范宝亭等擅演张飞,时小幅、王瑶卿、梅兰芳等擅演糜夫人。

此剧在旧时的戏台上十分著名,河北梆子也有此剧目。清人罗惇曧所撰《鞠部丛谈》一书记述了清末至民国初年北京的京剧艺术活动,以及相关的传闻、逸事等,并对当红名角的舞台表演和艺术成就进行了恰当的评述,该书有载:"《长坂坡》盖大轴也。座客极盛。"②

2. 以"长江夺阿斗"为主题的戏出年画主要呈现的是传统剧目《截江夺斗》,又名《拦江截斗》《赵云追舟》

该剧取材于《三国演义》第六十一回,故事讲东吴孙权之妹孙尚香与刘备成婚后,住在荆州,抚养阿斗。因刘备久借荆州不还,孙权趁其率黄忠、庞统、魏延等入蜀之际,派心腹周善等人前往荆州,谎称国太病重,思念女儿想念外孙,接夫人携阿斗回东吴,欲以阿斗为人质,换回荆州。孙夫人不知是计,登舟归宁。周善持枪立于船头,护卫二人顺流而下。赵云巡哨,闻报孙夫人被吴船接走,一面飞报张飞、孔明,一面驾船疾追。赶上吴船之时,船已行至江心,赵云箭射篷帆,跃过船头,跳上大船,请夫人留下幼主。孙夫人不肯,赵云为等张飞,重提长坂之事,讲至君臣危难之际,称幼主左肩朱砂红痣突显红光,始逃出虎口。周善抱过阿斗让赵云指认,赵云趁机夺回,此时张飞赶到,二人合力杀死周善,同保幼主返回荆州。

此戏为武生重头戏,唱念做打繁重,京剧武生李顺亭、刘春喜、李洪春等擅演此剧。梅兰芳擅演孙尚香。河北梆子也有此剧,一名《赵云赶驾》。

3. 以"龙凤配""东吴招亲"等为主题的戏出年画主要呈现的是传统剧目

① (宋)司马光:《资治通鉴》第65卷,国学网。
② (清)罗惇曧:《鞠部丛谈校补》,李宣倜校补,樊增祥批注,马鏞点校,浙江人民美术出版社,2016年,第45页。

《龙凤配》(又名《甘露寺》)

该剧取材于《三国演义》第五十四回,故事讲周瑜欲索回荆州,设计让刘备来东吴与孙权之妹孙尚香成婚。诸葛亮将计就计,交给赵云三个锦囊,嘱其护送刘备至东吴。依诸葛亮计,刘备一行人马一到南徐州,便大造声势,并前往相府拜见了孙权、周瑜的岳丈乔国老。乔玄认为孙刘结亲有利于联合抗曹,于是急忙向太后贺喜。太后起初不知是计,后被乔玄说服,决定亲自相亲。太后见刘备相貌奇异,举止不凡,非常满意,立刻许婚。乔玄按太后吩咐,择良辰为二人完婚。尚香喜武,洞房中布满刀枪剑戟,侍女们也都全副武装。刘备见洞房"杀气腾腾",难免心中生怯。尚香见情,立刻撤掉兵器,洞房显得温馨起来。《庆升平班戏目》有所著录。

"后四大须生"之首的马连良在喜连成科班学艺时传承了该剧,后对此剧的唱腔做了改革,在幽默风趣中表现戏剧冲突,其饰演的乔玄成为"马派"经典代表之一。此剧南北派风格迥异,也是潘月樵的拿手好戏,小王桂卿曾回忆:"听先父讲,潘月樵在戏里扮演的刘备堪称一绝,加上夏月润配演的赵云,真是珠联璧合,妙不可言。"[1]

4. 以"回荆州""胭粉计"为主题的戏出年画主要呈现的是传统剧目《回荆州》,一名《美人计》

该剧来源于《锦囊计》传奇及《三国演义》第五十五回,故事讲诸葛亮将计就计,派遣赵云保护刘备过江,并交给赵云三个锦囊,叮嘱其在危急之时方可打开,囊中自有解围良策。刘备过江后,被孙权之母吴国太和小妹孙尚香看中,正式成婚。周瑜见美人计失败,便以新府、歌妓相诱惑,使得刘备日日陶醉其中,不思回转荆州。赵云见其主沉迷享乐,便打开诸葛亮交付的锦囊,依计做出惊慌之状,诈称曹操领兵五十万袭取荆州。刘备闻讯恳请孙尚香同走,一起潜回荆州。周瑜遣将率兵追截,被孙尚香斥退。及至周瑜率兵亲至,诸葛亮已备好船只,接走三人,周瑜反被张飞所败,俗语"周郎妙计安天下,赔了夫人又折兵"就源出于此。

此戏与《甘露寺》连演,并称《龙凤呈祥》,是生、旦、净的合作剧目,梅兰芳、盖叫天和周信芳等曾经合作演出。汉剧也有《回荆州》,又名《龙凤配》。

5. 以"辕门射戟"为主题的戏出年画主要呈现的是传统剧目《辕门射戟》,又名《夺小沛》

该剧是依据《三国演义》第十六回"吕奉先射戟辕门,曹孟德拜师淯水"改编而成。故事讲,袁术在淮南欲攻取刘备屯兵的小沛,但恐驻扎在徐州的

---

① 金勇勤:《卿本戏痴:小王桂卿》,上海人民出版社,2015年,第203页。

吕布发兵相助，于是派大将纪灵带厚礼送给吕布。刘备也因兵微将少，无力抵抗袁术大军，写信求助于吕布。此时吕布已看穿袁术攻取小沛的真正目的在图取徐州，于是他一面收了纪灵的礼物，一面写信给纪灵、刘备，邀请二人前来徐州赴宴。席间，吕布为两家调解，以箭射画戟为准，"如射中小枝，两家议和，不中则攻战由双方自决"。刘备、纪灵暗自祷告，吕布施展本领，松弦箭发，射中画戟。纪灵因惧撤兵，持吕布回信复命。后人有诗赞曰："温侯神射世间稀，曾向辕门独解危。落日果然欺后羿，号猿直欲胜由基。虎筋弦响弓开处，雕羽翅飞箭到时。豹子尾摇穿画戟，雄兵十万脱征衣。"[①]

该剧为唱、做并重的小生应工戏。京剧演员徐小香、程继先、叶盛兰、俞振飞等皆擅演吕布。河北梆子亦有此剧目。

6. 以"连环计""凤仪亭"等为主题的戏出年画主要呈现的是传统剧目《凤仪亭》，此戏又名《梳妆掷戟》

戏剧故事以《三国演义》第八回"王司徒巧使连环计，董太师大闹凤仪亭"为蓝本，又见于明王济《连环计》传奇。戏中的女主角貂蝉是东汉末年司徒王允的歌姬，倾国倾城，有"闭月"之貌。王允见东汉王朝为专横跋扈的奸臣董卓操纵，又有义子吕布相助，忧心不安。一日，见貂蝉拜月，知其有忧国之心，便与貂蝉共定连环计：先将貂蝉许婚吕布，再将其献与董卓为妾，借此挑拨董卓、吕布二人。貂蝉进入相国府后，吕布无由得见，甚是想念，便乘董卓入朝之机，私闯内宅看望貂蝉。貂蝉正在梳妆，见到吕布便假意哭诉自己被董卓霸占之苦，二人乘机至凤仪亭私会。董卓退朝回府后，见状大怒，抢过方天画戟直刺吕布，父子从此反目。最终王允说服吕布，除掉董卓。

清人钱德苍《缀白裘》初集三卷有《连环计（议剑、梳妆、掷戟）》。该京剧剧目也曾由王瑶卿先生整理改编，经常和《斩张温》《连环计》《犯长安》《诛董卓》四出戏联演，命名为"吕布与貂蝉"。新艳秋、言慧珠、杜近芳、李玉茹等擅演貂蝉。吕布由武生、小生双抱，武生李万春、王金璐，小生俞振飞、叶盛兰均擅演此出。秦腔、河北梆子均有此剧目。

7. 以"取成都""让成都"为主题的戏出年画主要呈现的是传统剧目《取成都》，又称《让成都》《石伏岩》

该剧取材于《三国演义》第六十五回"马超大战葭萌关，刘备自领益州牧"。故事讲西川刘璋被汉中张鲁的兵马侵扰，为敌张鲁，拟请刘备兵马入川。后听左右议论，怀疑刘备怀有野心，于是遣部将张任回拒刘备，并在落凤坡射杀了刘备的军师庞统。刘备甚为不快，欲进取西川。当时马超败走

---

① （明）罗贯中：《三国演义》，岳麓书社，1986年，第85页。

冀城已投张鲁，但不满张鲁待人，经李恢劝说投降刘备。诸葛亮用计激马超进攻刘璋。马超兵临成都，焚烧民房。刘璋寡不敌众，念及黎民与家眷，无可奈何之下，乃议出降。王累严守城池，苦谏刘璋而不纳，坠城自尽。刘备乃进驻成都，安置刘璋于公安，自认益州牧。

此剧属于老生唱功戏，为汪（桂芬）派代表剧目。剧中"奏本"[西皮慢板]，多用高音，坚实挺拔，铿锵有力，极见汪派特色。其后，邓远芳、王凤卿的演出也较知名。秦腔、晋剧、河北梆子均有此剧目。

8. 以"天水关"为主题的戏出年画主要呈现的是传统剧目《天水关》，又称《收姜维》

剧目取材于《三国演义》第九十三回"姜伯约归降孔明，武乡侯骂死王朗"，讲诸葛亮上《出师表》后，首次北伐，出兵祁山，令士卒佯称魏将夏侯楙被蜀兵围困，诱各郡相援。同时，派遣赵云待其出兵，乘虚偷袭天水关。天水关太守马遵中计正欲点兵出援，被中郎将姜维所阻。姜维将计就计，让马遵提兵外待，自己请兵三千，伏于城内，待蜀兵到来，内外夹击。赵云腹背受敌，只得败走。诸葛亮爱姜维之才，欲将其降服。遂先命魏延诈取姜维之母所居的冀城，诱姜维前往相救。后扬言姜维已降蜀，令魏延冒姜维之名夜袭天水。马遵中计，以为姜维反叛，惊骇不已。等姜维回到天水关，马遵拒不肯纳，以为诈骗其城，投以乱箭。姜维无奈，欲走他郡，又为魏延、马岱伏兵所困，乃降蜀。

该剧属生行戏，是程长庚、王桂芬等常演的剧目，言菊朋有唱片《天水关》。《春台班戏目》《庆升平班戏目》均有所著录。秦腔、豫剧、河北梆子亦有此剧目。

9. 以"取桂阳""提亲受辱"为主题的戏出年画主要呈现的是传统剧目《取桂阳》，又名《赵子龙招亲》《打赵范》

事见《三国演义》第五十二回"诸葛亮智辞鲁肃，赵子龙计取桂阳"。该剧叙演赵云奉令率部往取桂阳，守将赵范不敌，愿意归顺，设宴款待赵云，因二人同乡，同年，又同姓，遂结为兄弟。次日席间，赵范欲为寡嫂樊氏与赵云撮合，赵云有嫌乱伦，盛怒之下，挥拳击范，离席竟去。赵范遂率部将陈应、鲍龙诈降，令其趁机图赵。赵云识破后，将计就计赚开城门，生擒赵范，智取桂阳。刘备、孔明进桂阳后，赵范说明原委，刘备劝赵云不必固执，赵云仍不允亲。刘备遂命赵范继任桂阳太守，重赏赵云。

杨小楼曾排演过花部新戏《取桂阳》，"奎派"老生许荫棠之子许德义在其中扮演张飞。该剧《庆升平班戏目》有所著录。秦腔、河北梆子也有此剧目，但内容不尽相同。

10. 以"八门金锁阵"为主题的戏出年画主要呈现的是传统剧目《八门金锁阵》，亦名《金锁阵》

该剧取材于《三国演义》第三十六回"玄德用计袭樊城，元直走马荐诸葛"。故事讲刘备得徐庶(化名单福)为军师，攻取樊城。守将曹仁摆开八门金锁阵抗击刘备。在高处观望后，徐庶识破其计，看出破绽。刘备乃命赵云引五百军士从东南杀入，径往西北。赵云得令，挺枪跃马，奋勇破阵，曹军大乱。玄德麾军冲击，曹仁、李典大败而退。

此剧为武生应工戏，是清代同治、光绪、宣统年间的常演剧目，程继先、杨小楼、孙毓堃均擅演此剧。《春台班戏目》有所著录。

11. 以"张辽威震逍遥津"为主题的戏出年画主要呈现的是传统剧目《逍遥津》

该戏剧故事取材自《三国演义》第六十七回"曹操平定汉中地，张辽威震逍遥津"，讲孙权得皖城后，亲率十万大军围攻合肥。合肥守将张辽准备发兵出迎，令李典引军埋伏于逍遥津北，待吴军杀来，先断小师桥。吴军兵分三路，吕蒙、甘宁为前队，孙权与凌统居中，其余诸将陆续进发。待孙权行至逍遥津北，中曹军埋伏，双方展开激战。只是凌统手下只有三百余骑，不敌曹军如山之势，慌乱中，凌统大呼："主公何不速度小师桥！"话音未落，张辽引两千余骑杀至，凌统战死。孙权纵马上桥，桥南已折数丈，正手足无措间，牙将谷利呼喊："主公可约马退后，再放马向前，跳过桥去。"孙权得计策马跳过桥南，徐盛、董袭驾舟相迎，凌统、谷利抵住张辽，甘宁、吕蒙引军回救，孙权幸得保全，只是吴兵已折了大半。这一阵杀得江南人害怕，闻张辽大名，小儿不敢夜啼。

此剧是老生演员的重头戏，很早就出现在中国京剧舞台上，曾是后三鼎甲之一孙菊仙先生的代表作，刘鸿生、时慧宝也擅演此剧，后经高庆奎先生发展，成为高派名剧，也是天津本土著名京剧演员李宗义的经典代表作，其在"二皇儿年纪小"句中，"小"字连拖十三板，令人拍案叫绝。该剧的另一个重要角色曹操由架子花脸来应工，据清宫观剧史料载，内廷供奉净角黄润甫擅演此戏，并有"活曹操"的美誉。

京剧传统剧目中还有一出《逍遥津》，取材于《三国演义》第六十六、六十七回，演汉献帝(刘协)因曹操权势日重，心中惶恐不安，遂与伏后商议铲除曹之计，草拟血诏交于后父伏完，嘱其约同孙权、刘备为外应，遣内侍穆顺送去。曹操得知，率众把住宫门，从穆顺的发髻中搜出伏完秘书，当即将其斩杀，并带剑入宫，命华歆以乱棒打死伏后，并鸩杀二皇子，抄斩伏完、穆顺满门。此剧又名《白逼宫》，旧时演曹操逼宫后，再演张辽勇战孙权而威震逍遥津的这段故事,现在删掉后半部分,剧名还称《逍遥津》,颇似"名不副实"。

12. 以"曹操大宴铜雀台"为主题的戏出年画主要呈现的是传统剧目《铜雀台》

剧目取材于《三国演义》第五十六回"曹操大宴铜雀台,孔明三气周公瑾"。故事讲建安十五年,曹操在取得北征东进等一系列胜利后,于邺城建造铜雀、金凤、玉龙三台。其中,铜雀台最为壮观,楼宇连阙,雕梁画栋,飞阁重檐,气势恢宏。落成之日,曹操在台上大宴群臣,共同庆赏,不仅歌舞阵阵,鼓乐喧天,更有武将较射,文官献诗,曹操也慷慨陈述了自己匡扶天下的决心和意志。是日,曹氏父子与文武百官觥筹交错,对酒高歌,盛况空前。

此剧乃明末清初堂会戏的常演剧目,黄天骥、康保成主编的《中国古代戏剧形态研究》一书在阐述"明清堂会戏演出诸形态"时就曾讲道:"顺治初年,约在1650年间,在扬州的友云轩,冒襄宴请了包括龚鼎孳、杜浚、吴绮在内的明遗民,欣赏了《铜雀台》《河梁别》《青玉案》的演出。"①该书所讲的《铜雀台》属于南戏传奇剧目。黄竹三先生在讨论中国古典戏曲产生发展的多元性问题时也曾提到该剧目:"锣鼓杂剧又称铙鼓杂戏或龙岩杂戏,流行于以临猗为中心的山西南部古蒲州地区,今存剧目近百个,其中绝大多数剧目中的故事内容以宋代为下限,宋以后剧目极少,如《乐毅伐齐》《潼关》《降香》《蜜蜂计》(列国戏);《战昆阳》《鸿门宴》(秦汉戏);《三战吕布》《夜走古刹》《长坂坡》《铜雀台》(三国戏)。"②这里所讲的《铜雀台》是流行于古蒲州地区的锣鼓杂戏,而杨柳青戏出年画所刻绘的则是京津地区上演的京剧剧目,为我们了解该剧目的发展历史提供了形象的资料。

13. 以"走马荐诸葛"为主题的戏出年画主要呈现的是传统剧目《荐诸葛》,一名《走马荐诸葛》

故事取材于《三国演义》第三十六回"玄德用计袭樊城,元直走马荐诸葛",讲曹操因徐庶辅佐刘备,屡遭败绩,乃使程昱伪造徐母笔迹,招徐庶归许昌。徐庶接母亲信后未能辨出真伪,随即辞别刘备。刘备惜徐庶才华,亲身送别,依依不舍,徐庶感其仁德,回马向刘备举荐诸葛亮,说其通今博古,扭转乾坤,改天换日,可安天下,光汉灭曹。途中,徐庶还到隆中,告知诸葛。徐庶至许昌见到母亲,始知受骗,徐母愤而自缢。

该剧是老生与老旦的传统唱功戏,《春台班戏目》著录,清末福寿班、玉成班均有演出。秦腔、河北梆子亦有此剧目。

---

① 黄天骥、康保成:《中国古代戏剧形态研究》,河南人民出版社,2009年,第249页。
② 黄竹三:《黄竹三学术论文自选集》,三晋出版社,2015年,第415页。

14. 以"空城计"为主题的戏出年画主要呈现的是传统剧目《空城计》，又名《抚琴退兵》

戏剧故事取材于《三国演义》第九十五回"马谡拒谏失街亭，武侯弹琴退仲达"。三国时，蜀魏交兵。魏军元帅司马懿率军攻至祁山。（驻守在西城的蜀相诸葛亮料定魏兵必然夺取街亭，欲派能将挂帅镇守，马谡请命，然其领命后未按诸葛亮吩咐靠山近水安营扎寨，以至街亭丢失。）得街亭失守之讯后，又知司马懿乘胜来攻西城，而蜀军的精锐力量已俱被遣出，城内尽是老弱残兵。在危急之时，诸葛亮定空城之计，令将城门大开，每门由二十名老兵打扫街道，并告诉他们城内已备好神兵十万，令其不可惊慌浮躁，自己则高坐城头，抚琴饮酒以待。司马懿兵至城下，听到琴声，对诸葛亮道："任你设下千般计，棋逢对手一般平。"诸葛亮则说："我只有琴童人俩个，我是又无有埋伏又无有兵。你莫要胡思乱想心不定，你就来来来，请上城楼听我抚琴。"司马懿见状大疑，又素知诸葛谨慎，竟令大军倒退四十里。及至探明实情，回军再战，诸葛亮已调来赵云，司马大败而去。（诸葛亮升帐为赵云庆功后，立即审理失街亭一事。虽欣赏马谡才华，但军法无私，挥泪斩之。）

该剧目经常与《失街亭》《斩马谡》连演，统称"失空斩"，是谭鑫培、余叔岩的代表作。秦腔、河北梆子亦有此剧目。

15. 以"黄鹤楼"为主题的戏出年画主要呈现的是传统剧目《黄鹤楼》，一名《竹中藏令》

该剧见于元人杂剧《刘玄德醉走黄鹤楼》，而不见于《三国演义》。故事讲三国时刘备屯军荆州，东吴屡次索讨不成。周瑜设宴于黄鹤楼，诓刘备过江，伏兵楼下，欲借机逼其写下归还文约，并嘱部属非有令箭不得纵放。此计为诸葛亮识破，于刘备临行前交付赵云竹节一支，嘱其可于危急时开启。刘备见周瑜以武力相逼，正失措间，赵云打开竹节，只见内藏诸葛亮借东风时带走的周郎令箭，遂下楼将令箭交与鲁肃，二人得以走脱。周瑜得报后急命驾舟追赶，却已无济于事。

有张二奎复生之誉的许荫堂擅演此戏，朱素云、叶盛兰等也有演出。据著名琴师徐兰沅讲，"光绪还能演戏，有一次慈禧做寿，他也粉墨登场，演的《黄鹤楼》。光绪的赵云、内学太监印刘的刘备，喜刘的诸葛亮，杨五的张飞，李莲英的周瑜，打鼓的是郝春年"①。该剧《春台班戏目》有所著录，杨静亭《都门纪略》亦载此目。秦腔也有此剧目。杨柳青戏出年画中另有以"鲁肃

① 见徐兰沅：《徐兰沅操琴生活》，转引自苏移：《京剧发展史略》，北京燕山出版社，2013年，第45页。

二次讨荆州"为主题的作品,也与此剧内容相关。

16. 以"借云"为主题的戏出年画主要呈现的是传统剧目《借赵云》,又名《一将难求》

该剧见《三国演义》第十一回"刘皇叔北海救孔融,吕温侯濮阳破曹操",情节略有不同。故事讲曹操围攻徐州,徐州牧陶谦年老不敌,向北海太守孔融求救。时平原令刘备在座,孔融约请刘备同往解围。刘备势弱,恐寡不敌众,遂向公孙瓒借来三千兵马,与大将赵云。归途中,二人纵谈天下大势,各抒己见,相互倾慕。二人抵达小沛后,张飞傲慢轻之,出马迎敌,却败于典韦。赵云出手救下张飞,大败典韦,得胜而归,张飞乃拜服。后因吕布出兵濮阳,曹操从徐州撤兵,战事搁置。赵云愿做刘备部下,遂留徐州。

马连良、李盛藻等擅演此剧。据说当年京剧老生程长庚和"同光十三绝"中的小生徐小香之间,曾为先演《借赵云》还是先演《九龙山》发生过争执。[1]

17. 以"反西凉"为主题的戏出年画主要呈现的是传统剧目《反西凉》,一名《割袍弃须》

剧目源出于《三国演义》第五十八回"马孟起兴兵雪恨,曹阿瞒割须弃袍"。故事讲曹操有篡汉之意,但恐马腾不服,经夏侯惇献计,假传圣旨,召马腾进京,令董平于途中行刺,马腾中计而死。马腾之子马超听闻噩耗,与父亲至交韩遂一起率领二十万西凉兵马,杀向长安,伐曹报仇。马超号令全军穿孝,连破长安、潼关。曹操亲率兵马前来抵抗,被西凉军打败。逃走途中,曹操割须弃袍仍被认出,后将令旗裹头才得登舟逃脱。

此戏为唱、念、做、打皆重的武生应工戏。《春台班戏目》及《庆升平班戏目》均有著录。河北梆子也有此剧目。

18. 以"战宛城"为主题的戏出年画主要呈现的是传统剧目《战宛城》,又名《张绣刺婶》《割发代首》《盗双戟》

该剧源见《三国演义》第十六回"吕奉先射戟辕门,曹孟德败师淯水"。故事讲曹操出兵宛城,时值暮春,曹操传令,马踏青苗者斩。不料曹坐骑受惊践踏麦田,曹假意自刎,经劝阻,割发代首。宛城郡守张绣出战,因敌不过曹将典韦,无奈投降。入宛城后曹操微服出游,窥见张绣寡婶邹氏貌美,误听侄儿曹安民的怂恿,将其劫到营中霸占。婶母失踪,张绣亲到曹营探问,知晓真相后,又羞又怒,但畏惧典韦的勇猛,遂用贾诩之计,邀典韦过营饮酒,将典灌醉后,遣胡车盗去典韦盔甲与双戟,然后引兵夜袭曹营。典韦战

---

① 参见王向阳:《梨园趣闻录》,浙江大学出版社,2014年,第147页。

死,曹操败走,邹氏被张绣刺死。

在京剧中,这是一出群戏,张绣(武生或武老生)、曹操(架子花脸)、典韦(武二花脸)、邹氏(花旦)、胡车(武丑)都是重要角色。当年余叔岩、杨小楼擅演张绣,小翠花、朱琴心擅演邹氏;黄润甫、侯喜瑞擅演曹操。侯喜瑞饰演曹操时,因巧妙地抓住了盛年曹操既威严、谨慎,又狡诈、好色的特征,通过亦庄亦谐的表演,精准地塑造了曹操的性格,获得"活曹操"的美誉。

19. 以"孙夫人祭江"为主题的戏出年画主要呈现的是传统剧目《别宫祭江》,又名《祭长江》

戏剧故事讲三国时,东吴孙权为取荆州,遂将妹妹孙尚香嫁与刘备,又设计将孙尚香诓回东吴,使孙、刘二人不能见面。后刘备兴兵伐吴,陆逊使用火攻之计,烧蜀汉连营七百余里,刘备败走白帝城。时妻孙夫人在吴,讹闻刘备已死,悲伤不已,欲赴江边凭吊,遭吴国太阻拦,孙据理力争终获允许。孙尚香临江吊祭,悲痛号哭,乘丫鬟不防,竟投江自尽。

此剧为唱工重头戏,旦角"黄派"创始人黄桂秋擅演此剧。1924年黄桂秋中学毕业后曾以票友身份在京津地区走票。1927年正式拜师陈德霖,京剧技艺精进,后常与马连良、余叔岩、高庆奎、杨小楼等合作演出,当时的拿手剧目便有《别宫祭江》。1941年定居上海后,长期在皇后大戏院演出此剧,并以《别宫祭江》获得"江南第一旦""青衣首席"等美誉。孙喜云、梅兰芳、朱琴心等也有演出。清代乱弹剧目有《孙夫人祭江》,河北梆子有《祭江》。

20. 以"战磐河""磐河大战"为主题的戏出年画主要呈现的是传统剧目《磐河战》,又名《磐河桥》

该剧取材于《三国演义》第七回"袁绍磐河战公孙,孙坚跨江击刘表"。故事讲东汉献帝时,群雄并起,天下大乱。公孙瓒与袁绍约定夹攻韩馥,平分冀州。袁当面应允,得地后却欲独占。公孙瓒为索地令其弟公孙越送书至袁处,为袁绍暗遣大将鞠义假作西凉马腾部下于返回路上杀死。公孙瓒盛怒之下,兴兵报仇,会战于磐河,大败,被袁部将颜良、文丑追击。时下在袁绍处当偏将的赵云,因请令御敌而被袁绍斥为大言不惭,并逐出,失意之中在河边牧马,巧遇公孙瓒败走。赵云因不被袁绍重用决心投瓒,于危急之间奋起杀退颜良、文丑,公孙瓒获救。

该剧为老生、小生应工戏。剧中赵云由武小生扮演,徐小香、程继先、叶盛兰等擅演此角色。剧中公孙瓒由武老生扮演,余三胜、马连良擅演此角色。据《立言画刊》载,谭鑫培、钱宝峰、庆春圃、黄润甫曾于内廷演出。清升平署曾据此排演宫廷大戏《鼎峙春秋》。河北梆子也有《磐河桥》。

21. 以"三顾茅庐""卧龙岗"为主题的戏出年画主要呈现的是传统剧目

《三顾茅庐》，一名《卧龙岗》

该剧取材自《三国演义》第三十七回"司马徽再荐名士，刘玄德三顾草庐"。故事讲刘备因徐庶、司马徽均荐诸葛亮，仰慕其才能，特与关羽、张飞前往卧龙岗拜访，连去二次皆空劳往返，至第三次始得相见。诸葛亮感其诚意，为刘备剖析天下大势，并教其取荆、益二州立为基业，刘备敬服，恳其出山辅佐。刘备与诸葛亮的这次对话就是著名的"隆中对"。京剧传统剧目，《庆升平班戏目》著录，富连成班多演此剧。秦腔、河北梆子亦有此剧目。

廿八都古镇清代民间戏曲壁画中也有一幅《三顾茅庐》（约 70cm×180cm），绘制于清宣统元年（1909），作者是浙江龙泉县八都镇民间画师吴兰亭等人，呈现的是婺剧的演出情节。壁画背景写实，描画饱满，人物形象更具生活气息，没有杨柳青木版年画的戏曲意味浓厚。

22. 以"马跳潭溪"为主题的戏出年画主要呈现的是传统剧目《马跳潭溪》

该戏剧故事主要见于元代高文秀《刘玄德独赴襄阳会》杂剧，叙演刘备攻打张虎得胜归来，设宴庆功。宴中谈及荆州事，刘表欲付与刘琮，刘备则力主刘琦。刘表之妻蔡氏乃刘琮之母，立于屏后听悉此事，遂遣其弟蔡瑁谋杀刘备。伊籍闻之，急告刘备，刘备于是遁归新野。蔡瑁题下反诗，诬为刘备所书，唆使刘表杀备，被刘表拒绝。蔡瑁等遂设宴襄阳诱刘备前来，欲加以擒杀。刘备察知其谋，乘白龙马（的卢马）越溪逃去。剧情与《三国演义》第三十四回略有出入。

近代著名戏剧史家周明泰辑《道咸以来梨园系年小录》中记载，道光四年（1824）庆升平班戏目中即有此剧。秦腔亦有此剧。北京市戏曲编导委员会编辑的《京剧汇编》第54集收录有该剧本的马连良藏本。

23. 以"博望坡"为主题的戏出年画主要呈现的是传统剧目《博望坡》，又称《张飞负荆》《张飞请罪》

戏曲故事取材于元人杂剧《诸葛亮博望烧屯》及《三国演义》第三十九回"荆州城公子三求计，博望坡军师初用兵"。刘备三顾茅庐，诸葛亮出山辅佐。曹操命夏侯惇领兵十万进攻刘备驻地新野，刘备求计于诸葛亮，诸葛亮号令众将分兵设伏，待机出击。张飞以其初出茅庐，首次用计，心中不服。诸葛亮料定夏侯惇兵败后必走博望坡，命张飞在此地伏击。张飞不信，但军令不能违，便与诸葛亮打赌而去。夏侯惇领兵逼近新野，诸葛亮借风势以火攻，令其大败。兵败后的夏侯惇果然走博望坡出逃，张飞见其兵败退来，令伏兵狙击，虽未捉得夏侯惇，却大败曹兵。由此，张飞对诸葛亮料敌如神心中叹服，遂回营负荆请罪。对于诸葛亮的这次用兵，《三国演义》赞道："博望相持用火攻,指挥如意笑谈中。直须惊破曹公胆,初出茅庐第一功。"

《庆升平班剧目》著录,复出安庆班和富连成班也多演此剧。

24. 以"刘玄德南漳逢隐沦"为主题的戏出年画主要呈现的是传统剧目《水镜庄》,又名《襄阳宴》,前接《马跳潭溪》

故事取材于元人高文秀《刘玄德独赴襄阳会》杂剧和《三国演义》第三十五回"玄德南漳逢隐沦,单福新野遇英主"。公元207年,刘备投荆州刘表,因扶持刘表长子而被蔡夫人弟蔡瑁逼杀,马跳檀溪,望南漳策马而行,逃到一山村,见一牧童跨于牛背上,口吹短笛而来,便向其问路,得知牧童为水镜先生司马徽之门徒。经由牧童引路,刘备前往水镜庄拜访司马徽。到草堂时司马徽正在抚琴,听闻有客人到访,亲自出迎,见刘备神色不正,衣襟尚湿,疑其逃难至此,刘备遂以襄阳一事告之。交谈间,刘备自谓命途多舛,难成大事,司马徽则以为刘备因无谋士相辅,才至今日落魄,遂举荐凤雏、伏龙二人,称两人得一,始安天下。是夜,刘备因思水镜之言,寝不成寐。夜半时分听闻徐庶叩门,起床密听,司马、徐庶二人谈及刘表徒有虚名,不可共事,司马徽劝徐庶往投明主。刘备闻之大喜,但恐造次,候至天明,方求见司马徽,欲求英才相辅,无奈徐庶已拜别离开。

秦腔也有此剧目。

25. 以"姜维劫粮"为主题的戏出年画主要呈现的是传统剧目《坛山谷》

戏剧故事取材于《三国演义》第一百一十四回"曹髦驱车死南阙,姜维弃粮胜魏兵"。故事讲姜维伐魏,邓艾引兵拒之。姜维为破邓艾,将计就计,截下诈降的王瓘的粮草,在坛山谷设伏,换上茅草引火之物,而后故意舍弃,诱邓截粮,当邓艾来接应时,大火燃起,姜维杀出,邓艾弃甲丢盔,中伏大败。

民国时,杨小楼、郝寿臣曾编演此剧。杨小楼扮演姜维,郝寿臣饰邓艾。此剧乃杨、郝二人创排的新戏,之前的京剧舞台上并没有出现过邓艾这一角色,郝寿臣为了更好地塑造邓艾的儒将形象,遂创勾了秀眉细眼的白三块瓦脸谱。钱金福在此剧中饰演夏侯霸。夏侯霸在《空城计》《铁笼山》中向来勾白三块瓦,为了避免与此剧邓艾脸谱重复,钱金福遂将夏侯霸勾成紫三块瓦。这也是中国戏曲脸谱艺术史上为了一堂脸谱色彩和谐而做出改动的一段佳话。杨柳青出品的此幅年画刻绘的是郭淮运粮行至山谷之中,姜维提刀出兵的场景。画面上刻绘了姜维额头有太极图的红色脸谱的经典扮相,而没有呈现邓艾的白三块瓦脸谱,稍显遗憾。

26. 以"捉放曹"为主题的戏出年画主要呈现的是传统剧目《捉放曹》,又名《中牟县》《陈宫计》《捉放宿店》

剧目取自《三国演义》第四回"废汉帝陈留践位,谋董贼孟德献刀"。故事讲东汉末年,董卓专权,时任校尉的曹操刺杀董卓未遂,改妆逃亡,董卓下令画影图形悬赏缉拿。曹操逃至中牟县时被擒,县令陈宫敬重曹操忠勇耿直,私行释放,并弃官与曹同奔天涯。行至成皋,路遇曹父故友吕伯奢,吕邀曹操、陈宫二人至庄中,沽酒杀猪盛情款待。曹操听闻磨刀之声,疑为吕伯奢存心加害,便杀死吕氏全家,焚庄灭迹。二人从庄中出来后,巧遇沽酒回来的吕伯奢,为避免后患,曹操将其杀死于路旁。陈宫见曹操恩将仇报,残暴多疑,更以"宁可我负天下人,不以天下人负我"为信念,追悔莫及。夜晚宿店时,趁曹操熟睡题诗讥讽,弃曹而去。

此剧以生、净为主,是谭鑫培的代表作,后余叔岩继承谭氏并加以发展,亦成余派代表作。言菊朋也精于此戏。戏曲对陈宫内心世界的描绘,大大胜于小说。剧中"行路"的一段"听他言吓得我心惊胆怕"[西皮慢板转二六],和"宿店"中"一轮明月照宙下"一套[二黄],都是脍炙人口的经典唱段,在民间广为传唱。

河北梆子也有此剧目。

27. 以"汉阳院"为主题的戏出年画主要呈现的是传统剧目《汉阳院》,一名《哭刘表》

戏剧故事见于《三国演义》第四十一回"刘玄德携民渡江,赵子龙单骑救主"。故事讲刘备为汝南之役为曹操所败后,往荆州投刘表。刘表待之甚厚,病危之时,托以后事。曹操以刘备为心腹之患,明为修好,暗里兴兵,刘备自知寡不敌众,经诸葛亮劝说,弃樊城取襄阳,携老幼百姓渡江。过荆州时,闻刘表已病逝,其妻蔡氏已立次子刘琮,并和蔡瑁商议,欲献荆州于曹操而闭门不纳,刘备闻之大惊,又以有负寄托而不禁大恸。途径襄阳城东汉阳之原,见刘表之墓,遂哭祭一番,以明心志。

列为须生"四杰"之首的贯大元擅演此剧,还曾以此剧教过马连良[①]。

28. 以"曹操逼宫"为主题的戏出年画主要呈现的是传统剧目《白逼宫》

戏剧故事见于《三国演义》第六十六回"关云长单刀赴会,伏皇后为国捐生",叙演汉献帝(刘协)因曹操权势日重,心中惶恐不安,遂与伏后商议锄曹之计,草血诏与后父伏完,嘱其约同孙权、刘备为外应,遣内侍穆顺送去。曹操得知,率众把住宫门,从穆顺发髻中搜出伏完秘书,当即将其斩杀,并带剑入宫,命华歆将伏后乱棒打死,鸩杀二皇子,抄斩伏完、穆顺满门。

该剧原为孙菊仙的名剧,后经高庆奎先生的精彩演出,成为其代表性剧目。孟小冬11岁时曾扮演汉献帝,唱腔高亢浑圆,感情悲恸哀戚,赢得满堂

① 参见徐慕云:《梨园外纪》,生活・读书・新知三联书店,2006年,第12页。

喝彩。在这出戏中,华歆是一个主要角色,他奉曹操之命入宫,诛杀伏后,面目狰狞,凶神恶煞。特别是《逼宫》一场,曹操的专横、华歆的凶残、献帝的怯懦,形成鲜明的性格对比,构成了强烈的戏剧冲突。杨柳青木版年画刻绘的正是这一经典时刻,画面形象个性鲜明,精彩绝伦。

秦腔也有此剧目。川剧有《血带诏》,湘剧名之《华歆逼宫》。

29. 以"收严颜"为主题的戏出年画主要呈现的是传统剧目《收严颜》,又名《过巴州》《两张飞》

戏剧取材于《三国演义》第六十三回到第七十九回,叙演庞统死于落凤坡,孔明自荆州以大军入川接应,命赵云和张飞进击雒城。巴郡太守严颜虽年迈而骁勇,与张飞激战,因中张飞之计而被生擒。但严颜宁死不屈,张飞为其所感动,截下自己的上衣为严颜披上,并引为上宾。严颜感其仁义而降蜀。

著名京剧教育家厉彦芝于上海创办的"厉家班"在1935—1950年间常演的剧目中就有《过巴州》。秦腔中也有此剧目,属于汉调二黄传统剧目,是二花脸(张飞)唱、做、念、打工重头戏。清末著名秦腔演员郅长福,民国的刘明祥都擅演此剧。河北梆子亦有此剧目,天津市戏曲剧目工作委员会编《河北梆子选集》第六辑收录有河北梆子老艺人李玉春先生口述、冯玉坤整理的该剧剧本。

30. 以"曹子建七步成诗"为主题的戏出年画主要呈现的是传统剧目《七步吟》

戏剧故事见《三国演义》第七十九回"兄逼弟曹植赋诗,侄陷叔刘封伏法",叙演曹操身故后,曹丕继位为魏国之主,嫉妒其弟曹植才高。因曹植未出席父亲葬仪,曹丕趁此剪除曹植,命其七步之内赋诗一首,否则杀之。曹植当即吟道:"煮豆燃豆萁,豆在釜中泣。本是同根生,相煎何太急。"曹丕见诗感泣,免其一死,贬为安乡侯。

秦腔亦有此剧目。

31. 以"武侯上表,二出祁山"为主题的戏出年画主要呈现的是传统剧《斩王双》

戏剧故事见《三国演义》第九十八回"追汉军王双受诛,袭陈仓武侯取胜",叙演诸葛亮二出祁山,魏将郝昭、王双守陈仓隘口以拒之。蜀军粮草不济,司马懿教曹真命孙礼假作运粮,暗藏引火之物,诱蜀兵来劫,被诸葛亮识破,令马岱等设伏兵,反将孙礼击败,乘胜追兵;又令魏延伏于陈仓附近,王双追赶至此,被魏延斩杀,蜀兵安然而回。后人有诗赞诸葛亮曰:"进退行兵神莫测,陈仓道口斩王双。"

秦腔亦有此剧目。

32. 以"三气周瑜"为主题的戏出年画主要呈现的是传统剧目《三气周瑜》，一名《芦花荡》

此剧源出于明代传奇《草庐记》及《三国演义》第五十六回"曹操大宴铜雀台，孔明三气周公瑾"，叙演周瑜追赶刘备，诸葛亮预遣黄忠、魏延等截击。诸葛亮命张飞乔装成渔夫，预伏芦花荡，见周瑜率兵前来，突然出击，将其三擒三纵。周瑜愤而呕血，不治身亡。今天的戏曲舞台上演《龙凤呈祥》，常将此作为最后一出。

该剧为小生重头戏，徐碧云最擅演此。该剧也是袁世海的代表作。清末四喜班、三庆班、玉成班常演此剧。秦腔、河北梆子也有此剧目。

另有传统剧目《讨荆州》，又名《三气周瑜》《柴桑关》《丧巴丘》《周瑜归天》，叙演鲁肃向刘备再讨荆州不成，周瑜乃定假途灭虢之计被诸葛亮识破。诸葛亮假称犒军而预付四路军马夹攻，大败周瑜后又以书讽之，周瑜气死。清末义顺和班常演此剧。

33. 以"大战张郃"为主题的戏出年画主要呈现的是传统剧目《瓦口关》，亦称《真假张飞》

戏剧故事见《三国演义》第七十回"猛张飞智取瓦口隘，老黄忠计夺天荡山"，叙演曹操大将张郃与张飞交战，连失三寨，于是坚守东川瓦口关，张飞讨令攻关，刘备、诸葛亮恐其酗酒误事，令其戒酒。张飞至瓦口关后，张郃坚守不出。张飞使军士叫阵、骂阵，并终日聚饮以示轻敌，诱敌来攻，张郃始终不出战。张飞部下将其违令酗酒之事密报诸葛亮，亮测知其诱敌之意，反命大将魏延押送美酒与张飞。张飞命军士假作怨己之状，并伪扎草人于帐中，以诱张郃，张郃果然中计，大败。刘备、诸葛亮亲率大军乘虚攻占瓦口关。

此剧为钱金福的代表作。《春台班戏目》及《庆升平班戏目》著录。

34. 以"定军山"为主题的戏出年画主要呈现的是传统剧目《定军山》，又名《一战功成》

该剧取材于《三国演义》第七十、七十一回，叙演曹操平汉中，派大将夏侯渊、张郃等驻兵定军山和天荡山各隘口，欲攻打西蜀重镇葭萌关。诸葛亮用激将法命老将黄忠出战。黄忠打败了驻守天荡山的张郃后，又用计斩了曹军大将夏侯渊，夺得了定军山。

该剧是老生重头戏，谭派代表作之一，余叔岩亦擅演此剧。光绪三十一年（1905），北京丰泰照相馆拍摄了著名京剧老生表演艺术家谭鑫培在该剧中的几个经典片段，成为中国电影史上的第一部黑白无声影片。影片于1905年12月28日在前门大观楼放映，万人空巷。

35. 以"火烧葫芦谷"为主题的戏出年画主要呈现的是传统剧目《火烧葫芦峪》,亦称《上方谷》《六出祁山》

明《礼节传簿》载《六出祁山》《火烧葫芦峪》。戏剧故事取材《三国演义》第一〇三回,叙演蜀汉丞相诸葛亮六出祁山,屡建奇功,与魏军相持于五丈原之渭滨。因魏将司马懿屡败不出应战,遂于上方谷(一名葫芦峪)设地雷、柴草,遣魏延诈败诱敌,引司马父子深入葫芦峪。一时燃起大火,烈焰熊熊,魏兵正走投无路,性命堪忧,忽天降雨,地雷无功,火被扑灭,司马父子皆得脱险,再不敢出。

还有剧目续演司马懿脱险后,诸葛亮遣使送去胭粉、钗裙以辱之;司马懿反笑而收纳,并探询诸葛亮起居近况,使者据实以告,知其食少事繁,将难以长寿。是年,诸葛亮终因操劳过度,殁于军中。名为《胭粉计》。

高庆奎及其传人李和曾均擅演此剧。民国四年(1915),天津广和楼戏园邀角开戏,取名"广和班",此为"邦黄两下锅"戏班,存在一年有余,主要演员有李桂芬、小荣福、马子云等,老乡亲、刘永奎也曾在此搭班,常演剧目即有《火烧葫芦峪》。

《春台班戏目》及《庆升平班戏目》有所著录,秦腔亦有此剧目。

36. 以"讨荆州"为主题的戏出年画主要呈现的是传统剧目《讨荆州》《柴桑关》《三气周瑜》

戏剧故事见《三国演义》第五十六回"曹操大宴铜雀台,孔明三气周公瑾",叙演鲁肃奉孙权之命过江,向刘备索讨荆州,刘备利用鲁肃忠厚,依孔明之计,立下夺取西川即奉还荆州之文书。周瑜见鲁肃仅带回空头许诺,又闻之甘夫人新亡,遂定下美人计,诱刘备来荆州。

此剧为老生唱功戏,道光抄本《摘锦录》有载。河北梆子有《三讨荆州》,秦腔有《三气周瑜》。

37. 以"张松献地图"为主题的戏出年画主要呈现的是传统剧目《张松献地图》,又名《献西川》《献川图》

该剧取材于《三国演义》第六十回"张永年反难杨修,庞士元议取西蜀"。戏剧故事讲汉代末年,群雄竞起,汉中张鲁侵犯西川刘璋。刘璋欲结好曹操,遂遣别驾张松携西川地图前往许都见曹。曹不加礼遇,对张轻慢,张松愤而讥之。曹操怒而将其驱逐出境。诸葛亮探知张松过境,刘备遂遣关羽、赵云迎候。翌日,刘备偕诸葛亮、庞统邀张松入城,厚加礼遇,张松感激图报,乃将西川地图献与刘备,并誓与同僚法正、孟达共为内应,以取西川。

《春台班戏目》著录。晚清著名京剧作家、表演艺术家汪笑侬曾编演此剧。

38. 以"失街亭"为主题的戏出年画主要呈现的是传统剧目《失街亭》，又名《战街亭》

戏剧故事取材于《三国演义》第九十五回"马谡拒谏失街亭，武侯弹琴退仲达"。诸葛亮知司马懿必起兵夺取汉中要地街亭，因事关重大，拟派大将镇守。马谡自请出任，因其自负而未遵守诸葛亮的将令，没有在靠山近水处扎营。魏军断其水道，以致蜀军不战自乱，马谡约束无效，终被张郃大败。

此剧常与《空城计》《斩马谡》连演，称"失空斩"。余叔岩、马连良、谭富英等均擅演此戏。《春台班戏目》《庆升平班戏目》均有著录。

39. 以"赐环"为主题的戏出年画主要呈现的是传统剧目《赐环》，又名《王允赐环》。

见于元人杂剧《锦云堂暗定连环记》、明王济传奇《连环记》，及见《三国演义》第八回"王司徒巧使连环计，董太师大闹凤仪亭"，叙演司徒王允为图董卓，用美人巧设连环计：先将貂蝉许婚吕布，嗣又献与董卓，致使二人反目成仇。

清嘉庆十五年(1810)《听春新咏》西部"双保"条载此剧目。《春台班戏目》亦有著录。秦腔、河北梆子均有此剧目。

40. 以"草船借箭"为主题的戏出年画主要呈现的是传统剧目《草船借箭》，《群英会》中的一折

戏剧故事出自《三国演义》第四十六回"用奇谋孔明借箭，献密计黄盖受刑"。赤壁大战时，周瑜因嫉妒孔明才智，欲将其斩除，便刻意刁难，让孔明十日交出十万支箭。孔明早已识破周瑜用心，预知第三日后江面将起雾，便立下三日即可交箭的军令状，并请鲁肃备下草船。第三日五更时分，孔明率二十艘草船，乘雾在曹营水寨外擂鼓呐喊。曹寨中人听得擂鼓呐喊，紧急戒备。毛玠、于禁二人飞报曹操有敌来犯。因重雾迷江，曹军不敢擅动，调动万余弓箭手，向江中放箭，一时间万箭齐发，箭如雨下，皆射在孔明备好的草束上。而此时，孔明与鲁肃正在舱内举盏细酌。至日高雾散去，孔明将白得的十万余支箭，交付周瑜。

这出戏，马连良、谭富英的合作表演堪为家喻户晓。《庆升平班戏目》有所著录。

41. 以"苦肉计"为主题的戏出年画主要呈现的是传统剧目《苦肉计》

戏剧故事取材于《三国演义》第四十五至四十八回。三国时，曹操亲率八十万大军南下入侵东吴。曹操发觉蒋干中计，于是令蔡瑁弟弟蔡中、蔡和诈降东吴。周瑜知蔡中、蔡和来降有诈，与黄盖定下苦肉计，让其假意投曹。次日，周瑜鸣鼓，将诸将汇于帐下，发号施令，黄盖不从，并以言相讥，周瑜大

怒,下令速斩。诸将官苦苦求情,打了五十脊杖,黄盖皮开肉绽,鲜血迸流。孔明在座明察秋毫,故而袖手旁观,未发一言。周瑜与诸葛亮议定以火攻曹。庞统利用蒋干降曹后献连环计,使得曹军战舰锁连成排。诸葛亮在南屏山设坛借东风,黄盖以投降为名乘船进入曹营,火烧战船,同时,吴军与蜀军夹击攻曹,歼灭了曹操八十三万人马,奠定了三国鼎立的局面。

该剧目是三国戏中的经典,几乎包括了生行、净行、丑行等京剧中除旦角以外的所有类别,历来最能荟萃名角,曾集中了潭派、马派、叶派、张派、裘派的梨园大家,为人津津乐道。传统剧目还有将《草船借箭》与此剧合演,称《借箭打盖》。秦腔也有此剧目,河北梆子有《蒋干盗书》。《庆升平班戏目》有所著录。

42. 以"箭射蓬索""借东风"等为主题的戏出年画主要呈现的是传统剧目《借东风》,一名《南屏山》

戏剧故事见于明传奇《刘玄德三顾草庐记》,及《三国演义》第四十九回"七星坛诸葛祭风,三江口周瑜纵火",讲赤壁鏖战,曹操中连环计,锁连战船。周瑜欲用火攻,而隆冬时节,独缺东风,忧愤成疾。诸葛亮借探病献十六字密书:"欲破曹公,宜用火攻。万事俱备,只欠东风。"并自言能借东风,让周瑜在南屏山为他建起七星台。孔明借来东风后,周瑜妒忌其竟有夺天地造化之法,鬼神不测之术,于是遣丁奉、徐盛杀之。诸葛亮早已料定周瑜心机,预遣赵云驾船等候,风起之后,同回夏口。徐盛、丁奉二人分水陆两处追袭。就在徐盛的船只即将赶上之时,赵云立于船尾,拈弓搭箭,射断徐盛船上蓬索,其船便横。而孔明之船已拽起满帆,二人乘风而去,追之不及。

此剧是老生、武生合作戏,老生唱功戏,是马连良的代表剧目之一。在这出戏里,原本鲁肃才是最重要的老生角色,"富连成"时期,著名丑角大师萧长华根据马连良的特点,将《借东风》一折做了重新加工,为其量身定做,增加了大段唱词,而后几十年,马连良不断完善此剧,终于使其成为马派最经典的唱段,马连良也因此有了"活孔明"之誉。近人朱瘦竹在其《修竹庐剧话》中曾言:"马连良在亦舞台时,首创《群英会》前饰鲁肃至'打盖',后饰《借东风》之诸葛亮,唱做皮黄,同时兼漏,时人嘉之。盖鲁肃归做派老生应行,唱西皮,《借风》之诸葛亮归安派老生应行,唱二黄。连良利用身份到家,勿辞辛苦,带《借风》照本唱全。在人,擅做未始擅唱,更二黄未始与西皮同尽其妙。连良乃能一事精,百事精,各极其妙,该剧被公认为马派唯一累工名作,宜也。"[1]

---

[1] 朱瘦竹:《修竹庐剧话》,李世强编订,中国戏剧出版社,2015年,第59页。

43. 以"蒋干盗书"为主题的戏出年画主要呈现的是传统剧目《蒋干盗书》，是经典剧目《苦肉计》中的一折

戏剧故事取材于《三国演义》第四十五回"三江口曹操折兵，群英会蒋干中计"。三国时，曹操亲率八十万大军南下入侵东吴，诸葛亮奉命到东吴与周瑜共商联合抗曹事宜。曹操特派谋士蒋干过江打探消息，蒋干乃周瑜故友，周瑜知其有劝降之意，便将计就计，设群英会予以款待，约定席间不谈军情，酒过三巡，周瑜佯醉，与蒋干同室而眠，被蒋干盗去假书，使得曹操杀死自己的水军将领蔡瑁、张允。

此剧是堪称丑行圭臬的"萧派"创始人萧长华的代表剧目之一，在塑造蒋干这一角色时，萧长华对史书中的蒋干进行了充分的钻研，为了突出其自作聪明的书呆子形象，设计了大量经典的念白，使得这一人物形象呈现出"雅中有酸，傲中有谄，智中有愚，狡中有驯"的复杂性格。此剧也为萧长华赢得了"活蒋干"的美誉。著名架子花脸侯喜瑞先生曾跟随萧长华学习此出文丑戏。

44. 以"舌战群儒"为主题的戏出年画主要呈现的是传统剧目《舌战群儒》

戏剧故事见于《三国演义》第四十三回"诸葛亮舌战群儒，鲁子敬力排众议"，叙演曹操欲伐江东，孙权乃将鲁肃遣至江夏，邀请诸葛亮过江商议对策，诸葛亮奉命到东吴与周瑜共商联合抗曹事宜。东吴主和派不愿与曹操开战，于是，以张昭、虞翻为代表的群儒相继围攻，向诸葛亮发难，反被诸葛亮一一驳倒。

《庆升平班戏目》亦有所著录。

45. 以"群英会"为主题的戏出年画主要呈现的是传统剧目《群英会》

戏剧故事见于《三国演义》第四十五回至第四十八回，叙演三国时赤壁之战，东吴孙权与刘备联合抗曹的一段过程。包括上述《草船借箭》《苦肉计》《借东风》《蒋干盗书》《舌战群儒》等经典剧目。杨柳青戏出年画以"定计破曹""孔明激周公瑾"等为主题的作品也出自此剧。

《群英会》是一出经典剧目，《春台班戏目》《庆升平班戏目》均有著录。该剧早在京剧初成之时就已有演出，民国时期富连成科班又重新加以整理改编，成为其常演剧目，谭富英饰演的鲁肃、马连良饰演的诸葛亮、叶盛兰饰演的周瑜、萧长华饰演的蒋干、裘盛戎饰演的黄盖也成为戏曲舞台上的经典形象。晚清民间画师沈蓉圃绘制的当时名伶彩色剧装写真照《同光十三绝》中，也有程长庚在《群英会》中饰演的鲁肃（老生）形象，以及徐小香饰演的周瑜（小生）形象。

46. 以"油江口"为主题的戏出年画主要呈现的是传统剧目《油江口》，又名《取南郡》《一气周瑜》

戏剧故事见《三国演义》第五十一回"曹仁大战东吴兵，孔明一气周公瑾"，叙演赤壁之战后，周瑜意欲乘胜收取南郡，守将曹仁、陈矫使用曹操预设之计，诱使周瑜入城，令其蒙受箭伤。周瑜乃嘱告部下，扬言主帅伤重而死，诱使曹军截营。曹仁果然中计，战败溃逃。周瑜欣然直取南郡。岂料孔明已捷足先登，遣赵云先行占领城池，并用曹操兵符调离荆州、襄阳守将，袭取二城。周瑜一场辛劳，毫无所获，愤极吐血，坠于马下。

程长庚曾与徐小香联袂出演此剧，据周明泰《道咸以来梨园系年小录》记载，程长庚的逝世也与此剧有关："致病之原因系在秦老胡同文索宅演堂会，与孙菊仙争气，连演四本《取南郡》，该戏与徐小香合演，向分四日，今一昼夜唱全本，劳累得病，未数月遂卒，时寓百顺胡同。"①

《庆升平戏目》有所著录。另外，秦腔有《取四郡》。

47. 以"战北原""取北原"等为主题的戏出年画主要呈现的是传统剧目《战北原》，一名《斩郑文》

戏剧故事见《三国演义》第一百零二回"司马懿占北原渭桥，诸葛亮造木牛流马"，叙演诸葛亮六出祁山，与司马懿会战于北原、渭桥。司马懿命偏将郑文诈降，再命人假扮秦朗挑战，郑文与之交战，三合而斩之，回营报功；诸葛亮识破郑文诈降之计，欲斩，郑文哀求赦免，诸葛亮乃将计就计，令其修书司马懿，诱其夜劫蜀营。司马懿得书后，令秦朗前往劫营，秦中伏被射死，诸葛亮复斩郑文。

此剧为唱工老生应工戏，卢胜奎、马连良均擅演此剧。河北梆子亦有此剧目，徽剧有《取北原》，豫剧、秦腔有《斩郑文》。

48. 以"昭君出塞""昭君和番"为主题的戏出年画主要呈现的是传统剧目《昭君出塞》

该剧源于元人马致远《汉宫秋》杂剧、明代陈与郊《昭君出塞》杂剧，及明代无名氏《和戎记》传奇。戏剧故事讲汉元帝时，匈奴犯边，抵御无人，乃用和番之策，将宫女嫁与单于。王昭君虽有绝世之姿，但因不肯贿赂画工毛延寿，以致画像极为丑陋。元帝遂不加召幸，昭君夜弹琵琶自叹，元帝闻音而至，发现其美，立为明妃。元帝欲斩毛延寿，毛延寿逃往匈奴，献昭君之真实画像，匈奴发兵要昭君。元帝自感兵力不足，最终割爱，令昭君弟王龙护送她出塞和亲。

① 周明泰：《京剧近百年琐记》，(台湾)传记文学出版社，1974年，第57—58页。

此剧乃尚小云代表剧目之一。戏谚有云"唱死昭君,翻死马童,累死王龙",说明在传统演剧过程中,该戏昭君一角以唱功为主,技术性强。尚小云在编演《汉明妃》的过程中,为表现王昭君远离家乡、眷恋故土的情怀,独创文戏武唱,精心设计了舞蹈化的动态语言。同时,戴昭君盔、插雉翎、垂白色狐尾,穿淡黄古装宫衣,系虎头腰带,披红色镶毛边斗篷,手持马鞭的旦行俊扮也成为尚派的固定装扮。

49. 以"姜维兵败牛头山""建安七子""姜伯约斗阵困邓艾"等为主题的戏出年画所呈现的剧目尚未得到考证。其中,《姜维兵败牛头山》(民国,增兴画店)将戏出扮相的人物置于实景山水之中,刻绘的场面是姜维与郭淮于牛头山大战的场面,故事见《三国演义》第一〇九回;《姜伯约斗阵困邓艾》(清,贡尖,59cm×102.2cm)刻绘的是《三国演义》第一百十三回"丁奉定计斩孙綝,姜维斗阵破邓艾"中邓艾被困在"长蛇卷地阵"中的场景;《建安七子》(贡尖,64cm×113cm,柳青年画博物馆收藏)画面为实景山水,人物戏装扮相,刻绘的是曹氏父子之外的七位文人,画面有题诗:"三国纷纷出英贤,七子各仕忠与奸。遇其主者得吐气,不得其主枉负才。"年画颇显政治纷争的意味。

通过以上的梳理,我们可以看出,杨柳青百余幅"三国戏"年画呈现了近五十出三国题材的戏曲剧目。曾任北洋政府总统府秘书而酷爱戏曲的周明泰整理的《道咸以来梨园系年小录》中记载有退庵居士所藏道光四年(1824)《庆升平班戏目》一册,为当年此班上演戏目的记录,总目共二百七十二出,包括三国戏共四十八出,足见当时三国戏的流行。这一记录与我们整理的杨柳青三国戏年画所展现的剧目数量几乎相同,虽属巧合,却也能够说明杨柳青戏出年画以其精湛的刻工和细致的彩绘呈现了当时的流行剧目。这些戏出有的在剧目整理类资料中留下了名字,有的在剧本整理类资料中留下了唱词,而今,我们也可以通过杨柳青戏出年画的精准刻绘,欣赏其舞台表演的精彩片段。可以说,杨柳青戏出年画在更广泛的意义上为我们考察清代中晚期以至民国年间京津地区的戏曲剧目提供了资料。

道光七年(1827),清政府将掌管宫廷演戏的机构名称由"南府"改为"升平署",升平署除了留下了大量附有"穿戴脸儿俱照此样"字样的戏出绘画,还有题为《性里精义》《戏出画册》《清人戏出册》的画册三种,里面涉及的剧目也包括《群英会》《空城计》《黄鹤楼》《捉放曹》《辕门射戟》《截江》《天水关》《让成都》《祭江》《定军山》等三国戏剧目。据戏曲研究专家朱家溍先生考证,这些都是道光、咸丰以来北京的徽班经常上演的戏目。

这些剧目在杨柳青戏出年画中也获得了充分的展现,据笔者不完全统计,在杨柳青戏出年画中,《全出群英会》共七幅,《空城计》共两幅,《黄鹤楼》共七幅,《捉放曹》两幅,《辕门射戟》四幅,《截江夺斗》七幅,《天水关》三幅,《让成都》五幅,《(孙夫人)祭江》两幅,《定军山》一幅。由此可见,杨柳青戏出年画作为民间创作,亦可以与宫廷画师的创作互为表里,共同呈现戏剧发展的斑斓历史,从而,实现其戏曲文物的资料价值。

二、剧种呈现

不只对经典剧目的丰富呈现,杨柳青三国戏年画还描绘出了贴切舞台演出的各种服饰扮相,从而向我们展现着同一剧目以不同剧种的形式流行于京津戏园的历史景象。道光六年(1826)清人崔旭刊印《津门百咏》一书,书中有《津门竹枝词》讲到天津戏园兴起的盛况:"戏园七处赛京城,纨绔逢场皆有情。若问儿家何处住?家家门外有堂名。"另有"只有儿童偏快乐,满街学唱二黄腔","小曲近来兴北调,当筵赢得一狂呼"等诗句[1],可见清代嘉庆、道光年间,二黄、梆子等已在大街小巷广泛流行。不仅如此,作为毗邻京城的水路交通枢纽城市,天津几乎荟萃了流行于京城的各种文化娱乐样式,昆曲、弋阳腔、梆子、吹调、徽剧、汉剧等各地方剧种的戏班纷纷在这里演出,当然也包括后来盛极一时、流行至今的京剧剧种。当时杨柳青年画的很多新鲜画样,都是取材于京津一带流行的秦腔、河北梆子等戏剧场面,更有各地剧种在京会演的情形。

就杨柳青三国戏年画而言,呈现最多的戏剧种类当属京剧。从笔者收集整理到的杨柳青三国戏年画整体情况来看,绝大部分刻绘精良的作品都是京剧舞台的表演现场。之所以如此,主要原因在于杨柳青戏出年画发展到顶峰的时期与京剧在京津地区日渐盛行的时期大体同步。所以,杨柳青戏出年画对于戏剧史发展的文物价值更多是针对京剧而言,例如服饰扮相、舞台布置、动作神情等的呈现,可以说都是惟妙惟肖的,诚如甄光俊所讲:"画中人物姿态生动、活灵活现。有的宛若用照相机现场抢拍的照片,演员亮相时锣鼓戛然而止的那一瞬间十分逼真,有的仿佛让人听到了演唱者那绕梁的余音,非常传神。"[2]对于杨柳青戏出年画在服饰扮相、舞台布置、动作神情等方面所具有的戏曲文物价值,后文将有专门章节做以详论。

除了京剧之外,对于秦腔、梆子腔演出现场的描绘是杨柳青三国戏年画

---

① (清)崔旭:《津门竹枝词》,见陈恬、谷曙光本卷主编:《京剧历史文献汇编·清代卷8·笔记及其他》,凤凰出版社,2011年,第605页。

② 甄光俊:《年味十足的杨柳青戏出年画》,见《甄光俊戏剧文汇》,天津古籍出版社,2013年,第327页。

较为经典的另一类作品。传统剧目《凤仪亭》，又名《连环计》，是传统戏曲舞台上的经典剧目。杨柳青戏出年画中有一幅《凤仪亭》（光绪，横四裁，24cm×41cm），为戴廉增画店刻绘，画作精彩地再现了董卓在凤仪亭撞见吕布貂蝉私会而怒火中烧的瞬间。画面正中是貂蝉，正与吕布（右）私会。貂蝉头戴花冠，身着霞帔，与传统京剧的宫装扮相明显不同。吕布头戴紫金冠，插翎子，身着马褂，亦不同于京剧扮相的箭衣。董卓（左）手持方天画戟，在窥听二人的私语，他身穿蟒袍，也非头戴相巾，身穿团花帔京剧的扮相。这种装束当是秦腔扮相。

杨柳青戏出年画中还有一幅《连环计》（清，线版），刻绘了王允邀请吕布过府宴饮，席间借故离开，令貂蝉前去相陪，吕布被貂蝉美颜所迷，正调笑间被王允撞见的一幕。画面上一桌一椅，颇显舞台演出的现场意味。画面左侧吕布正伸手拉扯貂蝉，似被其美貌所深深吸引；貂蝉手持绢帕遮面，眉目娇羞，含情脉脉。画面右侧王允以丁字步侧身而立，右手捋髯，左手持扇背于身后，回头望向二人，似惊、似怒，又似满心思虑。

《清车王府藏曲本》收录有《谢冠全串惯》一剧，上演的正是吕布与貂蝉在司徒府初次相遇的故事，剧本中的一段唱白曲词精彩地记录了这一故事情节：

（小生唱）心下无事偏瞌睡，光阴不住把人催。猛然睁开双眉眼，见一女子上庭来。我这里连忙离座，问娘子到此处所为何来。连问几句不开口，倒叫吕布惊心头。学一个柳下惠坐怀心不乱，一时间引得我意马难栓。无奈何上前忙施礼，问娘子到此处为何来。

（小旦白）温侯驾安。

（小生白）承问，小娘子大名？

（小旦白）奴家貂蝉。

（小生白）青春几何？

（小旦白）奴家一十六岁。

（小生白）可曾许人？

（小旦白）尚未适人。

（小生白）妙哇。小娘子，你看俺吕布英名贯于天下，若不嫌弃，你我就此成好。

（小旦白）奴家正有此心，诚恐家父不肯。

（小生白）你父不肯，一面在我。

（小旦白）如此，奴家玷辱温侯。

(小生白)好说。(唱)我二人亦好似姻缘凑巧,不相遇今日里配合鸾交。

(小旦唱)咱二人若能同床到老,纵死在阴曹府也得甘心。

(正生上唱)有王允假意儿忙往里闯,见温侯和小女儿搂抱一旁。①

可以看出,年画中呈现的一幕与这段曲词表述的内容如出一辙,甚至人物的动作、表情都十分相似。《清车王府藏曲本》中标注此剧为乱弹。"乱弹"出现于清代花部戏曲声腔兴起的历史时期,泛指清代康熙末年到道光末年这一百多年间新兴的地方声腔剧种,诸如京腔、秦腔、弋阳腔、梆子腔、啰啰腔、二黄调等统称为"乱弹"。其作为戏曲声腔的名称,则基本上与梆子腔同,亦兼指梆子腔系统的主要剧种秦腔。在这幅年画作品中,貂蝉为花旦扮相,头戴花冠,身穿长裙;吕布为小生扮相,头戴紫金冠,穿长袍,未插雉尾,非穿蟒袍;王允为老生扮相,戴忠纱,穿官衣,而非穿帔。这些装扮与今昔京剧舞台演出有很大不同,可以推断为梆子腔或秦腔的演出片段。

传统剧目《汉阳院》,一名《哭刘表》。杨柳青戏出年画也有一幅《汉阳院》(清,线版),刻绘的是徐庶见刘备,劝其出走的一幕。图中从左到右依次是赵云、黄忠、张飞、诸葛亮、刘备、徐庶、童儿。赵云头戴武生盔,扎靠甲,插靠旗,系靠绸,穿马褂;黄忠戴盔扎靠,插靠旗,挂髯口,系玉带,左手按佩剑,右手捋髯;张飞戴盔,勾脸,挂长髯,穿官衣,系玉带,双手捋髯;诸葛亮头戴八卦巾,身穿八卦马褂,挂髯,手持羽扇;刘备头戴皇帽,挂髯,穿长袍;徐庶头戴八卦巾,挂髯口,手持浮尘。据《三国演义》,此时黄忠尚未归顺刘备,图中疑为关羽之误。画作中的刘备、诸葛亮、徐庶都由生角扮演,人物扮相与传统京剧也不太相同。舞台颇具装饰性,正中摆放一桌两椅,背后是绘有日出海上的屏风,舞台左右两侧分别立有华盖和三军司令旗。按照传统京剧演出习惯当以刘备为主,此图也似梆子戏。

除了三国戏外,杨柳青戏出年画呈现梆子戏剧目的作品,还有《全家福》(清末,贡尖,57cm×103cm),鄂木斯克历史方志博物馆藏。年画刻绘的是梆子剧目《全家福》,又名《黑水国》。戏剧故事讲隋文帝时,西蜀茂州寨秀才韩幼奇,因家境贫寒,别妻留子,跟随贩粮商船作代笔之职。途径黑水国时,被掳做黑水国女王黑秀莲的驸马,并生有一子。二十年后两国交兵,韩在家乡的诸子长大成人,长子擒龙为隋朝大将领兵御敌,韩亦带兵出战,父子在阵前相认,两国遂罢兵和好。后韩幼奇船载黑水国之妻与子回归隋朝,一家团圆。隋文帝封韩幼奇为顺国公,赐"全家福"牌匾。此剧有老生、武旦、小生、

---

① 黄仕忠:《清车王府藏戏曲全编》第3册,广东人民出版社,2013年,第68—69页。

花脸等行当,唱做并重。乾隆四十六年(1781)江西巡抚郝硕遵旨查办戏剧违碍字句事,涉此剧有奏疏云:"《全家福》所称封号,语涉荒诞。"但因"全家福"为吉祥语,清代各地戏班常于庆寿、祭祀时演出该剧。杨柳青戏出年画在一张图内,以呈现戏曲舞台演出现场的方式,刻绘了该剧的六个场景,工架劲道有力,身段程式优美,色彩典雅,写意传神。

戏出年画《翠华(花)宫》(清末,炕围,30cm×52cm),喀山大学民族学博物馆藏,刻绘的是梆子剧目《翠花宫》,又名《张金定吊孝》。该剧叙演护国公秦叔宝去世,徐茂公、尉迟敬德、程咬金等同往吊唁,料到张士贵之妹、翠花宫妃张金定亦必来吊,遂与护国公二位夫人商定,待张金定来时故意对其不施礼遇,与其厮打,引其恼怒,使其受辱踉跄而去。该剧《春台班戏目》有所著录。年画刻绘的是诸公与二位夫人正在商议的场景。画面上有一桌两椅,铺桌帷椅垫,未用椅披,二位夫人站在桌前,一穿白裙,一穿蓝裙,举手投足间尽显窈窕。

该剧曾经是清代的禁演剧目,晚清著名慈善家、戏曲作家余治辑有《得一录》六卷,刊于同治八年(1869),该书卷五有约束民间演剧的《翼化堂章程》,文后附有《永禁淫戏目录》,上面详细列有当时经常在舞台上演出的80出戏目,其中就包括《翠华宫》,亦即《翠花宫》。杨柳青戏出年画为我们刻绘了这出戏中的场景,近似舞台写真,原汁原味地记录了19世纪末戏台上演出该剧的面貌,可以说既是年画中的珍品,也是戏曲文物的佳作,非常珍贵。

杨柳青戏出年画还有一幅《雄黄阵》(乾隆,横三裁,31cm×55cm),此图所呈现的剧种应为昆曲。剧目《雄黄阵》是《白蛇传》中的一折,旧日戏曲舞台上每逢农历端午必会上演此剧。该剧叙演白素贞与许仙婚后感情甚笃,端午节时,许仙邀请白素贞以雄黄酒对酌,白素贞盛情难却,勉从其意,随即药性发作,躺到床上现出白蛇原形。许仙进房探视而被吓死。待小青唤醒白素贞后,二人急赴灵山盗取灵芝草,救活许仙。许仙复活后仍心有余悸,白素贞为了释疑,谎称所见之蛇为手帕幻化,随即将手帕化作白蛇,令小青斩为数段。

此年画刻绘的正是许仙苏醒后,小青举剑斩蛇的一幕。画面左侧一条白色长蛇蜿蜒地上,小青身穿青衣长裙,腰系白色水裙。她左手叉腰,右手举剑,正扬剑欲斩断白蛇。画面右侧,许仙头戴鸭尾巾,身穿褶子,系黑丝带,扬袖抱头,做惊恐状,身段灵巧,富于动感。他左脚迈出,同时向左甩袖,仿佛欲向左侧逃走,头却转向右侧,眼睛看着画面左侧的白蛇,眼神与台步相反相成,再现了传统戏曲舞台上演员做身段时"欲左先右"的表演程式。许仙身后,白素贞身穿白色花衫,左手伸掌当胸,右手指向白蛇,向左侧回首,仿佛在向许仙解释原委。年画以香几花架、石景盆栽装饰背景,格调清新,设色雅致。

这幅年画最亮人眼睛的地方是许仙的身段,画面以许仙的眼睛为中心点,他头向右转,眼神向右下方延伸,看向地面的白蛇,同时双手向左上方举起,水袖高扬,正好与眼神的落点形成了一个巧妙的对角线,这种姿态多是昆曲舞台上由两个人同时完成的经典身段。年画作品以精彩的刻绘留下了曼妙的身姿,让我们可以借此一览乾隆年间的昆曲表演。

戏出年画《感亲孝祖》(贡尖,60cm×105cm,正兴德亨记),刻绘于民国时期(1923年),现藏于名古屋大学图书馆,日本学者中冢亮曾述,此年画的题材取自成兆才的评剧《感亲孝祖》。①成兆才(1874—1929),河北人,艺名“东来顺”,曲艺民谣“莲花落”艺人,也是我国近代著名的剧作家。光绪二十一年(1891),成兆才入赵小斋班,随同二合班、庆顺班、义顺班、义合班等进天津演出,不久就成为一名深受群众喜爱、可与西路莲花落艺人“西来顺”相媲美的男旦,也由此得名“东来顺”。光绪二十六年(1900),成兆才深感莲花落节目单调,既不能满足观众的欣赏需求,也不能满足演员的水平发挥,遂开始编写拆出剧本,并在此后的艺术实践中吸收了河北梆子和皮影戏的表现手法,对莲花落在曲调、板式、音乐和表演程式等方面进行了改革和创新,于民国初年将莲花落发展为评剧艺术形式,他自己也成为中国评剧的创始人之一。

在成兆才从艺的二十多年时间里,他根据莲花落、河北梆子、皮影、宝卷、古典文学、民间传说、时事新闻等创作、改变的剧目共有102本,代表性的作品有《占花魁》《杜十娘》《花为媒》《杨三姐告状》等。《感亲孝祖》也是他根据《宣讲拾遗》中的故事改编而成的一出经典剧目。这出戏的大致情节是,一对年轻的夫妇虐待老人,并将老人赶到山下荒草屋中居住,可是他们的女儿贵莲和儿子贵安却对祖父祖母十分孝敬。两个孩子用自己的行动感染了这对年轻夫妇,并努力劝说,终于使得他们悔过自新,将老人接回家中赡养。

此幅年画在实景山水之中,刻绘了一幅青山悠远、绿树掩映的乡村人家图景,画面前方呈现的是接老人进门的温暖场面,剧中的主要人物旁边都标注了名字,使人们一看便知是《感亲孝祖》一剧。画面上方还有题诗落款,讲述了该剧的大致内容:“高年心性喜勤俭,致因此事孝子烦。荒山丛下茅檐

---

① [日]中冢亮:《青木文库藏图像资料目录》,《名古屋大学中国语学文学论集》第21辑,2009年。

处,送归此地离家园。□脱耳净忘不孝,小孙孙女暗週□。跪听直谏父和母,搬祖回家传孝言。"画中风景秀丽,人物衣着清新明艳,又恰逢评剧刚刚被创造出来的年代,欣赏该年画,人们便可以直观地感受到这一新兴剧种的表演和故事,也可以用诗教人,将民间传统的孝道观念传承下去。作为一种戏曲文物,该年画也为我们留下了评剧诞生之初的大致面貌。

此外,杨柳青木版年画中还有一幅《独流高跷会》(光绪,贡尖,54cm×105cm,彩色)。高跷秧歌戏是一种传统的民俗活动,演员脚踩木跷,身着戏装,边游行边演出,是一种集歌、舞、戏、杂、武五门艺术于一体的演出形式,在发展过程中逐渐升华提炼,塑造出其自身特有的人物造型和脸谱内容。此幅年画刻绘的就是天津独流镇上演高跷秧歌的场景。

画面左端有一位身穿绿色坎肩、茄花颜色长袍的青年,手打铜锣,肩搭一"高跷会"的彩旗在鸣锣开路。身后的高跷队众人皆是足踏双木长棍,倍高其身,正从一幢乌漆大门陆续走来。高跷队中的前行者是一个武净角色,他头戴盔头、内穿箭衣、外罩黄马褂,应是《杨家将演义》中的焦赞,其后有一位项系莲瓣披肩,身穿紫袄蓝裤,腰系粉巾的少女,手中握一长棍,应是杨排风,二人表演的是《烟火棍》的戏出。杨排风之后是一位文丑扮相的角色,他头戴金钱团翅纱帽,挂三络胡须,身穿红色官衣,袍带挂在脖子上,手拿大笏板,其后紧跟一位头后梳髻簪花,身穿连襟蓝围裙和长裤的花旦,手拿粉红绢巾。这两个角色一为灶王,一为田三之妻王三春,他们所演戏出应是《紫荆树》中的"打灶王"一折。王三春之后,许仙头戴鸭尾巾,身穿花褶子。白素贞头戴鱼婆罩,穿素衣裙,项系云披肩;后有小青,穿青色衣裙,系绿云头披肩,手摇一桨,三个角色共演戏出《水漫金山》。大门台阶上,站立一位头簪鲜花,身穿墨绿色长袄和粉红色长裤,系浅蓝色花裙,手托茶盘的花旦,当是李凤姐;其后一身跨大门的须生,穿黄色行头,扮相如正德皇帝,他们二人所扮应是《游龙戏凤》之角色。年画做工精巧,色调鲜明,衣装华丽,扮相精美,令人百看不厌,为年画艺术中之精品。

高跷秧歌是劳动人民在田间地头、农家场院等地兴起的一种自娱自乐的表演形式,在中华民族五千年的文明史中起源较早,也曾一度发展为节日、庆典等重要日子的欢乐活动。但是,由于高跷秧歌在表演时需要十人以上,随着城市化建设脚步的日益加快,已经很少有乡村能够组建成像样的高跷秧歌队。目前,能常年演出的高跷秧歌仅有海城市民间秧歌艺术团和中国最美村庄——婺源高跷秧歌艺术团。杨柳青出品的这幅年画呈现了光绪年间,天津独流镇上演高跷秧歌戏的场景,让我们可以直观地感受清末民俗活动的热闹场景,十分珍贵。

年画《时兴京秧歌》（清末，横四裁，27cm×51cm，裕升德画店），现藏于莫斯科国立东方民族艺术博物馆。该年画为我们留下了京秧歌演出的精彩画面。秧歌是一种流行于我国北方、极具群众性和代表性的民间舞蹈类型，不同地区有不同称谓和风格样式，其中，北京地区的秧歌又叫京秧歌。京秧歌在表现形式上既有变换队形的大型集体舞，又有两三个人表演的带有简单情节的小戏。此图刻绘的秧歌戏就是由三出小戏组成：《打灶王》《十字坡》和济小塘大闹严嵩府的故事。图中人物戏装扮相，手拿道具，动作颇富程式化意味，工架劲道有力，并非一般秧歌走街串巷的舞蹈表演，戏曲表演意味浓厚。

载歌载舞的秧歌是一种综合艺术，它将锣鼓伴奏、舞蹈、歌唱等融为一体，千姿百态，美不胜收。秧歌历史悠久，南宋周密在《武林旧事》中介绍民间舞队时就曾提到"村田乐"的杂耍表演。清代吴锡麟的《新年杂咏抄》中也有记载："秧歌，南宋灯宵之村田乐也。所扮有耍和尚，耍公子，大花鼓，拉花姊，田工渔妇，状态货郎，杂沓灯术，以博观者之笑。"[①] 可见现存秧歌与宋代"村田乐"之间的源流关系，及其丰富多彩的表演形式。2006年5月20日，秧歌经国务院批准列入第一批国家级非物质文化遗产名录。这幅现存于俄罗斯的杨柳青木版年画生动地描绘了清代京秧歌演出戏曲剧目的场景，也是具有文物价值的年画珍品。

杨柳青木版年画中另有一幅《词演取长沙》（民初，横四裁，24cm×34cm，线版）。画面正上方题名"词演取长沙"，告诉我们这幅年画所呈现的说唱艺人在演唱三国故事"取长沙"的片段。画面正中的主要演员是位女艺人，她左手持鼓槌，右手握着两块铜板（犁铧片），正在演唱梨花大鼓。画面右侧坐一女艺人在弹三弦，画面左侧是一位梳着总角的儿童，在拉四胡。

曲艺是天津人喜爱的民间艺术形式，京韵曲目中有很多著名的音乐语汇都来自曲辞，不仅给人以完美的艺术享受，更以有别于市井俗语的话语方式彰显了天津近代市民文艺雅俗共赏的审美情趣。诗词歌曲等韵文的运用与说唱艺术白话的语言、世俗的内容相得益彰、相映成趣，诚如薛宝琨所言："这实际是一个寓雅于俗、化雅为俗的过程。"[②]中国的市民文艺自古便有"白得词，念得诗，说得话，使得砌"[③]这样的多重表现手法。天津近代曲艺诗（词）文结合、韵散相间的话语表达更实现了叙述、议论、戏谑三位一体的独

① 陆贵山：《文艺源流辞典》，文化艺术出版社，1994年，第1066页。
② 薛宝琨：《骆玉笙和她的京韵大鼓》，黑龙江人民出版社，1984年，第6页。
③ （宋）罗烨：《小说开辟》，见《醉翁谈录》，古典文学出版社，1957年，第5页。

特效果,同样呈示了市民阶层审美文化雅俗共赏的独特审美情趣。

清朝末年,"木板大鼓书"传入北京、天津,说唱艺人为了丰富舞台演出加上了三弦、四胡等乐器伴奏,听众欣赏起来也更有兴味。后来木板大鼓逐渐将长篇大书拆成小段情节的故事来演唱,形成了具有北京声韵的"京韵大鼓"。另外,山东大鼓传入京津地区后,也被曲艺艺人增添了三弦、四胡等乐器伴奏,因演唱时艺人需要手打梨花做响器以控制节拍,便起名叫"犁花大鼓"或"梨花大鼓"。杨柳青出品的这幅《词演取长沙》所刻绘的场景一如清末民初女演员登上舞台演唱的情况。虽然其所呈现的表演形式并非戏剧种类,但依然具有相当的文物价值,可以让我们直观地了解清末民初曲艺表演的生动场景。

此外,杨柳青年画还有《双钗记·杨大人救收义女》(民国,贡尖,60cm×105cm,名古屋大学图书馆藏)、《林香保拜客老杨洪》(民国,贡尖,61cm×106.5cm,义兴合,名古屋大学图书馆藏)两幅年画,刻绘的是鼓词《双钗记》中场景,前一幅画表现的是胡家姐妹二人和其侍女正要投河自尽,被路过的杨氏夫妻搭救的情节。后一幅画应该是前一幅的后续,表现的是状元及第后的林香保来到杨洪家拜会,正巧胡家姐妹也身在杨府,得知状元乃是未婚夫林香保后,二人十分惊讶。这两幅作品以情节画面展示鼓词内容,画面生动传神,也十分难能可贵。

综上可见,作为中国戏出年画的翘楚,杨柳青木版年画刻绘了清代中期至民国年间京津地区最为流行的剧目和最受欢迎的剧种。通过对杨柳青戏出年画所呈现的剧目的梳理,可以呈示出戏剧史发展过程中经典剧目的流传;通过对杨柳青戏出年画所呈现的剧种的梳理,我们也可以看到"梆黄两下锅"的热闹景象,以及多种多样的民间曲艺活动。作为一种具有鲜明视觉直观性特征的戏曲文物,杨柳青戏出年画可以和其他文字资料一起,"以图证史",呈现出清代—民国戏剧史发展的总体景观。

第二节　服饰扮相考梳

清人徐孝常在《梦中缘·序》中曾讲道:"长安梨园称盛,管弦相应,远近不绝。子弟装饰,备极靡丽,台榭辉煌。"[1]可见当时梨园子弟舞台演出时所穿服装的精美华丽。清代各种地方戏兴起,为舞台艺术的全面发展提供了

---

① 蔡毅:《中国古典戏曲序跋汇编》第3册,齐鲁书社,1989年,第1692页。

基础,戏曲人物服饰装扮也有了极大提高,并且逐渐走向了个性化、象征化与定型化,亦即程式化的发展过程。

"程式化"作为中国传统戏曲塑造舞台形象的规程与格式,体现在戏曲舞台艺术的方方面面,甚至要求戏曲演员在舞台上的一举一动、一腔一调都要符合固定程式。这种程式化的审美要求凝定在舞台扮相上,便形成了梨园界的经典俗语"穿破不穿错"。可以说,戏曲人物程式化的扮相早已为世人所认可,而这些人物扮相定型的过程却因为有关服饰扮相的文献资料较少,特别是图片资料极为不足,而限制了学界展开深入研究的步伐。

京剧的形成与发展,总在无形中推动着戏曲画类的不断发展。这其中最突出、最经典的就是名伶的传真画像。旧时京城附近各戏园演戏,为了吸引观众,都会请技法精湛的画师画出当时名伶的传真画像,悬挂在门首,供过往行人观赏。廊房头条胡同东口就有一家"诚一斋"字画铺,就曾悬有嘉庆年间画家贺世魁所画的横幅《京腔十三绝》,为当时十三位著名京腔演员的画像。北京通州人士杨静亭在其光绪二十五年(1899)刊发的《都门杂记》中曾讲过此事,并在"诚一斋"条目中说明,画上人物"其服皆戏场装束,纸上传神,望之如有生气,观者络绎不绝"①。可见戏出画作亦能纸上传神,栩栩如生。杨柳青戏出年画也就是在这个时候逐渐走向繁盛的。杨柳青戏出年画的显著特点即是注重角色的表演程式,或者描摹戏出角色的服饰扮相,或者按照脸谱勾画人物,或者呈现舞台演出的工架造型,可以辅助其他文字资料,以图像的形式帮助我们解读清代戏曲艺术(特别是京剧)的衣装扮相逐渐程式化的发展历程。

戏曲艺术的人物扮相作为一种形象化的视觉感知形式,不便于用文字记述的形式来传达,相比之下,民间年画对戏曲人物形象的写真描摹则具有更直接、更清晰的记录效果。诚如王树村先生所讲:"杨柳青戏出年画因是画师从舞台上摹绘而来,所以对于台上角色的盔头冠带、袍服靠甲、车骑布城、髯口耳毛等都写实无误,从中不难看到百余年来我国戏曲艺术中的衣装、布景、道具等演变的过程。"② 如果我们将搜集到的描摹同一戏曲人物的年画作品逐一考究,便可初探戏曲人物程式化扮相逐渐确立的历史过程。可以说,当我们将杨柳青戏出年画作为戏曲文物来考察的时候,戏曲人物扮相的历史研究便有了新的、不同于文字记载的、视觉直观的可考途径。

赵云是三国戏中的重要人物,其忠勇威猛的大将风范与白靠银枪的武

① (清)杨静亭:《都门纪略》,广陵书社,2003年,第41页。
② 王树村:《戏出年画(下)》,北京大学出版社,2007年,第11页。

生俊扮,也已成为世人共识。诚如周贻白先生在探讨传统戏曲舞台美术问题时所讲到的:"中国戏曲的服装,在颜色上颇有讲究,这不是一天的工夫而形成的。"①通过考察历史文献与文学作品对赵云形象的塑造,我们可以看到,除了裴松之《三国志注》中所引《云别传》"身长八尺,姿颜雄伟"的描述涉及赵云的形貌之外,其他作品大多围绕着其勇武的才干与忠义的品德来展开。也正因此,诉诸视觉的戏曲艺术该如何呈现赵云的形象也就具有了诸多可能。

据王佩林《京剧舞台服饰应用汇编》介绍,《借赵云》中赵云的扮相主要为白硬靠,红靠绸,水衣子,红彩裤,厚底靴;《甘露寺》中赵云扮相主要为白色绣狮子开氅,白色绣三蓝硬靠,红靠绸,红彩裤,厚底靴;《取成都》中赵云扮相主要为白龙硬靠或软靠,红靠绸,蓝丝绦子,白色或黑色彩裤,厚底靴。可见,流传至今的京剧剧目中,赵云扮相主要为白色靠甲的武生俊扮。在今天的京剧表演艺术中,赵云的经典扮相就基本凝定为了白靠银枪为最显著标志,配以红色水衣,红色或灰色彩裤的武生俊扮。既然戏曲服饰的程式化过程是一个复杂的历史过程,那么,赵云的形象到底经历了怎样的妆、扮变迁呢?我们也可以借助戏出年画的形象描摹,获得直观的感知与系统的梳理。

杨柳青戏出年画中的赵云形象多出自《长坂坡》《回荆州》《取桂阳》等以其为重要角色的作品中。这些年画最早刻绘在乾嘉时期,最晚刻绘于民国年间,向我们直观地展示了赵云扮相发展变化的历史。在笔者搜集到的年画图像中,呈现赵云形象的作品主要有:以"回荆州"为主题的画作(包括《东吴招亲》《甘露寺》)共十幅,以"长坂坡"为主题的画作(包括《单骑救主》)共十幅,以"长江夺阿斗"为主题的画作(包括《截江夺阿斗》)共六幅,《黄鹤楼》共六幅,此外,《八门金锁阵》《取桂阳》《箭射蓬索》《磐河大战》《油江口》《三顾茅庐》等各1—3幅,还有几幅为多个场景绘于一幅的画作,其中也包含有赵云的形象。通过与现存京剧剧目相比较,我们可以看到,以赵云为主要角色的传统剧目如《长坂坡》《回荆州》《取桂阳》《截江夺斗》等虽然在现今的戏剧舞台已经并不那么热演,但是留存下来的描摹这些剧目的戏出年画却为数众多。这在一定程度上也说明了这类剧目在清代中期至民国年间颇受欢迎。关于这些剧目曾经热闹上演的过程,有很多文字资料都有所记载,甚至还有很多优秀的武生演员因为扮演赵云一角儿而成功走红。而今,我们也可以通过对杨柳青戏出年画的整理,直观地考察这些剧目在昔日戏曲舞台

---

① 　周贻白:《中国戏曲论集》,中国戏剧出版社,1960年,第181页。

上的演出片段,直观地欣赏剧中赵云这一角色的人物扮相。

通过对杨柳青戏出年画的大致梳理,我们可以看到,赵云形象从清代到近代在京津演剧中主要有三类扮相:老生扮相、扎靠武生与武生。其中,扎靠武生扮相是现存杨柳青戏出年画中赵云扮相最丰富的一类,这类扮相按年龄划分,有武小生扮相、武老生扮相;按靠甲颜色划分,主要有白色、绿色、棕(黄)色、蓝色、粉色等多种类别。本节我们也将从老生扮相、武老生扮相、武小生扮相、非靠武生扮相这几个方面梳理刻绘赵云形象的杨柳青戏出年画,希望可以初步展示赵云扮相的复杂历史,及其逐渐凝定为白色靠甲武生俊扮的程式化扮相的大致过程,并进而探寻民间年画作为戏曲文物的丰富价值。

一、老生扮相

《长坂坡》(乾隆—嘉庆,横三裁,34cm×58cm)大约绘制于18世纪末期,是杨柳青戏出年画较早的代表作,这时期的戏出年画大都将穿着戏装的人物置于实景之中,而没有呈现舞台定式(一桌两椅、马鞭车骑等象征性道具)。此年画描绘的是"长坂坡之战"中糜夫人托子投井的片段:远处军旗兵刃,纷乱扬尘,渲染着曹兵追来的紧张气氛;近处断墙残垣,苍松古井,糜夫人包头,身穿对襟黄帔,手指地上小儿,嘱托赵云护送阿斗脱险,交给刘备。赵云戴武生巾,挂五绺长髯,穿马褂,系下甲,单膝跪地,俯身欲抱起阿斗,白马立于身后,长枪靠在树干上。这是杨柳青戏出年画目前发现的唯一一个赵云老生扮相的案例。

二、武老生扮相

呈现赵云武老生扮相的杨柳青戏出年画共有三幅,分别是《天水关》(清代,竖三裁,61.1cm×36.3cm,齐健隆画店,天津博物馆收藏)、《天水关收姜维》(清末,贡尖,50cm×95cm,[俄]李福清收藏)、《取城(成)都》(民国,石印)。

《天水关》(清代,竖三裁,61.1cm×36.3cm)中,赵云头戴武生盔,身穿白底蓝纹、深蓝色边纹靠甲,插靠旗,内穿红色水衣、彩裤,挂白色满髯,脚蹬黑厚底靴,立于画面右侧,左手背于身后,右手捋髯,尽显老将风范。这一扮相虽与今天的靠甲在颜色上有所不同,但从整体气韵上看,却颇为相似。《天水关收姜维》(清末,贡尖,50cm×95cm)一幅,则差别较大,画面上赵云头戴武生盔,身穿白底棕色花纹、深蓝色边纹靠甲,插靠旗,内穿红色水衣、彩裤,挂黑三髯口,脚蹬黑厚底靴,腰挎宝剑,手持长枪,枪尖指地,虽尽显武生工架,但在气势上较上一幅则略逊一筹,黑三髯口也不如白色满髯更显老将风采。

特别值得提及的是《取城(成)都》(民国,石印)一幅。此年画反映的是一出老生唱功戏,刻绘此戏的年画多描摹刘备、刘璋二人"捧印出让"的演出场景。此幅年画的人物形象则更加丰富,画面左侧刘备旁边有孔明、马岱、严颜相陪,刘璋身后站有赵云、魏延二将。此画中赵云的扮相也比较独特,他头戴武生盔,身穿棕黄色绣花靠甲,挂黑三髯口,脚蹬高方靴,腰佩宝剑。特别是靠甲上绣花的装饰在赵云扮相中非常少见,一般赵云的靠甲装饰多为龙纹或虎纹,以彰显其"常山一条龙"的威猛精神。此处纹样的别出心裁若不是画师有意为之,那么,亦可彰显民国时期赵云扮相的丰富性与复杂性。

三、武小生扮相

武小生白靠银枪的俊扮,是今日戏曲舞台上赵云最经典的扮相。有"活子龙"之称的著名武生杨小楼在形成这一传统的过程中发挥了重要的作用。杨小楼是清末著名京剧演员杨月楼之子,京剧界的一代宗师。杨小楼曾先后拜著名京剧演员杨隆寿、俞菊生为师,又受到老生谭鑫培的教益,唱、念、做、打无不精熟。杨小楼在舞台上的表演特别注重人物性格的刻画,《长坂坡》是他最著名的代表作之一,他扮赵云,既演出了这位常胜将军英气逼人的神威,生龙活虎的气概,又表现出了他对刘备的赤胆忠心,真实可信,成功塑造了威武雄壮、器宇轩昂的赵云形象。

杨小楼每到一个新地方,《长坂坡》都是他的"打炮戏"。李相心先生在其《津门菊坛轶话》中谈及天津人对杨小楼的热捧时曾讲道:"最值得一提的是小杨猴子演《长坂坡》前场加演一出《嘉兴府》。《长坂坡》由《汉阳院》接演《子龙救主》至《汉津口》,小杨猴子饰赵子龙,出场银枪白铠,仪表魁伟,唱、念、做、打无所不精,几次突围开打,在乱军之中全身披挂的靠旗、靠杆、靠牌子等不卷不叠,有条不紊。其他身段如中箭、投井、抓帔、接阿斗、陷坑落地岔等,皆有独到之处,从此小杨猴子又在天津获得一个绰号'活子龙'。"[1] 由此可知,杨小楼在天津赢得"活子龙"的称号时就是"银枪白铠"的扮相。这种英俊威风的武小生俊扮也是现存杨柳青戏出年画中刻绘赵云形象最丰富的一类,穿白色靠甲的扮相亦占主流,但却不仅于此,通过对清代中期至民国年间的杨柳青戏出年画中赵云扮相的总结,我们可以大致一览赵云武

---

① 李相心:《津门菊坛轶话》,见天津市政协文史资料委员会编:《京剧艺术在天津》,天津人民出版社,1995年,第282页。

小生扮相的丰富历史。

从笔者整理到的杨柳青戏出年画来看：赵云武小生扮相大致年代可考的作品近五十幅，其中，穿靠甲的四十幅，未穿靠的九幅；从靠甲的颜色来看，排除"断国孝"时期用散蓝法绘制的年画之外，共有白色靠甲十一幅，棕黄色靠甲五幅，绿色靠甲七幅，蓝色靠甲四幅，粉色靠甲一幅，白甲外穿蓝袍两幅。其中，标明光绪年间的作品共六幅，包括白色靠甲两幅，棕黄色靠甲两幅，绿靠一幅，粉靠一幅；标明清末的作品十幅（其中一幅作品绘有两个赵云形象），包括九个穿靠与两个非靠的扮相，八个穿靠的形象中有四幅是白色，两幅绿色，两幅白甲外穿蓝袍，一幅棕色靠甲；标明民国年间的作品共十三幅，包括十幅穿靠，一幅非靠，扎靠的颜色为二白，三绿，三蓝，一棕，另外还有一幅线版年画，也是穿靠甲的扮相；其他作品均标明为清代。

这些年画作品所呈现的赵云扮相虽然不一定与当时舞台演出的扮相毫厘不差，但是，作为一种民俗艺术，年画毕竟要反映并引领广大人民群众的欣赏习惯和审美风尚，同时，戏曲艺术在当时社会也是广泛地活跃在市井坊间的通俗艺术形式之一，其受众也是以广大市民阶层为主。如果年画作品与戏曲舞台塑造的角色形象相差太大，恐怕也难于被广大民众特别是戏曲爱好者所接受而影响销量。所以，这些年画作品也可以在一定程度上呈现出昔日人物扮相的大致面貌，从而结合文字资料的抽象记载，以视觉直观的形式让我们了解赵云扮相的发展历程。

特别值得一提的是，综合上述年画作品对赵云扮相的刻绘情况，我们可以看到，民国后期赵云穿蓝色靠甲的扮相较多，这种白底镶蓝边的靠甲在今日的戏曲舞台上已不多见，但从文字记载中可知，这也曾是昔日戏曲舞台的精彩扮相。著名京剧武生表演艺术家高盛麟先生是赵云形象的经典扮演者之一。高先生出科后曾搭高庆奎班演出，并正式下挂拜师丁永利为徒，学习杨派的武生艺术。杨派的经典剧目《挑滑车》《长坂坡》《艳阳楼》《战宛城》等，经高盛麟的精彩演出更令其成为杨派大武生的典范。在谈及《长坂坡》中赵云的表演艺术时，高先生就曾说明他尝试过将赵云的靠甲改为蓝色镶边，并且取得了舞台演出的极大成功："为了使赵云的扮相更明亮一些，我还把赵云的大靠作了一小小改动。过去，赵云穿的靠底色是白的，靠和靠旗的镶边是黑缎子的，这当然也很漂亮。到了（20世纪）50年代末，我和搞服装的同志商量，是否改成宝蓝色缎子镶边为好？他按我的建议制作出来之后，大家都说这身靠比原来亮多了，人物也更英俊了。"[①]这段谈话中高先生所讲

---

① 周笑先，蒋锡武：《高盛麟表演艺术》，武汉出版社，1998年，第154页。

到的黑色缎子镶边的靠甲样式在杨柳青戏出年画中也有呈现,宝蓝色缎子镶边的靠甲也有几幅。过去戏曲表演的彩色剧照很少,没有留下高盛麟先生所讲的赵云扮相的多种样式,而杨柳青出品的这些戏出年画却可以让我们直观地欣赏到今日戏曲舞台已经少见的赵云服饰,也是其戏曲文物价值的一种体现。

四、非靠武生扮相

杨柳青戏出年画呈现赵云非靠武生扮相的九幅作品分别是:《大战长板(坂)坡》(清末,贡尖,53cm×99cm,喀山大学民族学博物馆藏)、《长坂坡》(民国,增兴画店)、《黄鹤楼》(清)、《黄鹤楼》(清末,横四裁,26cm×52cm,莫斯科国立东方民族艺术博物馆藏)、《三国故事·磐河大战》(清末,炕围,35cm×56cm,廉增戴记,萨拉托夫拉吉舍夫艺术博物馆1910年入藏)、《战磐河》(清,竖三裁,62cm×38cm,齐健隆画店,天津博物馆藏)、《鲁肃二次讨荆州》(清末,贡尖,55cm×96cm,李福清收藏)、《长江夺阿斗》(清末,贡尖,56cm×99cm,圣彼得堡国立艾尔米塔什博物馆藏)、《取桂阳城》(民国,横三裁,35cm×58.4cm,义兴合,早稻田大学图书馆藏)。

在戏出年画《大战长板(坂)坡》(清末,贡尖,53cm×99cm)中,赵云头戴武生盔,挂红绸,身穿蓝色英雄衣,左手高举银枪,右手横握青钉剑,正在骑马迎战前后围攻的曹军诸将。在年画《长坂坡》(民国,增兴画店)中,赵云头戴武生盔,挂红绸,身穿白底绿纹英雄衣,淡蓝色彩裤,脚蹬高方靴,也是一手举枪,一手握剑,正在迎战曹军诸将。在《黄鹤楼》(清)中,赵云头戴武生盔,挂红绸,身穿绿色武生褶子,腰系软带,下穿红色彩裤,脚蹬高方靴,此时已摔破诸葛亮临别时付与的竹筒,右手紧握令箭,高举过头,做右弓步,仿佛向年画左侧的鲁肃展示令箭。(按照传统剧目的具体情节,此时鲁肃应不在场,这一问题暂且不论。)在《黄鹤楼》(清末,横四裁,26cm×52cm)中,赵云头戴扎巾额子,挂红绸,身穿浅色衣衫,系腰巾,脚穿软靴,手提衣襟,站在刘备身后。这种装扮也更接近于小说中的插图版画。但是,年画中的周瑜插翎子、挂狐尾,刘备身穿红色褶子,脚蹬高方靴,他们的服饰都非常具有戏剧意味。在《取桂阳城》(民国,横三裁,35cm×58.4cm)中,赵云戴盔,插靠旗,穿蓝色箭衣,站在桌后,左手扶案,右臂伸直,出掌外撑,仿佛在与赵范据理而辩。在《三国故事·磐河大战》(清末,炕围,35cm×56cm)中,赵云头戴罗马,身穿蓝色英雄衣,红色彩裤,长枪背后,单足立地,拉开准备应战的工架。在《鲁肃二次讨荆州》(清末,贡尖,55cm×96cm)中,赵云站在刘备身旁,身穿绿色官衣,脚蹬高方靴,这种扮相在戏曲舞台上几乎没有。此年画将人物形象置于实景山水之中,虽然主要人物为戏装扮相,但从年画的整体效果来看,更接近于小说或戏文的插图。在《长江夺阿斗》(清末,贡尖,56cm×99cm)中,赵云头戴额子巾,穿红衣绿裤,绑腰巾,脚穿厚底靴,也是类似于插图版画的装扮。

在戏出年画《战磐河》(清,竖三裁,62cm×38cm)中,赵云头戴扎巾,身穿素色绣回纹花边箭衣,腰系鸾带,脚蹬高方靴,左手握枪扛于肩头,右手提起鸾带下摆,右腿高抬,左腿直立,站在象征河岸的桌子上。这里的赵云服饰虽然颇似绿林英雄的扮相,但是,公孙瓒与颜良都是扎靠武生的扮相,动作身段也非常具有戏剧性,舞台置一桌案的道具摆放更是明显的戏曲道具,且年画以精彩的动作展示出紧张的情节,令人观之不禁拍案叫绝。因此,该年画中的赵云扮相应该不是画师随意改动过的,很有可能就是当时戏曲舞台的实际装扮。《战磐河》一剧在今日戏曲舞台上已不多见,昔日演出情形也很少有文字记载,近人朱瘦竹《修竹庐剧话》中曾提及,"照我知道,《战磐河》《借赵云》的赵云打软扎巾"①。朱先生这里所讲的赵云盔头与此幅杨柳青年画中呈现的形象比较一致,亦可见出该年画作品的戏曲文物价值。

通过对杨柳青戏出年画中赵云扮相的梳理和考察,针对京剧艺术中赵云扮相的程式化发展过程,我们可做以下几个方面的思考:

1.《长坂坡》题材年画中除了有常见的扎靠甲的武生俊扮之外,还有老生与非靠武生扮相,以及《取成都》题材年画中赵云靠甲纹饰的花样,都向我们展示了赵云扮相发展的复杂历史。

据《京剧人物装扮百出》介绍,赵云在《长坂坡》中的扮相基本确定为武生俊扮:白夫子盔、白硬靠、红靠绸、红彩裤、厚底。② 杨柳青戏出年画中有三幅扮相独特的《长坂坡》,一幅是老生扮相,从三国故事的发展脉络来看,这一时期的赵云尚处青壮年,年画中的形象不仅没有扎靠甲、插靠旗,而且还挂着长髯,这种老生扮相不但与赵云年纪不符,与赵云的经典戏剧形象更是差别其大。两幅虽然是小生扮相,但在迎战曹军诸将的时候,却没有穿靠甲,这也是非常少见的。《长坂坡》是以赵云为主要角色的经典剧目,清末著名戏曲表演艺术家杨小楼就是在天津上演《长坂坡》中的赵云而获得了"活子龙"的绰号。在这样一出经典的剧目中,杨柳青戏出年画刻绘的赵云形象却出现了两类不同寻常的装扮,足见赵云扮相凝定之前的复杂历程。而且,这幅呈现非靠武生的《长坂坡》年画一幅出自清末,一幅出自民国年间,说明

---

① 朱瘦竹:《修竹庐剧话》,中国戏剧出版社,2015年,第224页。
② 万如泉等:《京剧人物装扮百出》,文化艺术出版社,1998年,第33页。

至少在这个时候赵云的扮相还有着丰富的变化空间,而没有成为现今人们唯一认可的扮相。

另外,在赵云的经典扮相中,为了突出其"常山一条龙""五虎上将"的威猛形象,往往用龙纹或虎纹装饰靠甲和靠肚。《清绘本升平署扮相谱》中有一幅赵云的老生扮相图。此图中的赵云头戴夫子盔,扎靠甲,插靠旗,挂三缕长髯。靠甲是白底镶以棕黄绿蓝等团花纹样和卷云纹、卷草纹的装饰,靠肚为二龙争珠图样。他腰挎宝剑,左手提枪,右手做剑指,凤眼炯启,剑眉倒竖,威风凛凛。这幅图中的赵云扮相与杨柳青戏出年画中大多数赵云老生扮相的靠甲样式十分类似,可见杨柳青戏出年画在刻绘赵云扎靠甲的老生扮相时在一定程度上是尊重历史的。但是,年画《取城(成)都》(民国,石印)中的武老生扮相在靠甲的纹饰上却非常独特,该年画所刻绘的赵云靠甲以花团图样装饰,也在一定程度上显示了赵云戏曲形象发展的复杂历程。

2. 通过对扎靠武小生扮相年画的梳理,我们可以看到:

(1)白色靠甲的武生俊扮为赵云形象的主流扮相,多为红色水衣、红色或灰色彩裤,与今天戏曲演出中赵云的通用扮相十分接近。但与此同时,棕色靠甲与绿色靠甲是另外两种比较集中的装扮,如果说棕色靠甲更倾向于表达一种成熟和稳重的气质,那么充满生机与活力的绿色则无疑在展示这一青年形象意气风发的一面。包括蓝色靠甲与粉色靠甲,也都在试图呈现赵云勇武威猛而又挺拔俊朗的武小生形象。可见,与三国故事塑造赵云五虎上将的主要情节相表里,戏曲表演中也多围绕着这类故事的演出而塑造了赵云"常山一条龙"的戏曲形象。杨柳青戏出年画为我们留下了可以直观地欣赏赵云扮相的丰富案例。

(2)从年画创作的年代来看,无论光绪年间,还是晚清,以至民国,白色靠甲一直没能显示出压倒其他颜色靠甲的数目。这说明,白色靠甲的武生扮相虽然是昔日戏曲舞台塑造赵云形象的主流扮相,但在每一个时代的演出中都不是以此为一尊,而是丰富多彩的,特别是棕黄色靠甲与绿色靠甲,也常常被广泛使用,此外,还有蓝色靠甲与粉色靠甲。可见,赵云这一经典的戏曲角色确定为白铠银枪的武生俊扮是经历了复杂的发展过程的。

(3)从民国年间的创作来看,绿色靠甲的形象比白色靠甲的形象还多一幅,此外,还有棕色靠与蓝色靠甲的作品。这一方面说明,至少到民国时期,赵云的扮相还没有完全凝定为白色靠甲的武生俊扮;另一方面,绿色靠甲虽为多数,但却都出自增兴画店,这也许与画师的个人创作有关,而白色靠甲则一幅出自增兴画店,一幅出自义成永画店。可见,白色靠甲的赵云形象的确具有一定的共识性。也正因此,白色靠甲最终成为赵云扮相的程式化表达。

诚如薄松年先生在《新春吉祥画：中国木版年画》一书的序言中所讲："木版年画还保留了不同时期的戏曲服装研究的视觉形象，显示出戏曲的发展和变化，在当时没有照相术的情况下，为研究戏曲史、小说史、民间文学史提供了宝贵资料。"[①] 以上，我们梳理了杨柳青戏出年画中的赵云扮相，看到了其丰富复杂的装扮样式，这其中的部分作品虽然并非舞台写真，甚至有的形象更接近于插图版画而非舞台装扮。但是，在这近五十幅版图中，还是有很多作品是非常贴近于戏曲舞台的演出实况的，包括《长坂坡》一剧中赵云的武老生扮相、《战磐河》一剧中赵云的非靠武生扮相、《取成都》一剧中赵云的扎靠老生扮相，等等。这些呈现经典戏出的年画作品，以直观的形式刻绘了赵云这一经典戏曲角色的多彩形象，可以让我们弥合文字记载的历史，真切地看到赵云扮相的丰富多变，这也正是杨柳青木版年画作为戏曲文物所具有的价值与意义。

第三节　动作表情珍存

中国戏剧素以"综合艺术"闻名，周贻白称其为"第七项艺术"。[②]中国传统戏剧往往能够给人以视觉和听觉的多重美感。戏曲演出过程中呈现出的雕塑美和绘画美，使戏曲表演常常成为美术家关注的焦点和表现的对象。天津杨柳青戏出年画即是这样一种承载戏曲表演、纪录戏剧之美的经典载体。

近代戏剧大师齐如山先生也曾讲到，国剧表演的特点在于"有声必歌，无动不舞"[③]。可以说"唱念做打"的舞台表演既是戏曲演出的重要原则，也是戏曲艺术的魅力所在。戏剧演员舞蹈化、技巧性的动作在传递戏剧内容、烘托戏曲气氛、营造戏剧效果的同时，这种模拟性、艺术化的表演身段本身也具有相当强的艺术魅力与欣赏价值。

清代花部勃兴，舞台演技获得了长足的发展，特别是武打技巧的精进，更成就了清代演戏的一大特色。花部戏在舞台上充分地发展了武技，刀枪

---

① 冯敏：《新春吉祥画：中国木版年画》，黑龙江人民出版社，2005年，序言。
② 周贻白：《中国戏曲发展史纲要》，上海古籍出版社，1979年，第7页。
③ 齐如山：《齐如山全集》，（台湾）联经出版公司，1979年，第1466页。

剑戟,十八般武艺,在舞台上尽情施展,赢得了观众的喜爱,也积淀了花部戏对中国舞台表演艺术的重要贡献。

没有现代光影技术的影像记录,对于清代京津剧坛舞台演出的精彩场面,除了文字记载以外,我们只能从图像类的戏曲文物入手,或可观览一二。杨柳青戏出年画为我们提供了这样一个难能可贵的欣赏机会,使我们得以管中窥豹,初探清代戏曲舞台演出的缤纷场景。

杨柳青三国戏年画中有一幅《博望坡》(民国初年,横三裁,54cm×86cm),刻绘的是传统剧目《博望坡》即《张飞负荆》的一幕。画作以精湛的笔法传神地刻绘了诸葛亮派将点兵过程中戏剧人物表情动作的微妙变化。

画中诸葛亮头戴八卦巾,身穿八卦衣,手持羽扇,独坐中军帐。桌前铺福寿绣花桌围,桌上有砚台、笔架等文堂道具。诸葛亮初出茅庐,首次遣将,深恐众将不服,将刘备官印高高置于案上,剑眉深锁,表情深沉镇定。赵云作弓步立于画面右侧,头戴武生盔,插靠旗,绑彩绸,身披靠甲,龙头靠肚,威猛俊朗,他手持宝剑,剑已出鞘。依诸葛亮派遣,赵云得令迎战曹兵,拔剑出鞘,正踌躇满志,却听得军师下令"许败不许胜",又把宝剑收入鞘中,剑眉倒立,心绪复杂,表情凝重,箭步生风。张飞立于画面左侧,勾脸谱,挂满髯,头戴扎巾盔,穿深色靠甲,插靠旗,左手提甲,右手高举,以食指、中指抚额,目视左前方,做深思状。对于诸葛亮的初次用兵,张飞深感不服却又不敢违背军令,对召回子龙,又令其只许战败,亦深感疑惑。年画将三个人物的身段动作和表情神态刻绘得细致入微、栩栩如生,为后世留下了昔日演剧的精采场面。

杨柳青年画还有一幅《长坂坡》(横四裁,22.5cm×40cm)刻绘的是"刘备摔子"的场景。画面上,刘备居中,赵云在左,张飞居右。刘备头戴风帽,身披斗篷,内穿马褂、龙箭衣,腰系鸾带,足登高方靴,作行军打扮。此时正双手分开,掌心向外,已把阿斗摔于地上。赵云头戴武生盔,身穿靠甲,扎靠旗,单膝跪地,忙做抱起状。张飞戴盔,扎靠甲,插靠旗,勾脸谱,插耳毛,挂开口髯,腰带利剑,双手分挎髯口,腿作左弓步,眼睛看向右侧的刘备。画面中的三个角色做一字型排列,既展示了各自的身段之美,也通过表情神态传达了内心的声音,可谓姿态横生,传神写照。

戏出年画《黄鹤楼》反映的是传统剧目《黄鹤楼》,一名《竹中藏令》的精彩一幕。此年画展示的是周瑜在黄鹤楼上拉住刘备索讨荆州,赵云怒目阻止的一幕。图右周瑜为小生扮相,戴盔,插翎子,穿官衣,系玉带,口衔翎子,左手提襟,右手拉住刘备的手;图左赵云为武生扮相,戴盔,扎靠,插靠旗,系靠绸,右手提甲,左手拉住刘备的衣袖,做丁字步,稳稳立身。刘备居中,为老生扮相,戴王帽,挂长髯,穿官衣,左右失措。在旧时舞台演出该剧时,刘备必须有老生的特殊唱功,周瑜要在儒雅中露出狠辣,赵云则是勇武中透出稳健。从这幅年画中,我们也可以直观地看到三个角色的身段动作,亦精准地呈现了他们各自的体态、神情与气度,各有妙处。

不仅是三国戏年画,杨柳青木版年画中还有一幅《一封(捧)雪》(清末,横四裁,27cm×50cm,同益盛画店,李福清藏),也是将戏曲人物的动作表情刹那定格的精彩之作。

传统剧目《一捧雪》又名《搜杯代戮》《莫成替主》《斩莫成》《蓟州城》,也有将《审头刺汤》《雪杯圆》连演,总称《一捧雪》。故事讲明朝嘉靖年间,太仆寺卿莫怀古于风尘中提拔裱匠汤勤,并将其推荐给权奸严世蕃。汤勤企图霸占莫怀古之妾雪艳,便向严世蕃告密,莫家藏有稀世珍宝、祖传玉杯"一捧雪",并挑唆其索取此杯。莫怀古献出赝品,被汤勤识破,严世蕃大怒,带人至莫府搜杯,赖家仆莫成将玉杯藏起而未获。莫怀古无奈弃官逃走,在蓟州被捉。严世蕃令总镇戚继光将其处死。戚继光虽然与莫怀古为故交,却无计相救。莫成与主人相貌相似,便挺身而出,自愿代主受死,莫怀古逃往古北口。

《审头刺汤》续演戚继光斩莫成后,押解人头入京。汤勤声称死者并非莫怀古。严世蕃命锦衣卫陆炳前去勘察,汤勤会审。陆炳拟断人头为真,汤勤却坚持是假。经雪艳暗示,陆炳看破汤勤意在雪艳,又有意为戚继光开脱,遂佯将雪艳断与汤勤,汤始不究。洞房中雪艳刺死汤勤,而后自刎。《雪杯圆》演莫怀古逃亡,戚继光将莫成葬于蓟州西门柳林,将莫成之子莫文禄交与莫怀古之妻傅氏抚养。后严世蕃势败,戚继光任总兵,以书信告知莫怀古。莫返蓟州,途径柳林,巧遇傅氏携文禄于墓前哭祭莫成,上前相认,夫妻重聚,并认文禄为义子,以报莫成。

清代李玉著有《一捧雪》传奇,钱德苍《缀白裘》初集三卷有《一捧雪(送杯、搜杯、刺汤、祭姬)》,七集四卷有《一捧雪(换监、代戮、杯圆)》,九集一卷有《一捧雪》(审头),十二集三卷有《一捧雪》(边信)。张胜奎、马连良、周信芳、程砚秋、张君秋、梅兰芳等,均擅演此剧。朱瘦竹《修竹庐剧话》记载,荀慧生曾在大新舞台排演过整本《一捧雪》,从《嫖院》起,到《杯圆》止。剧中,荀慧生饰雪艳,高庆奎饰莫怀古,小孟七饰莫成。每个演员都是从头唱到底,非常卖座。[①]

杨柳青出品的此幅年画刻绘的是《搜杯》一场。画面右侧,严世蕃气势

---

① 朱瘦竹:《修竹庐剧话》,中国戏剧出版,2015年,第60页。

汹汹,正在询问玉杯下落。他头戴尖翅纱帽、插耳毛、勾脸谱、挂黑色满髯,身穿绿色简蟒、浅色彩裤,脚蹬高方靴,左脚踩在椅面上,右腿蹬直,做左弓步,右手提起下摆,左手伸出食指,平放于胸前,指向莫氏一家。他虽然身体向左倾斜,但手指却指向右侧,意在讨问玉杯,满面凶相,盛气凌人,也呈现着京剧艺术欲右先左的表演程式。画面中间,莫怀古头戴圆翅纱帽,挂黑三髯口,身穿素色玉带官服,脚蹬高方靴,做丁字步站姿。他左手高扬,举过头顶,眼睛看向正在施威的严世蕃,仿佛在做解释,紧张而无可奈何,同时,他的右手伸开,护住了身后的雪艳。雪艳身穿青色对襟素帔,棕色腰包,带点翠头面,左手高举,衣袖后扬,遮住头脸,右手拉住莫怀古,躲在其身后,目光看向右前方,面露怯色。画面左侧,莫成头戴罗帽,挂黑色满髯,身穿浅紫色褶子,腰系黄色大带,脚蹬高方靴。他双腿分开,微微屈膝,以外八字的站姿稳稳立身,双手抓住水袖,左手高扬,举过头顶,右手下按,放在腰间,剑眉倒竖,表情坚定,态度决绝,这一画面既呈现了他已将玉杯藏匿绝不相让的坚定决心,也表露出他誓死护主而无所畏惧的泰然之心。

年画上的一桌一椅也呈示着戏曲舞台上道具的使用情况,画面的主要人物旁都刻有姓名,可以让人更直观地了解剧中人物,画面上方标有题名《一封雪》。整个作品共有六个人物,左端的莫成高举右手,划出了一道向右的力道,右端的严世蕃做左弓步站立,划出了一道向左的力道,二人以各自的身段动作烘托出对峙双方势不两立的紧张氛围,对角线的构图也凝聚了画面的巨大张力。除了四个主要角色外,严世蕃身后的两位将官头戴罗帽,身穿马褂,腰挂佩剑,也是动作表情生动传神。该年画以精湛的技法刻绘了《搜杯》一场中各个角色的动作身段和神情心境,将戏曲舞台表演的精彩瞬间做了刹那定格,可以说是一幅可以让人们观画而看戏的经典之作。

诚如王树村先生所讲:"戏出年画的画面,从内容到形式,增加了无数的变化。其中最重要的一项贡献是戏曲的身段动作,使整幅年画画面活跃起来,在一个纯静止的空间中,形成了千姿百态的动感之美,把时空艺术的特点,也揉进平面艺术的作品了。"① "手眼身法步"是戏曲演员必备的表演技艺和基本功,所谓"手为势,眼为灵,身为主,法为源,步为根",精彩的戏曲表演讲究指法、眼神跟身段与台步的紧密配合,展现出戏曲表演意境和神韵。杨柳青戏出年画把戏剧演员舞台演出过程中手眼身法步的艺术修养记录下来,可供我们仔细回味,由此欣赏清代戏曲表演的精妙之处。可以说,在记录戏曲演员的动作身段和表情神态的过程中,杨柳青戏出年画成就了其巨

---

① 王树村:《中国民间美术史》,岭南美术出版社,2004年,第267页。

大的戏曲文物价值。

黄竹三先生曾言："戏曲线刻、绘画……其描绘内容的独特性，也于治戏曲史者以莫大帮助。"[1] 通过对杨柳青戏出年画的初步解读，我们从有别于梳理文献的感官认知角度，欣赏了清代戏剧艺术在京津地区的演剧情况，"年画表现戏曲，与其说是一种艺术体裁的移植，不如说是对戏曲的图解与固化"[2]，天津杨柳青戏出年画或者表现戏出情节，或者呈现演剧场景，或者记录角色的"亮相"，或者表露人物的情态，作为一种典型的戏曲文物，它拥有和文字相同的功能，记录并延续着中国传统戏剧的艺术魅力与审美精神。

第四节　舞台切末珍存

戏曲艺术，多彩多姿，极尽视听之娱。从视觉上说，演员的脸谱化装、头饰衣衫等已使舞台琳琅满目，五色缤纷，再加上程式化的切末道具，以及舞台布置、台位调度的巧妙安排，真可谓令人目不暇接，叹为观止。昔日戏曲舞台上对切末道具的精彩使用，也在杨柳青戏出年画中得到了清晰展现。通过对杨柳青戏出年画的解读，我们也可以掌握特定历史时期戏剧演出的大小道具、舞台布置等情况，结合文字记载，直观地把握到清代京津地区戏剧演出的历史场景。

对于"切末"的概念，周怡白先生在《中国剧场史》中有过明确界定："中国戏剧里所用杂物，旧称'砌末'。即今日舞台新术语沿用日本名词的所谓'道具'。但旧日舞台布置简单，所称切末皆指小件头的杂物，如银子、包裹之类。实即今之'小道具'。"[3] 在这里，周先生把切末界定为舞台演出过程中所使用的小道具。同时认为，"以前舞台上活动的临时布置，如帐帏、城门之类，亦当列入切末"[4]。

张庚先生对"切末"的概念赋予了更加明确的界定，认为切末就是道具，有大、小两种："小切末，拿在手里的，如马鞭子、刀枪把子、扇子、手绢等。这些东西都有个特点，是拿来作为舞蹈的工具用的……大的切末，现在称大道具。在古代戏曲中，大道具并不强调表现一个具体的东西或具体的地方。"[5]

---

① 黄竹三：《戏曲文物的历史信息价值》，《戏剧艺术》，1992年，第2期。

② 张道一：《老戏曲年画》，上海画报出版社，1999年，第3页。

③ 周怡白：《中国剧场史》，中国戏剧出版社，2016年，第51页。

④ 同上，第54页。

⑤ 张庚：《张庚戏曲论著选辑》，文化艺术出版社，2014年，第283页。

在张庚先生的界定中,包括舞台上的一桌二椅、台上挂的帐幔、"三军司令"旗等都属于大切末。

目前,大部分戏剧戏曲学研究者都将"切末"看作戏曲舞台上大小用具和简单布景的统称。例如沈倩在《戏曲文物:宋代戏曲文物与宋代演出》中所讲:"宋代,乐舞和杂剧的场上用品统称为'切末',主要是指道具和舞台装置。"①本书对于"切末"这一概念的使用,也将采用这类界定,将其看作戏曲舞台上帮助演员完成动作、塑造性格的道具,如文房四宝、扇子、马鞭、船桨等,以及一桌二椅和戏曲舞台上的其他摆设、布置等等。

"切末"一词,在元杂剧中就已经出现,如李好古《张生煮海》第二折所注"仙姑取砌末科",指的就是秦宫毛女赠给张生的银锅、金钱、铁勺等物。到了明代,对于"切末"的引用有了进一步的发展,除了演员手持之物,还扩展到了灯具、布景等舞台装饰的范围。张岱《陶庵梦忆》的《刘晖吉女戏》中,就清晰地记录了当时的戏曲舞台广泛使用切末的缤纷场景:

> 女戏以妖冶恣,以婵缓恣,以态度恣,故女戏者全乎其为恣也。若刘晖吉则异是。刘晖吉奇情幻想,欲补从来梨园之缺陷。如唐明皇游月宫,叶法善作场上一时黑魆地暗,手起剑落,霹雳一声,黑幔忽收,露出一月,其圆如规,四下以羊角染五色云气,中坐常仪,桂树吴刚,白兔捣药。轻纱幔之内,燃赛月明数株,光焰青黎,色如初曙,撒布成梁,遂蹑月窟,境界神奇,忘其为戏也。其他如舞灯,十数人手携一灯,忽隐忽现,怪幻百出。匪夷所思,令唐明皇见之,亦必目眐口开,谓氍毹场中那得如许光怪耶。彭天锡向余道:"女戏至刘晖吉,何必男子,何必彭大。"天锡,曲中南董,绝少许可,而独心折晖吉家姬,其所鉴赏,定不草草。②

可以看出,这时的戏曲舞台不仅使用了宝剑这类小切末,还有黑幔、纱张等舞台布景,甚至烟花、灯火等各色新巧装置也成了戏曲舞台上渲染气氛的有效道具。

清代,随着地方戏的兴起,舞台演出所用的切末道具有了更大的发展,不仅品种更加繁多,分类更加细致,而且制作精美,讲究装饰。嘉庆年间同州梆子的抄本《刺中山》中,就记载多种切末道具,包括刀、枪、剑、戟、棒、架、鞭、锤、斧、铜、双凤旗、五方旗、八卦旗、青龙旗、车旗、白虎旗、帅旗、火旗、黄

---

① 沈倩:《戏曲文物:宋代戏曲文物与宋代演出》,上海远东出版社,2015年,第162页。
② (明)张岱:《陶庵梦忆》,文化艺术出版社,2015年,第99页。

罗伞,等等。这时,观戏也成了京城人们的普遍风尚,生于嘉庆、道光年间的北京人学秋氏曾在其《续都门竹枝词》中咏道:"茶园切末摆来精,尺许红条等戏名。栗子葡萄梨共枣,更饶瓜子落花生。梆子腔名若简留,'九连环'曲也听油。于今唱出新声巧,带打都庐咿哈喉。"① 期间有作者标注,"茶园于未演剧时,必先有陈设铺排戏园","间有贴新戏亮台者"等等。可见,陈设铺排戏园、安置舞台切末,已在京城大小茶园广泛流行。

今天,我们可以从很多文字记载中,了解到清代以至民国年间京津地区的戏园、戏班使用舞台切末的历史信息,这些文献资料信息颇丰、内容翔实,但终究限于文字的描绘,既束缚也影响着人们对当时舞台场景的艺术想象。杨柳青戏出年画则以视觉直观的图像形式,记录了历史,描绘了舞台,可以给人们带来更加清晰、更加明确的感性认知。

从题材的角度来看,戏出年画是民间年画的一个重要组成部分,借助于对戏曲故事的刻绘,年画宣扬着赞美忠勇、惩恶扬善的文化精神,让市井民众在装饰年节的同时,获得戏曲艺术的审美享受。而作为刻绘戏曲场景的年画本身,也就成为承载戏曲艺术的文化载体和传播戏曲文化的有效媒介。从这个角度而言,观画亦是看戏。通过对杨柳青戏出年画的梳理和考察,我们现从生活用品、交通工具、武器道具、场上布景四个方面,呈现其对于京津舞台切末道具的刻绘与展示。

一、生活用品

在传统的戏剧舞台上,生活切末是数量最多的一类,包括酒具、茶具及各种生活用品,诸如扇子、手绢、文房四宝、茶杯、酒壶、烛台、灯笼等,这些常用的切末道具在杨柳青戏出年画中都有丰富的展示。

(一)扇子

扇子在我国起源很早,《宋书·符瑞志》中记载:"箑莆,一名倚扇,状如蓬,大枝叶,小根,根如丝,转而生风,杀蝇,尧时生于厨。"可知,尧舜时代,人们已经开始使用扇子驱赶飞蝇。后来,扇子逐渐发展成为一种日常生活中广泛用来招风纳凉的实用工具,经过巧妙加工和多方修饰之后,可以成为古代宫廷贵族的礼仪之物,也常与书画艺术相结合,成为文人赏玩或点缀生活的艺术品。

戏剧艺术诞生、成长的过程中,扇子也发挥了重要作用。在戏剧舞台

---

① (清)学秋氏:《续都门竹枝词》,见《清代北京竹枝词(十三种)》,北京出版社,1962年,第58页。

上,扇子不仅是搬演情节的实用道具,更是塑造角色的有效手段,既可以用来美化身段,也可以用来渲染感情。著名京剧艺术大师梅兰芳先生在《贵妃醉酒》中,就曾精彩地使用扇子惟妙惟肖地刻画了贵妃的娇媚醉态和复杂心绪。在杨柳青戏出年画中,戏曲舞台上对扇子的使用也得到了丰富的展现,通过对现有资料的整理,我们可以看到以下几种扇子:

1. 羽毛扇。这种扇子因用鹅、雁或鹰的羽毛制作而成,故得名。杨柳青"三国戏"题材年画因诸葛亮形象较多,羽扇成为画面呈现数量最多的一种扇子。《博望坡》(民国,横三裁,54cm×86cm,线版)、《天水关》(清,横四裁,25cm×41cm,线版)、《取成都》(清,横三裁,55cm×86cm,线版)、《让城(成)都》(横三裁,33cm×60cm)、《空城计》(清代,贡尖,56cm×102cm,墨线,义成永画店)等作品中,诸葛亮都是手拿羽扇,飘逸自定,神采飞扬,展示出了这个古代军事家的运筹帷幄与雄才大略,令人印象深刻。

除了诸葛亮,很多戏出中的彩旦角色也常用羽毛扇,杨柳青戏出年画也为我们呈现了羽扇的这类使用场景。年画《拾玉镯》(横四裁,24cm×36cm)中的彩旦刘媒婆左手拿一把羽毛扇,横在肩颈处,右手正以大烟袋锅子勾取地上的玉镯,动作表情极富喜剧色彩,令人观之忍俊不禁。戏出年画《玉玲珑》(清末民初,横幅,20cm×37cm,戴廉增画店,莫斯科特列季亚科夫画廊藏)刻绘的是清代花部戏《玉玲珑》(又名《妓女杀贼》)的戏出,京剧有此剧目。戏曲故事讲宋代少女梁红玉,少年时沦落风尘,成为著名歌妓。一日,应召至军营为主帅进酒,与沉沦为巡更小卒的韩世忠结识。梁红玉识其为英雄,乃恳其母,自愿许以终身。世忠随红玉返回妓院,结果当日双双误卯。主帅大怒,欲将二人斩首治罪。红玉了无畏惧,据理力辩,称其无罪。恰值金兵来犯,主帅令二人御敌,将功补过。二人齐心奋战,戴罪立功,大破金兵。年画刻绘的是红玉将世忠引荐给鸨母的场面。画面左侧的鸨母为彩旦装扮,她右手拿着羽毛扇,背于身后,左手提着灯笼,照向韩世忠,双目炯炯,面露喜色,颇富喜剧意味。戏出年画《戏凤》(清末,横幅,28cm×37cm,戴廉增画店,奥拉宁鲍姆市中国宫藏),刻绘的是经典剧目《游龙戏凤》中明武宗住进李龙的店中,李凤姐为其斟茶的场面。画面右侧一个彩旦角色与上述《玉玲珑》中的彩旦扮相十分相似,也是右手拿着羽毛扇,背于身后,左手提着托盘,欲向外走,却回头望向二人,表情严肃,憨态可掬。

2. 折扇。折扇在戏剧表演艺术中,生、旦、净、丑等行当都可以使用,不仅仅作为纳凉之用,还可以结合人物动作,借以表达思想感情。杨柳青三国戏年画《战宛城》(清,线版)中,曹操手拿折扇,做掩面之状,将其入宛城后微服出游、见张绣寡婶邹氏貌美时震惊而觊觎的心态刻绘得逼真生动。晚清著名京剧演员黄润甫擅演曹操，也有"活曹操"的美誉，他特别善于做戏，能够深刻挖掘戏出人物的内心世界，精准地表现人物的性格特点，开创了架子花脸的第一个表演艺术流派——黄派。梅兰芳先生在《舞台生活四十年》中，对黄润甫有一段精彩的评论："他描写《捉放》的曹操，是个不择手段、宁我负人的不得志的奸雄。《战宛城》的曹操，就做出了战败之后沉湎酒色的放纵神态，可是这次不是一个下流的登徒子模样。到了《阳平关》就俨然是三分鼎足，大气磅礴的魏王气概了。"[1] 可以说，杨柳青这幅戏出年画中，曹操以折扇掩面的神态与梅兰芳先生对黄润甫先生的评价十分肖似，在舞台道具的配合下，戏出人物的身段表情恰恰当地呈现了性格心理，也让我们在文字浩瀚的戏剧史中得以直观地欣赏到往日的美丽景象。

不止三国戏题材，折扇也在很多其他剧目中辅助塑造各种类型的角色形象，而呈现在杨柳青戏出年画的作品中。如上文提到过的年画《拾玉镯》（横四裁，24cm×36cm），画中的傅朋左手轻粘飘带，右手倒拿洒金折扇，藏于身后，粉面含春，风流倜傥。年画《梅降雪》（清末民初，横三裁，26cm×42cm，廉增戴记）刻绘的是传统剧目《梅降雪》，又名《龙湖剑》，戏曲故事讲宋代秀才蔺孝仙进京赶考，途径熊耳山（今河南西部），遇见在此落草为王的公孙赞捕获一只庐山狐。蔺孝仙心怀恻隐，见此狐两眼流泪，向自己乞怜，便恳求公孙赞放生积福，此狐乃得释。公孙赞、蔺孝仙二人言谈投机，遂结为异姓兄弟。孝仙临别之时，公孙赞以宝衣"梅降雪"裘相赠。孝仙到洛阳后，借住在姑父花员外家，日夜苦读。狐仙感念孝仙恩德，幻化成其表妹花艳芳之形与之欢好，并故意被表兄花又锦发现。花又锦禀告其父后，员外盛怒，欲逐出孝仙。庐山狐伺机道明真相，彼时孝义已考中状元，花员外怒解气消，遂允婚。甘肃靖远县清代嘉庆古钟上铸有此剧目，山西晋城青莲寺佛殿题壁亦有此剧目。杨柳青戏出年画也刻绘了该剧，说明该剧在京津一带也曾盛演。画中共有四个人物，左一为蔺孝仙，他头戴文生巾，身穿蓝色素帔，内套粉色衬褶，脚蹬高方靴，做丁字步站立，右手倒拿洒金折扇，背于身后，左手提起衣襟朝向中间的花艳芳，似在与之调笑。右二是花又锦，他头戴绣花棒槌巾，面勾小花脸，身穿绿色褶子、红色彩裤，脚蹬高方靴，也是丁字步站立，右手倒拿洒金折扇，朝向孝仙、艳芳，左手放于胸前，伸出食指，也指向二人，正在向身旁的花员外告密。年画上有两个手拿折扇的角色，一个是粉面小生，一个是丑角扮相，他们的身段动作各具姿态，人物的内心世界也通过表情神态精准地呈现出来。整个画面色彩艳丽，充满了喜剧氛围。

---

① 傅谨：《梅兰芳全集》第4卷，中国戏剧出版社，2016年，第46页。

此外,呈现《绿牡丹》豪侠故事的戏出年画《刺巴杰》(清·光绪,横三裁,35cm×61cm,爱竹斋画店),呈现《施公案》故事的戏出年画《连环套》(横三裁,34cm×59cm,杨柳青年画馆收藏),反映梆子剧目的戏出年画《买(卖)胭脂,掩门计》(清末,炕围,25cm×30cm,阿穆尔共青城造型艺术博物馆藏),和反映经典剧目《西厢记》演出场景的戏出年画《张生游寺》(清末,横幅,24cm×37cm,莫斯科国立东方民族艺术博物馆藏)等,均有折扇的使用。画中人物或者将折扇高举于身侧,或者手执折扇抚于胸前,或者平举折扇指向他人,这其中既有丑角扮相,也有净角扮相,既有生角扮相,也有旦角扮相,呈现了折扇在戏曲表演中丰富的使用场景。

(二)公案

传统戏剧舞台上的公案切末包括文房四宝、印匣(官印)、圣旨、签筒、令箭、令箭架、虎头牌、水火棍等。其中,文房四宝包括笔、墨、纸、砚,通常放在长方形的朱漆文具盒内,也有配以搁置毛笔的笔架或插着毛笔的笔筒;印匣多为正方形的木制匣,外裹黄绫或红绫,于匣顶系成对称双角麻花扣,置于方桌之上,代表印信;签筒多为银色木制正方筒,上宽下窄,镶有底座,正面书写"正堂"二字,内装白色签条,形似令箭,签头有红色、绿色两种,每色四支为一组;令箭为宝剑头有柄木片,长约尺许,顶端为三角形,箭身上宽下窄,多为金色,一面绘以龙形图案,一面镶以七星玻璃片,是军中发令、授令的标志;令箭架又称"皇印架",为方形栅栏木制架,两侧或有双龙立柱,内放圣旨,上插令箭,剧中大将或元帅升帐点兵时常设此架以示威武。这些小道具在杨柳青三国戏年画中都有多彩呈现。

戏出年画《博望坡》(民国初年,横三裁,54cm×86cm)以精湛的笔法精彩地刻绘了诸葛亮派将点兵过程中戏剧人物表情动作的微妙变化。诸葛亮独坐中军帐。桌前铺福寿绣花桌围,桌上有砚台、笔架等文堂道具。诸葛亮初出茅庐,首次遣将,深恐众将不服,将刘备官印高高置于案上,剑眉深锁,表情深沉镇定。年画《取成都》(清,横三裁,55cm×86cm)刻绘了这出戏中刘璋"捧印出让"的场景。图左刘璋双手捧印,躬身献与刘备,右侧刘备拱手感谢。二人身后的桌子上摆放着笔架、酒杯等物品。另一幅《让城(成)都》(清,贡尖,57cm×104cm)内容要丰富一些,所绘的主题也是刘璋双手托举印信奉与刘备的情景,二人身后的桌子上插着"小帐"象征中军帐,桌子上摆放着令箭架。年画《汉阳院》(清,线版)刻绘的是徐庶见刘备,劝其出走的一幕,画面正中摆放一桌两椅,桌上便放着官印、笔架等公案切末。《曹子建七步成章》(民国,横三裁,34.8cm×47.6cm)刻绘了曹植命令曹植七步之内赋诗一首的情节,桌子上也摆放着印信。《武侯上表,二出祁山》(清末,贡尖,

46cm×97cm)描绘的是诸葛亮率姜维等向后主刘禅上表，请求二出祁山，讨伐曹魏的情景，桌子上也摆放着印信、毛笔、笔架等物品。

此外，戏出年画《乾坤带》(清末，横幅，23cm×33cm，莫斯科奥芙香尼科娃藏)，刻绘的是传统剧目《乾坤带》(又名《金水桥》)中银屏公主绑缚秦英上殿的场面，画中唐太宗坐在桌案后面，案上放着官印、毛笔和笔架。年画《卖绒花》(清末，横三裁，35cm×57cm，圣彼得堡俄罗斯国家图书馆藏)，刻绘的是戏曲剧目《绒花记》中县官审问秀春的场面，画中县官头戴圆翅纱帽，身穿蓝色官府，坐在桌后，桌上也摆放着官印和笔架。年画《四郎探母》(民国，贡尖，59.3cm×108.4cm，戴廉增老画店，早稻田大学图书馆藏)，刻绘的是经典剧目《四郎探母》中杨延辉在营帐中与母亲相见的场面，画面正中置一桌案，挂有小帐，桌上摆放着官印和令箭架。

(三)摆件

传统戏曲舞台上的摆件有小摆件，大摆件。小的摆件包括茶具、酒具、烛台、花盆等，大的摆件包括兵器架、花架以及宫廷切末中的黄罗伞、龙凤扇、日月扇、龙凤旗、提灯、金瓜、符节等。在杨柳青戏出年画中，昔日戏曲舞台上常用的大小摆件也有很多精彩的呈现。

在杨柳青三国戏年画中，小的摆件多为烛台、香炉、酒壶和酒盅等。戏出年画《龙凤配》(方子，套印，笔绘，隆合画店)刻绘了刘备洞房见兵的情节，年画上一桌案象征洞房，桌子上便摆有烛台。《回荆州》(清，横四裁，23cm×33cm)刻绘了刘备听闻曹操起兵时神色大惊的"闯宫"一场，画面上的桌案上摆有一只酒杯，暗示了刘备在东吴沉迷享乐的戏剧情节。《孙夫人祭江》(清，横三裁，33.3cm×59cm)刻绘了孙夫人闻刘备已死，悲伤不已，临江吊祭的场景，年画正中设一桌案，铺兰花图案红绿配色桌围，案上只烛台上点燃红烛两支，中间置一香炉，以示焚香祭拜。《取桂阳》(民国，横三裁，35cm×58.4cm)刻绘了桂阳城守将赵范设宴款待赵云的场景，画面上一桌两椅，赵云坐在左后，座子上摆放一只酒盅，象征着酒宴在进行。

大的摆件主要有兵器架、花架、黄罗伞、华盖等物。兵器架为木制支架，中间横装两根钻有一排圆孔的桁条，底部为凿出相应凹洞的木条，刀枪剑戟、斧钺钩叉等兵器插于其间，整齐而稳固。在杨柳青三国戏年画中，兵器架呈现次数最多的当属以"龙凤配"为主题的作品，如《龙凤配》(清代，贡尖，61.5cm×107cm)、《龙凤配》(清末民初，横三裁，30cm×50cm)、《龙凤配》(方子，套印，笔绘，隆合画店)等，因"洞房见兵"是这出戏的经典一场，所以杨柳青戏出年画在刻绘该剧时，常常展现这一幕，也让传统戏剧舞台上的兵器架在年画作品中留下了斑驳的身影。

黄罗伞是传统戏剧舞台上作为仪仗使用的一种道具，一般为朱红漆、金顶、曲颈的长柄伞，以黄色绸缎做成圆盖形伞罩，彩绣金龙戏珠云纹图案，镶宝蓝缎宽边，是随从帝王的伞盖，所以又叫"黄龙伞"。在当今戏剧表演过程中，黄罗伞的使用一般为太监手持，但是在杨柳青戏出年画中却多为竖立在架上，所以我们将其归类为摆件。

戏出年画《让城（成）都》（清，贡尖，57cm×104cm）刻绘了戏中刘璋"捧印出让"的场景。年画恰似舞台亮相：一桌两椅象征中军帐，桌前地上铺有蓝色地毯，桌后墙上挂着两幅画，左为《富贵图》，右为《延年益寿》。舞台左端立着黄绸镶蓝边的黄罗伞作为皇家道具的装饰舞台，大气端庄。画面正中刘璋双手托印，举高齐眉，奉与刘备，刘备拱手相谢。张飞、孔明、马岱、马超等立在刘备身后，画面布局已见胜负之分。《汉阳院》（清，线版）刻绘的是徐庶见刘备，劝其出走的一幕。这一幕发生在军帐中，军帐内的布置十分华美大气。正中间放置一桌两椅，铺桌帷椅披，桌上摆着印信、笔架等公案切末，背后是海上日出的幕布，将中军帐衬托得朝气蓬勃，画面左侧摆着罗伞，右侧摆着三军司令器，更令中军帐平添了几分威严。此图因是线版，罗伞并未着色，而且与《让城（成）都》（清，贡尖，57cm×104cm）中的黄罗伞一样，未见曲颈。

不止三国戏题材，杨柳青戏出年画中有一幅《鸿门设宴》（清，贡尖，61.3cm×106.5cm）为廉增戴记出品，现存天津博物馆，刻绘的是秦末楚汉相争，项羽在鸿门设宴，席间范增令项庄舞剑，欲伺机杀害刘邦的戏剧场景。画面右侧置一条几，铺粉色饰以蓝顶绿缘的桌帷，桌上摆有两只酒盅，象征正在饮宴，刘邦身披斗篷，坐在桌后，椅子上挂着红色椅披，刘邦身后立着一柄黄罗伞，伞柄为朱红色，龙头曲颈，红色伞盖上饰有绿色丝缘，顶端镶蓝边，修金色二龙戏珠纹样，缀有黄玉挂件，伞顶亦为黄色。这把伞盖可谓五色斑斓，与今日戏曲舞台上使用的黄罗伞也不尽相同。

戏出年画《打金枝》（清，贡尖，54cm×96cm）为齐健隆画店出品，现藏于天津博物馆，也是杨柳青戏出年画中的精品。该画刻绘的是皇宫御殿中唐代宗（应为唐肃宗）与皇后正在调解郭暧与公主二人，劝其和睦相处的戏剧情节。此图布景富丽堂皇，颇富皇家气象，画面中间放置一把龙头椅，上披红色椅披，龙椅前是一铺有红色桌帷的桌案，桌上放有印玺、笔架、砚台等公案切末，椅后立着一柄黑杆曲颈黄罗伞，伞顶有龙头装饰，伞内缀有玉佩挂件，两边立着金瓜、朝天蹬、斧钺、龙凤扇等仪仗，画面左右两侧还有盘龙云柱、金钟玉磬、五彩旌节诸般陈设，富丽华美，大气端庄。这里不仅陈设多样，黄罗伞的形制也十分精巧，向我们呈现了昔日戏曲舞台上使用宫廷切末的缤纷场景。

(四)其他

传统戏曲舞台上还有很多来源于生活用具的切末,如灯笼、手绢、拂尘、酒具等,在杨柳青三国戏年画中也有呈现。例如戏出年画《龙凤配》(清,贡尖,61.5cm×107cm)中有宫女提着宫灯,还有宫女手捧食盒,渲染着洞房的气氛。《龙凤配》(方子,套印、笔绘,隆合画店)中也有宫女手提宫灯,引导刘备入洞房,画面右侧的孙尚香右手拿着丝帕,左手抬起,以袖掩面,面带娇羞,体态婀娜。《汉阳院》(清,线版)中徐庶以丁字步站立于画面右侧,他头戴八卦巾,挂髯口,右手拿着拂尘向下甩动,左手抬起,伸出食指向外侧指,仿佛在向刘备、诸葛亮及众位将官劝降,动作表情恰到好处。《取桂阳》(民国,横三裁,35cm×58.4cm)刻绘了桂阳城守将赵范设宴款待赵云的场景,画面左侧樊氏手举托盘,托盘内放着一把酒壶,款款走来。《空城计》(清末,横三裁,27cm×44cm)中有老者手拿扫帚在打扫城门处的道路。

此外,戏出年画《玉玲珑》(清末民初,横幅,20cm×37cm,戴廉增画店,莫斯科特列季亚科夫画廊藏)中的巡更小卒韩世忠,头戴软罗帽,身穿黑色抱衣、红色彩裤,腰系丝鸾带,单膝跪于地上,左手扶着铜锣,右手扔下锣锤,他的道具充分表明了自己的身份特征;年画《戏凤》(清末,横幅,28cm×37cm,戴廉增画店,奥拉宁鲍姆市中国宫藏)一画中,李凤姐身穿粉色竹布裤褂,外套蓝色回纹边大坎肩,手执茶壶,正在为明武宗斟茶。杨柳青的画师还在画面上绘有茶水淋漓,也许旧时京津舞台演出此剧曾是真的在倒水。

"家法"是传统戏曲舞台的一种独特道具,又称"打彩",由二尺长的两条竹片于一端捆扎而成,使用家法时,两个竹片相触碰,可以发出清脆的声响,在传统剧目《三娘教子》《春秋配》中均使用此道具。杨柳青戏出年画中有一幅《教子》(清末,横幅,25cm×37cm,恒裕厚画店,喀山大学民族学博物馆藏)刻绘的即是《三娘教子》中春娥训斥倚哥的场面,画面正中置一桌案,老仆薛保手执竹杖立于画面左侧,春娥身穿深色素帔,坐在画面右侧的椅子上,倚哥跪在桌前,面朝观众,双手托举家法于头顶。这是现存杨柳青戏出年画中唯一一幅呈现"家法"的作品,为我们留下了昔日戏曲舞台的演出场景。

龙头杖,亦称"龙头拐",也是常用的京剧道具,多为木制,杖身为朱红色,手杖顶端饰有贴金曲颈龙头,传统剧目《打龙袍》中的陈琳,《太君辞朝》中的佘太君都持此道具。杨柳青戏出年画中也有几幅《打龙袍》,其中,齐健隆画店出品的《打龙袍》(清,贡尖,57.5cm×107.5cm,天津博物馆藏)就有陈琳手执龙头杖的形象。画面中间置一桌两椅,桌上挂小帐,两侧摆放着御棍、钺斧、朝天蹬、金瓜、玉磬、金钟,左右两侧各有一宫人手持双龙掌扇。李后头戴凤冠、身穿黄袍,端坐在帐下。李后面前两个内监展开龙袍,包公站在龙袍前方。他头戴相纱,勾黑色脸谱,绘月形脑门,挂白色满髯,身穿黑色玉带官服,手持鞭杖,指向龙袍,此刻正面向观众,似乎在唱出剧中的经典唱段:"自从那盘古到如今,那有个臣子敢打圣明君。万岁的龙袍你就忙脱定,包龙图打龙袍犹如臣打君。"① 老太监陈琳立于画面右侧,他头戴大太监帽,勾脸,为丑角扮相,手持一柄通体黄色的龙头杖。此年画色彩典雅,笔法细腻,向我们呈现了与今日戏曲舞台的颜色不尽相同的龙头杖,同时,画面上庄严清雅的各种宫廷切末,不仅恰到好处地烘托了气氛端严的剧情,也是我们今天得以观赏昔日戏曲舞台陈设的经典媒介。

二、交通工具

在传统戏曲舞台上,用以表达交通工具的切末主要有车轮旗、马鞭、船桨等。"车轮旗"多为布制黄色方形旗,中心绘以车轮形状,用以代表车辆。旗子横穿短杆,两面为一副。在当今戏曲舞台上,车轮旗大致有三种形制,基本以黄色为主:一是黄缎盘以金色车轮纹,二是黄缎贴以黑丝绒车轮纹,三是黄布印以黑色车轮纹。使用时车夫双手持旗,乘车人立于两旗中间,可用手扶住旗杆。在杨柳青戏出年画中,也有很多作品刻绘了车轮旗的使用过程,使用的方式与今日戏曲舞台大同小异,但颜色要丰富得多。

戏出年画《孙夫人祭江》(清代,横三裁,33.3cm×59cm)中,孙夫人身穿色彩华丽的圆领云肩古装,立于案前。身后站一侍女,头戴粉色风帽,红衣粉裙,古装打扮,手持粉色车轮旗,象征推车之意。年画《当阳长板(坂)坡》(光绪版后印,贡尖,64cm×114.5cm)描绘刘备携家眷百姓行至长坂坡,曹操大军已经追至,血战即将开始的紧张场面。画面中间是甘夫人和抱着阿斗的糜夫人,两个侍女手拿黄色车轮旗,寓意在推车。年画《让成都》(民国,增兴画店)的画面右端,孔明头戴八卦巾,身穿八卦袍,手持羽扇,后面兵士双手拿着车轮旗,寓意孔明坐在车上。此年画虽然背景写实,却依然使用了车轮旗的舞台道具,使得画面富有浓郁的戏剧意味。这里的车轮旗是红色旗帜绘以棕色轮毂。

杨柳青戏出年画中还有一幅《伐子都》(横四裁,23cm×30cm),此画刻绘了颍考叔与公孙子都在操练场上比武较量的场景。画面中间,一位车卒头戴软帽,身穿箭衣、坎肩,双手各执一灰地儿黄色轮毂的车轮旗。画面左侧颍考叔为勾红三块瓦的花脸扮相,挂长髯,戴帅盔,扎靠,外穿绿色蟒袍,足

---

① 中国唱片社:《新编大戏考》,上海文艺出版社,1981年,第77页。

蹬高方靴,右手紧握纛旗扛于肩上,左手扯住这象征战车的车轮旗道具,大步向前,迎风飞走,气魄勇武雄伟,工架浑厚有力。戏出年画《昭君和北蕃(番),陈杏元和番》(清末,横四裁,22cm×55cm,莫斯科国立普希金造型艺术博物馆藏),该画将昭君出塞的故事和唐代二度梅的故事融为一图,虽并非完全意义上的"三国"题材年画,但舞台意味浓厚,除人物的扮相和表演之外,陈杏元的侍女手持粉色绘有黄色车轮的车轮旗,明显具有道具性质,陈杏元站在两旗中间,双手轻轻扶着横杆,与今日戏曲舞台的表演如出一辙。

马鞭和船桨也是传统戏曲舞台上常用的切末。马鞭分为文用和武勇两种,杆头挂三绺绦穗的为文用马鞭,多为老生和净行使用,挂五绺绦穗的为武用马鞭,多为武生、武旦行当使用。马鞭用各种颜色漆涂杆、系各种颜色彩穗,可以代表马匹的颜色,如红色的马鞭代表红鬃马,黄色的马鞭代表黄骠马,白色的马鞭代表白龙马,黑色的马鞭代表乌骓马,粉色的马鞭代表桃花马,等等。马鞭也融入了戏曲艺术程式化的表演之中,舞台上的演员执鞭而舞即是骑马,若执鞭不舞便是牵马而行。一根马鞭还可以辅助演员完成上马、下马、策马、趟马、勒马、系马等许多动作,也可以结合歌舞表演,表明一系列的环境特征,如坦途、险路、泥泞等,展现出不同的身段和手法,让观众欣赏到演员表演的曼妙身姿与精彩之处。

杨柳青三国戏年画中也有很多作品刻绘了演员手执马鞭的表演动作。戏出年画《回荆州》(清,贡尖,64cm×114cm)中,赵云头戴夫子盔,身披白色靠甲,扎淡蓝色靠绸,插靠旗,脚蹬厚底靴,左手持枪,枪头指地,右手拿着马鞭,挥手上扬,做右弓步亮相,以示准备迎敌。画面左端刘备头戴风帽,身穿黄褶蓝袍,外披黄色斗篷,腰挎宝剑,手持马鞭,做丁字步,回头观望。二人手执马鞭的工架身段与表情动作将丁奉、徐盛二将前来追赶阻拦的紧张气氛表现得精彩绝伦。此外,孙尚香车架前的一位侍女也手执马鞭,一手叉腰,一手执鞭,回望东吴二将。在这幅年画中,共有三只马鞭。这三只马鞭在颜色上并无差别,都为棕黄色,但仔细比较便会发现,刘备手中的马鞭要更粗些,共有五绺绦穗,穗子也更为粗大,而赵云和侍女手中的马鞭则都是六绺绦穗,穗子也更为短小,这也许便是昔日戏曲演出过程中用以区别重要角色与其他角色的一种手段。

戏出年画《捉放曹》(清,横三裁,32cm×54cm)刻绘了陈官弃官后与曹操改装同逃的一幕。画面上,曹操头戴风帽,外罩红色褶子,陈宫戴高方巾,穿蓝褶子。二人手中都拿着马鞭,曹操手中的马鞭为黑色与灰色交替绦穗,陈宫手中为红色与白色交替绦穗。年画《空城计》(清末,横三裁,27cm×44cm)刻绘了诸葛亮"抚琴退兵"的故事:城关前,魏军已至,司马懿戴盔穿甲,插翎子,一手持令旗,一手提马鞭,望向城楼,仿佛正与诸葛亮对话。司马懿手中的马鞭为红绿交替绦穗。从这两幅作品可以看出,在清代至民国期间的杨柳青三国戏年画中,马鞭的颜色还尚未与马匹的颜色形成一一对应关系。

杨柳青戏出年画还有一幅《春秋配》(横三裁,34cm×56cm)刻绘的是姜秋莲外出捡柴偶遇李春发的一幕。年画右边的李春发头戴红色文生巾,身穿蓝色褶子,腰系红色丝绦,脚蹬高方靴,左腕挎着包袱,右手举起马鞭,仿佛送客后正在返家途中。李春发手中的马鞭为黑杆配有四绺红色绦穗。另有一幅《小放牛》(横三裁,43cm×52cm),为戴廉增敬记画店出品,现藏于奥拉宁包姆市中国馆。该画刻绘的是流行于京津一带的"三小戏"剧目之一的《小放牛》。此戏由光绪年间著名梆子戏演员侯俊山(艺名十三旦)根据河北民间小戏创编而成,是一出歌舞小戏,载歌载舞,乡土气息浓厚。该剧叙演村姑汪女在郊外迷路,牧童王小为其指路的故事。年画刻绘的正是指路这一幕,图中汪女和王小分别拿一红、蓝、黑三穗马鞭。可见,在杨柳青戏出年画中,马鞭绦穗的数量四到六绺不等,也并没有完全定型。

传统戏曲舞台上所使用的船桨一般为木制,比实际船桨小巧,根据不同的人物角色和使用方法,可以分为男船桨、大男船桨、女船桨、彩绘女船桨(系大彩绸、绑彩球等)四种。男船桨只用来配合演员表演行船,如传统剧目《汉津口》《借东风》等戏中一般用男船桨;大男船桨则既可以做行船的动作,也可以做开打等舞蹈动作,如《芦花荡》中的张飞和《九江口》中的张定一般用大男船桨。女船桨也分两种,但并不具备开打等动作的程式意味,像《打渔杀家》中的肖桂英、《白蛇传》中的青蛇均用女船桨,而《蝴蝶杯》中的胡凤莲则用白色彩绘船桨,桨柄顶端有龙头装饰,龙头下方绑一白色彩球。船桨也可以配合程式化的歌舞动作完成舞台表演,如演员以手执船桨做划船动作表示乘船水上而行,如果平举船桨就表示手搭船上桅杆或者上下船等,这些程式化的表演形成了传统戏曲舞台上惟妙惟肖的动作身段。

杨柳青三国戏年画中虽然也有表现《汉津口》《借东风》《芦花荡》等剧目的作用,但其中并未涉及使用船桨的情节。不过我们还是可以从其他题材的年画作品中看到清代中期至民国年间京津地区戏曲舞台上使用船桨的样子。戏出年画《许仙游湖》(清末,横三裁,32cm×56cm),齐健隆画店出品,现藏于圣彼得堡俄罗斯国家图书馆。该图刻绘的是《白蛇传》中"游湖借伞"一折。画面上,许仙身穿蓝色褶子,坐在一张放倒的椅子上,象征坐在船上,旁边一位老者手拿船桨,正在划船。年画《逛花船》(清末,横四裁,24cm×37cm),戴廉增画店出品,现藏于圣彼得堡国立艾尔米塔什博物馆,刻绘的是清光绪年间根据滩簧改变的京剧《荡湖船》(叙演乡下财主"天明亮"在西湖边游玩,看见众女子荡船湖中,便眼花缭乱,十分艳羡。有骗子二人借给其望远镜,见"天明亮"只顾用望远镜看湖上景色,便将其身边财物尽数偷走)的故事。画面左端,一女子手拿船桨,正在泛舟湖上,舞台上也是放倒一把椅子,象征船只。通过欣赏这两幅戏出年画作品,我们不仅可以看到船桨的使用场面,还能直观地体会到昔日戏曲舞台上用椅子代替船只的程式化使用过程,实属难能可贵。

杨柳青戏出年画中也有呈现《打渔杀家》《蝴蝶杯》这两个剧目的作品。《庆顶珠》(民国,贡尖,60cm×105cm),正兴德亨记画店出品,现藏于名古屋大学图书馆。该图刻绘的是改编自《水浒后传》的"打渔杀家"一剧,图中萧恩为老生扮相,一手捋髯,一手擎天,做右弓字步,器宇轩昂,双目炯炯有神,女儿桂英立在身后,一手背后,一手拿桨,眉清目秀。《蝴蝶杯》(民国,贡尖,60cm×105cm)也是正兴德亨记画店出品,现藏于名古屋大学图书馆。该图描绘的是明朝时期渔夫胡彦和女儿凤莲的故事。画面上的胡彦也是老生扮相,手提鱼蓝,做左弓步,女儿凤莲同样立于其后,一手捋发,一手提桨。该图与《庆顶珠》为同一画店出品,且大小尺寸一样,人物工架姿态双双对应,应是作为一对刊行的。这两幅图中的船桨都是样式较为简单的普通船桨。

通过对杨柳青戏出年画中船桨的考察,我们可以看出船桨的形制基本固定,特别是女用船桨,如《打渔杀家》中的肖桂英和《蝴蝶杯》中的胡凤莲并未有普通船桨与彩绘船桨的区别。在今日戏曲舞台上,《白蛇传》中的小青经常使用青色船桨,杨柳青戏出年画《许仙游湖》(清末,横三裁,32cm×56cm)中的执桨者并非小青,但船桨却是青色,也从一个侧面呈现了晚清民国戏曲舞台上船桨的使用情况。

三、兵器把子

在传统戏曲舞台上,刀枪剑戟、斧钺钩叉、镗棍槊棒、鞭锏拐锤等各种兵器类道具统称把子。把子分为长把子、短把子两类,长把子包括开门刀、青龙刀、女大刀、霸王枪、丈八矛、猴棍、九连环、月牙铲、大板斧、狼牙槊等;短把子包括男单刀、女单刀、鬼头刀、朴刀、人字剑、朱红宝剑、绣花宝剑、板斧、乾坤圈、弓箭、锏、鞭、锤、拐等。清代咸丰到宣统年间,中国戏曲舞台上的侠义打斗戏陡增,戏曲艺术越来越向"靠把"和"短打"的武戏发展。这些兵器把子也成为戏曲表演过程中以程式化的歌舞动作扮演故事情节的重要道具。

戏曲演员掌握和运动把子技术的基本功叫把子功。京剧艺术所讲究的"唱念做打"中的"打"指的就是打把子的把子功。把子功来源于武术,将武术的招式与京剧表演的程式巧妙地结合在一起,成为一种特有的舞台艺术。把子功的最高境界是要求演员打出语言、打出戏来。京剧表演艺术家李洪春就曾讲过:"京剧的特点之一就是一个戏一套把子,套子不雷同,把子不重复,这就是它的生命力。"① 著名武生杨小楼之所以有"活赵云"的美誉,很大程度上也是在于他将唱、念与把子功巧妙地结合起来,从《借赵云》到《长坂坡》,把赵云浑身是胆的英雄形象完美地呈现了出来。"四大名旦"之一的程砚秋在《武家坡》中扮演王宝钏进窑时,也把剑术中的"古树盘根"与戏曲表演的舞台动作相结合,创造了一种身姿矮、旋转快、稳而美的艺术身段。可以说,作为戏曲艺术表演武功的重要组成部分,把子功业已被公认为戏曲演员塑造人物形象、展示戏剧情节的艺术手段之一。

随着中国戏剧艺术发展史上武戏的日益繁荣,杨柳青木版年画也有了新的取材方向,出现了《三国演义》《杨家将演义》等题材的戏画,如《让成都》《辕门射戟》《穆家寨》《辕门斩子》等,还有取材于《施公案》《三侠五义》的公案戏画,如《连环套》《拿谢虎》《打龙袍》等。这些年画作品承载戏曲表演、纪录戏剧之美,也向我们展示了各种刀枪把子在戏曲舞台的使用场面。

七星刀,又称银口刀,是戏曲舞台上刀枪把子的经典道具,刀头两侧有沥粉花纹,花纹中有亮星点缀,有时也将花纹图案沥成八卦图,在八卦图的阴阳鱼部位点缀亮星,所以又称八卦七星刀。《铁笼山》中的姜维、《艳阳楼》中的高登都是用银口刀。女大刀,又称刀马七星刀、女银口刀。此刀在形制上比七星刀略小,刀盘、刀脖等处也不沥粉,刀头也无彩绘沥粉,为武旦、刀马旦使用,如《芦林坡》中的扈三娘、《破洪州》中的穆桂英等。腰刀是戏曲舞台上校尉或家将普遍佩戴的兵器,校尉佩戴的腰刀一般为黑色刀鞘,家将佩戴的腰刀则一般刀鞘为绿色。单刀和柳叶刀也是戏曲舞台上使用频率非常高的两种兵器,单刀为男演员所使用,柳叶刀为女演员所使用。这些刀枪把子在杨柳青戏出年画的很多经典作品中都有呈现,可以让我们观画看戏,通过欣赏年画作品,真切地体会昔日舞台演出的场景。

《狄青招亲》(贡尖,60cm×102cm)刻绘的是传统剧目《狄青招亲》中狄青出战双阳公主的场面。画面正中置一桌一椅,杨宗保坐于桌后,桌上摆着印信、令箭,象征元帅升帐。桌前,狄青披斗篷,身穿蓝色箭衣,腰系丝鸾带,足登高方靴,做丁字步,双手横持枪,指向公主;双阳公主头戴七星额子,插翎子,挂狐尾,身披女靠,插靠旗,她腰挂佩剑,右手手握女大刀,左手掮翎子,欲迎战狄青。夫妻二人斗气,手持兵刃对峙的场面既威风凛凛,又充满了喜

① 李洪春:《戏曲把子功》,文化艺术出版社,2015年,第3页。

剧意味。画面最右侧的侍女手握柳叶刀,也是英姿飒爽。此年画描绘的场面戏剧性强,人物表情动作与舞台演出如出一辙,衣帽行头勾描精细,色彩华美大气,是杨柳青年画中的上上之品,无论是动作身段还是神态表情,无论是服饰化妆还是刀枪把子,还有公案、旗帜等切末道具的使用,都给人们提供了绝佳的欣赏媒介。

大枪,形制类似霸王枪,主要为武艺高强、有万夫难当之勇的将官使用,如《挑滑车》中的高宠、《金沙滩》中的杨七郎等。二枪,枪头部分比大枪的形制缩小少许,也称小大枪,《战马超》中的马超、《长坂坡》中的赵云等都使用白带子二枪。在"三国戏"中,赵云是比较重要的角色,因此,以他为主角的传统剧目也就颇多,杨柳青戏出年画对这些剧目也多有刻绘,将其使用兵器把子的威武姿态传神写照般地留存下来。

戏出年画《回荆州》(贡尖,64cm×114cm),现藏于天津博物馆,刻绘的是《回荆州》一剧中尚香斥责丁、徐二将的场面。画面左侧赵云头戴武生盔,身披白色靠甲,插靠旗,扎淡蓝色靠绸,脚蹬厚底靴。他左手手持银枪,枪头指地,右手拿着马鞭,挥手上扬,做右弓步亮相,以示准备迎敌,工架劲道有力。年画《天水关收姜维》(清末,贡尖,50cm×95cm)义兴合画店出品,刻绘了诸葛亮令赵云攻打天水关,与魏将姜维开打的场面。画面左侧姜维戴盔扎靠,插靠旗,勾脸谱,足登高方靴,做丁字步,他腰挂宝剑,右手提着一柄大刀背于身后,左手拂髯,伸出食指,指向赵云,威风凛凛;画面右侧的赵云为老生扮相,亦是戴盔扎靠,插靠旗,足登高方靴,做丁字步,他腰戴佩剑,右手反向撑掌,左手提起一杆长枪,枪尖指地,立于身前,正抬眼望向姜维,亦是雄姿傲骨。画面虽非舞台布景,但却生动形象地展示了二人的舞姿工架和兵器把子。年画《截江夺斗》(清末民初,横四裁,26cm×37cm)描绘的是赵云和张飞跳上吴船解救幼主的场面。张飞亮相于画面中间,头戴扎巾盔,插耳毛,挂开口髯,勾脸谱,扎靠旗,身穿靠甲,腰挎宝剑,脚蹬高方靴。他右脚抬起,左脚单足立地,左手掏髯口,右手持枪,做斜垂式。画面左侧,赵云正飞身跃进吴船,他头戴武生巾,扎靠旗,披靠甲,右手握剑,挥臂上舞,左手持枪,指向右下方,脚蹬高方靴,做弓箭步,立于张飞斜后方。画面中间张飞的工架姿势,与画面左侧赵云扬剑舞抢的做工,以及二人飞舞的靠旗,都渲染出紧张的气氛,令人一看便知是"夺斗"一幕。

传统剧目《双锁山》又名《俊保招亲》,叙演宋太祖赵匡胤征南唐时,元帅高怀德命子俊保探山,至双锁山,见女寨主刘金定在山下立一招夫牌,上写诗句自言学武下山,英勇无双。高俊保见牌气恼,将诗削去。金定闻报下山,与俊保交锋,不敌,用法术将其捆住,连次擒之,高俊保乃允婚。杨柳青戏出年画有一幅《双锁山》(横四裁,23.5cm×34cm)刻绘了刘金定与高俊保双枪斜垂相搭,正在对峙的一幕。画面右侧刘金定头戴七星额子,插翎子,挂狐尾,扎女靠,红衣绿靠,黄穗云肩,分外鲜亮,她左手掏翎子,右手伸到左侧,反手提枪,回望高俊保,侧身低首,面带娇羞;画面左侧高俊保头戴武生盔,插白色靠旗,身穿白色靠甲,面目清隽,他左手提枪,右手做剑指,指向刘金定,似乎在申斥她不该设下招夫牌。二人虽提枪对峙,但姿态各异,工架优美有力。

传统戏曲舞台上的刀枪把子还有一种"双枪",是在单枪的基础上,将枪纂部分改成枪头,也称双头枪。这种兵器把子在杨柳青戏出年画中也有展示。戏出年画《无底洞》(横四裁,24cm×35cm)刻绘的是陷空山无底洞的女妖与鼠精正在与孙悟空、哪吒开打的场面。画面正中立一方桌,铺红色桌帷,玉鼠精站在桌前,她头戴七星额子,插翎子,挂狐尾,穿浅红女豹衣,系绿色素裙,右手握剑,横臂下指,左手撑掌,正力战二敌;画面左侧,孙悟空头戴黄色软罗帽,戴金箍,身穿黄色豹衣、豹裤,勾脸谱,左手持金箍棒,竖于腰间,右手上扬,左腿向前迈出,正转身回顾玉鼠精,似有不敌之意;画面右侧,哪吒披发、插面牌,身穿绿色豹衣、棕色豹裤,脚蹬快靴,做左弓步,双手横握双头红缨枪,威严亮相,似来助阵迎战。

棍,多为藤杆所制。传统戏曲舞台上的棍分很多种:乔郎棍也称白带棍或齐眉棍,《黑旋风》中的燕青、《三打祝家庄》中的石秀用此棍;伽蓝棍也称僧棍或黑银棍,《白蛇传》中的伽蓝、《四杰村》中的肖月用此棍;猴棍是孙悟空使用的把子。在年画《无底洞》(横四裁,24cm×35cm)中,我们也可以看到孙悟空所使用的猴棍。特别值得一提的是,兵器把子中有一种"火焰枪",枪头形状如火焰,顶部有一突出之三角扁棱形枪头,下端有圆形枪尖若干,均似火焰形状,因是哪吒专用的道具,又称哪吒枪。但是,在此幅年画中,哪吒使用的乃是双枪,可见戏曲角色与兵器把子之间的固定关系,也是在戏曲发展过程中逐渐形成的。从此年画对戏曲人物的呈现来看,至少在晚清民国时期,哪吒的兵器还没有完全固定为火焰枪。

此剧又名《陷空山》,过去演出此剧多演后半部分,以打出手、借兵器的把子功为特色,是著名京剧武旦阎岚秋(艺名九阵风)的拿手好戏。杨柳青出品的此幅年画人物动作姿态各异、生动传神,武打工架劲道有力、风姿绰约,加上刻绘精湛、设色清丽,亦是戏出年画中的精品,向我们展示了传统戏曲舞台上的布置、工架、把子等缤纷场景。

丈八蛇矛,枪头长约八寸,刃开双锋,犹如蛇形,是张飞专用的把子。传统戏曲舞台上,丈八蛇矛有大、小之分,大丈八蛇矛一般用来摆样子,《古城会》中常用，小丈八蛇矛则做开打用，《芦花荡》中常用。杨柳青三国戏年画中有一幅《夺阿斗》(清，线版)刻绘的是赵云截江夺阿斗的故事。此图没有画赵云，画面左侧张飞手提丈八蛇矛，举臂舒掌，立于船头，在追赶东吴大船；画面的右侧东吴大船之窗内，孙夫人怀抱阿斗向外张望，甲板上的周善手挽一张猛弓，正射向张飞之小船。在这出戏中，张飞扮演了重要的角色，是他砍倒周善，和赵云一起救回阿斗。此年画虽为线版，却也精彩刻画出了"猛张飞"的英武雄姿和他手中悍人的丈八蛇矛。

宝剑也是传统戏曲舞台上特别常用的一种道具，包括剑柄、剑身、剑穗、剑鞘等几个部分，文戏、武戏均可使用。宝剑形制基本固定，但有大小、单双之分，剑鞘的图案也不尽相同，有人字剑、草龙剑、尚方宝剑、鱼鳞剑、鲨鱼皮剑等。

戏出年画《文昭关》(横四裁，24cm×37cm)刻绘传统剧目《文昭关》(又名《一夜白须》)的故事情节，是一出唱功戏。图中刻绘了伍员、皇甫讷、东皋公三个老生形象。皇甫讷位于画面正中，他头戴大叶巾，身穿箭衣，腰系大带，横挂一柄宝剑，足登高方靴，做丁字步立于桌前，此时已经换上了伍员原来的衣服，他双手捧笏，气定神闲。《风尘三侠》(横四裁，22cm×35cm)刻绘的是虬髯客与红拂、李靖夫妇客店作别的场景。图右虬髯客头戴皮纬帽，身穿箭衣、皮马褂，腰挂一柄宝剑，正回身拱手向二人还礼告辞。《盗仙草》(贡尖，61cm×109cm)刻绘的是白娘子和小青为救许仙，去昆仑山盗取灵芝仙草，与护山鹤童之间拔剑待战的场面。图中白娘子双手持剑，剑已出鞘，旁边的小青也是手提宝剑，警护仙草。二人面目清丽，身姿窈窕，给人无限美感。《四郎探母》(民国，横二裁，39.5cm×108.4cm)戴廉增老画店出品，现藏于早稻田大学图书馆，刻绘的是宋将杨四郎(延辉)往雁门关宋营探望母亲佘太君的一幕。画面正中置一桌一椅，桌上铺红色桌帷，摆有印信、令箭架等公案切末，桌前竖小帐，以象征军营，杨母佘太君坐在桌前，旁边的侍女头戴七星额子，插翎子，穿女靠，腰挂佩剑，英姿飒爽。

锏，呈菱形，每一个面都稍微凹进去一些，又称瓦面金锏。在传统戏曲舞台上，生行多用单锏，如《镇潭州》中的岳飞、《打金銮》中的赵德芳等，净行多用双锏，如《花蝴蝶》中的邓车、《九龙杯》中的周应龙。此外，《当锏卖马》《还二锏》中的秦琼也用双锏。鞭，也称竹节钢鞭，在传统戏曲舞台上的使用者也很多，生行、净行、旦行都有人用到，有的用单鞭，有的用双鞭，像《挑滑车》中的牛皋、《白良关》中的尉迟恭、《虹桥赠珠》中的凌波仙子等，都是用鞭的典型。

杨柳青戏出年画《莲花湖》(横四裁，26cm×38cm)刻绘的是传统剧目《莲花湖》(又名《收韩秀》)的故事,表达韩秀刚到莲花湖,击败众位好汉之后,胜英与韩秀比武,韩秀败于胜英手下的一场。画面正中摆放一桌一椅,铺红色桌帷,蓝色椅垫,是旧时戏曲舞台常见的布置样式。韩秀立于桌前,他头戴扎巾盔,插翎子,穿墨绿色箭衣,扎黄色丝鸾带,下穿红色彩裤,足登高方靴,左手抱铜于胸前,右手提起大带,剑眉倒竖,傲骨凛然。画面右侧,胜英扎髯,头戴鸭尾帽,身穿英雄衣,系大带,下穿彩裤,脚蹬高方靴,他左手抱着宝刀,右手紧抓韩秀的左臂,右足立地,左腿高抬,仿佛要将韩秀向一侧带去。画面左侧是胜英的门徒杨香武,他头戴鬏鬏帽,挂二挑髯口,身穿黑色快衣,足登快靴,右手侧撑,左手做剑指,曲臂指向韩秀,右足立地,左腿向后翘起,侧身回顾韩秀,他与胜英的姿态相互照应,师徒二人形成了动态的画面张力,将韩秀紧紧包裹在中央,也衬托出了画面比武之后紧张的气氛。

杨柳青戏出年画中还有一幅《还二铜》(竖三裁,60cm×34cm),现藏于杨柳青年画博物馆。此年画刻绘的戏曲故事来自《隋唐演义》,讲尉迟恭奉刘武周之命为先锋攻唐,李世民引兵抵御,与程咬金一起率一队轻骑暗探白璧关,被尉迟恭发现而致大败,落荒而逃之际,得秦琼飞马来救。秦琼与尉迟恭比试臂力,尉迟恭打了秦琼三鞭,秦琼反打尉迟恭两铜,尉迟恭体力不支,口吐鲜血,败下阵来。年画所呈现的正是"打三鞭还二铜"的激烈冲突。画面右侧,秦琼为老生扮相,头戴武生盔,穿白底蓝纹靠甲,插靠旗,蓝色彩裤,足登高方靴,右足立地,左腿高抬,手拿双铜,恣意飞舞;画面左侧尉迟恭为净行扮相,勾脸、挂髯,戴盔穿甲,插靠旗,足登高方靴,做右弓步,他双手握鞭,杵在地上,仿佛体力不支。年画笔法细腻,色彩典雅,人物动感十足,具有强烈的艺术效果,向我们展示了传统戏曲舞台上的双铜与钢鞭这两种兵器把子的使用场面。

方天画戟,长杆、单枪头、单耳形戟翅,为吕布专用。杨柳青三国戏年画中有几幅《辕门射戟》,将吕布的方天画戟呈现在历史舞台上,特别是其中一幅《辕门射戟》(横四裁,26cm×38cm)堪称杨柳青年画中的精品。年画展现的是这出戏中"箭飞中戟"的精彩一瞬,画面右侧置一椅,吕布的方天画戟就绑缚在椅背上,一只黑剑正从戟上小枝穿过,带动戟上红缨随之飘摆。

钢叉是一种源于武术界的兵器把子,但传统戏曲舞台上常用的并非金属叉头的真钢叉,而是皮制叉头的,所以又称皮叉,《金钱豹》中的金钱豹、《八大锤》中的金兀术等使用此叉。杨柳青戏出年画中有一幅《金沙滩》(横三裁,34cm×60cm)刻绘的是传统剧目《金沙滩》(又名《双龙会》)中杨家将救主的故事。画面上,放置二桌二椅,桌上各摆一只酒杯,象征宴饮场合。画面左侧辽主天庆王坐于印有"辽"字旗幡之下,象征辽军阵营;画面右侧杨大郎假扮宋太宗赵广义坐在黄罗伞下，象征宋廷阵营。酒至半酣，伏兵四起，呼延赞手提金枪对战辽军一位手拿钢叉的将官。

护手钩也称虎头钩，因使用时多成对使用，又称护手双钩，形似剑，而尖端成曲钩形，两侧有刃，手柄下端装有月牙形护手，也是京剧武器道具之一。杨柳青戏出年画《紫金山》（民国，贡尖，59.4cm×106.4cm），现存早稻田大学图书馆，刻绘的是《彭公案》中"张耀宗大战紫金山，水底龙聚众捉群盗"的场景，画面人物众多，武打场面热闹，中间一人为蔡庆，他手拿双钩，做左弓步，工架很有力道。这幅年画亦动亦静，充满了强烈的戏剧冲突，也向我们呈现了"护手钩"这种刀枪把子。

板斧和大锤在传统戏曲舞台的使用频率也很高。大板斧，斧身多为黑色，斧尾有金色如意纹，长藤斧杆多髹金漆，《天门阵》中杨延德、《瓦岗寨》中的程咬金等用大板斧。板斧，短柄，斧面少装饰，形制与大板斧相同，《穆柯寨》中的孟良、《清风寨》中的李逵均使用板斧。大锤，根据剧中人物的不同，分很多种，有金锤银锤，有圆锤方锤，有大锤小锤，有单锤双锤，等等，不胜枚举，例如在《八大锤》一剧中，武净何元庆使用金方锤，狄雷使用金瓜锤，武生严正芳使用银方锤，岳云使用银瓜锤。还有囤子锤，囤子锤为长杆把子，分方囤子锤、圆囤子锤和瓜形囤子锤。

杨柳青戏出年画中有一幅《青（清）峯（风）寨》（清末，横三裁，33cm×58cm），庆德厚画店出品，现藏于圣彼得堡国立俄罗斯国家图书馆，向我们呈现了李逵手拿板斧的雄姿。年画刻绘的是河北梆子传统剧目《清风寨》的故事，画面正中置一桌案，铺红色桌帷，桌上摆放着凤冠和头巾等物，讲述着李逵乔装成新娘张志善之女假意与清风寨匪首刘通成婚的情节。桌前李逵勾脸谱、挂髯、插耳毛，身穿黑色豹衣、豹裤，系黄色大带，脚蹬平地快靴，正双手抢斧，欲砍向刘通。年画《朱贤（仙）镇收陆文龙》（清末民初，贡尖，50cm×99cm），刻绘的是传统京剧剧目《双枪陆文龙》中陆文龙力战岳营众将的场面。画面正中陆文龙头戴武生盔，挂狐尾，身穿剑衣，系丝鸾带，脚蹬高方靴，双手擎着双枪，做右弓步，舞姿工架劲道有力。旁边的岳云戴盔，扎靠，插靠旗，脚蹬高方靴，也做右弓步，他双手抢起金色雕花双锤，眼神看向陆文龙，仿佛正与之奋战。这两幅画作上，李逵形象正抡圆双斧，岳云形象正抡圆双锤，都是砍杀之前力道将出的刹那，极富包孕性与艺术张力，令人观之不禁拍案叫绝。

四、场上布景

（一）桌椅

在传统戏剧舞台上，桌椅属于大道具，常用一桌二椅。桌子多为方桌，也有条几；椅子多为高背椅，也有方凳、圆凳等。在戏剧表演艺术中，桌椅的摆放既有固定的程式，也有多样的象征，通常在演出中用座椅的摆法方式来表达地点、环境的各种场景。舞台上的一张桌子，既可以代表饭桌、床铺、陵寝，也可以代表营帐中、高楼、山岗；一把椅子既可以代表内室、书房、围墙，也可以代表门口、水井、土坡。桌椅的组合程式，更可以表现不同场景，表达多种剧情，例如一桌一椅，如果将桌子摆在中央，椅在桌后，此为"大座"，可以代表书房、公堂、御案，也可以用来完成人物在睡觉的情节表达；如果将桌子摆在正中，椅在桌前，则称"小座"，可以表示人物闲坐无事，或者处于等待之中。

在戏剧表演过程中，同样可以巧妙地运用桌椅的摆放来辅助人物形象的刻画和情节节奏的渲染。如传统剧目《贵妃醉酒》中，杨玉环因失宠而酒醉，她推桌搭袖、柔身斜倚在桌边的姿态，将演员的表演与道具的摆放浑然天成地融为一体，共同刻画了贵妃华美娇艳的形象，也表达了她酒后落寞的心理。再如经典戏出《三岔口》，这出戏在舞台上只摆放了一张桌子，代表一间被黑暗笼罩的客房，便将刘利华与任堂惠二人"摸黑打斗"的场景精彩地表现出来。杨柳青戏出年画中的很多作品都真切地描摹了昔日戏曲演出过程中摆放桌椅情形，可以让我们直观地看到清代中期至民国年间京津一带戏曲舞台所呈现的座椅使用情况。从笔者收集和整理到的杨柳青戏出年画中，我们可以看到，涉及桌椅摆放的作品主要呈现出于戏曲舞台基本类同的三种摆放方式：一桌、一桌一椅、一桌两椅。

1.一桌

在杨柳青三国戏年画中，很多刻绘舞台场景的作品，都呈现了一张桌子：《回荆州》（清，横四裁，23cm×33cm）刻绘了刘备听赵云回报曹操起兵而神色大惊的"闯宫"一场，一张铺着红色桌帷的桌子代表了刘备在江东的新府内室；《凤仪亭》（光绪，横四裁，24cm×41cm）刻绘了董卓在凤仪亭撞见吕布与貂蝉私会而怒火中烧的情节瞬间，这里的一张桌子便代表了室外的凤仪亭；《孙夫人祭江》（清，横三裁，33.3cm×59cm）刻绘了孙尚香在东吴讹闻刘备已死，悲伤不已，临江吊祭的场景，年画正中设一条几，铺兰花图案桌围，案上摆放两只烛台，点燃红烛两支，中间置一香炉，以示焚香祭拜。杨柳青三国戏年画中还有两幅《天水关》。一幅（清，横四裁，25cm×41cm）刻绘了此剧中"姜维投蜀"的一场,图中诸葛亮头戴八卦巾,身穿素袍,挂髯口,手持羽扇,坐于桌后;另一幅(清,竖三裁,61.1cm×36.3cm)刻绘的是同一场景,诸葛亮头戴八卦巾,挂花白髯口,身穿粉色八卦衣,手持羽扇,站在桌上。在这两幅年画作品中,一张桌子便代表了关口。

此外,戏出年画《摩天岭》(横四裁,25cm×39cm),刻绘的是传统剧目《摩天岭》(又名《卖弓计》)中薛仁贵在周文、周武兄弟面前拉满弓弦的场面。年画左侧,薛仁贵头戴扎巾,身穿箭衣,腰系丝鸾带,脚登高方靴,前腿弓、后腿绷,将弓弦拉满以示臂力无敌,工架劲道有力。画面右侧的周文头戴扎巾额子,面挂黑色髯口,身穿靛蓝色兰花图案褶子,左手抓住水袖,抖于身后,右手做剑指,指向薛仁贵。周武头戴额子冠,勾大花脸,插耳毛,戴黑色满髯,左手捋髯,右手拉开大氅,凝视前方。二人皆面露惊色,仿佛为薛仁贵的臂力而振叹。画面正中置一方桌,上披红色兰花图案桌帷。在这里,一张桌子便代表了摩天岭上薛仁贵假冒卖弓人之子的背景。值得一提的是,在传统戏曲舞台上,桌子上所铺的桌帷不仅具有美化舞台、渲染气氛的功能,也可以与戏曲人物的服饰化妆相协调,起到色彩鲜明的效果,例如旦角戏多用粉色或月白色的桌帷,生行戏多用红色或香色桌帷,净行戏多用蓝色或紫色的桌帷。从此幅年画中我们可以看到,红色的桌帷与薛仁贵的生角扮相十分匹配,而且,桌帷上绘有兰花图案,也与薛仁贵丝鸾带上的兰花图案和周文褶子上的兰花图案相映衬,呈现出了完美的视觉效果。加上整幅年画清新明丽的色调和人物挺秀强健的工架,作为杨柳青戏出年画中的上品之作,此图令人百看不厌,可以从多个角度体会到中国传统戏曲表演艺术的精妙之美。

2.一桌一椅

在杨柳青戏出年画中,一桌一椅的摆放有很多,有时椅在桌侧,有时椅在桌前,有时椅在桌后,这些座椅作为戏曲舞台演出的道具,展示着不同的地点与情境。戏出年画《连环计》(清,线版)刻绘了王允邀请吕布过府与貂蝉相见的一幕,一桌一椅代表了司徒府内室。《三气周喻(瑜)》(清末,贡尖,47cm×87cm)刻绘了张飞奉诸葛亮之命,假扮渔夫,在芦花荡设伏周瑜的场景,年画上一桌一椅为背景,椅在桌后,代表了芦花荡。《截江夺斗》(清末民初,横四裁,26cm×37cm)刻绘了赵云与张飞跳上吴船欲救阿斗的情节,画面上孙夫人头戴风帽,身披斗篷,怀抱阿斗,坐在紧靠条几中间的椅子上,象征母子坐在船舱内。该剧目以一桌一椅代表吴船,年画也完整地呈现了戏剧演出的程式化与象征性特点。

杨柳青戏出年画中还有一幅《桑园寄子》(横四裁,28.5cm×40cm),刻绘的是传统剧目《桑园寄子》（又名《黑水国》）的舞台场面。该剧是中国戏曲史上世代流芳之作，故事见《东晋演义》卷一及《百子图》传奇，讲东晋元帝时，黑水国入侵中原，襄阳人邓伯道携弟妇与子侄逃难，欲至潼关暂避兵祸，中途遇寇，乱军中与弟妇失散。子邓元与侄邓芳皆年幼，不能速行，皆恳求邓伯道背负。邓伯道年老，不能同时背负二人，左右为难，继而慨然叹曰：弟死妇亡，遗此一子，倘若不能保全，何以对死者。乃决计弃子携侄。行至一桑园，邓伯道诳其子上树采摘桑葚，将其捆绑在树上，咬指血书放在其怀中，忍痛弃子，背侄前行。后弟妇经过桑园，救下邓元，携至潼关，家人团聚。《春台班戏目》《庆升平班戏目》皆有著录。此剧情节离奇，人物神情悲切，时人观之常常悲喜交加而又感动涕零，被称为"有功世道人心之剧"。主要角色为一老生、一旦角，二人的唱功、做工都很繁重。该剧是谭鑫培、余叔岩的代表作，谭富英、杨宝森均擅演此剧，孙菊仙和小连生曾合演此剧，也是一段剧坛佳话。

此幅年画呈现的是邓伯道与弟妇、子、侄四人逃难的场景。画面左侧邓伯道头戴高方巾，挂满髯，穿褶子，系鸾带，他左手扬袖、右手后背，单膝跪地，紧紧护着背负的侄儿；画面右侧金氏身穿素色褶子，系腰裙，怀中抱着邓元，正面而立，却侧首回望邓伯道二人。两个孩童都为娃娃生扮相，头戴孩儿发。画面人物的服饰扮相与动作姿态都精彩地再现了戏曲舞台的演出场景。此外，画面上还有一桌一椅，铺有桌帷，未铺椅披，这里的椅子在下一场演出中将用作邓伯道令儿子登上桑树的道具。据王树村先生介绍，杨柳青的齐健隆画店还出品有另一幅《桑园寄子》，刻绘的是邓伯道已将其子邓元绑缚在椅子上，背负侄儿，含泪回顾，不忍离去的场景。① 这两幅年画作品将昔日戏曲舞台演出过程中用椅子做道具的情况精彩地刻绘下来，为我们了解此剧的演出历史留下了直观的媒介。

3. 一桌两椅。

一桌两椅是传统戏剧舞台的经典组合，一般情况下都是中间一桌、左右两侧各放一把椅子，摆成"八"字形，可表示夫妻对坐、宾主交谈、二人对饮等多种意味。杨柳青三国戏年画中有很多经典之作呈现了戏曲舞台上的一桌两椅，但摆放的形式却更加多样，内涵也更具意味。

戏出年画《铜雀台》（清，线版）刻绘了曹操坐于台上观看徐晃、许褚二人争夺锦袍的场景，曹操头戴相帽，挂长髯，穿官衣，系玉带，坐在桌子上摆着的椅子上，象征坐在高台之上。旁边的座椅上插有一支垂柳，柳树枝头挂一

---

① 王树村：《戏出年画（下）》，北京大学出版社，2007年，第64页。

箭垛，上有羽箭四支，表示射箭者皆中靶心。这里所呈现的一桌一椅，渲染了铜雀台武将较射的热闹景象。《曹子建七步成章》（民国，横三裁，34.8cm×47.6cm）刻绘了曹丕成为魏国之主后，见其弟曹植未出席父亲葬仪，想趁此机会剪除曹植，于是命令曹植七步之内赋诗一首的故事。年画上有一桌两椅，一椅在桌侧，一椅在桌后，曹植坐在桌后的椅子上。这里的一桌一椅展示出的便是魏宫内庭。《辕门射戟》（清末，贡尖，52cm×94cm），画面上摆有一桌两椅，椅在桌侧，一椅绑着吕布的画戟，另一椅绑着军营旗幡。这里的一桌两椅，便象征了热闹的辕门。《龙凤配》（清，贡尖，61.5cm×107cm）刻绘的是刘备初进洞房的场景，画面中间置一床帐（桌），孙尚香头戴凤冠，身穿霞帔，坐在帐前的椅子上，这里的一桌两椅便是新婚洞房。

不止三国题材，戏出年画《吕蒙正接彩球》（清末，横三裁，套印、笔绘）刻绘的是传统剧目《破窑记》中"彩楼择婿"一出。吕蒙正作为戏曲人物早在金院本的《抛绣球》中就已经是故事的主角，元代关汉卿和王实甫都有《吕蒙正风雪破窑记》，宋元南戏中亦有《吕蒙正破窑记》，后经人改编为《破窑记》《彩楼记》等剧目，昆腔、京剧、川剧、越剧、徽剧、河北梆子等不同剧种频频上演，经久不衰。剧演宋代秀才吕蒙正一贫如洗，宰相刘懋之女刘翠屏抛彩球择婿，翠屏慕其才高志大，将彩球抛中吕蒙正，与之订婚。刘相嫌贫不允，父女反目，并将二人赶出府去。翠屏随蒙正同居寒窑，蒙正靠讨饭度日，虽备受饥寒之苦，却不忘发奋攻读。科考之期蒙正进京赴试，高中状元荣归顾里，刘父遣人迎女及婿回府，翁婿和好，一家团圆。

此年画刻绘的场景正是该剧中最精彩的一段，画面右侧置一桌一椅，铺红色桌帏椅垫，桌上挂小帐，刘翠屏与侍女站在桌上小帐之后，象征站在彩楼上。翠屏头戴凤冠，左手扶帐顶，右手执彩球，欲抛向吕蒙正，旁边的侍女一手持帕扶在帐上，一手伸出食指，指向吕蒙正。画面左侧摆放一椅，铺红色椅垫，吕蒙正站在椅前，他头戴高方巾，身穿缀满补丁的褶子，面朝彩楼，双手上举，似在接球。整幅年画色彩鲜明亮丽，人物丰满细腻，画面的构图恰当地体现了舞台演出的完整效果，道具的摆放与场面的安排也都非常符合演出的场景，让人在欣赏年画的过程中便会不由自主地联想到戏曲演出的现场，精巧耐看，令人回味无穷。

(二)帷帐

帷帐也是戏剧表演舞台上常用的切末道具，包括桌帏椅披、大帐小帐等。桌帏椅披有装饰舞台、渲染气氛的作用，不同色彩、纹样的桌帏椅披，可以暗示不同的地点以至剧中人的不同身份。一般情况下，生行多用红色、香色的桌帏椅披；旦行多用粉色、月白的桌帏椅披；净行则多用蓝色、绛紫的桌帷椅披。不同色彩、纹样和摆法的大帐、小帐，也都是戏曲舞台渲染气氛、塑造情境的常用道具。如置大帐时，作为帝王的所在，可以表示宫殿；作为主将所在时，可以表示军营；作为官员所在时，可以表示府堂。小帐还包括门帐、堂帐、灵帐、挂账等等。这些戏剧舞台上缤纷多彩的帷帐，也在杨柳青戏出年画中留下了美好的形象。

戏出年画《博望坡》(民国初年，横三裁，54cm×86cm)刻绘了诸葛亮初出茅庐，军中点兵的场景。画面正中摆有一桌一椅，前桌后椅，诸葛亮坐在椅子上，桌子上铺有桌帷，挂有小帐，以此点染出军帐的意味。此幅年画为线版，虽不能显示桌帷与小帐的颜色，但纹样装饰却可清晰辨认，使人得以直观地欣赏民国初年戏曲舞台上装饰精致的帷帐。《黄鹤楼》(清代)刻绘了赵云摔开诸葛亮临别时付与的竹筒，拿出诸葛亮"借东风"时周瑜给的"都督令箭"，以威吓东吴伏兵的紧张瞬间，画面上也有桌帷与小帐，桌帷为黄色镶草绿边，小帐为红色，顶端饰有绿色条穗。这里的桌帷、帐幔便代表了周瑜设宴诓刘备过江的黄鹤楼。而且帷帐的颜色很好地衬托了画面人物的服饰扮相，绿色帷边与赵云的绿色箭衣相协调，红色小帐与刘备所穿红色蟒袍相协调，黄色的桌帷也烘托着刘备的身份，桌面上还摆放有一方印信。可以说，整个画面的道具形象都恰到好处地呈现了清代京津地区戏曲舞台的演出氛围。《让城(成)都》(清，贡尖，57cm×104cm)的画面正中，刘璋正双手托印，举高齐眉，奉与刘备，刘备则拱手相谢。画面上置一桌两椅，铺桌帷椅垫，桌上挂小帐，象征了中军帐。桌帷为香色，上端镶有花卉图案，小帐为粉色，顶端同样装饰以缠枝花卉绣边，椅披为红色，仅挂到椅背，椅上铺着红色坐垫。《龙凤配》(清代，贡尖，61.5cm×107cm)刻绘的是刘备初进洞房的场景，画面上置一桌两椅，铺有桌帷椅披，挂大帐。桌帷和大帐的主调为粉色镶蓝边，帐顶的镶蓝边上绣有金色二龙戏珠纹样。椅披为红色镶浅绿色边纹，仅搭到椅背。桌帷椅披与大帐的颜色协调搭配，清丽典雅。这两幅年画也清晰地呈现了昔日戏曲舞台上帐帷的颜色、装饰与使用场景。

杨柳青出品的其他题材戏出年画，也有很多精彩的作品惟妙惟肖地呈现了帷帐的舞台形象。年画《罗章跪楼》(清末，横三裁，瑞生画店)呈现的剧目为《红霞关》中的一出折子戏《罗章跪楼》，该剧源于元杂剧及民间唱本，也是二人转的经典剧目。故事讲秦英征西，部将罗章杀死红霞关守将红江、红海，二人之妹红月娥欲为兄报仇，罗章接战，见月娥而爱之。交战中，罗章不敌，败走至骊山老母门徒李月英处，二人成婚。月娥追至李宅，因素与月英交好，经月英做媒，与罗章结为夫妻。婚后，罗章弃妻回营，月娥怒气负心。后秦英被困锁阳城，罗章回朝搬兵，不敢回月娥处，遂到月英房中休息，月娥知晓,提剑来杀,月英极力调停,时月娥已产子,罗章再三跪求,夫妻三人最终言归于好。此剧已有二百多年的历史,是一出风趣的喜剧。

此幅年画呈现的是剧中罗章跪求月娥的场景,画面上置一桌两椅,铺红色桌帷椅垫,桌上挂粉色小撩帐子,表示为床榻,帐帘一边挽起,一边垂下,形象地交代了罗章睡下后中途起来的故事情境。床榻前,罗章双膝跪地,左手提起鸾带,右手指向月英,抬头望向月娥,似在向月娥解释误会,求其谅解;画面左侧,月娥坐在椅子上,左手抱着娃娃,右手提着一柄宝剑,垂直杵在地上,侧头望向罗章;画面右侧,月英左手在整理头上的花钿,右手拿着一柄折扇放于胸前,也望着罗章,旁边有侍女搀扶,也是刚刚睡起的样子。整幅年画完全是京剧舞台的风格,虽尺幅不大,却精彩地呈现了座椅、帷帐、宝剑、折扇等道具的使用情景,加之画面人物生动逼真的动作神情,更显出浓厚的戏剧意味和喜剧色彩,形象地再现了戏剧表演的故事情节和舞台场景,也是杨柳青戏出年画中的佳作。

值得一提的是,现今戏曲舞台上椅披的使用一般都是将椅子完全包裹起来,靠背、座面、椅腿、椅背,包括椅子的左右等处都有装饰,长及地面。座面上放置一个与椅披同色的坐垫以加高椅子的座位。但早些时候却不这样,过去的椅披样式较为简单,一般仅搭在椅子的靠背部分,长度到座面或者前面,不会披到椅子的左右两侧,座位上也会铺有同色垫子。通过对杨柳青戏出年画所刻绘的椅披的考察,我们可以看到,大部分椅披都是这种简单的短披,还有很多作品呈现的只是一个与桌帷颜色相配的坐垫。可以说,杨柳青戏出年画向我们形象地展示了戏曲舞台上椅披的使用情况和发展历史,这也是杨柳青木版年画所具有的文物价值的一种呈现。

(三)布城

"布城"是传统戏剧舞台上常用的道具之一,因其为布制,在舞台上用来代表城墙、城楼或城门而得名。布城一般为灰白色,上有雉堞,下有城门。三国戏传统剧目《空城计》《捉放曹》等都有使用。杨柳青三国戏年画也有关于这两种剧目的作品,让我们可以直观地感受一下传统戏剧舞台上"布城"的样子。

戏出年画《空城计》(清末,横三裁,27cm×44cm,永庆合画店,喀山大学民族学博物馆藏)精彩地刻绘了诸葛亮于城楼之上抚琴退兵的场景。画面右侧置一灰白色布城,代表城楼,诸葛亮高居城楼之上,头戴八卦巾,挂黑色髯口,身穿八卦袍,一手抚琴,一手持羽扇,指向城下。城关前,魏军已至,司马懿勾脸谱,挂满髯,插翎子,挂狐尾,身穿蓝色玉带蟒袍,脚蹬高方靴,一手持令旗,一手提着马鞭,象征高坐马背,望向城楼,仿佛正与诸葛亮对话。年画以细腻精湛的刻绘呈现了剧中的人物形象与舞台道具，十分耐看。特别值得一提的是，此剧为老生唱功戏，主要以诸葛亮、司马懿二人对话的形式展开，而在通俗小说《三国演义》中却没有诸葛亮与司马懿的直接对话，可见杨柳青戏出年画的取材，是直接来源于并忠实于戏曲艺术的，这也是我们认为杨柳青木版年画具有戏曲文物价值的原因之一。

年画《捉放曹》（清，横三裁，32cm×54cm，中国美术馆藏）刻绘的是经典剧目《捉放曹》中陈宫弃官，与曹操改装同逃的一幕。画面右侧也有一布城，城门打开，曹操与陈宫二人以丁字步站在城门之前。曹操头戴风帽，勾脸谱，挂满髯，穿红色褶子，左手提起衣襟，右手倒提马鞭；陈宫头戴高方巾，挂髯口，穿墨色褶子，左手背后，右手斜持马鞭，横于身前。此年画也向我们呈现了戏曲舞台上布城的使用场景，曹陈二人的动作身段和表情神态也刻绘得惟妙惟肖，十分难得。

此外，戏出年画《烟（胭）粉计》（清末，贡尖，46cm×84cm，永庆和画店，喀山大学民族学博物馆藏）中也有对布城的刻绘。年画呈现的是传统剧目《焰火棍》（又名《打韩昌》《杨排风》），该剧叙演宋辽交战之际，宋廷主帅杨延昭之子杨宗保为辽邦韩昌掳去，宋营镇守三关的二十四将皆非韩昌敌手。杨延昭遣孟良回天波府求援，佘太君令烧火丫头杨排风前往御敌。杨排风上阵大显身手，大败韩昌，救回杨宗保。此剧为武旦应工戏，曾是阎岚秋（九阵风）的代表作。此年画刻绘的是杨排风迎战韩昌的场面。画面左侧置一浅灰色布城，上有雉堞，下有城门，城门顶端有"宋城"二字，佘太君与杨彦景站在城楼之上，正在观战。这里刻绘的布城也非常真切地展示了戏曲舞台上使用道具的场景。

中国传统戏曲艺术的舞台装置手法多种多样，切末道具的使用更是异彩纷呈。宛若舞台写真的杨柳青戏出年画，在画面风格上重写实，在构图安排上力求呈现舞台效果的完整性，不仅色彩艳丽且富于晕染变化，造型与线条的处理也是干净利落，人物描绘更为细腻优雅，很多经典的作品都呈现了舞台的道具和复杂的背景。我们从生活用品、交通工具、武器道具、场上布景四个方面大致梳理了杨柳青戏出年画对京津舞台切末道具的刻绘与展示，看到了昔日戏曲舞台上使用扇子、公案、大小摆件、车轮旗、马鞭、船桨、各种兵器把子、座椅、帷帐、布城等舞台装置的使用情况，从中既了解到这些切末道具的形制与样式，也直观地体会到这些道具的具体使用场景，其中有一些切末道具与今日戏曲舞台所使用的并不完全相同，如车轮旗、马鞭、椅披等，它们在颜色、形制、使用上都别具特色，精彩地呈现出了这些切末道具的发展历史，也积淀了杨柳青木版年画作为戏曲文物的独特价值。

第三章　杨柳青木版年画的戏曲文物价值

　　戏曲艺术是我国独有的一种戏剧形式,可以说是世界戏剧百花园中一朵艳丽的奇葩。中国戏曲艺术的美凝聚了文学、音乐、舞蹈、武术、美术、建筑等多种因素,更在戏曲故事与舞台演出中塑造了自身独特的价值观念与审美情趣,熔铸着中国文化的诗性特征与人文情怀。中国戏曲艺术历史悠久,文脉绵长;从西周末年娱乐讽谏的俳优到汉代百戏中的角抵,再到唐代参军戏的缤纷上演,由演员扮演角色以呈现完整情节的故事性逐渐完备;从远古时期的原始歌舞和祭祀歌舞,到隋朝"九部乐"的制定,再到唐代踏摇娘等歌舞小戏的蓬勃发展,中国戏曲"无声不歌,无动不舞"的表演性日益成熟;经宋金杂剧、诸宫调、院本、戏文等对歌舞艺术与民间说唱、滑稽表演等因素的融会贯通,到了元代,以杂剧为代表的成熟戏曲形式一跃而成为时代艺术的翘楚;明代戏曲艺术经过文人化的过程,在思想性和艺术性上取得了更为杰出的成就,清代戏曲在延续明代传奇的现实主义传统基础上,文辞更加优美,主题更加深刻,自乾隆以后,剧坛上出现了花雅之争,地方戏蓬勃兴起,并在诸腔争霸的过程中发展出了京剧这一具有高度艺术性的国之精粹。

　　我们可以通过史籍的记载了解到中国戏曲艺术发展的千年历史,但是,每个历史阶段的演出形态是怎样的,包括舞台、服饰、化妆、道具等诸多场面的具体样子如何,终因文字记载不够翔实而需要借助各类戏曲文物加以参订考证。可以说,"戏曲文物"学的兴起是中国戏剧学在20世纪的一大突破。戏曲文物是古代戏剧舞台演出的物化形式,承载着古代戏剧的表演场所、服饰化妆和道具乐器等文化信息,是我们深入研究中国戏剧艺术舞台历史与审美特征的有效途径。诚如黄竹三先生所讲:"这些实物资料,或者与史籍所载文字相印证,使我们加深对原有文献史料的理解和认识,或者补充史载的不足,纠正某些记载的错误和不实,都有助于我们认识中国戏剧发展的本来面目,了解戏曲艺术的历史成因,因而是不可或缺的。"①黄先生在这里所讲的"与史籍所载文字相印证""补充史载的不足"可以说是所有戏曲文物普遍具有的价值与意义,本章讨论杨柳青木版年画的戏曲文物价值也包括这两个方面。

民间年画对于戏剧艺术史研究的文物价值,在美术史研究中和戏剧史研究中都很少有人注意,但是其中却蕴含丰富的戏曲表演信息,是我们能够接近历史、了解历史不可或缺的第一手资料。如前所述,我们运用综合艺术学的研究方法,打通图像艺术与表演艺术两个门类,将戏出年画作为戏曲文物展开研究,通过视觉欣赏,直观地看到了清代戏剧艺术发展的多元景观。因此,我们认为,作为戏曲文物的戏出年画不仅具有图像证史的功能,甚至可以弥补史载不足,为戏剧史研究提供资料。特别是杨柳青出品的戏出画作,因其是民间艺人根据戏曲演出的真实场景精心描摹而来,为我们探讨戏曲艺术舞台演出的历史实况提供了可资借鉴的实物载体,成就了其作为戏曲文物的独特价值。

第一节　以图载史

在历史学研究的史料中,主要有文字、图像、实物、口述四个大类,其中实物可以被描摹为图像,口述可以被记录为文字,因此,人类撰写历史最主要的方式基本为两种,一种是文字的历史,一种是图像的历史。在中国历史上,图像也曾具有强大的史载功能,唐代的绘画理论家张彦远在其《历代名画记》中就曾明确指出:"记传所以叙其事,固有书;无以见其形,固有画。""记传所以叙其事,不能载其容;赞颂有以咏其美,不能备其象。图画之制,所以兼之也。"② 张彦远在这里不仅肯定了图像具有记录事件、描摹容貌和承载风俗的功能,甚至认为在记录历史的过程中,图像有时比文字更有效。图像所具有的史载功能也曾备受史学家的关注,宋代的史学家郑樵更是从理论上提出要将图像资料纳入史学研究的框架:"图,经也,书,纬也,一经一纬,相错而成文。古之学者为学有要,置图于左,置书于右,索像于图,索理于书。"③ 郑樵重构了"左图右史"的传统,更强调无图之史乃是不实之史,无

①　黄竹三:《戏曲文物的历史信息价值》,见《黄竹三学术论文自选集》,三晋出版社,2015年,第108页。

②　(唐)张彦远:《历代名画记》(卷一·叙画之源流),上海人民美术出版社,1964年。

③　(宋)郑樵:《通志二十略》,王树民点校,中华书局,1995年,第1825页。

图的史学亦是虚妄的史学。

其实，主张图像可以与文字互相补充，共同谱写历史的观点，在古今中外的史学思想中都有所体现。作为一门现代的学科，图像学即专事图像与历史之关系的研究，包括图像媒介史学和图像史料学两大部分，分别关注于"图像载史"与"图像证史"的挖掘与阐释，由此也确定了图像堪为历史研究的两个基本功能。本书以杨柳青木版年画为主要研究对象，探索其作为戏曲文物的史料价值，首先认可的也是其"以图载史"的文化功能。

一、以图载史的资料价值

由民间艺人根据舞台演出的真实场景描摹而来的杨柳青戏出年画，承载着清代中期至民国年间京津舞台的丰富信息，是我们得以了解往昔戏曲文化的直观媒介。杨柳青戏出年画中有一副《风尘三侠》（横四裁，22cm×35cm），就是"以图载史"的经典案例。

"风尘三侠"的故事见于唐代传奇小说《虬髯客传》。故事讲隋朝末年，布衣才俊李靖谒见权倾朝野的司空杨素，席间畅谈天下大势，探其是否胸怀天下。司空府家妓红拂对李靖倾慕有加，当晚随之出奔，结为夫妻。二人决定前往太原，途中结识了豪侠张虬髯，三人意气相投，结拜为挚友，共谋大业。后经引荐得见李世民。张虬髯本有争夺天下之志，见李世民英气不凡，自知难与其争夺霸业，遂倾其家财资助李靖、红拂二人，使其辅佐李世民成就功业。后张虬髯入扶馀国自立为王。李靖、红拂、张虬髯被后人赞为"风尘三侠"。

《风尘三侠》也是京剧传统剧目之一，又名《红拂传》，主要叙演三人结交之事，曾是程砚秋的代表剧目。杨柳青出品的戏出年画《风尘三侠》（横四裁，22cm×35cm）描绘的是李靖、红拂与张虬髯结拜之后作别的一幕。画面正中置一桌案作为舞台道具，桌上铺红色桌帷，显示出这幅年画是从舞台演出中直接描摹而来。画面左端的红拂女头戴绿色风帽，双鬓带花，身披淡粉色斗篷，双手行万福礼。李靖头戴红色风帽，身披绿色斗篷，双手拱于胸前示礼。画面右端张虬髯头戴皮纬帽，身穿皮马褂、箭衣，脚穿薄底快靴，作拱手还礼式。从年画的整体效果来看，画面人物形象清丽俊逸，衣装设色素雅大方，笔触细腻流畅，是一幅制作精良的作品。

这幅年画最令人"惊艳"的地方，是张虬髯身后站着一头驴子。在王树村先生看来，"画师画此驴的工序，绝不比画台上三位主角省事。相反，单是把那四条驴腿安放妥当，就费了画师不少脑筋。如果细看虬髯客的台步和驴子的'身段',不能不佩服这位高手"①。设想一下,如果这头驴子并非真的在舞台出现,画师不会如此煞费苦心刻意安置;如果这头驴子只是道具,画师也不用多费工序画得惟妙惟肖。那么,在清代京津演剧的舞台上,真的有驴子登台的史事吗?

据我国老一辈戏曲研究专家刘东升先生的《花前谈艺录》讲述:"清光绪年间,京剧界有位叫刘赶三的著名丑角演员,他驯养的驴竟然会登台演戏。此驴'粉面灰目,全身漆黑而四蹄皆白',大伙说它是'乌云盖雪',刘赶三则给起了个宠名,叫'墨玉'。每当演出《探亲家》时,刘扮演的乡下妈妈便骑驴上场。这头驴不仅懂得锣鼓经,会听曲牌,在台上踩着家伙点儿依节奏摇头晃脑地走过场,还会按照剧情需要,在锣鼓伴奏下'跑圆场''走挖门儿'。因此,每当刘赶三贴演此剧,剧场里必然客满。"②

刘赶三本名宝山,字韵之,天津人,清代著名京剧丑角演员,为"同光十三绝"之一。同治年间,与程长庚同任精忠庙首,成为当时菊坛领袖。作为"京剧舞台上第一代丑行演员的代表人物"③,刘赶三最著名的轶事趣闻,就是牵驴入宫演戏。刘赶三演《探亲家》一剧,骑真驴上台演戏,成为当时一绝。据说他供奉内廷时,慈禧为要看此驴,特传演《探亲家》。

墨玉上台演戏是中国戏剧史上的一件趣闻,业界周知。但是因为戏剧史研究图像资料的有限,如今我们已不知舞台演出的真切场景,只能凭文字记载,依照情节展开联想与想象。此幅年画却以彩色图像呈现的形式,让我们直观地看到驴子在舞台上的真切场景。虽然文献记载中不见刘赶三曾扮演《风尘三侠》中的角色,但真驴登台的情形,却性质相同,意趣相似,又或许旧时戏曲舞台演出《风尘三侠》一剧时,也曾有过带驴上台的过往,此事有待进一步考证。难能可贵的是,通过对此幅年画的欣赏,当时的市井大众在不能亲看演剧的情况下,也可以直观地领略到这类幽默的戏段;时过境迁的当代人,也可以据此真切地体会到曾载戏剧史上红极一时的流行趣尚。由此可见杨柳青戏出年画"以图载史"的文献价值。

此幅《风尘三侠》年画为戏曲表演的历史研究提供了可以生发合理想象的有效线索,堪为戏曲史研究的珍贵文献,具有以图载史的资料价值。由此,也为戏剧史研究提供了新的视角,图像史料在探寻历史真相的过程中所具有的佐证作用不容小觑,运用图像学的研究方法,对多种戏剧图像进行合

---

① 王树村:《戏出年画(上)》,北京大学出版社,2007年,第35页。
② 刘东升:《"驴登台"与"狗演戏"》,见《花前谈艺录》,新华出版社,2008年,第491页。
③ 北京市艺术研究所、上海艺术研究所:《中国京剧史(上卷)》,中国戏剧出版社,2005年,第544页。

理的解读，可以帮助我们印证文字资料的记载，更加形象地补充文字史料所无法尽述的历史情境，从而更加生动地再现历史、建构历史。

瓦尔堡学院从事图像学研究的重要学者贡布里希于1972年出版了图像学研究论文集《象征的图像》(*Symbolic Image*)，在本书的导言中贡布里希肯定了图像学研究的价值，并将图像学的研究重点放在了作者意图的阐释和历史情境的重建之上。我们借鉴"图像学"的研究方法，也可以将"历史情境"引入戏剧史的研究之中，结合图像的创作意图，考察其产生的历史情境，进而解读相关的戏剧文化现象。可以说，杨柳青戏出年画于此提供了新的资料，如果我们在书写戏剧史论著时，能够将图像所呈现的画面内容与文字记载的戏曲史实进行有机结合，便可以更加鲜活地呈现出戏曲发展的历史情境，从而更加有效地建构与再现生动的中国戏剧史。

二、视觉直观的文献特质

周信芳先生曾有专文探讨剧照对于戏剧史的重要意义，认为搜集剧照是一件十分艰巨而又重若丘山的工作，"若能收集南北古今的剧照，汇成一部，便能了然戏剧逐渐变迁，形色不同"①。周先生在这里指出了剧照的文献价值，也表明了这类文献所具有的媒介属性，所谓"了然戏剧逐渐变迁"的"了然"即是强调剧照作为一种戏曲文物可以使人一目了然、直观形象地把握戏剧变迁的历史。而视觉直观性、形象性、生动性正是图像史料区别于文字史料的最大特征与最大优势。

戏出年画虽然不能算是真正意义上的剧照，但是，杨柳青出品的戏出年画却多为画师临摹舞台现场的写真之作，无论是舞台布置、切末道具的呈现，还是人物扮相、身段表情的刻绘，都与舞台演出一般无二，不是剧照，恰似剧照。我国年画研究专家王树村先生和天津戏曲研究专家甄光俊先生都曾极力认可杨柳青戏出年画的舞台写真效果。特别是在留存剧照不多的历史时期，戏出年画便可以辅助我们探寻昔日舞台演出的场景。而当我们将杨柳青戏出年画作为戏曲文物来考察的时候，其以视觉直观的形象承载演剧历史的媒介属性，也呈现出了图像史料所普遍具有的文献特质。

德国理论家莱辛在《拉奥孔：论诗与画的界限》一书前言中曾讨论过文学与绘画因为隶属于不同的叙事系统而具有不同的传播特质的问题。在他看来，文学作为语言艺术，其所塑造的形象需要依靠欣赏者的想象力，才能产生审美意象；而图像则是视觉艺术，绘画运用线条和颜色进行形象勾勒，

---

① 周信芳：《剧史、剧照、剧评的重要》，《半月戏剧》，1946年，第6卷第1期。

可以直接呈现于视觉，令欣赏者获得直观的感受。[①]文学与绘画属于不同的叙事系统，它们在艺术存在的时间、空间属性上的不同，这便构成了它们作为媒介形式的差异化空间。

当我们把杨柳青戏出年画作为承载戏曲演出历史的媒介来审视的时候，同样可以看到，相对于文字对戏曲故事的抽象讲述和人物形象的间接表达，以图像描摹为主的民间年画则通过形象塑造，完成了对戏剧艺术的形象化再现和直观化表达。而且，这种可视性再现，相较于舞台演出的即时性来讲，突破了时空的限制，可以将演剧信息保存得更加长久，传递得更加广远；相较于剧本文学的抽象性来讲，突破了叙事模式的限制，可以将舞台场景展示得更加形象，更加生动。

如上文所讲关于动物登台的演剧故事，文字资料中留下了很多有趣的记载，李洪春的《梨园琐谈》中有"动物上台"一节，讲到"在京剧舞台上，真的动物上台，最早的要算"同光十三绝"中的名丑刘赶三了"[②]。此后，著名武生盖叫天初到上海演出《四大金刚战悟空》时，曾骑着一匹北方带过去的骆驼上台。这骆驼也同墨玉一般，任凭"猴王"驾驭，既不怕舞台上的紧锣密鼓，武器道具，也不怕台下的喝彩声浪与掌声如潮，简直像马戏一般。后来因为水土不服，骆驼病死，"这出戏也就无法演出。悟空骑骆驼战金刚，也就绝迹舞台了"[③]。

海派武生赵如泉在上海演出《施公案》时，有一出"黑狗告状"。衙门升堂后，这黑狗便走上舞台，坐在下场门处，纹丝不动，甚至到"五音连弹"时，更能唱上一句，当县官唱到"都只为此犬它"，用手一指，这狗就汪汪汪，有节奏地接上三声。每演到此处，台下也是掌声如雷。可见，动物登台在戏剧艺术的发展历史上有过很多经典的案例，但是，因为没有照片、影像等现代媒介的记载与传播，诸如盖叫天的《四大金刚战悟空》与赵如泉的《施公案》等精彩情节，我们只能通过文字记载略知一二，甚至因为文字记录在传递信息的过程中不可避免地具有抽象化一面，也一定程度上消解了演出过程本身所彰显出的趣味性。

杨柳青戏出年画中却留下了动物登台的形象，可以让人直观地欣赏到昔日戏曲舞台的缤纷景观。除了上文提到的《风尘三侠》（横四裁，22cm×35cm）之外，杨柳青戏出年画中还有一幅《秦琼卖马》（横四裁，25cm×41cm）

---

① ［德］莱辛：《拉奥孔：论诗与画的界限》，朱光潜译，人民文学出版社，1979年。
② 李洪春：《梨园琐谈》，见北京市戏曲研究所编：《戏曲论汇（第一辑）》，永乐店印刷厂，1983年，第234页。
③ 同上。

呈现的是传统剧目《秦琼卖马》中秦琼欲将黄骠宝马卖与单雄信的场面。画面右侧,秦琼头戴软罗帽,挂长髯,穿箭衣,系銮带,脚蹬高方靴,头上系一条巾表示正值病中,双锏背于身后,右手撑掌,放于身侧,左手做剑指,指向黄骠马,似在陈情;画面中间,单雄信头戴扎巾盔,勾脸谱,插耳毛,挂长髯,身披开氅,背插折扇,以丁字步立于马旁,右手背后,左手撩髯,正看向黄骠马;画面左侧,店家王老好头戴粘帽,勾三花脸,身穿青袍,脚穿洒鞋,左手牵马,右手竖起大拇指,仿佛在夸赞此马;旁边的黄骠马回头望向秦琼,似做悲鸣之状。这幅年画也生动形象地将马匹画于戏曲人物之间,仿佛舞台演出也有它的参与。而且,年画对每个形象的描摹,都可以说是达到了惟妙惟肖、传神写照的效果,无论是秦琼手指爱马、万般不舍的身段与心情,还是单雄信审视马匹、表情严肃的动作与神态,亦或王老好夸赞马好价低的扮相与姿势,甚至是马匹的回头低鸣,也都极具人格化的色彩,让人们通过欣赏年画便可直观地联想到舞台演出的场面,仿佛声声锣鼓、悠然唱腔亦能萦绕耳际。年画虽为线版,却也可以称得上是杨柳青戏出之作中的神品。

通过对《风尘三侠》(横四裁,22cm×35cm)与《秦琼卖马》(横四裁,25cm×41cm,线版)这两幅年画的欣赏,我们可以直观地感受到戏曲演出历史上动物登台的真切场面,体味出昔日演剧的审美趣尚,实属难得。或者说,天津人刘赶三与他在京津一带演出的《探亲家》,也许正是因为恰好有杨柳青木版年画与之同为大众艺术而互相借鉴,也就有幸在历史上留下了曾经存在的类似图景,让人们可以具体联想出昔日舞台的演出场景。英国历史学家哈斯克尔曾提出图像可以作为历史想象的向导,英国史学家伯克也曾强调"图像可以让我们更加生动地'想象'过去"[①]。可以说,以彩色图像出之的《风尘三侠》(横四裁,22cm×35cm)与线版年画《秦琼卖马》(横四裁,25cm×41cm)几乎是记录与保存动物演剧信息的唯一的形象化载体,为戏剧史研究提供了可以生发合理想象的有效线索。因此,它们既可以被看作戏剧史研究的珍贵文献,发挥着以图载史的作用,更能够生动形象地展示舞台演出的缤纷场景,让我们以管窥豹,初探戏出年画作为图像史料所表现出的视觉直观性的媒介特点,这些都积淀成了其作为戏曲文物的珍贵价值。

---

① [英]彼得·伯克:《图像证史》,杨豫译,北京大学出版社,2008年,第9页。

第二节　以图证史

　　现如今,图像在历史研究中的价值不仅获得了充分肯定,图像史料也已经成为历史学家探寻历史真相过程中不容小觑的重要佐证。运用图像证史的研究方法,不仅可以帮助我们印证文字资料的记载,也可以为更加生动、更加形象地补充文字史料所无法尽述的文化心理与历史情境,为综合的社会文化史与生活史研究提供更为广泛的参考空间。诚如伯克所讲,文字资料虽然可以给历史研究以有价值的线索,但是图像资料却可以生成与再现文化生态,作为历史的一部分,图像可以将人们引领到特定的历史情境之中,从而勾勒出某一时期历史与文化的完整结构。

　　当代西方日益活跃的图像史学研究主要着力于两个方向:一是试图将图像与制作人联系起来考察,探索制作人是如何通过图像制作来表明自己的意识形态,从而实现艺术的社会功能研究;二是努力将图像与其产生的具体情境作为一个完整的形态展开研究,阐释其是如何反映并影响人们的政治、宗教、精神、观念等等,从而实现广泛的社会文化史研究。在这两条路径中,图像都发挥着重要的证史作用,学者们普遍认同通过对图像的认知和细读,可以生动、形象地了解历史、阐释历史,亦即"图像证史"。本书遵循"图像证史"的研究原则,对杨柳青木版年画展开讨论,于这两个方面也都有涉及,第一个方向的研究主要体现在第四章"杨柳青木版年画对三国戏的接受与重构"中,在这里,我们重点讨论杨柳青木版年画在保证经济利益和尊重民众意识的双重前提下,是如何再现和重构三国故事及三国戏出的;第二个方向的研究主要体现在余论"杨柳青木版年画的民间传统观念"之中,这一部分我们通过对杨柳青木版年画的细读,阐释其中所蕴藏的民间信仰与思想观念。

　　本节我们将重点讨论杨柳青木版年画作为戏曲文物的证史功能,这里的"证",强调的是图像史料与文字史料之间的"互证",更接近于王国维先生所提倡的"二重证据法",也就是将杨柳青戏出年画所呈现的画面内容与文字记载的戏剧历史进行有机结合,从而更加丰满地呈现戏剧发展的历史情境。

一、图文互证的资料价值

　　"长坂坡之战"是三国故事的经典桥段。《资治通鉴》第六十五卷记载:

"曹操以江陵有军实，恐刘备据之，乃释辎重，轻军到襄阳。闻备已过，操将精骑五千急追之，一日一夜行三百馀里，及于当阳之长坂。备弃妻子，与诸葛亮、张飞、赵云等数十骑走，操大获其人众辎重。"在这场战役中，刘备遗失了家小，赵云奋不顾身，回去寻找，竭力血战，杀透重围，成功救出了刘备妻甘夫人和子刘禅。赵云因护送刘备家眷有功升任牙门将军，也由此奠定了他在中国古典文学中的忠勇形象，《长坂坡》也成为传统戏曲中以赵云为主角的经典剧目之一。

戏出年画《长坂坡》（乾隆—嘉庆，横三裁，34cm×58cm）是杨柳青木版年画较早的代表作。这时期的戏出年画大都将穿着戏装的人物置于实景之中，而没有呈现舞台定式（一桌两椅、马鞭车骑等象征性道具）。此幅年画描绘的是"长坂坡之战"中糜夫人托子投井的片段：远处军旗兵刃，纷乱扬尘，渲染着曹兵追来的紧张气氛；近处断墙残垣，苍松古井，糜夫人包头，身穿黄色对襟帔，手指地上小儿，嘱托赵云护送阿斗脱险，交给刘备。赵云扎武生巾，挂五绺长髯，穿马褂，系下甲，单膝跪地，俯身欲抱起阿斗。白马立于身后，长枪靠在树干上。

这幅年画最引人注意的地方是赵云的老生扮相，这与今日戏剧表演中经典的赵云扮相有所不同。据王佩林《京剧舞台服饰应用汇编》介绍，《借赵云》中赵云的扮相为白硬靠，红靠绸，水衣子，红彩裤，厚底靴；《甘露寺》中赵云扮相为白色绣狮子开氅，白色绣三蓝硬靠，红靠绸，红彩裤，厚底靴；《取成都》中赵云扮相为白龙硬靠或软靠，红靠绸，蓝丝绦子，白色或黑色彩裤，厚底靴。[①]可见，在传统的京剧剧目中，已经定型化了的赵云扮相主要为白色靠甲的武生俊扮。

从三国故事的发展脉络来看，这一时期的赵云尚处青年，而年画中的形象不仅没有扎靠甲、插靠旗，而且还挂着长髯，这种老生扮相不但与赵云年纪不符，与赵云武生俊扮的经典戏剧形象更是差别甚大。但是，这种不符合程式的赵云扮相却恰好以图像的形式证实了一段"赵云戏"的发展历程。据《梅兰芳回忆录（下）》讲，梅兰芳、盖叫天和周信芳等曾经合作演出《甘露寺》一剧，梅兰芳最初演这出戏的时候，赵云由李顺亭出演，属于老生行。李先生年纪大了，如果不戴髯口会觉得扮相不是样，所以就戴了髯口，但演了两次便觉得不太合适，向管事建议，由年轻的武生来扮，他给说戏。此后，赵云便由余振霆来演。[②]

---

① 王佩林：《京剧舞台服饰应用汇编》，北京市戏曲（艺术）学校编印，2000年。

② 梅兰芳：《梅兰芳回忆录（下）》，东方出版社，2013年，第559页。

戏曲《甘露寺》又名《美人计》，选自《三国演义》第五十五回，俗语"周郎妙计安天下，赔了夫人又折兵"就源出于此。京剧传统剧目《甘露寺》中的赵云形象早已凝定为武小生俊扮：大衣（白色绣狮子开氅）；二衣（侉衣，下甲，扣板，白色绣三蓝硬靠，红靠绸）；三衣（红彩裤，水衣子，胖袄，护领，厚底靴）；盔箱（包头网子，白夫子盔）。① 按照故事发展的时间顺序来讲，这出戏应在《长坂坡》之后，如果此时的赵云不适宜用老生来扮的话，那么，之前的赵云就更不适合由老生来扮。杨柳青出品的此幅年画以老生形象出之，恰恰以图像的形式呈现出了梅兰芳所提及的赵云一角曾有老生扮相的历史，而且，年画刻绘的年代要远远早于梅兰芳生活的时代，我们甚至可以据此推测，至少在清代中期京剧艺术还没有完全成熟的时候，赵云在《长坂坡》一剧中的形象或许就常以老生扮相出之。因此，我们认为，此幅年画堪称"以图载史"进而"以图证史"的经典案例，为我们了解戏曲舞台的演出历史提供了可供参考的形象媒介，可见其作为戏曲文物的重要意义。

按照现代戏剧戏曲学的学科分类，戏曲文物学是"一种专门研究历史上遗留下来的实物史料，考察论证有关戏曲起源、形成、发展的历史面貌，填补戏曲史上疑难不解的史实空白的新学科"②。可以说，戏出年画作为一种戏曲文物，它所具有的文献价值首先就在于其中所描绘的戏曲演出形态，与戏曲史的文字所载相符，可以起到以图证史、图文互证的作用。

杨柳青出品的戏出年画作为戏曲文物而呈示出以图证史的功能，也不只这一幅。"梆黄两下锅"是京津戏曲发展史上一个持续了相当长时期的特殊阶段。清代同治到光绪年间，在京津地区，河北梆子盛极一时，班社众多，人才鼎盛。随着京剧的逐渐兴起，许多河北梆子演员兼习兼演皮黄戏，这种演出方式由玉成班于光绪十七年（1891）首倡，此后，许多梆子、皮黄戏班争相效仿，靡然成风。待京剧艺术渐渐占据上风，取代河北梆子之后，"梆黄两下锅"的演出舞台便以京剧为主导地位了。杨柳青戏出年画中有一些作品除了在画面上标出了戏曲角色外，还刻有扮演角色的演员姓名与演出的戏班名字。如《闯宫》一画，就刻有梆子演员达子红，京剧演员高福安、薛凤池的名字，此幅年画以图像的形式，真切地记录了当时"梆黄两下锅"的演出实况，同样是文史互证的经典画作。

杨柳青戏出年画中还有一幅年画《拿高登》（同治，贡尖，60cm×104cm，齐健隆画店）向我们展示的是传统剧目《拿高登》中众英雄入夜后潜入高府

① 参见王佩林：《京剧舞台服饰应用汇编》，北京市戏曲（艺术）学校编印，2000年，第123页。
② 刘念兹：《中州戏曲历史文物考》，文物出版社，1992年。

救人的场景。

《拿高登》为京剧传统剧目，又名《艳阳楼》《大破仙人担》。该剧叙演宋代权臣高俅之子高登，喜好豢养教师门客相佐，仗势横行不法，作恶多端。清明日，高登载酒率家丁门客出游，在蟠桃宫外偶遇徐士英之妹徐佩珠。是日，徐氏兄妹随母郊外扫墓，一起闲游赏春，徐佩珠独自去远。高登见其样貌标志，遂动恶念，命令教师和门客将其强抢到家中，欲纳为妾室。佩珠宁死不从，被软禁在艳阳楼中。徐士英见妹妹被抢，情急追赶，巧遇义友花荣子花逢春、秦明子秦仁、呼延灼子呼延豹。花等问明情由，怒骂高俅当权，门客纵恶，出于义愤，欲助徐救妹，遂约定夜入高登府。入府后，先到艳阳楼中救出佩珠，然后擒杀高登。此剧为箭衣武生戏或架子花脸戏。据史料记载，余振霆、杨小楼、尚和玉均擅演此剧，尤以杨派演法流传最广。1906年，经刘仲伦指导，俞菊生主演，北京丰泰照相馆曾将此戏拍摄成戏曲艺术片。

此幅杨柳青戏出年画与大多数杨柳青出品的山水实景的年画作品不同，画面上除了一座戏楼别无其他背景，这很有可能就是昔日戏曲舞台的真实刻绘。画中的戏台被布置成了一座楼亭建筑，上有雕栏，下有石阶，亭内花砖铺地，廊上宫灯高悬。进门处挂一蓝色布帘，门口上方悬挂"艳阳楼"画匾，亭楼左右两侧各有一座植翠山石景观。画面正中高登头戴武生巾，身穿蓝色长袍，腰系软巾，外披浅色褶子，勾脸谱，挂一字髯，满身醉态，在一个侍女的扶持下，正提灯回楼，已来到门前。阶前花逢春头戴罗帽，穿英雄衣，披褶子，拉开大鹏展翅的工架。呼延灼、徐士英等众英雄，皆勾脸谱，穿英雄衣，或伏于檐下，或攀于柱上，或立身山石之中，伺机擒拿高登，各个姿态横生，呈示了武生戏的动作之美。年画刻绘得十分精致，无论是人物的勾脸，还是武生的动作，皆惟妙惟肖，栩栩如生，作为记录舞台演出的戏曲文物与推广戏剧文化的传播载体，向我们展示了丰富的信息，其中最令人称道的，就是这幅年画对戏台的展示。

传统戏曲向以程式化、象征性的舞台布景与道具使用为审美特色，大多置一桌两椅，便能乘车驾船，翻山越海。这种程式化、象征性的切末道具，在不同的曲目中会有不同的使用过程与使用特色。这出发生在"艳阳楼"的武打戏，舞台布置的具体情形如何，因为没有现代声光电影的先进技术记录，我们只能从文献记载中获取一定的信息。例如《戏剧月刊》中，就有一段记载："武戏高楼阁一技，产生于小荣椿班，不仅《赵家楼》《四杰村》二三剧，若《艳阳楼》《翠凤楼》皆是。至《淮安府》一戏，台上高搭佛殿一座，贺仁杰'盗印'时,纵深缘店脊以进,情形与高楼阁亦同。"①

小荣椿班是一个著名的京剧科班,由京剧演员杨隆寿于清光绪六年(1880)创办,前后共两科。首科于光绪十四年(1888)满师,二科因经费问题未卒即停办。学生以"春"字排名,有杨春甫(杨小楼)、程春德(程继先)、冯春和、郭春山、叶春善、郭际湘(水仙花)等。演出的剧目多为杨隆寿所编,有《火云洞》《陈塘关》《双心斗》《夺锦标》《三侠五义》等,且多用切末,灯彩布置舞台,堪为北京京剧舞台上灯彩戏的先驱。后成立"小天仙"科班,学生有谭小培、范宝亭、迟月亭、阎岚秋(九阵风)等。小荣椿班对灯彩、火彩的尝试性使用,引领了北京戏坛的风尚,特别是他们对戏台楼阁的布置,更成为当时京剧演出的佳话。杨柳青出品的此幅年画便以逼真的描摹,让我们有幸一睹昔日京剧艺术的演出盛况,看到戏曲舞台悬挂花灯,被装扮成亭台楼阁的模样,特别是年画上埋伏于楼上的秦仁一角儿,更有文献中所讲"纵深缘店脊以进"的姿态,可以让人们结合文献记载,仔细品味昔日戏曲舞台的精彩演出。

而且,这幅年画的创作年代大致在同治年间,我们也可以据此推断,也许在光绪年间的小荣椿班之前,戏曲演出已经有过此类尝试。这样,相较于文字记载,通过对年画的考察,我们能够把戏曲演出过程中,灯彩、火彩的使用,以及将舞台布置成亭台楼阁的尝试,向前推算二三十年。这也可以见出杨柳青木版年画作为戏曲文物可以"以图证史"的文献价值。

从另一个角度看,这幅年画也可以为戏台建筑的研究提供资料。该画作向我们展示的戏台为前方敞开,左右两侧半敞开,后方一门。这种戏台与清代后期流行的三面敞开式戏台非常接近,而又有所不同。这种不同,一方面可能出于对舞台的装饰而改变了原有的模样;另一方面,也可能是戏台本身的面貌即是如此。由于木质建筑不易留存,今天能够看到的完整保存下来的戏台已经十分珍贵。虽然许多建筑艺术的研究者为我们留下了戏台测绘的实例,但是,将戏台布置的具体情形描绘下来的,呈示出戏曲演出的舞台情形,却几为空白。毕竟,建筑领域的研究者往往关注的是戏台建筑,而很少触及戏曲艺术;对戏曲艺术感兴趣的,又往往缺少建筑的知识,不具备专业的绘制技巧。杨柳青木版年画的画师恰好弥合了两个专业领域,既具备一定的专业绘图技巧,又以描摹戏曲场景为主要对象,从而为我们留下了难能可贵的戏台搭建与舞台布置的真实场景,也让杨柳青戏出年画成为戏剧史研究中宝贵的形象资料。

---

① 叶慕秋:《灯彩火彩谁应提倡,谁应废止》,《戏剧月刊》,1936年,第33期。

二、弥补史载不足的文献价值

杨柳青木版年画作为一种戏曲文物,在发挥"以图证史"的文献功能的同时,还可以弥补史载不足,以图像的形式真切地呈现已然失传或久不上演的剧目曾在历史上的演出片段,这可以说是杨柳青木版年画所具有的戏曲文物价值中最珍贵的一面。

戏出年画《小放牛》(清末民初,横三裁,33cm×58cm),现藏于俄罗斯萨马拉州艺术博物馆。该年画刻绘的是河北梆子的早期剧目《小放牛》,京剧中也有此出。该剧叙演的是朱元璋年轻时代的故事,此剧现已失传。京剧中另有一出《小放牛》(又称《杏花村》),与此剧不尽相同,叙演一个正在放牛的牧童偶遇邻村路过的姑娘,二人对唱歌舞,互相表达爱慕之意。剧情活泼风趣,表演舞蹈繁重,曾是荀慧生、于连泉的代表性剧目,杨柳青出品的另一幅戏出年画《小放牛》(清末,横幅,25cm×43cm,戴廉增敬记画店,奥拉宁鲍姆市中国宫藏)呈现的是此剧目的内容:画面上的两个人物形象一为丑角儿一为旦角儿,他们衣装艳丽,手拿马鞭,正在交谈调笑,画面整体氛围轻松活泼,充满了喜剧意味。

此幅《小放牛》(清末民初,横三裁,33cm×58cm)画面上置一桌两椅,铺红色桌帷、椅垫,充满了戏出道具的意味。画面人物也都是戏装扮相,正中间一位小生,身穿蓝色褶子,脚穿高方靴,坐在椅子上,面目清秀,气质不凡,应是年轻时候的朱元璋;画面左侧是一位头戴毡帽的丑角儿,他伸出左手,以食指指向画面右侧妆容清丽的旦角儿,这位旦角儿一手扶袖,一手指地,似在与丑角儿争辩。画面左上角题名"小放牛",交代了此年画所呈现的戏出情节。这幅年画上虽然也有丑角儿扮相的人物形象,也在与旦角儿扮相的人物在交谈,但人物服饰比较素雅,身段动作端庄优美,人物表情也比较沉静严肃,整个画面的氛围是庄重而雅静的,与描绘活泼风趣的《小放牛》一剧的戏出年画在画面风格上存在着巨大的差异,可知此幅年画刻绘的内容应属其他剧目。

明太祖朱元璋的故乡安徽凤阳一带流传着很多关于朱元璋少年落魄时曾当过放牛倌,且做皇帝之后不忘童年伙伴的故事。徽剧中应有许多精彩剧目表现这类故事情节,随着四大徽班进京,这些剧目也极有可能被带入京城,进而成为杨柳青戏出年画刻绘的对象。此剧现已失传,我们不能从文献记载中了解剧目的完整内容,值得庆幸的是,杨柳青木版年画中留下了此剧的演出片段,为我们进一步考察该剧的历史信息提供了难得的资料,也让此幅年画显示出了弥补史载不足的珍贵文献价值。

杨柳青戏出年画中还有一幅《小花园》(清中期粉本,横三裁,35cm×57cm,齐健隆版,道光年制)描绘了精彩的戏出场面。画面左侧置一桌一椅,铺红色桌帷,桌上挂白色蓝顶小帐。一个旦角儿形象站在桌子上的小帐之后,左手扶帐,右手轻抚脸颊,姿容秀美,娇羞俏丽,仿佛正从花园向外看,看到墙外的俊俏小生,不禁心思荡漾,春波微澜。桌旁的椅子上,站着一个勾了小花脸的丑角儿形象,他眼睛看着桌子上的旦角儿,左手向外指,仿佛在与旦角儿谈论墙外的小生。画面右侧的小生形象,头戴绣有八卦团的矮方巾,项挂长珠串,身穿浅色褶子,系红色丝绦,右手提着铜锣和鼓槌,左手拿着拂尘向后扬去,掌心向前,拇指、食指和中指都是伸开的,仿佛在与花园中的旦角儿打招呼。

这幅年画所呈现的情节内容现已不可考见,但画面形象的戏出意味却是十分浓厚的,无论是桌椅、小帐等切末道具的使用情况,还是舞台角色的服饰扮相与身段动作,都充满了戏出表演舞台场景的真实感与代入感,令人观之便会不由自主地玩味画面的戏出意蕴。从年画题名可知此画刻绘的场景来自《小花园》一剧。此剧的故事内容也已失传,从现存戏剧资料中可知其为一种民间小戏。

清代中期以后,民间的地方小戏在各地农村如雨后春笋般纷纷滋长起来。清代戏曲作家余治在其《得一录》中曾有记载:"近日民间恶俗其最足以导淫伤化者,莫如花鼓淫戏(吴俗名滩簧,楚中名对对戏,宁波名串客班,江西名三脚班),所演者类皆钻穴逾墙之事。言辞粗秽,煽动犹多。"[1] 虽然余治在此批判了花鼓戏演出过程中的俗艳之处,但也从一侧面证实了道光年间花鼓戏在南方广大农村甚为流行且影响深远的客观历史。这类花鼓戏在当时又称作"对对戏"(既小旦、小丑的二小戏)或三小戏(小旦、小生、小丑),尚未发展成大戏。文献资料记载,《小花园》就是当时在皖北一带特别流行的剧目,杨春《淮北花鼓音乐研究》中就曾讲道:"这一时期(道光年间)常演的剧目有'王家一门戏'……'薛家一门戏'《东回龙》《西回龙》《画仙庄》《拾毛》《小花园》《停丧记》。"[2]

从这些文献的记载中可知的《小花园》一剧包含的历史信息在以下几个方面与杨柳青出品的此幅年画具有一致性:①文献记载此剧目所扮演的故事情节可能是男女青年翻墙偷情之事,杨柳青戏出年画所刻绘的桌上挂小帐的演剧场面呈现的正是此类情境;②舞台角色可能包含小旦、小生、小丑,

① (清)余治:《得一录》卷11,(台湾)华文书局,1969年,第815页。

② 杨春:《淮北花鼓戏音乐研究》,人民音乐出版社,2013年,第255页。

也就是所谓的"三小",这与杨柳青戏出年画上所刻绘的三个角色形象完全相同;③该剧目盛演的年代为清代道光年间,杨柳青出品的此幅年画在画面左下角刻有"道光年制"的字样,在时间上也大体相同。由此可知,杨柳青出品的戏出年画《小花园》(清中期粉本,横三裁,35cm×57cm)应该就是道光年间在淮北盛演的花鼓戏《小花园》的演出场景。此剧现已失传,我们不能从文献记载中得知该剧的情节内容,但却可以从杨柳青戏出年画的精致刻绘中,品味该剧在昔日戏曲舞台的演出场景,了解戏中道具的使用情况、人物的服饰扮相、动作身段与表情神态,从而实现对这一戏出的欣赏与联想,亦可见出杨柳青木版年画可以弥补史载不足的珍贵文献价值。

此外,杨柳青戏出年画中还有一些作品刻绘的是久已辍演的剧目,如《打灶王》《双沙河》等,也为戏曲史研究提供了难能可贵的文献资料。京剧传统剧目《打灶王》又名《紫荆树》《打灶分家》,戏剧故事取材于《警世通言》与《今古奇观》,讲一户姓田的人家有兄弟三人,名唤田大、田二、田三。父母去世之后,田三的妻子李三春劝丈夫与两个哥哥分家,两位兄长不允,李氏便日夜吵闹、指桑骂槐,甚至迁怒于家里供奉的灶神,将灶王像打碎。兄嫂无奈,允其分家。田家庭院里本有一颗紫荆树,长得枝叶茂盛,惹人喜爱。此时庭院中的紫荆树突然枯死。兄弟三人悟出天意而复合居,紫荆树竟又重活。李三春感到羞愤难当,自尽身亡。此剧虽具有一定的迷信色彩,但是剧中规劝兄弟和睦、家庭团结的内容还是具有积极向上的意义的,小翠花等擅演此剧,河北梆子、评剧、汉剧也都有此剧目。

该剧是一出闹剧,久已辍演,杨柳青戏出年画中有两幅《打灶王》,为我们留下了旧时戏曲舞台演出此剧的场景,也可以说是十分珍贵的戏曲史资料。戏出年画《打灶王》(清末,横幅,28cm×48cm,齐健隆画店,李福清藏)刻绘的是李三春与田大、田大嫂、田二提出分家的场面。画面左侧置一长方桌,铺红色桌帷,桌面上放着一把茶壶,三支红色茶盅,点缀着家庭生活的氛围;长方桌两旁各放一椅,田大坐在左侧的椅子上,他头戴方巾,挂黑三髯口,身穿青色褶子,腰系丝绦,脚蹬高方靴,左手放在膝盖上,右手捋着髯口,似对李三春提出分家一事颇为诧异,劝解她"分居不若同居好,大家捧柴火焰高";田大嫂坐在长方桌右侧的椅子前端,她头上簪花,身穿素色褶子,白色腰包,外套素色女帔,她一手放在膝上,一手放在胸前,看向前方,其坐在椅子上的身段动作十分标准地呈现出戏曲演出的舞台程式;画面中间,田二头戴红缨帽,勾小花脸,黑八字髯,身穿蓝色箭衣,外套黄色坎肩,系棕色大带,双腿屈膝,做外八字站姿,双手分向两侧,一手托着水烟袋,一手拿着播条,面部侧向李三春一边,仿佛在指责她不该对兄嫂无礼;画面右侧的李三春坐在一把椅子上,头戴抹额簪花,身穿粉色袄裤,蓝色坎肩,左腿放在右膝盖上,一副泼辣的坐姿,左膝处放着一方白色手帕,左手拿着长烟斗,放在手帕之上,她面向前方,脸色严肃,似在向田大倾诉当家之苦,要分居另过。

《打灶王》(清末,横幅,28cm×37cm,戴廉增画店),现藏于圣彼得堡国立艾尔米塔什博物馆藏,该画刻绘的是该剧中李三春走进厨房欲打灶王的场面。画面左侧,李三春梳大头,戴花,身穿粉色袄裤,蓝色饭单,系绿色四喜带,此时已推门走进厨房,她右手拿着长棍,背于身后,左手伸出食指,向前指向灶王,仿佛在唱剧中戏词:"李三春把计生,手拿着棍一根,迈步且把厨房进,一秉虔诚祷告灶君。"①画面右侧置一蓝色长条桌,铺红色桌帷,桌上坐着头戴黑相纱、挂丑三髯口、身穿黑素官衣、脚穿高方靴、手拿长板的灶王;桌后摆着一把椅子,一个小鬼扮相的人物站在椅子上,手拿一把绿色伞盖,放在灶王头边。这两幅杨柳青出品的戏出年画精彩地刻绘了旧时演出此剧的人物形象与道具使用等情况,保存了舞台演出的原状,为我们深入考察此出辍演已久的剧目提供了珍贵的视觉直观图像。

传统剧目《双沙河》又名《人才驸马》,戏曲故事讲杨家将征吐蕃,魏小生、高能,杨仙童三人奉仙师之命前往宋营助阵,吐蕃人才驸马张天龙携公主玉宝、公主玉珍两位妻子出战。张天龙不敌魏小生,败下阵来。两位公主心羡杨仙童、高能二人之才俊,相邀回营欢叙。魏小生又用法术戏弄张天龙,将其累窘后,幻化入内室与二公主相戏。后二位公主反助高能、杨仙童杀死张天龙,归降宋营。此剧因包含有色情成分,于1950年被停演。

杨柳青戏出年画中有一幅《人才驸马》(横三裁,32cm×58cm,圣彼得堡公共图书馆藏)刻绘的是这出戏中杨仙童与两位公主嬉戏的场面。画面右后方置一粉色绣花帐子,表征着故事发生在内室。画面中间,一位小生正在与两位公主嬉戏,他头戴额子巾,身穿黄马褂,腰挎宝剑,粉面红唇,英姿俊逸,应是杨仙童。二位公主都是头戴七星额子,戴翎子,插靠旗,一前一后站在魏小生身旁。画面左侧一勾蓝色脸谱、挂红色满髯的净角扮相人物,他头戴额子盔,插翎子,身穿蓝色箭衣,系红色鸾带,脚蹬高方靴,双手叉腰,左手还拿着一把铜锤,气势汹汹而又无可奈何地看着三人,应是张天龙一角儿,这一形象与清宫扮相画(一)中张天龙的角色比较类似。画面左下方,还有一个勾着花脸、坐在地上的人,也在抬头看向三人,他身前还有一只小锤,此

① 北京市艺术研究所编:《京剧传统剧本汇编续编——丑角戏》,北京出版社,2013年,第146页。

人应是剧中的丑角儿魏小生。①

旧时戏曲界有上演义务戏的传统，或是为了救济同行中的贫苦之人，或是为了赈济灾荒，或是为了慈善募捐等，由梨园公会推举出有声望的管事先生，组织大家共同商议戏码，将各班社的主要演员聚集在一起，联合演出，上演"义务戏"。义务戏也因为常常是名家名角荟萃一堂，所以更能招徕观众，赢得更大的票房收益。翁偶虹先生就曾讲过："每次演出义务戏，在京的著名角色，无不参加，甚至有欲参加而不可能者。剧目和演员的搭配，更是在一般班社中看不到的。"② 据翁先生回忆，1932年1月的一台义务戏中，就有荀慧生、于连泉、马富禄、侯喜瑞、程继先、金仲仁合演的《双沙河》。③ 可见该剧在昔日戏曲舞台的演出阵容的强大与受欢迎的程度，特别是侯喜瑞先生扮演的张天龙一角，不仅脸谱勾画独具一格，更能逗得观众忍俊不禁，诙谐幽默又不失人物个性，成为他较有特色的一出滑稽戏。此剧久已辍演，留下的相关文献资料也比较少，但其在旧时戏曲舞台的演出情况，如义务戏的演出历史、侯喜瑞先生的脸谱艺术，等等，对我国近代戏剧史的研究还是具有一定意义的。此幅杨柳青戏出年画精彩地刻绘了舞台演出的片段，无疑也是一种值得关注的戏剧史资料。

英国历史学家彼得·伯克在《图像证史》(*Eyewitnessing: The Uses of Images As Historical Evidence*)中明确提出图像和文献档案一样，可以作为历史证据的一部分："图像所提供的有关过去的证词有真正的价值，可以与文字档案提供的证词相互补充和印证。"④ 可以说，杨柳青戏出年画正是这样一种可以与文字史料相互补充与印证的图像史料。以上，我们对杨柳青戏出年画的戏曲文物价值进行理论总结，可以看到，杨柳青木版年画或者以图载史，在呈现其戏曲文献价值的同时，更表现出明显的视觉直观的文献属性；或者以图证史，为戏剧史的研究提供了可资借鉴的视觉图像资料，与文字资料相互印证，呈现戏曲文化的丰富历史；甚至还可以弥补史载不足，呈现出已然失传、曾被禁演或者久已辍演的剧目的演出场面，从而呈

---

① 王树村等编选《苏联藏中国民间年画珍品集》(人民美术出版社，1990年)认为此幅年画"图写魏小生(中)，用法术丈张天龙之两妻(左)，张天龙坐地无策，一旁生气。"通过与戏出角色的服饰扮相、使用兵器的考察，以及与清宫戏画的比对，我们认为，画面居中的应是杨仙童，左侧的净角应是张天龙，右侧坐于地上的应是魏小生。

② 翁偶虹：《记忆所及的几场义务戏》，见政协北京市委员会文史资料研究委员会编：《京剧谈往录续编》，北京出版社，1988年，第505页。

③ 同上，第520页。

④ [英]彼得·伯克：《图像证史》，杨豫译，北京大学出版社，2008年，第293页。

现出其有助于戏剧史研究的文献价值。

传统戏剧史研究多以古籍文献、古代剧场、碑刻、画像砖石等方面的文物资料为研究对象，近年来也有学者关注到戏剧图像的历史资料价值。如徐子方《戏曲史研究不可或缺的五幅图像》一文讨论了广胜寺元杂剧壁画、《金瓶梅词话》中的《玉箫记》演出图、《盛明杂剧·义犬记》插图、崇祯本《一捧雪》中《中山狼》演出图、《同光十三绝》这五幅图像的戏曲史研究价值。陈雅新的论文《清戏画研究之回顾、展望与新材料》对清代戏画研究进行了总结与分析，指出作为戏曲文物研究重要组成部分的戏画研究涉及的画类范围十分广泛，"宋、金、元时期的壁画、传世戏画与明代剧本插图版画是研究的热点。相比之下，清代戏画数量最大，存世最多，并在中西方文明的交流碰撞中呈现出前所未有的新形态，却未得到与其研究价值相匹配的重视"①，进而对清代戏画研究提出展望，其中也涉及戏出年画，认为《中国木版年画集成》(冯骥才主编)等大规模年画整理工作的完成为学界展开戏曲年画的全面研究提供了资料基础，但是研究工作却十分不足，特别是一些清代以戏曲题材为主的外销画，对戏曲史研究具有相当重要的史料价值，但却尚未受到研究者的关注。

本书上述的两幅《小放牛》和《双沙河》《人才驸马》年画都是清代外销画中的精品。俄国植物学家弗·列·科马罗夫曾先后于1896年和1897年两次来到中国，在东北采集植物期间，购买了三百多幅销售于东北地区的杨柳青年画。被称为"年画狂人"的俄罗斯科学院院士瓦·米·阿列克谢耶夫曾于1907年乘船来到杨柳青，专门考察和搜集木版年画。阿列克谢耶夫的入室弟子李福清教授从1962年开始，也对苏联藏的中国版画进行了广泛的调查与整理。可以说，对于杨柳青年画而言，俄国汉学家关注得最早，也收藏得最多，其中便包括许多经典的戏出之作，即陈雅新所讲的戏曲史研究的新材料。本书以杨柳青戏出年画为个案，研究了部分流传在俄罗斯和日本的戏出年画，初步讨论了其对戏曲史研究的资料价值，希望可以抛砖引玉，引起学界对拓宽戏剧史研究资料范围的关注。

---

① 陈雅新《清戏画研究之回顾、展望与新材料》，《戏曲研究》2017年第4期。

下编

戏以画传:接受与传播

第四章　杨柳青木版年画对三国戏的接受与重构

　　清代中晚期至民国年间,杨柳青以"三国戏"为题材的戏出年画,作为《三国演义》原著书稿以及"三国戏"舞台演出的接受者,形成了一套案头文学与舞台演出相对应的形象资料。这些戏出年画,有的以实景山水和戏出扮相的形式,呈现了《三国演义》的故事情节,有的以舞台演出即时写照的形式,展现了多种"三国戏"的舞台场面。这类以《三国演义》原著书稿与"三国戏"舞台演出为参照载体的形象作品,不仅保留了其对原著的形象摹写、对舞台的刹那写真,也存在着其自身对三国故事的"接受"与"重构"的过程。

　　杨柳青戏出年画对原著书稿和舞台演出的"接受"与"重构",实现了三国故事在几种不同文化形态之间的转换,形成了其自身的文化内涵与独特创新,这其中更建构了"案头文学—舞台演出—民间美术"的三维动态互文关系,并由此实现了其对"三国"故事的普及作用与传播效应,使得《三国演义》原著书稿的接受者从知识群体扩展到普通民众,从市井坊间延伸到乡野村落,也使得"三国戏"扮演过程中感人至深的戏剧情节与优美精到的表情身段得以记录下来,突破时间的限制,实现更加久远的传承与传播。

　　可以说,杨柳青戏出年画除了装饰年节之外,更以精彩的刻绘技艺承载了通俗文学与戏曲艺术的丰富信息,而彰显出其自身所独具的戏曲传播价值,于戏曲接受史与传播史研究大有裨益。本章将重点讨论杨柳青戏出年画对《三国演义》原著书稿和"三国戏"舞台演出的"接受"与"重构",以呈现清代中期至民国年间的杨柳青"三国戏"年画所呈现的"文本—舞台—年画"三维立体动态互文关系及其中所浸润的、源于京津民众的思想、情感和观念,进而展示出一种极富民俗韵味的艺术期待与审美视野。

　　"接受"是一个源自接受美学的概念。接受美学(Receptive Aesthetic)又称接受理论,是产生于20世纪60年代末、70年代初的美学思潮,联邦德国的文学美学家、文学史专家H.R.姚斯和W.伊泽尔为核心理论家在德国康斯坦茨大学所提出的以读者为中心的美学理论。姚斯《提出挑战的文学史》(1969年)与伊泽尔《文本的号召结构》(1970年)是接受美学实践的开山著作。在这两部著作中,姚斯和伊泽尔提出,文学文本不同于文学作品,文学作品并非传统文学理论所讲的仅仅拥有客观的永恒不变的含义,文学文本具有意义的未定性,一个作品,即使印成书,读者没有阅读之前,也只是未完的半成品,读者具有期待视野,作品的意义是读者从文本中发掘出来的,因此,文学史和美学的研究应集中在读者对作品的接受、反应、阅读的过程,以及读者的审美经验和接受效果等方面,进而把文学史从实证主义的死胡同中解放初来,把审美经验放在历史—社会的条件下去考察,去研究和阐释创作与接受,以及作者、作品、读者之间的动态交往过程。

姚斯指出,美学实践应该包括文学生产、文学流通、文学接受三个方面。文学接受是读者的审美经验创造作品的过程,它可以进一步发掘出文学作品的种种意蕴。"一部文学作品的历史生命如果没有接受者的积极参与是不可思议的。因为只有通过读者的传递过程,作品才进入一种连续性变化的经验视界。"①也就是说,文学作品不具有永恒性,只具有被不同社会、不同历史时期的读者不断接受的历史性。

文学作品是包含着思想情感的形象体系,是一种具有内在生命和活力的"召唤结构"(Appealing Structure),并且具有许多的"不确定性"(Indeterminacy),伊泽尔提出,"文本的意义依赖于读者的创造性并且要靠其想象去填补文本中的所谓空白,也就是说,在一个文本中存在着悬而未决或尚未提到的东西需要填补"②。文学作品的显著特征就在于,作品中所描绘的现象与现实中的客体之间并不存在确切的关联作用。这种无地生根的开放性使作品中所描绘的现象能够在不同读者的阅读过程中形成各种情景。

读者的接受活动既受文学体裁的决定,也受到读者以前读过的这一类作品的经验的决定。接受者由其人生经验和审美经验转化而来的关于艺术作品形式和内容的定向性心理结构,姚斯将其称之为"期待视野"(Horizon of Expectations):"一部文学作品在其出现的历史时刻,对他的第一读者的期待视野是满足、超越、失望或反驳,这种方法明显地提供了一个决定其审美价值的尺度。期待视野与作品间的距离,熟识的先在审美经验与新作

---

① [德]H.R.姚斯:《文学史作为向文学理论的挑战》,见[德]H.R.姚斯、[美]R.C.霍拉勃:《接受美学与接受理论》,周宁、金元浦译,辽宁人民出版社,1987年,第24页。

② [德]W.伊泽尔:《隐含的读者》,见朱立元、张兴德等著:《西方美学通史》(第七卷),上海文艺出版社,1999年,第310页。

品接受所需求的'视野的变化'之间的距离,决定着文学作品的艺术特性。"①
简单地说,"期待视野"就是接受者将以往的审美鉴赏活动中获得的对文艺作品的艺术特色和审美价值的认识理解积淀下来的产物。也因此,接受者的"期待视野"不是一成不变的,每一次新的艺术鉴赏实践都会受到原有"期待视野"的制约,同时又都在不断修正,进而拓展原有的"期待视野"。因此,一部优秀的文艺作品总是具有审美创造的个性和新意,都会为接受者提供新的不同以往的审美经验。

接受美学反对机械地研究文学艺术,强调文学作品的社会效果,重视读者积极的参与性和接受效果,从社会意识交往的角度考察文学的创作和接受,开拓了美学研究新领域,具有积极的价值。按照接受美学的观点,杨柳青戏出年画对《三国演义》原著书稿和"三国戏"舞台演出的"接受",既包括以杨柳青"三国戏"年画的创作者为主体所呈现出来的接受,也包括以杨柳青"三国戏"年画的欣赏者为主体的接受。这两者互相影响、互相渗透,共同形成接受的过程。可以说,这种接受过程,是杨柳青人积淀了自身的艺术期待与审美视野而展开实践的。年画作为装饰年节的消费品,一方面迎合并引导着年画接受群体的思想观念与审美喜好,另一方面也体现并反映着特定历史时期的审美风尚与时代气息。

本书所讲的"重构",也就是这种接受过程中源于"期待视野"而对"召唤结构"所进行的接受过程,主要指清代中期至民国年间杨柳青"三国戏"年画对《三国演义》原著书稿和"三国戏"舞台演出在故事内容、戏剧情节等方面的再创造。这种"重构"与《三国演义》原著书稿和"三国戏"舞台演出形成了一种对话关系,其中既体现着民间美术与语言艺术和场上表演三种媒介之间的差异所形成的刻意"误读",也迎合并积淀了源于京津民众的思想、情感和观念,向世人敞开了一种极具地方韵味的艺术期待与审美视野。

第一节　故事情节的接受

与其他产地的年画相比,清代的杨柳青年画之所以戏出题材最为丰富,制作最精良,绝非偶然,这与杨柳青镇毗邻京城有着直接的关系。据《金史》记载,杨柳青最早名为"柳口"镇。元代至正三年(1343),文人偈奚斯游历至

① [德]H.R.姚斯:《文学史作为向文学理论的挑战》,见[德]H.R.姚斯、[美]R.C.霍拉勃:《接受美学与接受理论》,周宁、金元浦译,辽宁人民出版社,1987年,第24页。

此，见杨柳青青，流水潺潺，宛若苏杭美景，遂赋《杨柳青谣》，其中有"杨柳青青河水黄，河流两岸苇篱长"之句，此地因故得名"杨柳青"。杨柳青镇地处京畿要冲，是中国北方的历史名镇。历史上的杨柳青镇盐运和商业都十分发达，各村人烟稠密，村民多以画业为生，杨柳青遂以生产年画而驰名中外。据载于《经济半月刊》的《杨柳青年画之现状》一文可知："杨柳青以南各乡以绘画为业者不下六千余人。画业经营规模最大者，资金多至十七八万元，炒米店、古佛寺、赵庄各村裱画人有四百余名（家庭从事裱画者除外）。"① 足见杨柳青年画业直到民国时期还延续着其繁荣兴盛的庞大规模。

乾隆时期，戏曲艺术逐渐活跃起来，乾隆皇帝就是其中最大的推崇者，一时间上行下效，戏曲艺术成为当时京津地区普通百姓文化生活的重要组成部分。加之乾隆皇帝下江南时，曾沿南运河行至杨柳青镇，见运河两岸杨柳繁茂，婀娜多姿，甚为欢喜，杨柳青更有了"天子之渡"的美誉。实力雄厚而又敢为人先的杨柳青人便看中了"戏出"这一艺术市场，他们不惜花重金聘请有名的画师亲临戏园观摩名角的演出，让当时戏曲舞台上流行的精彩故事以情节瞬间的时空定格留在了美丽的画面上。戴廉增画店就曾在北京开设分店"增华斋"，请杨柳青年画艺人到京暂居店中，创作京城人们喜爱的画样。由此，我们可以通过梳理杨柳青戏出年画对戏曲故事情节瞬间的刻绘，了解年画艺术对戏曲故事和舞台演出的接受情况。

通过对杨柳青"三国戏"题材年画的梳理，我们可以看到，就故事题材而言，戏出年画呈现舞台情节最多的当属以"龙凤呈祥"为中心的故事，据笔者不完全统计，以此情节为表达中心的年画作品共二十二幅，包括两幅条屏中的"孙夫人回荆州"片段；其次是以"长坂激战"为中心的故事情节，以此为表达中心的年画作品共十三幅，包括年画《代唱三国叹十声》中的一个"单骑救主"片段和二幅条屏中的"长坂坡"片段。通过对这两类题材年画作品的梳理与解读，可以大致呈现杨柳青木版年画对三国故事与三国戏出的接受情况。

一、以"龙凤呈祥"为核心情节的戏出年画

京剧传统剧目《龙凤呈祥》是一出以喜庆吉祥著称的剧目，深受观众的喜爱，久演不衰。该剧取材于《三国演义》第五十四回"吴国太佛寺看新郎，刘皇叔洞房续佳偶"和第五十五回"玄德智激孙夫人，孔明二气周公瑾"，叙演刘备过江迎娶孙权之妹孙尚香的故事。该剧包括《美人计》《甘露寺》《回

---

① 《杨柳青年画之现状》，《经济半月刊》，民国十六年（1927），第一卷第三期。

荆州》等折子戏。杨柳青出品的戏出年画有很多经典之作都是围绕着此剧而展开刻绘的,这类画作包括十一幅《回荆州》,六幅《龙凤配》,二幅《东吴招亲》,一幅《甘露寺》,一幅《胭粉计》,一幅画题不详,分别展示了相应戏出的故事场面。

以"回荆州"为主题的戏出年画所刻绘的情节瞬间,有八幅主要体现赵云保护刘备和孙尚香乘车离开东吴、回转荆州的一幕。这场戏又名"跑车",三个主要角色连同推车侍女,载歌载行,构成了一个视觉效果十分优美的舞台画面。梅兰芳曾经与余叔岩、马连良、杨小楼等名角合作,共演此剧。这几幅年画中,有五幅还刻绘了东吴丁、徐二将的形象,包括三幅主要呈现孙夫人斥责丁、徐二将的场面;两幅主要呈现的是赵云以其龙腾虎跃、威武大气的大将风范震慑二将的场面;还有一幅刻绘有孔明的形象,主要呈现赵云已经护送刘备、孙尚香二人来到江边,孔明驾船来接的场景。还有一幅条屏的截图,只绘有刘备一人拱手站在江边的年画,条屏的另一半已不可见。

另有两幅刻绘的是这出戏中刘备听闻曹操起兵而神色大惊的"闯宫"一场,其中《回荆州》(清,横四裁,23cm×33cm)一幅最为精彩。年画正中置一方桌,铺红色桌帷,桌上摆放一只酒盅,点染着刘备沉迷酒色的故事背景,图右的赵云头戴武生盔,扎靠旗,身披墨绿色靠甲,腰佩宝剑,右手拉住刘备衣袖,左手做剑指,正举步迈向门外;刘备头戴皇帽,身穿黄色蟒袍,右手举袖抱头,做惊恐状,动作紧张;图左的孙尚香头戴凤冠,身穿红色宫装(古装),右手自然下垂,左手上举,伸出食指,指向上天,仿佛在听刘、赵二人对话之际思索离吴之计,表情镇定。此幅年画设色典雅浓丽,刀工劲道,笔法细腻,不仅精彩地呈现了剧中人物的身段动作和表情神态,服饰扮相也是刻绘精细,特别是赵云的铠甲,采用了套金版的技巧,更显气势磅礴,威风凛凛,堪称杨柳青戏出年画中的精品。

以"龙凤配"为主题的戏出画作所刻绘的情节瞬间,有五幅主要表现刘备"洞房见兵"的场景,这场戏颇富喜剧意味,孙尚香喜武,洞房中布满刀枪剑戟,侍女们也都全副武装,刘备进入洞房后见里面"杀气腾腾",不禁心中生怯,尚香见情,立刻撤掉兵器,洞房才显得温馨起来。这五幅年画中有四幅精彩地呈现了刘备由喜转惊、由惊转喜、惊喜交织的微妙表情变化,还有一幅条屏虽也是出于这一场戏,却没有刻绘刘备的形象,而主要呈现孙尚香独坐房中,等待刘备的场景。画面上孙尚香头戴凤冠,身穿霞帔,手拿折扇,独坐椅上。尚香身旁立一侍女,手提彩灯,望向尚香,似在表示已引刘备来到;尚香前方一名身着戏装宫女,腰佩宝剑,跪于方毯之上,似在回禀新郎在外,而不敢进入洞房。画面上摆有双凤障扇,雕花屏风,加之人物衣着华丽,显得典雅精美。

另有一幅年画主要表现的是刘备与孙尚香拜堂的场景,画面中间置一桌两椅,桌上铺着粉色绣花桌帷,上有粉色小帐,象征礼堂;桌子一侧坐着一位老旦,应是国太,另一侧立着一位老生,应是乔国老;左前刘备和孙尚香手执彩绸,正在行礼;旁边有捧盒侍女和提灯侍女侍奉左右,还有一位白衣佩剑小生,应是赵云。整个画面人物众多,色彩华丽,显得喜庆热闹。

以"东吴招亲"为主题的两幅戏出之作所刻绘的情节瞬间,也是刘备招亲后入洞房的场面。这两幅年画虽然背景写实,雕梁画栋,富丽堂皇,但刘备头戴皇帽,身穿黄袍,挂黑三髯口,脚蹬高方靴,可见是戏出打扮,让年画充满了戏剧意味。

以"甘露寺"为主题的画作所刻绘的是刘备举剑砍石,以示盟誓的场景。画面中间有一方桌,铺着粉色桌帷,主要人物旁边都标有姓名,是杨柳青戏出年画的经典画样。画面右侧刘备头戴皇帽,身穿红色褶子,左手提衣襟,右手握剑举过头顶,目视脚下石块,欲奋力砍下,以表决心。对面的孙权头戴皇帽,身穿黄袍,勾脸挂髯。赵云站在孙权身后,他头戴武生盔,扎黄色靠甲,红色彩衣,插靠旗,挂粉色靠绸。二人目视石块。画面左侧乔国老头戴官帽,身穿官袍,左手捋髯,目视刘备。画面亦动亦静,颇富艺术张力。

以"胭粉计"为主题的画作所刻绘的是赵云陪同刘备过江,东吴大将周泰、蒋钦前来追赶的场景。画面上远山重叠,长江之水波浪起伏,两只船头交错其间,左侧的船上站立东吴大将周泰、蒋钦,二人扎靠插旗,各握长矛,做追赶打杀之架势;右侧的船头,诸葛亮手持羽扇,向周、蒋二将双手打拱,赵云站在诸葛亮背后,也是身披靠甲,手持长枪,做抵挡武将的护卫之姿。船舱内,刘备举目在望东吴的追兵。画师在苍茫的山水之间,设置了两艘战船进逼交锋的场景,以反衬的手法呈现了故事情节的紧张气氛。东吴战船上的两位大将勾脸挂髯,怒目而视,工架劲道有力;刘备的船头诸葛亮拱手有礼,赵云英勇护卫,二人一静一动,一文一武,更是充满了浓厚的戏剧性。年画虽为线版,却以丰富的画面内涵令人无限回味,百看不厌。

还有一幅画题不详的作品出自清末的同治—光绪年间,现藏于日本,描绘的是吴国太正在劝说女儿嫁给刘备的场景。

传统剧目《龙凤呈祥》是旧时逢年过节搭台唱戏时人们必点的"吉祥戏",皮黄戏初兴时就已经活跃在了戏曲舞台之上。据《道咸以来梨园系年小录》记载,道光四年(1824)庆升平班所演的二百七十二出剧目中,便有了《甘露寺》。咸丰十年(1860)英法联军入侵北京,咸丰帝逃往避暑山庄,仍有逸乐之心,次年四月从北京戏班中挑选了二十名优秀伶人去承德行宫承应,专为咸丰唱戏。据《清升平署志略》记载，这些伶人共搬演了一百出戏，都是"乱弹"的剧目，其中也有《甘露寺》。可见《甘露寺》一出无论在民间还是在宫廷都广受欢迎。

清光绪二十二年（1896）青衣陈德霖、刀马旦余玉琴、老生迟运清三位老板成立福寿班。该班阵容强大，先后有生行贾红林、小生陆华云、旦角王瑶琴、老生许荫棠、武生俞菊笙等名角加盟，排演了许多首尾相连、故事性强的连本戏，其中就包括整合了"甘露寺""美人计""回荆州""芦花荡"的《龙凤呈祥》。作为京剧盛会的常演剧目，《龙凤呈祥》之所以深得人心，主要是因为它行当齐全、场面宏大、情节紧凑、引人入胜，而且喜庆祥和，适合节庆的气氛。以装饰年节为主要功能的民间年画往往寓意吉祥喜庆，自然对这一主题借鉴更多。

特别值得一提的是，京剧《龙凤呈祥》的精彩看点有很多，包括老生（刘备）在甘露寺相亲时有一大段西皮唱腔，旦角（孙尚香）在洞房中的一大段慢板唱腔，等等。而杨柳青木版年画对"龙凤呈祥"戏剧主题的呈现，则有五幅集中表现了刘备"洞房见兵"这一更具喜剧性意味的紧张情节。可见杨柳青戏出年画刻绘舞台演出场景也是有选择性的，这种选择所呈现的即是杨柳青木版年画对三国故事和戏曲舞台的接受情况。之所以会出现这种接受的倾向，主要是因为民间年画属于一种大众传播媒介和装饰年节的商品，其受众主要为城镇居民和乡村民众。对于这些下层民众而言，他们文化水平普遍不高，大部分都不能识文断字。日出而作，日落而息，周而复始的繁重劳动所积累下的生存压力终于可以在年终得以释放，故而，他们在农历春节选择装饰家居环境的物品大多是浅显易懂而又轻松活泼、色彩明快而又趣味性强的形象化艺术产品。因此，民间年画为了追求更大的销量，必然会主动接受民间视角与社会心理，也更善于体现并引领城乡民众的欣赏习惯，为了满足广大民众对美好生活的向往，像"龙凤呈祥"这样寓意美好、"洞房见兵"这样情节生动而又富于喜剧意味的戏出自然会成为年画创作的首选题材。

二、以"长坂激战"为核心情节的戏出年画

据笔者不完全统计，杨柳青戏出年画中呈现"长坂激战"主题的作品共十三幅，包括两幅条屏，这些画幅的故事情节取材自《三国演义》第四十一回"刘玄德携民渡江，赵子龙单骑救主"，包括十幅以"长坂坡"为题的画作和三幅以"赵子龙单骑救主"为题的画作。

"长坂坡之战"是三国故事中的经典桥段。在"长坂坡之战"中，刘备兵马被曹军围住，糜夫人、甘夫人和阿斗被乱军冲散，危急关头，赵云单枪匹马

冲入曹军阵中,全然不惧曹操骁锐的虎豹骑,先救出糜竺、简雍、甘夫人等人,又杀入重围,寻找糜夫人。找到糜夫人时,她已身受重伤,不能行走,赵云请其上马,为减轻负担,冲出乱军,糜夫人不肯上马,将阿斗交托赵云后投井自尽。赵云怀抱阿斗,夺获夏侯恩所佩的曹操宝剑青釭剑,斩将突围,救出阿斗,交与刘备,上演了一出"长坂坡单骑救主"。刘备见赵云血染征袍,负伤归来,接过阿斗,将其摔在地上,怒曰"为此孺子,几乎损伤大将",君臣感泣。后人有诗曰:"红光罩体困龙飞,征马冲开长坂围。四十二年真命主,将军因得显神威。"由此,也成就了赵云忠勇义烈的舞台形象。

杨柳青出品的十三幅以"长坂坡"为主题的戏出年画分别展示了这个故事中的四个情节:一是赵云怀抱阿斗,以单骑力战曹营数员上将的场景,共九幅;二是糜夫人托子的场景,共两幅;三是刘备携家眷百姓行至长坂坡,曹操大军已经追至,血战即将开始的紧张场面,一幅;四是刘备摔子的场景,一幅。

三幅以"赵云单骑救主"为主题的戏出画作,包括两幅背景写实、人物戏装扮相的作品,和一幅没有背景、仅呈现人物形象的作品。无论是否有背景,年画都精彩地刻绘了赵云怀抱阿斗,血战众将的精彩打斗场面。除了其中一幅民国时期的作品赵云形象为武生扮相外,其他几幅均是扎靠武生扮相,这些作品中的赵云头戴武生盔,身穿靠甲,扎靠旗,脚蹬高方靴,一手提枪,一手奋力挥舞青釭剑,正在与曹营众将激战。而且,画师还在赵云头上绘出祥云,云中一条巨龙盘桓,既暗示了赵云怀中所抱乃真命天子,也彰显了赵云长坂激战的神力,突出了他"常山一条龙"的威猛。

《长坂坡》是传统戏剧中的优秀剧目之一。清末著名京剧武生演员杨小楼擅演此剧,他气度大方,嗓音洪亮,道白清楚,开打利落,英毅沉着,器宇轩昂,并因演出了《长坂坡》中赵云的英武形象,而被时人誉为"活子龙"。天津戏剧艺术家李相心在《津门菊坛轶话》中谈及天津人对杨小楼的热捧逸事时曾讲道:"小杨猴子饰赵子龙,出场银枪白铠,仪表魁伟,唱、念、做、打无所不精,几次突围开打,在乱军之中全身披挂的靠旗、靠杆、靠牌子等不卷不叠,有条不紊。其他身段如中箭、投井、抓帔、接阿斗、陷坑落地岔等,皆有独到之处,从此小杨猴又在天津获得一个绰号'活子龙'。"① 由此可见杨小楼扮演的《长坂坡》一出在当时京津戏剧舞台上受欢迎的程度。

传统剧目《摔子惊曹》(又名《汉津口》)一般与《长坂坡》连演,也是杨小

---

① 李相心:《津门菊坛轶话》,见天津市政协文史资料委员会编:《京剧艺术在天津》,天津人民出版社,1995年,第282页。

楼着力刻画赵云忠勇耿直性格的一场重头戏。据"关剧宗师"李洪春回忆：早年杨小楼在宫中当差时，这场戏会换一身彩靠，在白靠上洒有红色，表示七进七出、血染征袍的意思。后来不穿彩靠便以演唱为主，"血染了战白袍甲印红印，乱军中救不出糜氏夫人，见主公忙下马慌恐不定！主公啊！失家属云之罪万死犹轻"，这几句散板一出，便把赵云因没有救出夫人而内心愤恨愧疚的心理，栩栩如生地表达出来了。特别是在见到刘备要摔死阿斗的那一瞬间："脸上的惊愕、悲痛，身上的急速震动，唱腔中的悲音，话白中的感情，一气贯通，把赵云'纵然是碎肝脑也难报恩'的英雄气度尽情地表现了出来！"①杨小楼的"长坂坡带摔子"成为冠绝一时的经典剧目。

杨柳青戏出年画中有一幅《长坂坡》（清，横四裁，22.5cm×40cm，线版）刻绘的便是"刘备摔子"这一出。画面上，刘备居中，赵云在左。刘备头戴风帽，身披斗篷，内穿马褂、龙箭衣，腰系鸾带，足登高方靴，作行军打扮。此时正双手分开，掌心向外，已把阿斗掷于地上。画面左侧的赵云头戴武生盔，身穿靠甲，扎靠旗，单膝跪地，忙做抱起状。在这幅年画中，赵云的身段表情也精彩地呈现了剧中人物复杂的内心。此幅虽为线版，不能呈现戏装的具体色彩，但是人物扮相却刻绘得十分精细，各自的身段之美、表情神态也都完美地呈现出来，也是一幅将戏曲演出场景刻绘得活灵活现的精彩制作，让人不禁直接联想到杨小楼在演出此剧目过程中的精雕细琢。

此外，清代同、光年间被誉为"武戏之主脑""文戏之北斗"的杨月楼，光绪年间赴各地农村演出而深受农民欢迎的尚和玉，以及后来的著名武生候喜瑞、李宝奎、俞菊生、高盛麟等都曾在《长坂坡》《单骑救主》等剧目的表演中精彩地扮演赵云形象，也纷纷赢得"活子龙""活赵云"等美誉。亦可见出，以"长坂激战"为核心情节的戏出在昔日戏曲舞台上的活跃程度。

清代咸丰到光绪年间，随着茶楼、戏园的相继出现，京剧艺术逐渐定型，名伶辈出，剧目日新，深受广大人民群众的喜爱。杨柳青的地理位置毗邻京津，为画师观赏戏曲提供了便利。许多年画作坊的老板，为了刻绘出优美真切的戏出年画，实现畅销，更好地营利，往往不惜重金请有名画师现场观剧，临场作画。因此，以京剧艺术为题材的木版年画获得了空前的发展。特别是光绪年间，随着京剧艺术的日益流行，戏出年画也越来越精彩地呈现了京剧的艺术特点，既有在山水实景的画面中刻绘戏出人物的作品，也有直接呈现舞台布置、描摹现场演出的作品，戏剧表演过程中最精彩的情节瞬间、最动人的舞台场景，都集中地呈现在了画面之中，文戏细腻优美、武戏威猛灵

---

① 李洪春：《京剧长谈》，中国戏剧出版社，1982年，第117页。

活,精彩夺目,令人百看不厌。

杨柳青出品的戏出年画除上文所讲"龙凤呈祥"为最经典主题,紧随其后的便是以"长坂激战"为主题的画作。这类武打场面成为杨柳青戏出年画题材选择的首要倾向,主要有三方面原因:一是因为杨柳青镇具有毗邻京城的地理优势。作为年画重镇,杨柳青距离京城不足百里,自明朝始便有杨柳青画师供奉于宫廷,清朝则多入"如意馆"听命。努尔哈赤的次子礼亲王代善的第六世孙昭梿著有《啸亭杂录》十卷,《续录》五卷,其《续录》卷一有载:"如意馆在启祥宫南,馆室数楹,凡绘工、立史、雕琢、裱褙贴轴之类诸工匠皆在焉。"①其中便有杨柳青年画师,如张祝三、高桐轩等,他们常年留在京中候旨,为宫中贵人写真画景。这些技艺精湛的年画师也常常在廊房头条胡同、隆福寺街等商贾云集、游人众多的商住聚集地绘制彩灯壁画等精工细活。杨柳青的年画艺人得以出入宫闱禁地,行走于繁华街区,必然更容易感受时代风气之先,无论是题材的选择还是形象的刻绘,都表现出对宫廷趣味和京城时尚更加直接、更加广泛的艺术接受。

二是因为武打戏出在清末戏曲舞台的异常活跃,拥有敏锐艺术直觉的杨柳青画师们为了刻绘新鲜画样,引领时代风尚,必然会选择戏曲舞台上最受欢迎的剧目、广受追捧的戏出。清代同、光以后,京剧艺术不断发展成熟,从生行中明确独立出武生这一行当,涌现出了像俞菊笙、杨月楼等不同艺术风格的杰出人才,武打的程式更加注重动作身段的规范与美观,开打场面往往锣鼓喧天,引人入胜,戏中人物表情心理的刻画也更细腻入微,获得了广大观众的热切喜爱。随着武打戏出在京津戏曲舞台上的活跃,杨柳青的画师们也创作了大量像《长坂坡》《单骑救主》这类表现武打场面的戏出作品,无论是短打武出,还是长靠武出,都刻绘得十分精良。可以说,杨柳青戏出年画对这些武打戏出的刻绘,也在某种程度上印证了京剧艺术中的武打戏出深受城乡百姓欢迎的史实,呈现了京剧艺术发展史的一个侧面。

三是因为年画的消费群体中有相当一部分是城市贫民或乡村民众,而武打场面则正是这些生活在社会底层的劳苦民众特别喜爱的内容,诚如廖奔、刘彦君所讲:"普通小民与文人士大夫的审美情趣是不一样的,他们不喜欢看那些掉书袋子、卖弄学问的戏,文人在昆曲传奇中津津乐道的书生小姐的姻缘艳遇,离普通人的生活太远,也提不起他们的兴趣。一般民众喜欢看的是那些情节紧凑、故事集中、舞台戏剧性强的戏,喜欢看动作戏、鬼戏、武

---

① （清）昭梿:《啸亭续录》卷一,江苏广陵古籍刻印社,1984年,第323页。

戏、功夫戏。"① 可以说,武生戏中,英武俊逸的扮相、威严轩昂的气度、技艺超绝的武功,以及惩恶扬善、扶助弱小的大义之举,等等,都深得民众之心。加之年画的创作主体与欣赏主体往往是同一的,他们同属于一个社会阶层,生活在同一的社会氛围之中,拥有相近的审美趣味与文化意识,因此,杨柳青诸乡的年画店在这一历史时期大量刻绘了呈现武打场面的戏出场景,"年画中这种痛快淋漓的内容,英姿跃跃、武貌动人的热闹形式,也是最适合于兴致豪爽的广大劳动人民所喜爱"②。这样,建筑于繁华都市的茶园戏楼可以满足市民阶层的文化要求,而散居乡间的广大农民,便可以从年年换新的戏出年画中寻求戏剧体验。

通过对"龙凤呈祥"和"长坂激战"这两类数量最多的戏出年画的梳理,我们可以看到,杨柳青木版年画对《三国演义》原著和"三国戏"舞台演剧的接受情况大致受到年画自身作为民间工艺的社会属性,以及清代中晚期戏曲舞台发展概况这两个方面的影响。为了更鲜明地呈现杨柳青木版年画对"三国戏"舞台演剧的接受情况,我们将杨柳青出品的"三国戏"年画按照呈现情节的数量多少对排名前几位的作品进行了排序,详见下表:

---

① 廖奔、刘彦君:《中国戏剧发展史》第四卷,山西教育出版社,2000年,第108页。
② 王树村:《中国民间年画史论集》,天津杨柳青画社,1991年,第34页。

表3:杨柳青木版年画对"三国戏"的接受情况

序号	主题	数量	画幅
1	龙凤呈祥	二十二	《龙凤配》(清代,贡尖,61.5cm×107cm,廉增戴记)、《龙凤配》(清末民初,横三裁,30cm×50cm,庆源号画店)、《龙凤配》(民国,贡尖,57cm×106cm)、《龙凤配》(民国,横三裁,33.9cm×57.8cm,增兴画店)、《龙凤配》(清末,方子,隆合画店)、《龙凤配》(清,条屏)、《东吴招亲》(光绪,贡尖,68.9cm×118cm)、《东吴招亲》(民国,贡尖,61cm×105cm)、《甘露寺》(清末,横三裁,万兴画店)、《回荆州》(清,横四裁,23cm×33cm)、《回荆州》(清,贡尖,64cm×108cm)、《回荆州》(清,贡尖,64cm×114cm)、《回荆州》(民国,横三裁,33.9cm×57.6cm,增兴画店)、《回荆州》(清,线版)、《回荆州》(民国,贡尖,61cm×102cm)、《回荆州》(清末,横三裁)、《回荆州》《胭粉计》(清,线版)、《三国演义单条屏》(清末民初,单幅条屏,33cm×110cm,祥顺画店)、《三国演义六条屏》(清末民初,条屏,33cm×36cm)、"画题不详"(同治—光绪)、《戏曲八出1》(回荆州)(贡尖,54cm×103cm)
2	长坂激战	十三	《长坂坡》(乾隆—嘉庆,横三裁,34cm×58cm)、《长坂坡》(清,横四裁,22.5cm×40cm,线版)、《长坂坡》(清,贡尖,63cm×113cm,健隆号)、《长坂坡》(民国,增兴画店)、《当阳长板(坂)坡》(光绪,贡尖,64cm×114.5cm)、《当阳长板(坂)坡》(晚清,贡尖,60cm×106cm)、《大战长板(坂)坡》(清末,贡尖,60cm×106cm)、《天河配 长坂坡》(清末,横三裁,35cm×59cm)、《赵子龙单骑救主》(清,贡尖,58cm×104cm)、《赵子龙单骑救主》(光绪,贡尖,58cm×105.5cm)、《代唱三国叹十声》(民国,贡尖,63.5cm×112.5cm)、《三国演义单条屏》(清末民初,单幅条屏,33cm×110cm,祥顺画店)、《三国故事条屏》(光绪,条屏,55cm×61cm)
3	全出群英会	七	《三国演义八条屏(1)》(清末民初,八条屏,62cm×110cm)、《三国演义八条屏(2)》(清末民初,八条屏,62cm×110cm)、《三国演义八条屏(3)》(清末民初,八条屏,62cm×110cm)、《三国演义八条屏(4)》(清末民初,八条屏,62cm×110cm)、《三国演义八条屏(5)》(清末民初,条屏)、《三国演义八条屏(6)》(清末民初,条屏)、《三国演义八条屏(7)》(清末民初,条屏)

序号	主题	数量	画幅
4	截江夺斗	七	《截江夺斗》(清末民初,横四裁,26cm×37cm,线版)、《赵云截江夺阿斗》(光绪版,贡尖,70.5cm×116cm)、《长江夺阿斗》(民国,增兴画店)、《长江夺阿斗》(清末,贡尖,56cm×99cm)、《长江夺阿斗》(清末,横三裁,29cm×48cm)、《夺阿斗》(清,线版)、《长江夺阿斗》(横三裁,35cm×55cm)
5	黄鹤楼	七	《黄鹤楼》(清末,横四裁,26cm×52cm)、《黄鹤楼》(清末,竖三裁,58cm×35cm)、《黄鹤楼》(清,线版)、《黄鹤楼》(清)、《黄鹤楼》(清,线版,齐健隆画店)、《三国故事炕围》(清末,炕围,35cm×56cm)、《戏曲八出2》(黄鹤楼)(贡尖,52cm×100cm)
6	让成都	五	《让成都》(民国,增兴画店)、《取成都》(清,横三裁,55cm×86cm,线版)、《取成都》(民国,石印)、《让城(成)都》(清,贡尖,57cm×104cm,齐健隆画店)、《让城(成)都》(横三裁,33cm×60cm)
7	八门金锁阵	四	《八门金锁阵》(光绪,贡尖,71cm×118cm)、《八门金锁阵》(民国,贡尖,59.6cm×107.6cm)、《八门金锁阵》(贡尖,62.5cm×107cm)、《大破金锁阵》(线版)
8	辕门射戟	四	《辕门射戟》(横四裁,26cm×38cm)、《辕门射戟》(清,横三裁,34cm×60cm)、《辕门射戟》(光绪,横三裁,34cm×60.5cm,荣昌画店)、《辕门射戟》(清末,贡尖,52cm×94cm)
9	取桂阳	四	《取桂阳》(民国,增兴画店)、《取桂阳城》(民国,横三裁,35cm×58.4cm,义兴合)、《提亲受辱》(清,条屏)、《三国演义六条屏》(清末民初,条屏,33cm×36cm)

第二节　画面形象的重构

20世纪70年代,美国著名文学批评家、耶鲁学派主要代表人物哈罗德•布鲁姆在其《影响的焦虑》(*The Anxiety of Influence*,1973)和《误读图示》(*A Map of Misreading*,1975)两部著作中提出了著名的"误读"理论,他认为任何对文学的"阅读总是一种误读",而"误读是一种创造性校正"①。

---

① [美]哈罗德•布鲁姆:《影响的焦虑》,徐文博译,三联书店,1989年,第31页。

布鲁姆在《影响的焦虑》中提出，诗歌的影响总是通过对较前一位诗人的误读而发生的，他还把文学影响史归结为对前辈误读、误解和修正的历史。在《误读图示》中，布鲁姆进一步完善了他"影响即误读"的理论，提出："影响不是指较早的诗人到较晚近的诗人的想象和思想的传递承续，影响意味着压根儿不存在文本，而只存在文本之间的关系，这些关系则取决于一种批评行为，即取决于误读或误解——一位诗人对另一位诗人所作的批评、误读和误解。"①布鲁姆强调这种"影响"过程中的误读、批评、修正、重写就是一种创造与更新，因此，误读与文本的经典化，特别是世俗经典的形成之间有着紧密而重要的关系，"相比较于宗教传统，世俗传统在情感、意愿和态度上，对天才入侵者更具开放态度"②。这样，文学史就必然是一部由误读所构成的阐释史。

哈罗德•布鲁姆被称为耶鲁四大批评家之一，他以诗歌误解和影响的焦虑理论更新了对文学传统的认识，更以其独特的批评实践与理论建构被英国当代著名西方马克思主义文学理论家特里•伊格尔顿誉为"过去十年最大胆、最富有创见的文学理论之一"③。布鲁姆的理论在英美批评界乃至国际美学界都引起了巨大的反响，也受到了我国学者的广泛重视，诚如学者王宁所讲："他（布鲁姆）对文学经典的构成和重构对比较文学和文学理论学者研究经典构成作出了重要的贡献。"④我们也可以借鉴布鲁姆的"误读"和"经典化"理论，来考察清代至民国年间杨柳青木版年画对《三国演义》原著书稿和"三国戏"舞台演出的"误读"与"创造性校正"，以阐释杨柳青戏出年画对《三国演义》这一世俗经典的"重构"现象，并进而呈现这种"接受""误读"与"重构"的过程得以发生的审美机制，以及其所引起的文化效应。

按照布鲁姆的观点，人们对前辈作品的重新选择和阐释，取决于误读者的思想、意图、视界、心境等。这些都可以看作对经典"误读"与"重构"的审美机制。对于杨柳青年画艺人来讲，他们对《三国演义》的故事情节，以及"三国戏"舞台场面的刻绘与摹写也是一样，既与他们的社会见识、艺术修养有关，也与年画的媒介特质和商业属性有关。

民间年画作为装饰年节的喜庆吉祥之物，在市井与乡村都广泛盛行，其

① [美]哈罗德•布鲁姆：《误读图示》，朱立元、陈克明译，天津人民出版社，2005年，第1页。
② Harold Bloom, *Poetry and Repression*, New Haven: Yale University Press. 1976. p.31.
③ Terry Eagleton, *Literary Theory: An Introduction*. Second edition, Black-well Publishers. 1996. p.159.
④ 王宁：《哈罗德•布鲁姆和他的"修正式"批评理论》，《南方文坛》，2001年第2期。

对《三国演义》原著故事与"三国戏"舞台演出的"接受"与"重构"等富于创造性的活动是否成功,在很大程度上会反映在年画的销售总额、销售范围及民间反馈的态度上。也就是说,在销售、流通机制发生作用的前提下,杨柳青戏出年画对《三国演义》原著故事和"三国戏"舞台演出的某些内容的"重构",并不是因为年画画师学识浅薄,读不懂文本,看不懂戏出,他们在画面上做出的创造性"修正",恰恰是遵从了年画艺术的审美机制,而自觉地对这些内容进行了符合自己艺术观念的再创造。

同时,年画艺人由理解、心境和美感等心理机制所促成的创新性"重构",又直接受到民间年画创作准则,也就是"画诀"的客观影响。画诀是民间画师在艺术实践的历代积累中,归纳出的一套创作方法和实用技艺,画师将它们总结为一套适合口耳相传的画诀,世代传承下来,决定并影响着年画艺术的创造。这些画诀可以说是年画艺匠赖以谋生的"秘辛"和教徒传艺的"范本",民间作坊里甚至有句俗语,说"能增十锭金,不撒一句春",这里的"春"即是画诀。世代传承下来的年画"画诀"基本也都是年画艺人通过口耳相传、师徒相授的形式得以保存下来,十分珍贵。

杨柳青年画作坊就是这类年画"画诀"得以传承的经典载体。杨柳青年画作坊里的画工,多出身于劳动人民,和其他手工艺匠人一样,属于工匠。他们的刻绘技艺就是依照前人口授的画诀世代传承下来的。这些年画匠人大多略通文墨,粗读过经史小说,加上技法上经师徒传递而掌握了一些诀窍,所以刻绘出来的作品也颇有风趣,各具特色。因此,杨柳青木版年画往往销量领先,极受欢迎。

据著名年画研究专家王树村先生回忆,杨柳青木版年画在创作中有三句核心要诀:"一、画中要有戏,百看才不腻;二、出口要吉利,才能合人意;三、人品要俊秀,能得人欢喜。"[①]所谓"画中要有戏",一是强调年画要有故事性,要耐看,令人百看不厌;二是年画所刻绘的场景一定是某一故事中最热闹、最关键的情节,引人入胜。这种题材选择,也十分符合平面艺术对时间艺术的恰当转换,诚如李昌集、张筱梅所讲:"由于绘画只能表现瞬间性时空状态,因此戏曲图像必须选取'最精彩'的'点'出像。这一'选择',实际上就是对戏曲故事的一种解读。"[②]所以,传统年画所选用的题材中往往以历史传说、戏出故事所占比例为重,而画面形象也多是经典的场景,如"三国戏"中的《长坂坡》《龙凤配》,《白蛇传》中的《盗仙草》《雄黄阵》等。所谓"出口要吉

---

① 王树村:《中国民间年画史论集》,天津杨柳青画社,1991年,第243页。

② 李昌集、张筱梅:《戏曲的凸显传播:一个值得关注的课题》,《文学遗产》,2007年第2期。

利"，强调的是年画的标题要顺口且好听又含有吉祥喜庆的意味，带着吉祥话，切合人意，这种让人一看到标题就感觉到吉利的年画，其所表现的内容也往往是喜庆热闹的，这种审美心理代表了旧日广大下层民众对美好生活的追求与向往。所谓"人品要俊秀"，强调的是杨柳青木版年画特别重视对画面人物头脸的刻绘，所以杨柳青木版年画中有很多美女、娃娃题材的作品，都很俏丽动人，不仅眉清目秀、惹人喜爱，神态动作也富有情趣，耐人端详；另一方面，人品俊秀也包含着杨柳青木版年画在人物构图上的巧妙安排，人物较多的作品讲究真假虚实，宾主聚散，对于要重点表现的核心人物，往往放在画面中央，并且给予俊秀的正面表达。

依据这三条核心要诀，我们可以简明扼要地梳理出清代中期至民国年间杨柳青"三国戏"年画对《三国演义》原著书稿和"三国戏"舞台演出在故事内容、戏剧情节等方面的"接受""阐释"与"重构"的过程，进而呈现一种建立于民间美术与语言艺术和场上表演三种媒介之间的差异基础上的刻意"误读"，及其所迎合并积淀的京津民众的思想观念、艺术期待与审美视野。

一、画中要有戏——杨柳青戏出年画对故事气氛的烘托

作为一种在民间广为流传的造型艺术，杨柳青戏出年画在人物情节的设计中，特别强调"有戏"，注重故事性和耐看度，往往能在静态的画面上展示出瞬间的动势，呈现出情节最紧张的刹那，透露着令人回味无穷的情节韵味。诚如王树村先生所讲，"戏出年画不只是剧照，而是具有画师独特心思、意念的图画，是戏曲艺术和版画艺术的结晶"[①]。画师的这些独特心思和意念，也成为他们"接受"并"重构"舞台故事的创意源泉。就三国戏年画而言，杨柳青的画师们虽临近舞台即兴创作，有着相当程度的"传真"价值，但也有部分年画，并未按照《三国演义》和三国戏出的固有情节进行准确刻绘，这也许并不一定是当时演剧的改变，而更有可能是杨柳青画师的后期创作。

杨柳青戏出年画中有一幅《长坂坡》（清，横四裁，22.5cm×40cm，线版）刻绘的正是"长坂激战"之后"刘备摔子"的场景。画面上，刘备居中，赵云在左，张飞居右。刘备头戴风帽，身披斗篷，内穿马褂、龙纹箭衣，腰系鸾带，足登高方靴，作行军打扮。此时他正双手分开，掌心向外，已把阿斗掷于地上。赵云头戴武生盔，身穿靠甲，扎靠旗，单膝跪地，忙做抱起状。张飞亦是戴盔扎靠，插靠旗，勾脸谱，插耳毛，挂开口髯，腰挂利剑，双手分抒髯口，腿做弓步。三个角色一字型排列，展示了各自的身段之美。

---

① 王树村：《戏出年画》（上卷），北京大学出版社，2007年，第9页。

按照《三国演义》原著书稿的故事情节,在"刘备摔子"的过程中,张飞并不在场,然而这幅杨柳青戏出年画却增加了张飞一角。这样的安排不仅使画面构图更加紧凑、故事情节更加丰富,也可以使人联想到张飞在长坂坡之战中"当阳桥上一声吼,呵退百万曹军"的精彩情节,十分耐看。这种画面形象对原著故事的"重构",既可能是杨柳青画师的贯通创作,也可能是戏剧表演本身对三国故事的创新,而被杨柳青年画师描摹了下来,具体情形如何,有待进一步考证。在演剧资料并不充分的情况下,我们姑且将之看作杨柳青画师为了凸显画面情节,而对原作进行的改变。

戏出年画《截江夺斗》(清末民初,横四裁,26cm×37cm,线版)刻绘的是京剧传统剧目《截江夺斗》(一名《拦江截斗》)的情节瞬间。此戏乃武生重头戏,唱念做打繁重。杨柳青戏出年画再现了此戏舞台演出的精彩场面。剧目以一桌一椅代表吴船,年画也完整地显示了戏剧演出中道具使用的程式化与象征性特点。画面右侧孙夫人头戴风帽,身披斗篷,怀抱阿斗,坐在紧靠条几中间的椅子上,象征母子坐在船舱内。张飞、赵云正跳上吴船,夺救阿斗。张飞亮相于画面中间,头戴扎巾盔,插耳毛,挂开口髯,勾脸谱,扎靠旗,身穿靠甲,腰挎宝剑,脚蹬高方靴。右脚抬起,左脚单足立地,左手掏髯口,右手持枪,做斜垂式。画面左侧,赵云正飞身跃进吴船,他头戴武生巾,扎靠旗,披靠甲,右手握剑,挥臂上舞,左手持枪,指向右下方,脚蹬高方靴,做弓箭步,立于张飞斜后方。

此图画面上虽然没有题名,却令人一看便知是"夺斗"一幕。画面正中张飞的工架姿势,与画面左侧赵云扬剑舞抢的做工,以及二人飞舞的靠旗,都渲染出紧张的气氛。孙夫人坐于画面右端,则显现出女性的沉静之美。一动一静之间,画面充满了巨大的艺术张力,也传达出了杨柳青戏出年画的精致与美感。此外,按照戏剧演出情节,张飞赶到时,赵云已夺回阿斗,而年画则描绘张飞、赵云二人同在船中,阿斗却还抱在夫人怀里。这也许就是为了画面表达的需要,画师对戏剧情节做了改动,由此呈现出来杨柳青木版年画为强调"有戏"而对原作进了巧妙的"重构"。

京剧传统剧目有一部《群英会》,包括"蒋干中计""草船借箭""打黄盖"等情节,故事取材于《三国演义》第四十五回"三江口曹操折兵,群英会蒋干中计"至第四十八回"宴长江曹操赋诗,锁战船北军用武"。故事讲三国时,曹操亲率八十万大军南下入侵东吴,诸葛亮奉命到东吴与周瑜共商联合抗曹事宜。曹操特派谋士蒋干过江打探消息。蒋干乃周瑜故友,周瑜知其有劝降之意,便将计就计,设群英会予以款待,约定席间不谈军情。酒过三巡,周瑜佯醉,与蒋干同室而眠,被蒋干盗去假书信,使得曹操杀死自己的水军将领蔡瑁、张允。但曹操随即发觉中计,于是又令蔡瑁弟弟蔡中、蔡和诈降东吴。此间,周瑜因妒忌诸葛亮才干,故意为难于他,命他三日内造出十万箭只。大雾之夜诸葛亮乘草船渡江,使得曹操疑有吴兵进犯,于是万箭齐发,诸葛亮遂得十万支箭,交与周瑜。

周瑜知蔡中、蔡和来降有诈,与黄盖定下苦肉计,让其假意投曹。次日,周瑜鸣鼓,将诸将汇于帐下,发号施令,黄盖不从,并以言相讥,周瑜大怒,下令速斩。诸将官苦苦求情,黄盖被打了五十脊杖,皮开肉绽,鲜血迸流。孔明在座明察秋毫,故而袖手旁观,未发一言。周瑜与诸葛亮议定以火攻曹。庞统利用蒋干降曹后献连环计,使得曹军战舰锁连成排。诸葛亮在南屏山设坛借东风,黄盖以投降为名乘船进入曹营,火烧战船,同时,吴军与蜀军夹击攻曹,歼灭了曹操八十三万人马,奠定了三国鼎立的局面。

该剧目是三国戏中的经典之作,几乎包括了生行、净行、丑行等京剧中除旦角以外的所有类别,历来最能荟萃名角,曾集中了谭派、马派、叶派、张派、裘派的梨园大家,为人津津乐道。滇剧、湘剧、徽剧、汉剧、豫剧、秦腔也都有此剧目,川剧有《苦肉计》,河北梆子有《蒋干盗书》,同州梆子有《打黄盖》。

杨柳青戏出年画中也有一幅《苦肉计》(民国,增兴画店),刻绘的即是周瑜打黄盖的情节。画面左端周瑜戴盔,穿玉带官袍,插翎子,挂狐尾,双手掬翎子,右脚站在椅上,左脚立地,剑眉倒立,怒视黄盖;黄盖戴盔,勾脸,挂髯,已卸上甲,双手提起下甲,单膝跪于地上,回望周瑜。一旁的士兵已准备好棍棒,准备杖责。画面右端是诸葛亮与鲁肃等人在观望。诸葛亮头戴八卦巾,身穿八卦袍,坐在案前,手持羽扇,面带微笑;桌前的鲁肃戴官帽,穿官袍,左手向右指,似在与诸葛亮谈论周瑜杖责黄盖一事。画面左右一动一静,呈示了精彩的故事情节。

传统京剧为了适应舞台表演对小说做了适当的修改,《苦肉计》这出戏,除了戏曲道白更加通俗外,为了避免呆板,便于演员表演,还将诸葛亮"袖手旁观"改成了"在一边吃酒"。但此幅年画却保留了"袖手旁观"的姿态,这也许正是因为年画作为视觉艺术更有利于表达人物心思,而无须在动作上多加改动,所以呈现了《三国演义》的原著面貌,却"重构"了戏曲舞台的演出内容。

戏出年画《箭射蓬索》(民国,增兴画店)刻绘的是京剧传统剧目《借东风》(一名《南屏山》)的精彩情节。画面左端为蜀船船尾,孔明头戴八卦巾,身穿八卦袍,手持羽扇,坐于舱内,赵云则立于船板之上,他头戴武生盔,扎靠甲,插靠旗,系靠绸,脚蹬高方靴,左手拈弓,右手搭箭,箭在弦上。似如罗贯中《三国演义》所写,徐盛追赶将至,赵云拈弓搭箭,立于船尾大叫曰:"吾乃常山赵子龙也!奉令特来接军师。你如何来追赶?本待一箭射死你来,见得两家失了和气。教你知我手段!"船尾处坐一兵士正在扬帆。画面右端为吴船船头,船上站立两位大将,一将戴盔,穿马褂,挂黑三髯口,左手持矛背于身后,右手出掌,指向前端,做左弓步,为追赶喊话之意,此为丁奉;另一骁勇武将立于其身后,戴盔扎靠,插靠旗,挂黑满髯口,双手举枪高于头顶,亦做左弓步,此为徐盛。远处旌旗招摇,追兵逼近,渲染着画面的紧张气氛。按照三国故事的情节,此时丁奉应于陆路追击,不应在船上,为了烘托画面的紧张气氛和凸显赵云的英勇无双,特将武将追兵增加为两人,也让画面形象更加生动耐看。

通过我们对杨柳青三国戏年画"重构"《三国演义》的原著情节和"三国戏"舞台演出的具体场面的几个案例的欣赏与解读,可以看出,为了遵循"画中要有戏"的创作口诀,杨柳青的画师们或者对《三国演义》的原著情节进行了"重构",增加了原来并不存在的人物形象,或者对"三国戏"舞台演出进行了改写,对故事情境进行了重新设定。这些再创造的过程虽然与原著或戏出并不十分吻合,却也恰当地呈现了民间年画在渲染气氛的手法上所经常使用的真假交融、虚实结合的创作惯例,可以称得上是巧妙的构图,别具一格的佳作,甚至为更加明确地呈现《三国演义》的主题思想、更加完备地设计"三国戏"的舞台演出做出了可贵的尝试和勇敢的创造。

二、出口要吉利——杨柳青戏出年画对吉祥喜庆的追求

杨柳青木版年画继承了宋、元绘画的传统,采用木版套印和手工彩绘相结合的方法,创立了鲜明活泼、喜气吉祥、富有感人题材的独特风格,具有笔法细腻、人物秀丽、色彩明艳、内容丰富、形式多样、气氛祥和、情节幽默、题词有趣等特色,民间艺术的韵味浓郁,富于中国气派。作为维系津沽民众情感的纽带,杨柳青木版年画也承载着广大民众对生活、对美、对艺术的观念倾向。这其中,人民对吉祥喜庆的追求,积淀为杨柳青木版年画创作中"出口要吉利"的画诀。画师在创作各类题材的年画时,往往以此为出发点,通过一系列的寓意联想,把广大人民群众所期待的美好生活寄寓在画面的视觉形象中,从而唤起审美主体心灵上的愉悦、情感上的共鸣。例如将年画的题目命名为谐音吉祥寓意的字眼,或者在画面色彩上以明艳亮丽的图案渲染年节的气氛,或者在构图上用四平八稳的结构来呈现对称成双的美好寓意。这些巧妙的匠心,也启发了杨柳青戏出年画对《三国演义》原著故事和"三国戏"舞台形象的再创造。

戏出年画《孙夫人祭江》(清代,横三裁,33.3cm×59cm)取材于清代乱弹剧目,又名《别宫祭江》。该年画正中设一桌案,铺兰花图案红绿配色桌围,案上放着两只烛台,分别点燃红烛两支,中间置一香炉,以示焚香祭拜。画面上的孙夫人身穿色彩华丽的圆领云肩古装,立于案前。身后站一侍女,头戴粉色凤帽,红衣粉裙,古装打扮,手持车轮旗,象征推车之意。桌旁立一丑扮执事官吏,头戴圆翅纱帽,身着蓝色官衣。画面上方有题诗"先主兵归白帝城,夫人闻难独捐生。自今江畔遗碑在,犹著千秋烈女名",提示着此画"祭江"的主题。

按照传统戏曲舞台的表演程式,此剧中孙夫人的定型妆、扮为显祭祀场合而有白色装饰,据王佩林《京剧舞台服饰应用汇编》讲,剧中孙夫人以黄色秀凤团帔为主,配以皎月色素衬褶子,白色绣花腰包,赶场时着白素绣边褶子,白色秀凤团女蟒,戴白绒球凤冠,穿白彩鞋,系白绸。[①] 此年画中的孙夫人却身穿黄色绣花团帔,戴粉色绿穗云肩,蓝色袖口与红色裙带都有兰花图案装饰,绿色腰包与红色裙带相衬,显得异常浓艳。画面上的人物均为彩妆打扮,桌案布置也用了华丽颜色,红色桌帷点缀着兰花图案,显得秀丽而雅致,甚至祭祀用的道具蜡烛也使用了红色,红色蜡烛与金色烛台和金色的香炉相辉映,彰显出一派富丽堂皇的锦绣气象,这些形象都与《三国演义》原著和《别宫祭江》一剧的凭吊气氛不甚相符,而更倾向于年画本身所具有的装饰年节、以示喜庆的民俗功能。

就题材而言,戏出年画对于所要选刻的戏出内容,在本质上并没有严格的规范,但是,因为年画的主要功能是为了贺年,所以,极端苦情的悲剧或者会有不吉祥联想情节的戏出,便往往会落选。即使有些剧目,如《孙夫人祭江》这类,舞台上的演出可能也是以祭奠先人的苦情戏为主,但年画师们在进行年画创作的时候,有意无意地对戏出进行"误读"和"重构",经过画面上的改造,一下子冲淡了这种会有不吉利联想的感觉,反而在表现戏出的过程中呈现出了一种华美的意趣,大大削弱了剧目本身所具有的悲剧意味。

戏出年画《三顾茅庐》(民国,贡尖,63cm×111cm,杨柳青年画馆藏)取材于京剧传统剧目《三顾茅庐》(一名《卧龙岗》),《庆升平班戏目》有所著录,该剧故事源自《三国演义》第三十七回"司马徽再荐名士,刘玄德三顾草庐"。川剧、秦腔、豫剧、河北梆子、同洲梆子等都有此剧目。

此幅年画将戏剧故事置于实景山水之中,展示了刘备与诸葛亮"运筹帷幄隆中对"的场景。画面左侧茅屋之下一身穿红衣绿裤的小童高举画图供

① 参见王佩林:《京剧舞台服饰应用汇编》,北京市戏曲(艺术)学校编印,2000年,第201页。

刘备、诸葛亮二人指点，诸葛亮头戴八卦巾，身穿淡粉色八卦袍，脚蹬高方靴，左手背于身后，右手手持羽扇指向画图，回头与刘备交流；刘备头戴风帽，内穿蓝色龙袍，外披红色斗篷，左手伸出两指，随诸葛之势指向画图，仿佛二人正在热烈讨论中。屋前垂柳如烟，屋后翠竹高挑，一派生机。院外关、张二人在交谈等候。关羽头戴风帽，身穿绿色玉带官服，红面长髯，一手持鞭，一手捋髯；张飞黑面、虬鬓、扎髯，内穿蓝色长袍，外披红色斗篷，腰佩宝剑，左手握拳，右手抚髯，做丁字步，回望关羽。二人旁边三匹宝马拴在树干，身后有小桥流水，农舍林立，红房绿瓦，纵横阡陌，更有担柴挑夫、渔翁垂钓、耕牛犁地，一派生机盎然。远处城关威严，旗幡招展，青山苍茫，与天相接。画面上方题目之后，留诗题款："豫州当日谈孤穷，何幸南阳有卧龙。欲识他年分鼎足，先生笑指画图中。岁次己巳冬月上浣摹云游老道心画法于味古山房下。"整幅年画设色雅致，格调清新，加上赋诗题词，颇有文人画意味。

此年画上的春耕图景与《三国演义》原著所讲大雪纷飞时节三顾茅庐有所不同，而春耕图景却正是杨柳青木版年画中深受人民喜爱的一种题材。可以说，"庄稼忙"题材的年画，是全国各地年画的共同主题，表达着乡村农民热爱劳动、期盼丰收的生活理想，杨柳青年画中这类题材的创作，年代较早，精品也多。著名年画师高桐轩刻绘的《同庆丰年》（光绪，贡尖，61.5cm×110cm）就是这类作品的经典代表之一。社会安定、农业丰收是下层劳动人民最美好的新年希望。《同庆丰年》年画借丰收的景象，寄托了人民向往年景太平、安居乐业、粮食丰收的生活理想。画中一山村人家，柴木作栅，草席为篱，门前古树茂密，屋后绿柳拂荫。大门口老幼妇孺，欢乐齐聚；打谷场上，轧场勤致，扬谷繁忙；画面左侧一个老农身穿蓝印花布衣裳，背手站在装满成粮的布袋前，笑盈盈地喜看场上秋收之景；空中乳燕纷飞，天高云淡；远处蓬门茅舍，溪水曲折，群山含黛。画面上黄色如金，绿色似玉，将秋收时节的繁忙与喜悦完美地呈现出来，设色雅丽，意境悠然。

戏出年画《三顾茅庐》（民国，贡尖，63cm×111cm）虽然以人物的戏装扮相讲述了刘备三顾茅庐邀请诸葛亮出山的故事，却改变了原作的背景，将这一故事放置了美好的春耕图景中，既表达也迎合了广大农民以种田为乐，春种秋收、勤劳致富的生活态度，也让画面更富于日常生活的审美兴味，饶有意趣。这种对《三国演义》原著情节的"重构"，让人看之不禁感叹杨柳青年画师的巧妙匠心。

杨柳青木版年画中还有一种"缴蓝"画法，也是民间画师以装饰年节为主要目的而对年画艺术做出的创新。清嘉庆四年（1799），太上皇乾隆爷驾崩,嘉庆帝下旨,一百天内民间禁止动响器、穿红挂绿,禁止一切娱乐活动,时为"断国孝",杨柳青画师便创造了深蓝、深灰、墨黑等凝重的冷色调为主的年画。画作以淡雅的色调散发出清秀的气息,在行内被称为"缴蓝",即散蓝。很多经典的杨柳青三国戏年画,如《长坂坡》(清,贡尖,63cm×113cm,健隆号)就是用散蓝法绘制。这种绘制方法既遵守了皇帝的旨意,也满足了广大人民群众日常生活中装饰年节的需要,也可以说是杨柳青年画师的一种独具匠心的创造。

此外,以谐音吉祥的标题来呈现画面喜庆的气氛也是杨柳青年画表达普通民众对幸福生活的美好愿景的一个特色。杨柳青大部分美女娃娃题材的年画都有一个吉祥喜庆的名字,如《金玉满堂》《连生贵子》《福善吉庆》《瑞雪丰年》,等等。特别是年画《莲年有余》,画面上的胖娃娃"童颜佛身,戏姿武架",手拿莲花,怀抱鲤鱼,取其谐音,寓意连年有余、生活富足,已成为杨柳青木版年画中的经典代表。

这类"出口要吉利"的创作特色在戏出年画中也有体现,例如戏出年画《庆顶珠》(民国,贡尖,60cm×105cm),正兴德亨记画店出品,现藏于名古屋大学图书馆,该图刻绘的是改编自《水浒后传》的"打渔杀家"一剧的人物。但是,民间年画不仅在内容上多采用吉祥喜庆的题材,标题也很忌惮带有"打""杀"等不吉利的字眼儿。所以此年画取名为"庆顶珠",这样就比"打渔杀家"要悦耳、动听,也更加适合普通群众的欣赏习惯和审美心理。此幅戏出画作虽然并非"三国"题材,但画师为了追求喜庆祥和的画面氛围而对剧目进行的创造性"重构",也是值得给予重视的。

总体上看,杨柳青木版年画在标题上,常常是这样既有含蓄的意义,念起来又比较好听,有的甚至还用抒情诗把年画内容叙述出来。这种画题的命名方式是杨柳青木版年画的一个特点,也成为其长期受到群众普遍欢迎的原因之一。

三、人品要俊秀——杨柳青戏出年画对核心人物的强调

木版年画作为庆贺新年、祈愿平安吉祥、美化环境的装饰品,特别注重要符合年节时人们欢乐喜庆的心理和愿望,这样,在刻绘画面人物时,就十分强调造型的美感。年画师不能仅凭自己的想法和喜好创作,无论对题材内容的选择、画面构图的设计,还是人物形象的刻绘,都要经过周密的思考,力求符合大众的审美观和欣赏习惯,这样刻绘出来的作品才能受大众的喜爱。杨柳青木版年画中的戏出题材,可以说是我国众多年画产地之中最为精致的戏出画作了。因为毗邻京城,杨柳青的戏出年画往往要供应宫廷或

富贵人家,这样,画师在创作的过程中往往格外细致,反复修改画稿之后,再由刻工刻成墨线版,然后,依画师要求刻出黄、绿、蓝、灰、紫红五个套色版,一些供奉的精品还要加金色版,套印过后的戏出年画,再用人手开脸、做色彩加工。这样,用半印半绘的方法制作出来的年画作品,既有版味、木味,也有手绘的色彩斑斓与工艺性,又像工笔重彩的写实绘画一样,极其精美。特别是以人物为核心形象的作品,更要强调"人品俊秀",这类年画中的精品往往刻绘精工,独具一格。

对于画面人物的造型,杨柳青木版年画在艺术表现上吸收了中国古典人物绘画的传统方法,在艺术风格上又受到宋、元院体画的影响,既有浓郁的古风,又流露出清代中叶以后仕女画的新风,同时又保留了民间版画的传统特色。如画儿童,就着重刻绘圆胖的脸手、水灵的双眼,重点突出天真活泼的神态性格和憨态可掬的动作表情;如画侍女,就着重刻绘她们的柳叶弯眉、樱桃小口、吊梢凤眼、鼻梁高挑、耳郭饱满,传达出中国传统文化对女性善良宽厚的阴柔品性与温柔妩媚的美女风姿的赞美,以及广大劳动人民寄托在女性身上的富贵宜家的母性美;如刻绘戏出人物,也往往将剧中人物的美丑、善恶、忠奸,通过脸谱、服饰和场面来加以表达,可以令人观画如看戏,极富艺术感染力。

对于画面人物较多的作品,杨柳青画师们也会经过苦心研究和细致推敲,让画面构图的"真假虚实,宾主聚散"与戏曲舞台上演员的台位调度相结合,恰当地凸显核心人物,实现"人品俊秀"的审美追求。

"真假虚实,宾主聚散"也是杨柳青画师们世代传承下来的一个画诀。所谓"真假虚实"强调的是人物、布景的表现手法:"真"就是画面要有真实感,年画既要体现视觉形象和故事情节的逻辑性,也要体现人物身份和性格神态的准确性;"假"取假借之意,强调年画创作可以借用虚构背景,或者隐喻暗示的手法来渲染气氛,增强故事性;"虚"也就是虚构,指画面可以出现原著故事或舞台演出中本不应有的形象,是画师为了点染情节、增强戏剧性而虚构的人物或情景;"实"一般指"提炼",也就是说,年画匠人为了突出画面故事的真实性和可观性,往往将原作中普通群众不熟悉的部分删除,而保留更主要的、更符合观众认同的部分。

"宾主聚散"是杨柳青年画画面构图的原则。杨柳青年画师在下笔之前,必须要想到所刻绘的故事中,哪个人物为正,哪个人物为邪;哪个人物为主,哪个人物为次;以及对于主次、正邪人物,该如何安排。只有把这些问题从人物的坐、立位置,及其举止动静的姿势中区别出来,才能让人物众多、场面复杂的画面,经观者一看便能辨出宾主,知晓正邪。按照一般的画法,"宾主"的安排往往是"宾"在旁、"主"在中,也就是说,原著故事的主要人物往往居于画面中心或中心靠右,而次要人物则往往搁置于画面后方或者中心偏左;"聚散"是指人物分布的位置和背景道具的安排,往往以故事情节为中心,均衡又有变化,疏散又统一于主题。

经过如此匠心构图刻绘出来年画作品,才可称作精美的人物故事画面,自然也会实现令人百看不厌的审美效果。杨柳青"三国戏"年画中有一系列作品旨在突出赵云的形象,在画面处理上,就是宾主判然,聚散有致,完全符合戏曲演出的场面调度和年画艺术的构图安排。戏出年画《回荆州》(贡尖,64cm×114cm)呈示的是传统剧目《回荆州》中尚香斥责丁、徐二将的场景。画面中间孙尚香头戴红绒花凤冠,身穿黄色霞帔,外披蓝色绣花斗篷,坐在车中,右手伸出食指,指向身后赶来的丁、徐二人。车前赵云头戴夫子盔,身披白色靠甲,扎淡蓝色靠绸,插靠旗,脚蹬厚底靴,左手持枪,枪头指地,右手拿着马鞭,挥手上扬,做右弓步亮相,以示准备迎敌。画面左端刘备头戴风帽,身穿黄褂蓝袍,外披黄色斗篷,腰挎宝剑,手持马鞭,急赶路中回头观望。车后丁、徐二人头戴武生盔,身披靠甲,插靠旗,挂髯口,勾脸,双手抱拳于胸前,做右弓步,望着孙尚香,毕恭毕敬。

《京剧剧目概览》中有一幅《回荆州》的京剧画谱,图中刘备头戴风帽,身披斗篷,手持马鞭,立于中间,右侧为尚香与推车宫女,左侧为赵云。不同于这一画谱的构图形式,杨柳青年画将身为主公的刘备置于画面一侧,画面中间虽为尚香斥二将的场景,但以正脸亮相的却是赵云的形象,而且动作姿态威风凛凛,显然要将其刻绘成为画面最抢眼的角色。

戏出年画《当阳长板(坂)坡》(光绪版后印,贡尖,64cm×114.5cm)描绘的是刘备携家眷、百姓行至长坂坡,曹操大军已经追至,血战即将开始的紧张场面。画面右端一提刀兵士为刘备开路。刘备头戴风帽,身穿黄袍马褂,脚蹬高方靴,左手提缰绳,右手拿着马鞭自然下垂,赶路途中不断回头照顾。刘备身后的简雍也在回身照顾后面的队伍。画面中间是赵云,他头戴武生盔,身穿白色靠甲,插靠旗,戴粉色靠绸,脚蹬高方靴,左手提缰绳,右手持枪,枪头指地,仿佛一个亮相,工架劲道有力,胯下白马顿首前行。赵云身后是甘夫人和抱着阿斗的糜夫人,两个侍女手拿车轮旗,寓意在推车。她们身后是糜芳与糜竺。画面左端为张飞,戴盔,扎靠,勾脸,鬤鬓发,一字髯,他左手出掌,右手持矛,做回首断后之意。画面后方山峰林立,山路弯曲,山坳深处,百姓们扶老携幼,相拥出行。后方曹操头戴相帽,身穿红袍,于"三军司令"麾下,引兵追来。画面左角许褚、张郃已经带兵逼近。许褚戴盔,扎翎子,勾脸谱,鬤鬓发,身穿绿色靠甲,插靠旗。张郃亦是戴盔,扎靠,扎翎子,插靠旗,勾脸谱,挂狐尾。远处当阳城楼隐约可见,画面气氛令人紧张激动。

传统剧目《当阳长坂坡》是以赵云为主角的故事,讲述刘备放弃新野,携十数万百姓投向江陵。行经当阳,曹操率兵追至。为救护阿斗,赵云单骑杀入重围,于长坂坡力战数员上将,血染战袍,毫无惧色。曹操督战,心窃爱之,遂令三军活擒子龙,赵云因而得以突出重围。此幅年画虽然展示的是刘备弃新野,率军民投降江陵的情境,但将赵云置于画面前方正中位置,且以正面亮相出之,其作为画中的中心人物的身份地位显而易见。

戏出年画《借东风》(清,线版)刻绘的是京剧传统剧目《借东风》(一名《南屏山》)的故事情节中,赵云率领两名水军兵士,接诸葛亮登舟离吴的一幕。画面右端诸葛亮挂髯,蓬头赤足,身穿八卦衣,羽扇插于背后。这种扮相与一般三国戏的装束不同,而且实际演出过程中也许也不会是赤足。图中赵云为武小生扮相,头戴武生盔,扎靠甲,插靠旗,系靠绸,腰佩宝剑,手持长枪,脚蹬厚底靴,正在引诸葛亮上船。图左两位兵士手持长棍,象征以桨划船。在这出戏中诸葛亮本是主角,但此年画却重点刻绘了赵云的威武形象,并将他放置于画面中心,亦可见出杨柳青年画师为突出"宾主"所做的匠心安排。

另外,杨柳青戏出年画中还有一幅《让城(成)都》(清代,贡尖,57cm×104cm),此年画恰似舞台亮相,集中了这一剧目中的所有主要人物,而且各自身段动作和表情神态的刻绘也是描写细腻、生动传神。画面上,一桌两椅,铺黄色桌帷,红色椅披,桌上挂粉色花卉饰顶的小帐,象征着故事发生在军帐之中。桌前地上铺有蓝色地毯,桌后墙上挂着两幅画,左为《富贵图》,右为《延年益寿》,可见舞台装饰艳丽华美。画面左端立一黄色华盖作为装饰舞台的道具,彰显着皇家气象。

画面正中刘璋双手托印,举高齐眉,奉与刘备,刘备拱手相谢。两人都头戴王帽,刘璋身穿黄袍,刘备穿红袍。刘璋身后站着许靖、吴懿。据三国故事,刘璋时,许靖为蜀郡太守,因其资格很老,与蔡邕、孔融是一辈人,取成都后,受到刘备重用,被提升为司徒。年画上,他头戴武生盔,穿淡蓝色靠甲,插靠旗,双手背于身后,转头看向刘璋。吴懿也是刘璋核心统治集团的重要成员,曾为刘璋的中郎将,吴懿的妹妹又是刘璋哥哥刘瑁的妻子。吴懿后降刘备,做了魏延的副将,刘瑁病死之后,其妹嫁与刘备。画中吴懿站在最右侧,头戴武生盔,穿靠甲,扎靠旗,右手背于身后,左手握拳,也看向刘璋。

刘备身后交错站着张飞、孔明、马岱、马超。张飞戴盔,扎靠,插靠旗,黑脸,右手提甲,左手出掌,做左弓步,气势汹汹。诸葛亮头戴八卦巾,身穿紫色八卦袍，手持羽扇，陪在刘备身后，目视前方。马岱、马超二人头戴武生盔，扎靠甲，插靠旗，均为武小生扮相，都望向刘备。马岱双手提下甲，外八字站姿，威风凛凛；马超双手出掌平举，丁字步立身，气定神闲。如果将整幅年画从刘备与刘璋中间一分为二的话，画面的布局已然明显见出胜负之分。此外，今天的演剧已不见张飞、许靖的戏份，但此二人实乃刘备麾下的两位重将，杨柳青年画让此二人亮相于画中，亦可见出画师们对戏曲艺术创造性的"接受"与"重构"。

以上，我们结合具体案例，呈现了杨柳青木版年画对《三国演义》原著书稿和"三国戏"舞台演出的刻意"误读"与创造性"重构"，可以看到，杨柳青的画师们遵循年画创作的"口诀"，通过在合理范围内调整画面构图、虚拟画面情境、改编故事情节、调整人物设置等方法，巧妙地实现了抽象的文本与即时的表演向更加生动、更加形象，也更具广泛的时空属性的戏出年画的媒介转向。这种媒介转换虽然在一定程度上改变了原著内容和戏出场面，但却创造性地凸显了精彩的情节，呈现了核心人物，点染了故事氛围，而这种创造性的"重构"也更加符合年画艺术的媒介属性与社会属性，更容易被广大下层民众所接受和喜爱，从而更有效地促进了《三国演义》与三国戏出的广泛传播。因为年画艺术作为一种民俗产品，比文本和戏曲更容易接近平民百姓，对下层民众具有更加巨大的亲和力和感召力。诚如李昌集、张筱梅所讲："对缺乏文字阅读能力的普通大众，戏曲图像则是其在舞台之外接受戏曲最重要的媒介。"[1] 对于文化水平不高的城乡平民而言，图像成为他们接受戏曲艺术最重要的媒介形式；对于远在乡村而少有机会看戏的穷苦百姓，年画更让他们在装饰年节的过程中让他们获得了戏剧欣赏的契机。也正因此，戏出年画展示出了其作为图像传播所具备的特定优势。这也正是杨柳青木版年画对《三国演义》原著书稿和"三国戏"舞台表演的"接受"与"重构"的过程所呈现出的传播意义。

第三节　戏剧性的呈现

"戏剧性"是戏剧戏曲学的核心概念，属于戏剧艺术的本体论范畴，针对这一概念，古今中外的理论家们展开了丰富的探讨。国内学界研究"戏剧

---

[1]　李昌集、张筱梅：《戏曲的图像传播：一个值得关注的课题》，《文学遗产》，2007年第2期。

性"问题最有代表性的,是中央戏剧学院戏剧艺术研究所谭霈生教授。谭教授《论戏剧性》(1981)一书,回到戏剧艺术自身的审美本性,综合中外戏剧经典,从戏剧文学和戏剧表演的双重视角,考察了"戏剧性"的丰富内涵。

回顾中国学界围绕"戏剧性"所展开的讨论,大致可以理出两条线索:

第一,本体研究,即在介绍西方学界对"戏剧性"的研究的基础上,将这一概念整合进中国戏剧戏曲学发展的历程,展开本土研究和重新界定。除谭霈生堪具开创之功外,还有陈世雄《西方现代剧作戏剧性研究》(1981)、周光凡《传统与现代化的戏剧性冲突》(2007)等专著,以及董健《戏剧性简论》、王一峰《论京剧〈四郎探母〉的戏剧性构成——兼谈"反复折腾才是戏"说与"突转"说的区别》、傅瑾《戏剧性批评与清宫戏曲文献——中国戏剧文献的体与用》等学术论文。

第二,分析研究,即将"戏剧性"的概念引入其他艺术分支学科进行作品分析,做交叉研究。这部分成果,除了涂彦的专著《电视剧的戏剧性研究》(2011)外,多为学术论文的形式,如陈波《黑色电影空间表现的戏剧性因素探讨》、董乃斌《戏剧性:关照唐代小说诗歌与戏曲关系的一个视角》、赵兴红《张贤亮小说的戏剧性》、肖兵《混沌舞·盘古舞·混脱舞——原生态戏剧性仪舞之一考察》、张玉勤《明刊本〈琵琶记〉插图的"戏剧性"呈现》等。

通过对国内现有研究的大致梳理,可以看出:"戏剧性"是一个内涵饱满而外延宽泛的概念,无论是针对戏剧文学还是戏剧创演,不同的领域会有不同的讨论重点。国内学人围绕这一核心概念也展开了丰富的讨论,取得了一定的成绩。现有成果无论是对西方理论的译介、对中国学术的建构,还是扩展到其他门类的交叉研究,都为本书提供了可资借鉴的宝贵材料。另一方面,随着图像学的勃兴为艺术史研究提供了新的视角,中国戏剧史研究也开拓了新的领域,但是,以图像为切入点所展开的戏剧史研究,大多以戏曲插图、石刻拓本等为研究对象,而很少关注到其他方面。民间年画,特别是杨柳青木版年画,就是一个亟待引入的研究领域。

杨柳青木版年画位居中国四大年画之首,与其他产地年画相比较,它的一个显著特点就是戏曲演出题材丰富。乾隆时期,戏曲艺术成为京津百姓文化生活的重要部分,距离京城不足百里的杨柳青人也看中了这个市场。清代的杨柳青画店大多实力雄厚,他们往往不惜重金聘请有名的画师亲临戏园观摩名角的演出,这样,戏中人物的优美身段、工架姿势、细腻表情,都在杨柳青年画中得到了逼真的展现,甚至连角色的盔头冠戴、靠甲袍服、车骑布城都写实无误,宛若用相机现场抢拍的照片。可以说,戏出年画是中国民间年画最具文献价值的一类,也是杨柳青年画最具学术意义的一类。

"三国戏"年画是杨柳青戏出年画中内容丰富、艺术精良的一部分,以此为切入点,考察杨柳青木版年画的"戏剧性"韵味,进而展示传统戏曲所独具的"文本—舞台—图像"的三维立体动态互文关系,不仅可以让人通过欣赏年画珍品直观地看到清代戏剧表演的精彩瞬间,更可以此为视角,深入探寻戏曲艺术在时间传承与空间散播方面所表现出的文化特质,既直接有利于戏剧戏曲学研究,也可以扩展到综合艺术学的学理探索,丰富戏曲艺术与地域文化的多元建构。

据笔者不完全统计,清代至民国的杨柳青"三国戏"题材年画多达一百二十余幅,呈现的戏出包括《龙凤配》《辕门射戟》《单骑救主》《让成都》《黄鹤楼》《空城计》等,堪称琳琅满目,异彩纷呈,为京津演剧留下了珍贵的戏曲信息与舞台资料。通过对这部分年画的考察,我们可以看出,其"戏剧性"的呈现,主要表现为以下几个方面:

一、刻绘舞台动作,呈现人物表演的戏剧性

清代,中国戏曲的舞台艺术走向巅峰,表演技艺日益精湛娴熟,动作手段的表意功能逐渐定型,眼神表情的灵活运用也渐进游刃有余的灵境,实现了戏曲艺术从剧本为中心(文人阶段)向表演为中心(艺人阶段)的历史性转折,诚如廖奔、刘彦君所讲:"伴随着清代戏曲深入发展的,是戏曲的舞台艺术手段走向了最高阶段。"[①]正是在这个时期,中国戏曲的"戏剧性"内核从剧本的离奇情节转化为舞台的精彩表演,手、眼、身、法、步的从心所欲而不逾矩,凝结成了的戏曲艺术的优美身段,呈示为极富戏剧性的外部动作。在一个没有声、光、电、影等现代影像技术的年代,现场临摹的戏出年画,成为留存舞台演出的有效载体。通过对舞台上最具包蕴性的人物动作的精彩呈现,杨柳青戏出年画为世人留下了京津演剧的时代信息,也凝聚了自身独特的"戏剧性"韵味。

戏剧动作(Dramatic action)是戏剧艺术塑造人物形象的重要手段,是"戏剧性"最直观的呈现。黑格尔就曾说:"能把个人的性格、思想和目的最清楚地表现出来的是动作,人的最深刻方面只有通过动作才能见诸现实。"[②]而在戏剧理论史上,无论是"体验派",还是"表现派",或是其他理论派别,尽管对于戏剧艺术的主张各不相同,但对戏剧动作的认可和重视,却大体一致。例如"体验派"大师斯坦尼斯拉夫斯基就曾直言:"在舞台上需要

---

① 廖奔、刘彦君:《中国戏曲发展史》(第四卷),山西教育出版社2000版,第6页。
② [德]黑格尔:《美学》(第一卷),朱光潜译,商务印书馆,1979年,第278页。

动作。动作、活动是戏剧艺术、演员艺术的基础。"[1] "表现派"的领袖梅耶荷德同样认为:"动作在戏剧表演创作中,是一种最有力的表现手段。"[2] 此外,俄国文学批评与美学理论的奠基人别林斯基也强调:"戏剧性不在于对话,而在于对话者彼此的生动的动作。"[3] 美国进步戏剧理论家约翰•霍华德•劳逊说得也很直接,"一出戏就是一个动作体系","动作性是戏剧的基本要素"[4]。

众所周知,通过人物动作表现人物性格,是戏剧艺术塑造人物形象、推动情节发展的最有力量、最有效果的手段之一。中国传统戏曲作为以表演为核心的综合艺术,就其本质而言,也是一种动作的艺术。传统戏曲的舞台表演以演员动作为最基本的艺术呈现,而戏出年画则将舞台动作的精彩瞬间定格为韵味无穷的画面形象,留存并延续着戏剧艺术转瞬即逝的戏剧性内蕴。

杨柳青"三国戏"年画中,有一幅《天水关》(清,横四裁,25cm×41cm,线版),画面人物的精彩动作就极富"戏剧性"。

此幅年画刻绘了传统剧目《天水关》(一名《收姜维》)中的"姜维投蜀"一场。画面上摆放一桌,铺花样饰顶桌帷,诸葛亮立于桌后,他头戴八卦巾,身穿素袍,挂髯口,左手持羽扇,右手拂髯,面露泰然之色,仿佛正在观战而一切尽在把握。画面右侧,关兴头戴硬扎巾,身穿箭衣,腰扎大带,脚蹬厚底靴,做左弓步,佩刀挂于腰后,右手紧握刀柄正欲将其拔出,侧脸看向姜维,叙演着已率追兵赶来,欲将姜维拿下的精彩场面,身段灵巧,沉着干练。画面左侧的姜维头戴扎巾盔,勾三块瓦脸,眉眼峭拔,口鼻沉稳,额头正中端端正正地绘着一幅太极图,挂满髯,身穿战堂铠,插靠旗,腰挎宝剑,长枪横在地上,他左手提下甲,右手撑掌上扬,单膝跪在桌前,表示下马投降。

从年画的整体构图上看,姜维的服饰与今日演出的扮相有所不同,据王佩林《京剧舞台服饰应用汇编》讲,此剧中的姜维应穿平金秀硬靠,系靠绸,此幅年画中的姜维形象却穿着战堂铠。而且,按照京剧服饰搭配的惯例,穿战堂铠是不插靠旗的,此幅年画却也插有靠旗。不过,姜维的脸谱是与今日戏曲舞台的画法十分接近的,这也从一个侧面呈现了京剧服饰扮相的多彩

① [俄]斯坦尼斯拉夫斯基:《斯坦尼斯拉夫斯基全集》第二卷,林陵史、敏徒译,中国电影出版社1959年,第56页。
② [俄]鲍•阿尔佩尔斯等:《俄罗斯名家论演技》,中国戏剧出版社,1985年,第148页。
③ [俄]别林斯基:《别林斯基论文学》,梁真译,新文艺出版社,1958年,第187页。
④ [美]约翰•霍华德•劳逊:《戏剧与电影的剧作理论与技巧》,邵牧君、齐宙译,中国电影出版社,1989年,第214页。

历史。从整体形象上看,此年画中的姜维虽为下马投降的姿态,却从身段与眉眼之间呈现出英武矫健的气势和儒雅稳练的品质,无愧为文武俱佳的高才良将。此外,关兴的扮相也是与后来的演出服饰有所不同的,按照现今戏曲舞台的惯例,此戏中的关兴一般头戴紫金冠,身穿白色箭衣,外披白色马褂,系黑色大带。此幅年画虽为线版,但从画面上黑白映衬的效果上可以判断出大带应是与箭衣相同的浅色,而且箭衣之外并没有马褂,这样的改动也许是旧时戏曲舞台的原貌,有待进一步考证,也许是画师匠心的改造,让这一小将以更具线条性的身形呈现在画面上,使得人物的整体形象更具青春活力,更显意气风发。

诚如张玉勤在研究明刊本《琵琶记》插图的"戏剧性"呈现时所讲:"正是这种不同和差异,构成了意义和理解上的'戏剧性'艺术效果,也使得语言与图像之间不仅具有对应性的互文关系,同时亦产生某种戏剧性的'张力'。"① 此幅杨柳青戏出年画再现舞台艺术的同时,也融入了画家的独特匠心,展示着戏曲年画对舞台演剧的接受与重构,让年画艺术呈现的"戏剧性"更富于一重阐释的意味。这其中也必定浸润着京津民众普遍的民间信仰与独特的审美情怀。

有关戏出年画对舞台演出的接受与重构过程所表现出的社会学问题,诸如年画艺术作为独特的传播载体,在传递戏曲信息的过程中需要整合自身的商业需求,以及在满足这种需求的过程中所迎合并积淀的民众心理与精神内涵等问题,笔者曾在前文做过讨论,在此不再赘述。总之,为了强化"姜维投蜀"的紧张情节,这幅年画作品精彩地描摹了关兴、姜维二人生动的做工与劲道的工架,以及诸葛亮身居关口持扇抚髯的泰然之姿,这些刻画都完美地再现了中国传统戏曲艺术手、眼、身、法、步"五位一体"的动作特点,呈示出丰富的"戏剧性"内蕴。

谭霈生教授曾指出,任何一个剧本都会有很多动作,但是并非所有的动作都具有戏剧性,要使外部动作富有戏剧性,需要满足两个条件:其一,它应该是构成剧情发展的一个有机部分,又推动剧情的发展;其二,观众能够通过可见的外部动作洞察人物隐秘的内心活动。② 也因此,很多理论家会把人物动作分成外部动作和内心活动。如果说,像《天水关》(清,横四裁,25cm×41cm,线版)这类年画作品,更倾向于以精彩的武生工架展示剧情的精彩瞬间,进而诠释杨柳青戏出年画的"戏剧性"意味,那么,杨柳青戏出年

---

① 张玉勤:《明刊本〈琵琶记〉插图的"戏剧性"呈现》,《民族艺术》,2013年第2期。
② 谭霈生:《论戏剧性》,北京大学出版社,2009年,第10—12页。

画中也有更多精彩的作品则不仅仅展示了戏曲表演过程中的人物动作,而是更具包蕴性地描摹了人物的神情,传递着人物的心理状态和情思意绪,因而,也就更细腻地呈示出了年画本身的戏剧性意味。戏出年画《凤仪亭》(光绪,横四裁,24cm×41cm,戴廉增画店)就是一个经典代表。

传统剧目《凤仪亭》的故事以《三国演义》第八回"王司徒巧使连环计,董太师大闹凤仪亭"为蓝本,讲述了司徒王允见东汉王朝为专横跋扈的奸臣董卓所操纵,又有义子吕布相助,忧心不安,遂以歌姬貂蝉设连环计,令董卓、吕布父子反目,最终说服吕布,除掉董卓的故事。此戏又名《梳妆掷戟》,王瑶卿先生曾加以整理,和《斩张温》《连环计》《犯长安》《诛董卓》联演,名为"吕布与貂蝉"。

杨柳青戏出年画《凤仪亭》(光绪,横四裁,24cm×41cm,戴廉增画店)为白描之作,精彩地再现了董卓在凤仪亭撞见吕布与貂蝉私会而怒火中烧的一瞬,将舞台演出过程中最富于内心戏的场景定格下来。画面正中是貂蝉,正与吕布(右)私会。貂蝉头戴花冠,身着霞帔,与传统京剧的宫装扮相不同,装束近乎秦腔扮相。年画精彩地描摹了演剧舞台上,貂蝉私会吕布时娇羞而又欣喜的复杂神态。她右手自然下摆,左手与胸前做兰花指,头向右微倾,与吕布相调笑,左脚在前,右脚在后,腰部向左稍斜,摆出了一个优美的S形身段。她的双眸更是神采奕奕,羞涩之中流淌着款款深情。吕布头戴紫金冠,插翎子,亦不同于京剧扮相的箭衣,此处身着马褂,双手掬翎子,眉飞色舞,目视貂蝉。手掬翎子的动作既展示了他臂力超群的勇猛一面,也表达了他内心深处私会貂蝉时的喜悦之情。董卓(左)身穿蟒袍,与昆曲头戴相巾,身穿团花帔的扮相不同,他手持方天画戟,侧耳垂目,正在窥听二人的私语,撞见二人暗通款曲,怒不可遏。这幅年画为我们精彩地描摹了三个人复杂的动作表情与丰富的内心世界。

比利时剧作家梅特林克认为"心理动作""要比形体动作崇高无限倍"。[①]中国戏曲的舞台艺术在清代发展至巅峰,戏曲艺人在表演过程中对人物心理的玩味与表达,也成为"戏剧性"的重要内核。诚如俞为民教授所讲:"戏曲中的形体动作不是对生活中的自然动作的简单模仿,而是经过高度夸张、美化的舞蹈化动作。同时戏曲中的形体动作也被用于塑造人物形象,表达故事情节。如在戏曲中,为了展现剧中人物复杂的心理变化,经常

---

① [美]劳逊:《戏剧与电影的剧作理论与技巧》,邵牧君、齐宙译,中国电影出版社,1978年,第76页。

为其设计一些性格化的形体动作。"①中国传统戏曲对于戏剧人物心理过程的展示，往往联系起整个舞台的动作、表演，可以说是戏曲艺术十分精彩的地方。但是，因为没有现代影像技术的留存，绝大部分精彩的古代演出都消失在了漫漫的文化长河中。而杨柳青戏出年画的经典创作，则以视觉艺术的效果，保留了舞台演出时人物动作所呈现出的心理瞬间，可谓难能可贵。从这幅《凤仪亭》（光绪，横四裁，24cm×41cm，戴廉增画店）来看，画中三个人物所站位置，正好构成一个三角形，似乎也象征着这场三角恋爱的复杂性，无论从人物的形象刻绘、衣纹处理，还是从构图设计、情节表现来看，这幅作品都堪称戏曲艺术与年画艺术的经典合作，极富"戏剧性"意味。

二、定格情节瞬间，呈现故事冲突的戏剧性

戏剧冲突（dramatic confliction）是一种表现人的内心矛盾和人与人之间复杂关系的特殊艺术形式。从戏剧艺术诞生之日起，剧作家们就在努力尝试用多种方式表现人物所面临的各种矛盾，正所谓"没有冲突就没有戏剧"。可以说，戏剧冲突是故事情节的核心，是推动剧情叙事的关键。矛盾越激化，戏剧越精彩；冲突越紧张，戏剧性越强。

戏剧冲突，归根结底，是一种人生存在状态的审美表达。优秀的剧作往往善于设计曲折复杂、波澜起伏的戏剧冲突，并通过对戏剧冲突激化过程的精彩呈现，让观众处于一种紧张和期待之中，由此，通过观剧，欣赏者可以收获艺术震撼和审美享受。同时，戏剧冲突也是一个具有社会性、历史性的概念。生活在不同的时代、不同的地域，不同的剧作家观察生活的角度、表现人生的向度也都不尽相同，创作为不同的戏剧作品，戏剧冲突的具体内容和表现方式也会有所差别。

大体上看，戏剧冲突在作品中的具体表现，一般有两种形式：第一，表现为某一主人公与其他人物，或者与周围环境（包括自然环境与社会环境）之间的冲突，可以称之为外部冲突；第二，表现某一主人公自身复杂的内心世界，可以称之为内部冲突。戏剧冲突的这两种方式，偶尔各自单独展开，更多时候，都是交错进行，相互作用，互为因果，共同构成一部作品的"戏剧性"关节。杨柳青戏出年画对于"戏剧性"的呈现，在这两方面都有精彩的作品。

戴廉增画店出品的《龙凤配》（清代，贡尖，61.5cm×107cm）就是一幅集中呈现外部冲突的精彩画作。

---

① 俞为民：《论中国戏曲的艺术形态及其美学特征》，《浙江艺术职业学院学报》，2009年第2期。

京剧传统剧目《龙凤呈祥》取材于《三国演义》第五十四回的"刘备洞房续佳偶"和第五十五回的"玄德智激孙夫人"，包括《甘露寺》《美人计》《回荆州》等折子戏。这出戏场面宏大，故事情节跌宕起伏，角色众多，生、旦、净、丑行当齐全，各种表演手段齐备，在各折中均有精彩的唱、念、做、打，为京剧"四大名旦""四大须生"的拿手剧目。

杨柳青戏出年画中有几幅《龙凤配》描绘了"刘备洞房续佳偶"的戏剧情节。其中，廉增戴记的作品特别精彩。这出戏讲述了孙尚香喜武，闺房内布满刀枪剑戟，侍女们也都全副武装。刘备进了洞房见到如此威严的陈设，难免心中生怯。尚香见情，不禁慨叹"厮杀半生，何惧兵乎？"乃令人撤掉兵器，洞房才显得温馨起来。年画刻绘的正是刘备经侍女引入洞房，见房间"杀气腾腾"而心中生怯的情节瞬间，集中呈现了戏剧人物与周围环境之间的冲突，也让戏剧性的呈现达到了最高点。

画面正中置一个淡红色床榻，艳丽而雅致，孙尚香头戴凤冠、身穿霞帔坐在床边的椅子上。尚香日常习武，喜爱兵器，洞房右侧空闲处立有兵器架，长刀长枪，斧钺剑戟，列次排开，房中的侍女们也都佩戴兵器。画面左侧，刘备由两位提灯侍女引入洞房，见房中武装，不免胆怯。年画上，刘备头戴王帽，身穿皇袍，脚蹬高方靴，一副皇家扮相。他右脚在前，左脚在后，身体微微向右前倾，仿佛刚刚迈进门口，满心欢喜要去迎见新婚妻子；他右手背后，左手捋髯，头部稍稍向左斜，又仿佛已经陷入深深的思虑；他的眼神恰好撞见房内正中亮起工架的刀马旦，交代了喜悦神色瞬间转为忧思之情的个中原因。

刘备身形的刻绘最具戏剧性：一方面，迈开的脚步带动着身体引出了一股向前的力量，推动着人物走进房间，即将展开的是一段人生大喜，正如人物所唱"人逢喜事精神爽，月到中秋分外光"；另一方面，抬起的右手将三绺长髯抚向胸前，发出的是一股向后的力道，头部微倾，脸上浮现出了凝重的思虑，巧妙地配合着下一句唱词与表演"来到宫门用目望[行弦][大锣一击][刘备向内张望，见两侧刀枪竖立，一惊。]"。整个身体在一前一后两股力量的牵引下，呈现出一个S型。这样扭曲的造型凝聚了婚宴微醺的喜悦和洞房见兵的紧张，极富艺术张力和喜剧效果。

关于喜剧的审美意味，18世纪德国哲学家、美学家康德提出了"期望消失说"，指出："在一切引起活泼的撼动人的大笑里必须有某种荒谬背理的东西存在着。笑是一种从紧张的期待转化为虚无的感情。"[1]可以看出，这幅

---

① ［德］康德：《判断力批判》，宗白华译，商务印书馆，1964年，第180页。

《龙凤配》（清代，贡尖，61.5cm×107cm）精彩地记录了舞台演出，呈现出了紧张的期待转化为虚无的经典瞬间，渲染了情感与思维发生"突转"的喜剧性冲突。

此外，杨柳青戏出年画中还有一系列以"辕门射戟"为主题的作品，精彩地展示了剧中人物的复杂内心，塑造了独特的人物个性，集中呈现了内部冲突。

京剧剧目《辕门射戟》依《三国演义》第十六回"吕奉先射戟辕门，曹孟德拜师淯水"改编而成。正史也有记载，《后汉书·吕布传》有云："术遣将纪灵等步骑三万以攻备，备求救于布。诸将谓布曰：将军常欲杀刘备，今可假手于术。布曰：'不然。术若破备，则北连太山，吾为在术围中，不得不救也。'便率步骑千余，驰往赴之。灵等闻布至，皆敛兵而止。布屯沛城处，遣人招备，并请灵等共飨饮。布谓灵曰：'玄德，布弟也，为诸君所困，故来救之。'布性不喜合斗，但喜解斗耳。乃令军侯植戟于营门，布弯弓顾曰：'诸君观布射戟小支，中者当各解兵，不中可留决斗。'布即一发，正中戟支，灵等皆惊，言将军天威也，明日复欢会，然后各罢。"今天，舞台上扮演的辕门射戟一事，与历史记载大体相同。

谭霈生教授特别重视戏剧作品对人物性格的塑造，认为"戏剧冲突"就是"性格冲突"，他指出："人们的性格是丰富多彩的，由不同的个性形成的人物关系更是千差万别。能使戏剧冲突避免雷同化的，正是丰富多彩的个性。"① 的确，性格是人性的彰显，优秀的戏剧作品需要精彩地展示出戏剧人物丰富复杂的内心世界，塑造出既具有个性特征又能够体现社会生活的人物性格。写出了情感纠葛的心灵、展示了人物性格的冲突，便是"有戏"。

此剧为小生正工戏，表演辞色，人各不同。于吕布，则英俊倜傥，从容不迫，以其翩翩风度，显温侯身份；于刘备，则虽面带骄傲之色，以恩人自命，然而遇强敌来犯，也难免心中忧虑；于纪灵，则更显其威武之概，却见吕布箭中小枝，则怒不敢发。戏中人物各自打算，各有期待，各怀心境，各有性格，展示出了激烈的内部冲突。

杨柳青戏出年画对这出戏的刻绘，笔者共整理了四幅作品，其中，王树村的藏品（晚清，横四裁，26cm×38cm，半印半绘）画工精细，色彩匀净，格调淡雅，堪称杨柳青年画中的精品，画中吕布的扮相也更具显舞台表演的实况。吴藕汀先生曾讲述他观看过叶盛兰主演的《辕门射戟》："戏中吕布，着

———————

① 谭霈生：《论戏剧性》，北京大学出版社，2009，第75—89页。

粉红团龙蟒,异于周瑜素色;插雉尾,则与周同。"① 王树村的这幅藏品,吕布即是如此装扮:头戴紫金冠,插翎子,项挂白狐尾,内扎靠甲,外穿粉色蟒袍,腰扎碧玉带,脚蹬高方靴,英姿勃勃,意气轩昂。他左手紧握弓背,横于腰间,右手做剑指,刚刚完成飞射动作,而顺势高扬,双目炯炯有神,遥望画戟,箭中画戟小枝,因力道凶猛,带动着戟上红缨飘摆。刘备、纪灵一左一右,站立两边观望。刘备为老生扮相,挂髯口,戴武生巾,穿蓝色官衣,黑厚底靴,做丁字步,右手于胸前亮兰花指,因射中戟上小枝而面露泰然之色。纪灵头戴扎巾盔,身穿墨绿袍,勾了脸谱,挂红色髯口,目视戟上箭支,右手上摆,左手甩袖,露出心中不悦而又无可奈何的神情。

可以说,此幅戏出年画对三个人物内心世界的精彩刻绘,不仅再现了舞台所塑造的人物性格,更以精到的笔触,凝固了戏曲表演过程中情节最紧张、动作最精彩、表情最复杂、心思最细腻,因而也是冲突最集中的包蕴性时刻,在再现戏剧情节的同时,呈现出自身的戏剧性。

三、渲染画面气氛,呈现故事情境的戏剧性

戏剧情境(dramatic situation)是戏剧作品用以表现主题的特定情节与境况。在西方,最早提出情境理论的是法国启蒙主义美学家狄德罗,他十分重视戏剧情境,认为情境是"作品基础"和"主要对象",提出:"人们一般要找出显出人物性格的周围情况,把这些情况互相紧密起来,应该成为作品基础的就是情境。"②进而,他把戏剧情境的本质归结为人物关系,包括家庭、阶层、宗教、习俗等一切社会关系的综合,赋予戏剧情境以特定的社会性内涵。

随后,黑格尔做了进一步的阐发,强调艺术最重要的一个方面就是引人入胜的情境,"一般地说,情境一方面是总的世界情况经过特殊化而具有的定性,另一方面它既具有这种定性,就是一种推动力,使艺术所要表现的那种内容得到有定性的外现。特别是从后一个观点看来,情境提供给我们以广阔的研究范围,因为艺术的最重要的一方面从来就是寻找引人入胜的情境,就是寻找可以显现心灵方面的深刻而重要的旨趣和真正的意蕴的那种情境"③。黑格尔将"情境"与"一般世界情况联系起来",认为"情境"是推动人物行动、形成人物性格的"一般世界情况",也就是说,"有定性的环境和情况就形成情境"。

① 吴藕汀:《戏内戏外》,吴小汀整理,中华书局,2008年,第160页。
② [德]狄德罗:《狄德罗美学论文选》,张冠尧等译,人民文学出版社,1984年,第107页。
③ [德]黑格尔:《美学》(第一卷),朱光潜译,商务印书馆,1979年,第254页。

综合理论家们的阐述,可以将戏剧情境概括为三个要点:一是剧中人物生存活动的具体时空环境,即冲突爆发的基础和发展的条件;二是对人物发生影响的具体事件,即推动人物行动,进而构成情节发展的前提;三是有定性的人物关系,以及人物性格成长的土壤,戏剧人物往往都是在具体的情境之中确定社会关系,并展现出"典型环境中的典型性格"。杨柳青戏出年画有相当一部分作品成功地将人物形象置于典型情境之中,有效地烘托气氛,酝酿冲突,呈现出丰富的戏剧性。

戏出年画《当阳长板(坂)坡》(光绪版后印,贡尖,64cm×114.5cm)描绘了"长坂激战"的前奏,刘备携家眷、百姓行至长坂坡,曹操大军已经追至,血战即将开始前的紧张场面。传统剧目《长坂坡》是以赵云为主角的戏出。这幅年画虽以《长坂坡》为名而刻绘战前气氛,却有意将赵云置于画面前方正中位置,表露了画师塑造典型环境中的典型人物,通过描绘情境暗示故事冲突,以呈现戏剧性的良苦用心。画面紧扣敌众我寡、星夜逃亡、杀机四伏的戏剧情境展开构图。画面气氛紧张激动,精彩地渲染着战事的惨烈。

杨柳青戏出年画的另一幅精品《赵子龙单骑救主》(清,贡尖,58cm×104cm,版印笔绘,中国美术馆藏)刻绘的是剧目《长坂坡》的重头戏,即赵云怀抱阿斗,力战众将,勇突重围的激烈战斗场景。画面正中,赵云与张郃正在激战,赵云头戴武生盔,扎白色靠甲,插靠旗,骑白马,怀中绑缚一婴孩,右手挥剑,左手持枪。张郃身穿绿色靠甲,插靠旗,勾脸谱,挂髯口,双手举枪。正激战间,四员大将赶来助战。画面右侧张南手提长刀,策马疾驰,衣带飘飘。画面左侧为张觊、焦触、马延。张觊与马延纷纷手持长枪,刺向赵云,焦触手提长刀,回身出掌,欲加入战斗。画面右上方,曹操正在"三军司令"的旗下,与李典、徐庶一同观战,渲染着战事的胶着。

长坂坡一战中,糜夫人投井之后,赵云解开甲绦,放下护心镜,将阿斗抱护在怀,提枪上马,杀出血路。正走间,被曹操大将张郃拦住,就在张郃挺枪刺来的危急关头,忽现一道红光,从坑中滚起,赵云胯下白马凭空一跃,跳出坑外。赵云纵马正走,前后各来两员大将,将赵云团团围住。前面阻拦的两位是焦触、张南,后面追赶的两位是马延、张觊。赵云力战四将,奋力挥舞青釭剑,手起剑落,衣甲平过,血如泉涌。赵云杀退众将,直透重围。在这场战役中,刘备遗失了家小,赵云奋不顾身,回去寻找,奋力血战,杀透重围,成功救出了刘备妻甘夫人和子刘禅。赵云因护送刘备家眷有功升任牙门将军,也由此奠定了他在中国古典文学中的英勇形象,《长坂坡》也成为传统戏剧中的优秀剧目之一。

这幅年画有意渲染战事气氛,将人物置于特定的戏剧情境之中,以建构并呈现戏剧性的巧妙构思,有四处值得关注:第一,按照三国戏的故事情节,张郃退后,赵云大战四将,而杨柳青年画则刻绘出赵云与张郃正在激战之时,四位大将赶来助战,展示了赵云凛若战神,力战五将的激烈战事。这种改变既渲染了故事的紧张气氛,更强化了赵云的骁勇无敌。第二,画师在赵云头上绘出祥云,云中一条巨龙盘桓,既暗示了他怀中的婴孩乃真命天子,也彰显了赵云长坂激战的忠勇神力。也恰恰是因为为保全真命天子而施展忠勇神力,赵云的人物形象在特定的故事情境中瞬间丰满起来,就此成就了"常山一条龙"威名。第三,年画作品将舞台演出的服饰扮相和武姿工架放置在了"隔江两岸"的实景山水之中,左侧山谷旌旗摇摆,以暗示曹兵不断增援,右侧山谷中,曹操正率领将官紧急督战。可以说,曹军的杀气腾腾愈显赵云磅礴之勇,戏剧情境的渲染在此收到了良好的效果。第四,从整个画面构图来看,赵云前方,五员大将各执兵器一起袭来;赵云身后,一汪江水,波澜不惊。显而易见,这样的环境恰似在讲述一场"背水之战",将赵云单枪匹马在曹操八十万大军中七进七出的凌云霸气呈现出来。这种背水而战的巧妙构图,也是刻意渲染战事激烈的点睛之笔,营造戏剧情境的有效表达,将整个画面的戏剧性呈现推向了高潮。

综上可见,作为戏剧艺术的基本特征,"戏剧性"在戏出年画中也有精彩体现。杨柳青"三国戏"年画通过刻绘舞台动作,呈现了人物表演的戏剧性;通过定格情节瞬间,呈现了故事冲突的戏剧性;通过渲染画面氛围,呈现了故事情境的戏剧性。这种戏剧性的呈现,铸就了杨柳青戏出年画的独特魅力。与此同时,作为一种视觉媒介,年画艺术对戏剧性的呈现,既不同于以语言文字为主要媒介的剧本文学,也不同于以舞台代言为主要媒介的戏剧表演。这其中,年画艺术对剧本文学与戏剧表演的接受与阐释,既迎合也积淀了来源于京津民众的思想、情感和观念,向世人敞开了一种极具地方韵味的审美视野与艺术期待,更塑造了清代中期至民国年间,京津演剧"文本—舞台—年画"的三维立体动态互文关系。这种复杂多元的动态互文所成就的艺术张力与审美效果,既是我们深入体会并综合阐释中国传统戏曲的艺术世界的有效途径,也是展示民间工艺的美学精神的理路所在,直接有利于戏剧戏曲学研究和民间艺术学研究,更可以扩展到综合艺术学的理论探索,整合文本、舞台、年画的多维时空,进行多种门类的交叉研究,进而丰富民间艺术学与戏剧传播研究的理论视域。

第五章　杨柳青木版年画对三国戏的传承与传播

中国古典戏曲自宋元成熟为一种独特的艺术门类,发展至清末花部勃兴,经历了近千年的历史。这其中,戏曲传播问题的研究因涉及作家、演员、观众、戏班、剧场等诸多问题,而显得十分复杂,难以梳理。20世纪80年代,戏剧戏曲学作为一门独立的艺术学科正式确立,至今,戏剧研究逐渐从传统国学(曲学)发展为面向戏剧本身,同时融合其他学科研究方法的综合艺术学体系,戏曲传播研究也逐渐成为学界关注的热点之一。自1987年周华斌先生发表《广场戏曲——剧场戏曲——影视戏曲》这一戏曲传播研究的开山之作,从笔者掌握的文献资料来看,戏曲传播研究发展到当前,主要围绕以下两个方面展开:

第一,戏曲传播史论类研究,如赵山林《中国戏曲传播接受史》(2008),胡绪伟《中国戏曲传播论》(2009),林一、马萱《中国戏曲的跨文化传播》(2009)等专著,王廷信的系列论文《戏曲传播的两个层次——论戏曲的本位传播和延伸传播》《20世纪中国戏曲传播的时代背景》《论20世纪戏曲传播的动力》等,以及周华斌《戏曲的记录、传播与再创》、刘建明《明廷文化政策与明代后期戏曲传播》、聂付生《论晚明戏曲演出的传播体系》等论文。这其中,赵山林先生的《中国戏曲传播接受史》(2008)可以说是戏曲传播研究方面的力作,该书以传播学和接受美学为视角,梳理了宋代至清末我国戏曲的传播接受史,从中国古典戏曲纷繁复杂的关系中,梳理出了"观众与作者""演员与作者""观众与演员""演员与演员""观众与观众"这五条主要线索,以翔实的资料和充分的论述清晰地呈现了中国古典戏曲传播接受的历史脉络,探讨了戏曲文本的流传、戏出演出的组织、戏曲的评论评点、观众的影响接受等多个问题。诚如奇森华先生所讲,该书"为中国古代戏曲构建了一部完整而又丰富多彩的传播接受历史,这在中国戏曲史的研究中是具有一定开创意义的"①。此外,胡绪伟先生的《中国戏曲传播论》(2009),也是中国古代戏曲传播研究的一个力作。作者认为:"从传播学的角度研究中国古代戏曲,应该不仅围绕作家、作品,更必须从作家—作品—媒介—受众—反馈这五个层面来进行思考,这样才能形成一个完整的戏曲传播学的研究体系。"②这两本专著,从宏观的层面对中国古典戏曲的传播做了系统的研究,为本书讨论中国戏曲的传播方式问题提供了理论支持和资料基础。

第二,戏曲传播现象分析与戏曲传播载体研究。作为一种社会现象,传播活动积淀着人类文化的历史和社会发展的历史,戏曲的传播现象分析旨在探索中国古典戏曲艺术在传播的过程中所呈现的包括传播行为与传播心理在内的一系列社会现象,进而提炼出这种传播现象的本质内涵。比较有代表性的研究成果主要有王平《明清小说传播研究》(2006)、荆学义《经典的传播:关羽形象传播研究》(2014)等专著,以及郑传寅《节日民俗与古代戏曲文化的传播》、王平《"三国戏"与〈三国演义〉的传播》、刘海燕《关羽形象与关羽崇拜的传播与接受》等论文,以及焦福民的博士学位论文《后戏台时期戏曲传播研究》(2006)等。

载体是传播活动得以发生的重要条件,没有载体就没有传播,传播载体可以包括人、语言、文字、图像、符号、器物等多种类别,不同的载体也会有不同的传播特色与传播效果。戏曲传播载体研究力求探索中国古典戏曲经不同载体的传播而呈现出的各具特色的传播现象与传播历史。这方面的研究成果多为学术论文,如冯保善《明清通俗小说中的戏曲传播》,李昌集、张筱梅《戏曲的图像传播:一个值得关注的课题》,乔光辉《建本插图与戏曲传播》,徐子方《戏曲史研究不可或缺的五幅图像》等。

可以看出,现有的研究成果既有学理探索,也有文化研究,还有学者探讨了美术作品对戏曲艺术的传播意义,拓宽了戏剧戏曲学的研究视域。但是,却罕有学者关注到民间年画对戏曲艺术的传播价值与传播特点。通过跨学科的交叉研究,探讨民间年画对传统戏曲的传播意义,尚比较少见。无论是对民间年画研究来说,还是对戏曲传播研究来说,这一领域都是有待进一步开采的富矿。

年画研究专家王树村先生就曾讲过:"'戏中有画,画中有戏。'古代许多知名或不知名的美术家早就注意到两种艺术互相结合、互相发挥的可能性。

① 奇森华:《中国戏曲传播接受史·序》,见赵山林:《中国戏曲传播接受史》,上海世纪出版集团,2008年,第2页。
② 胡绪伟:《中国戏曲传播论》,南方出版社,2009年,第3页。

宋、金的石刻、砖雕,元代的壁画,明代的版画、木雕,清代的灯画、戏谱等,各种美术形式都有戏出或戏曲人物的题材。但真正把'画中有戏'的观点发挥得淋漓尽致,内容最丰富、风格最多变、影响最广远的,却是戏出年画。"①民间年画作为一种以视觉直观性为主要特征的浅显易懂的媒介形式,在我国以农耕为主的传统社会中,具有广泛的群众基础,可以说是一种普及性最强、发行量最大、覆盖面最广的大众传播媒介。杨柳青木版年画作为中国四大年画之首,也以其精湛的画技、经典的角色和精彩的情节,发挥着宣传戏曲、传播戏曲的功能,而相较于戏曲艺术的舞台传播与剧本传播,也表现出自身的优势与特色。

本章尝试借鉴传播学理论,通过跨学科研究,挖掘杨柳青木版年画对戏曲艺术的传播特点与传播意义。可以说,杨柳青戏出年画在承载清代京津演剧文化信息的同时,也承担着传播戏曲艺术、传承民间审美的文化功能,更是当时新戏的宣传载体,对市井大众起到了戏曲宣传和观念传播的作用。通过借鉴现代传播学理论,探讨杨柳青木版年画对传统戏曲的传播意义与传播特点,我们可以看出:在传播媒介有限的农耕社会,不同于戏曲艺术的舞台传播与剧本传播,年画作为一种大众传播媒介,表现出视觉直观性的媒介特质;通过瞬间性时空定格的传播模式,戏出年画在传播戏曲艺术的过程中,更彰显出仪式性的传播效果。可以说,将木版年画作为戏曲传播媒介展开研究,既是我们深入研究中国戏剧艺术舞台历史、民间年画审美特征的有效途径,更可以呈示出一种独具魅力的传播媒介,而对传播学研究有所助益。

第一节　传播方式

对于清代中期至民国年间京津地区花部勃兴的历史,特别是京剧的发展与沿革的历史,一份比较完整的杨柳青木版年画,无疑是有一定参考价值的。毕竟,摄影、摄像等技术在19世纪的中国尚未普及,即使偶有拍摄,也多为黑白底色,很难见出舞台表演的多姿多彩。而且,京剧艺术早期的衣装、扮相、舞台、切末及演员表演过程中的手眼身法步等造型之美,除了散见于瓷器、泥塑、插画等图像之中,大多为文字记载,无法直观、形象地传递出戏剧艺术的综合美感,而戏出年画作为一种载体,既可以留存戏曲艺术表演

---

① 王树村:《戏出年画(上)》,北京大学出版社,2007年,第9页。

过程中的动态之美与鲜活景象,也能够通过广泛销往民间的过程,将优秀的剧目和精彩的演出传播下去,甚至有的戏出年画还兼有戏曲广告的性质,对旧时的戏曲活动起到了推广的作用。

我们以杨柳青戏出年画为传播载体对清代中期至民国年间京津地区的戏曲传播现象展开研究,可以看到,对于戏曲艺术的传播,杨柳青年画主要有两种经典的方式:一是以实景画面做静态传播,这也是平面媒介最基本的特点;二是以吆喝传唱做有声传播,这是杨柳青戏出年画源于一类"代唱"体裁所呈现出的传播特点。通过对这两种传播方式的梳理与阐释,我们可以初步了解中国古典戏曲以杨柳青木版年画为载体所呈现的一系列传播现象,进而解读这类传播过程所独具的传播特点与传播效果。

一、实景画面的静态传播

民间年画作为一种大众传播媒介,视觉直观性是其最基本的媒介特质。对于戏曲传播而言,这种可视性再现也使得图像传播相较于文字媒介对戏曲故事的讲述和人物形象的抽象表达,表现出更大的优势性。显而易见,以图像描摹为主的民间年画可以通过精彩的形象塑造实现对戏剧艺术的形象化和直观化的表达,在吸引观赏者注意力的同时,更能形成一股强大的视觉冲击,让观者获得艺术的享受与审美的快感。

就杨柳青木版年画而言,其对戏曲艺术的传承与传播就鲜明地表现出印刷媒介视觉直观性的传播优势。通过整理现存的年画作品和文献资料,我们可以看到,相较于其他产地的戏出年画,杨柳青木版年画的制作工序更多,刻绘技艺更精妙,成品数量更丰富,人物形象也更加精彩传神。而且,同样作为平面的视觉媒介,杨柳青戏出年画对古典戏曲的传播过程要更加多姿多彩,既有接近舞台写生的现场传真,也有将一个剧目的多个戏出场面刻绘于一幅画作之中的完整呈现,还有将戏曲人物和戏出扮相置于实景山水之中,以戏曲符号讲述戏文故事的丰富创作,有的年画作品上还标明了剧目的名称、角色的名称或者演员的名字,以及解说戏文的诗文题跋等,可以让人们在观赏戏出表演精彩刹那的过程中,直观地了解到更丰富的戏曲信息。

(一)以写真手法描摹舞台演剧

杨柳青的地理位置毗邻京城,为画师观赏戏曲特别是京剧艺术提供了便利。许多年画作坊也都是实力雄厚,这些作坊的老板们为了能够刻绘出优美真切的戏出年画,实现畅销,更好地营利,往往不惜重金请有名画师现场观剧。当时著名的画师张竹山、高桐轩、王少田、阎玉桐等,都曾应邀赴京,亲临剧院,非名角名戏不看。他们看戏时,往往一边吃茶,一边用即时写生的方法,将舞台上最精彩的表演场景用香头勾出底稿,对戏曲演员的面部表情做工细的描画。可以说,画师笔下的舞台切末、人物扮相与动作表情等,都与当时的表演场景相仿佛。这样创作出来的戏出画作,一经销往民间,也就将画师们在京师戏园看到的优秀剧目与精彩场面留存下来,并传播到了没有戏园的乡间村落,甚至穷乡僻壤。

诚如王树村先生所讲:"各种形式的戏出年画,贴在墙上、门上,糊上窗格、炕围、灯面,成为家居装饰的一个部分,一年之内,朝夕相对。大人们闲来无事,举目欣赏,思考古往今来人物的成败得失,抒发一下'戏如人生,人生如戏'的感慨;或给孩子们讲述画中的戏文,使他们认识民族的历史、文化,从中学习做人的道理、伦理的教训。"① 对于广大民众来讲,一幅幅戏出年画不但将年节装饰得喜庆热闹,更可以通过戏出画面来观赏戏曲,讲述戏出故事,传承民间伦理。亦可见出,作为一种传播载体,戏出年画所具有的大众传播功能。

戏出年画《天水关》(清代,竖三裁,61.1cm×36.3cm,齐健隆画店)就是这样一幅经典的创作。此图刻绘的是京剧传统剧目《天水关》(一名《收姜维》)中的"姜维投蜀"一场。画面正中立一桌案,铺粉色绣花桌帏,诸葛亮头戴八卦巾,挂花白髯口,身穿浅紫色八卦衣,脚蹬高方靴,站在桌上,象征站在关口,看向下方姜维,他右手持羽扇,左手抚长髯,仿佛在唱"要取天水如反掌,事已随机免彷徨。一爱将军韬略广,二来将军行孝郎"②,一派气定神闲,运筹帷幄。画面右侧,赵云为武老生扮相,他戴盔挂髯,身穿蓝色靠甲,插蓝色靠旗,内着红色水衣、彩裤,左手背于身后,右手抒髯,尽显老将风范。左侧姜维头戴武生盔,勾红白黑三块瓦脸谱,额头正中绘有太极图,挂黑色满髯,身穿绿色靠甲,插靠旗,单膝跪在地上,右手放于右膝之上,左手指天盟誓,长枪横放于地上,以示归降之意,他虎目圆睁,虽然战败却难掩英勇豪气。

此剧为生行、净行合作的唱工戏,清末普庆班、鸿庆奎班、天庆班、四喜班、春台班、三庆班、荣椿班、福寿班、长春班、玉成班、宝胜和、双奎班、祥庆和班及富连成社等,均有上演,可见此剧目在历史上受欢迎的程度。杨柳青出品的这幅戏出年画可以说精彩地呈现了舞台演剧的真实场景:人物的服饰、道具的摆放与舞台的表演十分接近,据王佩林《京剧舞台服饰应用汇编》讲,此出戏中的诸葛亮穿黑或紫色八卦衣,手拿羽毛扇,姜维扎平金绣龙硬

① 王树村:《戏出年画》(上卷),北京大学出版社,2007年,第10页。
② 黄仕忠:《清代车王府藏戏曲全编》第四册,广东人民出版社,2013年,第447页。

靠①,这些服饰元素在戏出年画中都有精彩的呈现,甚至连姜维靠甲上以金线绣制的龙纹图案都清晰可见;姜维的脸谱也已经基本定型,他额头上画有一幅太极图,表示神机妙算,红色脸谱表示忠勇士义烈,这样的脸谱勾绘方式也经年画的刻绘完整而直观地展示出来;诸葛亮站在桌上,手持羽扇,俯瞰姜维,既有以桌子象征关口的道具意味,也将戏出人物的表演精彩地呈现出来,而且桌帷的颜色与诸葛亮的服饰颜色也十分匹配,呈现出道具使用过程中的程式化用法。

"少三鼎甲"之一的汪桂芬常以唱工取胜,他演《天水关》中诸葛亮收姜维时,有一大板百十来句的唱腔,唱得"雄劲沉郁",时人誉为"虎啸龙吟"。年画艺术虽然不能为我们留下声音,但从此幅作品画面上诸葛亮的身段动作、神态表情中,我们都可以直观地欣赏到此角色居高临下、正气凛然的风姿,可见戏出年画记录舞台演出的显著效果。

(二)借戏曲形象绘画戏文故事

杨柳青戏出年画还有一类比较奇巧的构思,就是将戏出扮相的人物形象放置在实景山水的背景之中,以呈现某个戏出故事的情节片段。这类年画就创作时间来看,多是或早或晚:或为戏出题材的较早创作,如乾、嘉时期,这时戏出题材刚刚引入年画的创作之中,画师们初步借鉴了小说插图的表现方式,还没有大规模进行舞台观剧的现场传真;或者为民国时期比较晚近的创作,这时的作品多以故事情节的表达为目的,更加类似于小说中的插图。这类年画作品以戏出人物讲述戏曲故事,注重的是人物形象的刻绘、故事气氛的渲染与故事情节的表达,颇富意趣,也很好地实现了对经典戏出故事的传承与传播。

戏出年画《长坂坡》(乾隆—嘉庆,横三裁,34cm×58cm)是杨柳青戏出题材较早的创作。此图描绘的是"长坂激战"故事中糜夫人托子投井的片段,年画将舞台人物放置于实景之中,远处军旗兵刃,纷乱扬尘,渲染着曹兵追来的紧张气氛;近处断墙残垣,苍松古井,糜夫人正在嘱托赵云护送阿斗脱险。此画大约绘制于18世纪末期,此时的年画艺术还未出现桌椅、马鞭等象征性道具的舞台形式,而是将人物置于实际景物之中,图中的松树及山石都用了山水画中常见的"点苔法",一石一木都表现了传统山水画的影响。早期杨柳青戏出年画的细致精工,由此可见一斑。

民国时期,杨柳青的增兴画店刊印了一批以戏装人物讲述三国故事的

① 参见王佩林:《京剧舞台服饰应用汇编》,北京市戏曲(艺术)学校编印,2000年,第189—190页。

戏出画。这些画作,在实景山水之中,或者设置戏装扮相的人物形象,或者以演员的身段动作展示出戏出意味,保留着舞台演出的视觉效果,或者呈现戏曲道具的程式化运用,如以帷帐作城门,以车轮旗代表车辆等,让人一看便能体会出其中的戏曲意味,饱满而又耐看。这些年画还印有"直隶行政公署教育司鉴定"的字样,可见,也是经过官方的认证与推广,对于戏曲故事的传播过程而言,可以说是一种极富地方特色的传播现象。

戏出年画《取桂阳》(民国,增兴画店)取材于京剧传统剧目《取桂阳》,又名《赵子龙招亲》《打赵范》,事见《三国演义》第五十二回"诸葛亮智辞鲁肃,赵子龙计取桂阳",《庆升平班戏目》有所著录。此年画描绘的是赵范向刘备、诸葛二人陈述事情经过的图景。画面左端,赵云戴盔扎靠,插靠旗,系靠绸,脚蹬高方靴,双手抱拳,对刘备、诸葛二人十分恭敬;赵云前方赵范戴官帽,穿官袍,挂黑三髯口,正拱手向二人陈情。画面右端刘备头戴皇帽,穿黄袍,挂黑三髯口,左手捋髯,右手伸掌向前,站立在座椅前方,仿佛在授意与赵云、赵范二人;诸葛亮头戴八卦巾,身穿八卦袍,手持羽扇,正回首望向刘备。画面后方正中间的门洞内,樊氏身穿绿裙,手扶门边,侧身颔首,望向刘备、诸葛亮二人。此年画将戏装扮相的人物形象放置在了一处府邸庭院之中,可见雕梁画栋,缤纷彩墙,更有翠竹、荷花等绿植装饰,环境清丽典雅,人物的动作表情颇富戏剧化的程式意味,让年画呈现了一种独特的美感。

戏出年画《反西凉》(民国,增兴画店)刻绘的是京剧传统剧目《反西凉》(一名《割袍弃须》)的片段。此戏为唱念做打皆重的武生应工戏,剧本载于《京剧汇编》第十七集。川剧有《战潼关》,汉剧、徽剧、豫剧、河北梆子均有此剧目。杨柳青出品的此幅年画呈现的正是该剧故事中曹操抱头鼠窜、躲避追杀的场景。画面左端的曹操挂满髯穿红袍,双手抱头在士兵的保护下策马奔命;画面右端的马超为武小生扮相,戴盔,扎靠,插靠旗,系靠绸,双手持枪,正策马追来。画面上,曹操和马超为戏装扮相却都骑在马上,旁边的士兵手拿刀枪、旗幡等戏曲道具,近处青松苍翠遒劲,远处山谷之中旌旗飘摇,渲染着战事的气氛。整个画面既有强烈的戏出意味,也有浓厚的故事性,热闹精彩,十分耐看。

戏出年画《让成都》(民国,增兴画店)刻绘的是京剧传统剧目《让成都》(又称《石伏岩》)的片段,戏曲故事取材于《三国演义》第六十五回"马超大战葭萌关,刘备自领益州牧",川剧、汉剧、湘剧、徽剧、豫剧都有此剧目,秦腔、晋剧、河北梆子有《让成都》。此幅年画的背景为城门之前,城墙高耸,城门紧闭,后方绿树葱翠,近处的山坡上草木丛生,青黄杂糅,还有栅栏围墙,旌旗露角。画面右端的刘备头戴皇帽,身穿黄袍,脚蹬高方靴,坐在城门前,他坐的椅子还铺着红色椅披;刘璋身穿红袍,披斗篷,拱手与刘备相言。画面右端,孔明头戴八卦巾,身穿绛紫色八卦袍,手持羽扇,后面兵士双手拿着车轮旗,寓意孔明坐在车上,充满了戏曲表演过程中的道具意味;旁边的魏延,戴盔扎靠,插靠旗,还勾了脸谱,手按佩剑,回望孔明。此年画虽为实景,却充满了戏曲元素,颇富意趣,令人回味无穷。

(三)融多种元素呈现戏曲内容

杨柳青木版年画以民间艺术著称,但却并不俚俗,不仅承载着广大下层民众的审美情趣与生活理想,也融入了相当丰富的文人审美倾向,体现出一种雅俗共赏的审美追求:就题材而言,杨柳青木版年画中有很多作品表现的是文人雅士、隐逸风情和诗歌意境等文人艺术所崇尚的高雅内容;就形式而言,杨柳青木版年画也有一些作品借鉴了文人画融诗、书、画、印于一体的综合艺术美,许多优秀的画作都不仅仅是单纯的图像刻绘,而是有题跋、有署名、有印章,呈示出一种文人艺术的文化兴味;就风格而言,杨柳青木版年画也不都是喜庆的、喧闹的、体现市井风情的"俗艳之色",也有相当一部分作品设色淡雅、风格虚静空灵,呈现出中国传统艺术崇尚简淡、闲雅、虚静、空灵的美学特征。这种雅俗共赏的审美追求也在一定程度上呈现出近代天津城市文化的艺术趣味与美学品格。

就杨柳青出品的戏出年画而言,这种雅俗共赏的审美意趣也是十分鲜明地融入其间的。其中融诗、书、画、印于一体的作品,因为画面上的题诗多与戏曲故事有关,也成了一种非常独特的传播形式,与画面上的戏出场景巧妙地融为一体,讲述着精彩的戏曲故事。

木版年画《刘玄德南漳逢隐沦》(横三裁,34cm×60cm)就是这样一幅融诗、画于一体的经典作品。该年画所呈现的戏曲故事取材自《三国演义》第三十五回"玄德南漳逢隐沦,单福新野遇英主"。公元207年,刘备投荆州刘表,因扶持刘表长子而被蔡夫人弟蔡瑁逼杀,马跳檀溪,望南漳策马而行,逃到一山村,见一牧童跨于牛背上,口吹短笛而来,便向其问路,得知牧童为水镜先生司马徽之门徒。经由牧童引路,刘备前往水镜庄拜访司马徽。到草堂时司马徽正在抚琴,听闻有客人到访,亲自出迎,见刘备神色不正,衣襟尚湿,疑其逃难至此,刘备遂以襄阳一事告之。交谈间,刘备自谓命途多蹇,难成大事,司马徽则以为刘备因无谋士相辅才至今日落魄,遂向其举荐凤雏、伏龙二人,称两人得一,始安天下。是夜,刘备因思水镜之言,寝不成寐。夜半时分听闻徐庶叩门,起床密听,司马、徐庶二人谈及刘表徒有虚名,不可共事,司马徽劝徐庶往投明主。刘备闻之大喜,但恐造次,候至天明,方求见司马徽,欲求英才相辅,无奈徐庶已拜别离开。

此幅年画刻绘了刘备拜访水镜先生的情景。画面置于青山碧水、杨柳依依的恬淡气氛中，类似于小说戏文中的插图版画。画面右侧，刘备头戴皇帽，身穿黄袍，正拱手向牧童问路，牧童坐骑牛背，举鞭遥指草堂，草堂前后盛栽松竹，清气飘然，草堂内水镜先生正在抚琴。远处有蔡瑁追至河边，桥头徐庶勾脸谱，身穿褐色绣花褶子，脚蹬高方靴，手执拂尘，隔水遥遥相望，身段动作颇具戏曲演出的程式化意味。年画右上方刻有"刘玄德南漳逢隐沦"的标题，以醒目的形式直观地告诉人们年画所表达的情节，同时画面上的主要人物旁还标有姓名，以人物标识的方式，展示了整个故事的发展始末，而且画面左上角刻有题词一段，详述了故事梗概："玄德策马过溪。迤逦望南漳策马而行，日将沉西。正行之间，见一牧童跨于牛背上，口吹短笛而来。玄德叹曰：吾不如也！遂立马观之。牧童亦停牛罢笛熟视玄德，曰：将军莫非破黄巾刘玄德否？玄德惊问曰：汝乃村僻小童，何以知吾姓字！牧童曰：我本不知，因常侍师父，有客到日，多曾说有一刘玄德，身长七尺五寸，垂手过膝，目能自顾其耳，乃当世之英雄，今观将军如此模样，想必是也。玄德曰：汝师何人也？牧童曰：吾师覆姓司马，名徽，字德操，颍川人也。道号水镜先生。"这段题词从第二句开始，为《三国演义》原著第三十五回中的一段。

杨柳青画师将原著中的文字刻于画上，结合画面景物与人物形象，将"刘玄德南漳逢隐沦"的故事精彩地呈现了出来，再加上徐庶的戏装扮相与表演姿态，更使得年画作品虽似插图版画，却比插图版画容纳了更丰富的内容，表现出浓厚的戏出意味，不仅设色典雅清丽，更有浓厚的故事性和精彩的戏曲性，有效地实现了对三国故事和三国戏出的传承与传播。

杨柳青戏出年画还有很多作品不仅刊刻故事名称、标注人物姓名，还采用了押韵的诗歌题写于画面，突出了画面故事的情节内容，在形式上也更具文化意味。年画《长坂坡》（清，贡尖，63cm×113cm，健隆号）刻绘的是赵子龙于"长坂激战"中为救护阿斗，单骑杀入重围，于长坂坡力战数员上将，血染战袍而毫无惧色的精彩画面。画面上方题诗："红光罩体困龙飞，征马冲开长坂围。四十二年真命主，将军因得显神威。"这是《三国演义》第四十一回中的诗歌。年画《三顾茅庐》（贡尖，63cm×111cm，杨柳青年画馆藏）将戏剧故事置于实景山水之中，展示了刘备与诸葛亮"运筹帷幄隆中对"的场景。画面上方题目之后，也有题诗："豫州当日叹孤穷，何幸南阳有卧龙。欲识他年分鼎足，先生笑指画图中。"这是《三国演义》第三十七回中的诗歌。年画《孙夫人祭江》（清，横三裁，33.3cm×59cm）刻绘的是孙尚香临江吊祭刘备的场面，画面上题目后也有题诗："先主兵归白帝城，夫人闻难独捐生。自今江畔遗碑在，尤著千秋烈女名。"这是《三国演义》第八十四回中的诗歌。这三幅作品也都很好地实现了年画艺术与原著书稿和戏出元素的完美结合,以一幅画作的空间承载了丰富的文化信息。

生活在乡村的广大农民也许认字不多,但他们羡慕有文化的人,也喜欢购买更富文化意味的年画张贴在家中。这样,人们在茶余饭后欣赏年画的时候,既可以用手指点看图认字,也装饰了家庭,让居室具有年节的喜庆,更富于文化的气息。看年画,读故事,品戏出,三位一体,其乐融融。也正是这个原因,这类年画往往行销广大城市乡村,而让三国故事与三国戏出传播得更加广远。

戏出年画《龙凤配》(清末,方子,隆合画店)刻绘的是传统剧目《龙凤配》舞台演剧的一幕:刘备进洞房后,见房间满置兵器,杀气腾腾,不由得心中生怯的戏出场景。画面上方有四句诗歌:"刘备过江胆战惊,太后一见喜心中。周瑜定下美人计,假做成真入皇宫。"这四句诗歌并非《三国演义》原著中的诗作,应是画师所作,也颇富韵律,不仅呈现了画面内容,更将与画面情节相关联的前因后果讲述出来。作为美术类作品,民间年画上呈现出来的往往是最紧张激动、最富故事性的情节瞬间,而杨柳青戏出年画更因为有诗歌的提示,可以让人通过欣赏年画便能联想到整个故事的来龙去脉,而赋予了年画作品更加广阔的叙事张力和更为丰富的欣赏意味,也有效地实现了其对三国故事和三国戏舞台演出良好的传播效果。

此外,木版年画《建安七子》(贡尖,64cm×113cm)为义兴合出品,线版彩绘,现藏于早稻田大学图书馆。该画作的背景为实景山水,人物形象则以戏装扮相出之。年画将建安七子置于修竹茂林之间,任其喝酒纵歌,颇有洒脱偶傥的魏晋风度,画面上方题诗曰:"三国纷纷出英贤,七子各忠与奸。遇其主者得吐气,不得其主枉负才。"诗歌将画面上所呈现出来的魏晋名士的任诞风流染上了一重功名浮沉与政治纷争的意味,也因此让睥睨世俗的魏晋名士走向了民间社会,更符合普通民众的生活理想与审美期待。

戏出年画《曹子建七步成章》(民国,横三裁,34.8cm×47.6cm)刻绘了曹丕命令曹植七步之内赋诗一首的情节,画面上置一桌两椅,铺有粉色团花桌帷和红色椅垫,桌上放有黄绸包裹的印匣,充满了戏曲舞台的味道。画面中间,曹丕坐在桌后,正用手指着曹植,曹植站在画面左侧,左手抱笏板,右手指天,仿佛在表白陈情,旁边还摆有花架盆栽的装饰。整个画面设色艳丽,非常适合装点年节的气氛,画面上方刻有名冠天下的《七步诗》:"煮豆燃豆萁,豆在釜中泣。本是同根生,相煎何太急。"此幅年画以文字的形式明确地将曹植七步之内所成之"章"展示出来,与画面上的戏装人物形象一起,直观地点明了年画的主旨,让人们在欣赏年画的时候既可以品味戏曲之美,更可以对整个故事情节获得清晰的掌握。

　　这三幅年画作品都巧妙地使用了画面题诗的形式,既丰富了画面的内容,也增强了年画的艺术张力。而且,前两幅作品中的诗歌并非源自典籍,也许就是出自画师之手,读起来更加通俗易懂,也更合适文化水平不高的城市平民或者乡村居民购买张贴,让年画作品更富于艺术亲和力,也将年画作品所呈现的三国故事和戏出场景进行了更好的传播与流广。

　　笔者整理了清代中期至民国年间杨柳青三国戏年画(条屏除外)中刻绘有故事名称、人物姓名和诗词题跋等文字信息的具体情况,以便同行查找,详见下表:

表4:杨柳青三国戏年画文字信息表

文字信息／年画作品	故事名称	人物姓名	诗词题跋
《龙凤配》(清,贡尖,61.5cm×107cm)	√	√	
《龙凤配》(清末民初,横三裁,30cm×50cm)	√		
《龙凤配》(民国,横三裁,33.9cm×57.8cm)	√	√	
《龙凤配》(清末,方子)	√	√	√
《龙凤配》(民国,贡尖,57cm×106cm)	√	√	
《东吴招亲》(光绪,贡尖,68.9cm×118cm)	√		√
《东吴招亲》(民国,贡尖,61cm×105cm)	√	√	
《甘露寺》(清末,横三裁)	√	√	
《回荆州》(清,贡尖,64cm×108cm)	√		
《回荆州》(清,贡尖,64cm×114cm)	√		
《回荆州》(彩色版)	√		
《回荆州》(民国,横三裁,33.9cm×57.6cm)	√	√	
《回荆州》,民国,贡尖,61cm×102cm	√		
《当阳长板(坂)坡》(光绪,贡尖,64cm×114.5cm)	√		
《大战长板(坂)坡》(清末,贡尖,60cm×106cm)	√		
《当阳长板(坂)坡》(晚清,贡尖,60cm×106cm)	√	√	
《长坂坡》(清,贡尖,63cm×113cm)	√	√	√
《长坂坡》(民国)	√	√	
《赵子龙单骑救主》(光绪,贡尖,58cm×105.5cm)	√	√	
《赵子龙单骑救主》(清,贡尖,58cm×104cm)	√	√	
《赵云截江夺阿斗》(光绪,贡尖,70.5cm×116cm)	√		
《长江夺阿斗》(清末,贡尖,56cm×99cm)	√		
《长江夺阿斗》(清末,横三裁,29cm×48cm)	√		

年画作品 \ 文字信息	故事名称	人物姓名	诗词题跋
《长江夺阿斗》(民国)	√	√	
《八门金锁阵》(民国,贡尖,59.6cm×107.6cm)	√	√	
《八门金锁阵》(贡尖,62.5cm×107cm)	√	√	
《八门金锁阵》(光绪,贡尖,71cm×118cm)	√		
《大破金锁阵》(线版)	√	√	
《取成都》,民国,石印	√	√	
《让成都》(清,贡尖,57cm×104cm)	√	√	
《让成都》(横三裁,33cm×60cm)	√		
《让成都》(民国)	√	√	
《黄鹤楼》(清末,横四裁,26cm×52cm)	√	√	
《黄鹤楼》(清末,竖三裁,58cm×35cm)	√		
《黄鹤楼》(清)		√	
《辕门射戟》(清,横三裁,34cm×60cm)	√	√	
《辕门射戟》(清末,贡尖,52cm×94cm)	√	√	
《凤仪亭》(光绪,横四裁,24cm×41cm)	√		
《天水关》(清,横四裁,25cm×41cm)		√	
《天水关》(清,竖三裁,61.1cm×36.3cm)	√	√	
《天水关收姜维》(清末,贡尖,50cm×95cm)	√		
《反西凉》(民国)	√	√	
《反西凉》(线版)	√	√	
《反西凉》(清,线版)		√	
《张辽威震逍遥津》(光绪,贡尖,70.5cm×116cm)	√	√	
《张辽威震逍遥津》(贡尖,64cm×110.5cm)	√	√	
《张辽威震逍遥津》(清末民初,贡尖,64cm×110cm)	√	√	
《取北原》(清末,横三裁)	√		
《战北原》(单色版)	√	√	
《取桂阳城》(民国,横三裁,35cm×58.4cm)	√		
《取桂阳》(民国)	√	√	
《捉放曹》(清,横三裁,32cm×54cm)	√	√	
《捉放曹》(清,线版)		√	
《空城计》(清代,贡尖,56cm×102cm)	√		
《空城计》(清末,横三裁,27cm×44cm)	√		
《曹操大宴铜雀台》(贡尖,65cm×114cm)	√	√	
《铜雀台》(清,线版)		√	

文字信息 年画作品	故事 名称	人物 姓名	诗词 题跋
《走马荐诸葛》(线版)	√	√	
《走马荐诸葛》(民国,贡尖,60.7cm×106cm)	√	√	
《草船借箭》(民国)	√	√	
《箭射蓬索》(民国)	√	√	
《苦肉计》(民国)	√	√	
《三气周瑜》(清末,贡尖,47cm×87cm)	√		
《鲁肃二次讨荆州》(清末,贡尖,55cm×96cm)	√	√	
《连环计》(清,线版)		√	
《三顾茅庐》(清末,贡尖)		√	
《汉阳院》(清,线版)		√	
《孙夫人祭江》(清,横三裁,33.3cm×59cm)	√		√
《战磐河》(清,竖三裁,62cm×38cm)	√	√	
《战宛城》(民国,贡尖,59.1cm×108.1cm)	√		
《姜伯约斗阵困邓艾》(清,贡尖,59cm×102.2cm)	√		
《大战张郃》(清末,贡尖,53cm×92cm)	√		
《姜维兵败牛头山》(民国)	√	√	
《姜维劫粮》(民国)	√		
《收严颜》(清末,横三裁,35.5cm×58.5cm)	√		
《代唱三国叹十声》(民国,贡尖,63.5cm×112.5cm)	√		√
《曹子建七步成诗》(民国,横三裁,34.8cm×47.6cm)	√	√	√
《建安七子》(贡尖,64cm×113cm)	√	√	√
《昭君出塞》(清末,横三裁,32cm×54cm)		√	
《昭君和北蕃(番)陈杏元和番》(清末,横四裁,22cm×55cm)	√		

(四)非戏出画作中的戏曲符号

杨柳青出品的木版年画中还有一些精彩的作品虽然并非直接表达戏出内容,但却包含某些戏曲的符号,包括戏曲人物的服饰扮相、戏曲舞台的切末道具,或呈现戏曲的表演场景等,也在一定程度上有助于戏曲艺术的传播与推广。木版年画《十美放风筝》(清,贡尖,54cm×100cm,杨柳青年画店出品)就是一个经典案例。该年画设色典雅清丽,景致怡人。远处一湖春水,碧接天际,山峰起伏,绵延远方,更有村舍傍水而居,彼岸人家寥落。近处庭院一角,粉桃翠柏相互映衬,一派春机盎然,还有八角洞门、粉墙漏窗、华美厅廊。画面正中的芳草地上,刻绘有美女十二人,她们年龄相仿、衣装华丽,在草色返青的季节,放飞各种形状的风筝。年画中间靠左的一位女子已将风筝高高放起,她的风筝便是一个戏出的图样:一桌两椅,粉色桌帷,身穿蓝衣的旦角坐在左侧,右侧是一位头戴圆翅纱帽、身穿红色官衣、手拿折扇的生角形象。我们虽然不能辨认出这个风筝的图案具体呈现的是哪一个戏出,但画面上的舞台装置和角色扮相,都明确呈现了戏出的意味,让这个风筝在众多吉祥图案的风筝中显得格外新巧,引人注目。

木版年画《玩学闹戏》(清末,贡尖,62cm×108cm)刻绘的是在私塾之中,儿童们在课余休息的时间扮演各种戏出,尽情玩闹的场景。画面正中摆放一方形书桌,桌上放着一张太师椅,一个儿童头戴纱帽,挂三挦髯,身穿官衣,怀抱木板,端坐在椅子上,他在扮演《打灶分家》中的灶王。方桌前方及左右两侧的儿童们两个一组,也都装男扮女,表演着各种戏出:画面左侧两个儿童,生角扮相的手拿折扇,旦角扮相的手拿玉镯,他们在扮演《拾玉镯》;画面右侧一个男童一个女童各自手拿折扇,在扮演《花园赠珠》;方桌前自左向右,最左端的两个儿童一个是挂着长髯的老生扮相,一个是拿着单锤的武生扮相,他们在扮演《收何元庆》;旁边的两个儿童以圆凳为道具,正在扮演《赵匡胤打刀》;画面中间一个儿童手举长棍扑打,应在扮演《烟火棍》;最右侧的两个儿童一个手拿长棍,一个刚脱下衣衫,他们在扮演的是《打杠子》。

清光绪戊戌变法之前(1898),中国没有现在的学校教育,儿童们读书都是在私塾中由先生教书识字。在私塾上学的孩子们一年到头都在私塾读书,没有规定的休息日,也很少有游戏的时间。所以,私塾里念书的儿童们常在先生外出的时候做各种游戏玩耍,这也是孩子爱玩的一种天性表达。"娃娃"本就是杨柳青木版年画中一个经典的题材,除了胖娃娃抱大鱼的吉祥喜庆图案之外,也有很多表现儿童各种游戏的作品,既迎合了人们渴盼儿孙满堂的生活理想,也可以装饰墙面,给人热闹欢快的感觉,让沉闷的居室活泼起来,充满生气。此幅《玩学闹戏》(清末,贡尖,62cm×108cm)是杨柳青木版年画中一个做工非常精良的作品,设色典雅,刻绘精工。年画以儿童们读书的堂屋为背景,雕花门窗精美讲究,满屋书架鳞次栉比,更装饰着各色盆栽,青翠雅致。孩子们趁休息的时间扮演着各种戏出,活泼热闹而又生动传神。这样的年画作品深受广大人民群众的喜爱,销量甚广,虽非戏出之作,却也在一定程度上起到了推广戏出的传播作用。

杨柳青木版年画中还有一幅《八扯图》(贡尖,64.5cm×114cm,齐健隆画店)也非常有意趣。传统戏曲中有一出《十八扯》,故事讲父母出门,家中仅留兄妹二人。因为闲在家中而百无聊赖,二人就一起玩起了唱戏的游戏,两个年轻人兴致勃勃,你一出我一段地学着唱戏,大约学唱了十几个小戏。戏名之所以叫作《十八扯》,意思就是"扯到哪儿算哪儿"。后来父母归来,小兄妹立刻打住,"今天就扯到这儿吧"。清末名角儿李百岁、吕月樵演出此剧最为人称道,坤角儿老生恩晓峰也擅唱此出。

这幅现藏于天津博物馆的《八扯图》(贡尖,64.5cm×114cm),其命名即来自《十八扯》的戏出,年画刻绘了众儿童串演八出文武戏的场景:后排左侧有一男一女两个儿童,女童头戴鱼婆罩,手拿船桨,男童挂白髯,手拿船桨,他们在扮演《打渔杀家》;后排中间三个儿童,左侧男童头戴圆翅纱帽,手举笏板,跪于地上,中间女童头戴凤冠,身穿黄陂,怀抱婴儿,左侧男童挂白色长髯,手举铜锤,他们在扮演《二进宫》;后排右侧一个男童头戴粘帽,挑着担子,一个女童身披斗篷,手拿长烟斗,他们在扮演《锯大缸》。前排自左向右:最左侧两个儿童拿着长棍在打斗,他们在扮演《打焦赞》,这里的男童头戴硬扎巾,插耳毛,挂满髯,左手握拳放于身前,右手提棍背于身后,武姿工架有板有眼;左二是一对男女儿童,男童小生扮相,手拿折扇,女童旦角扮相,一手挡脸,一手持镯,他们在扮演《拾玉镯》;中间两个儿童搭起了小帐,男童头戴皇帽,挂长髯,身穿黄马褂,站于帐后,女童头戴七星额子,插雉尾,左手持枪,横在肩头,右手握着马鞭,高高举起,他们在扮演《赶三关》;旁边的两个儿童也都拿着马鞭,女童头戴七星额子,插雉尾,男童丑角儿扮相,他们在扮演《闯山》;最右侧一个儿童高举拂尘,前方摆放一个木马,他在扮演《五梅驹》。

此幅年画也属于杨柳青木版年画中的娃娃题材,画面上的十六个儿童各自戏装扮相,手拿道具,身段动作优美,舞姿工架有力,表情神态动人。他们虽然有的穿着肚兜,并非完全是戏曲演出服饰,显得稚嫩可爱、憨态可掬,却一本正经、有板有眼地扮演着各种戏出,文武短打、生旦净丑一应俱全,这样的画面形象充满了欢喜的意味,最惹人爱。加之画师在儿童周围还刻绘有山石树木,桃红柳绿,分外鲜亮,另有长条案几,摆放着各色盆栽,两个花坛,一方一圆,种树栽花,充满生机。整幅年画设色典雅清丽,充满喜庆吉祥的气氛,并且将丰富的戏曲符号巧妙地置于画面形象之中,这样的画作也是最受民众欢迎的一类,购买回家,贴在墙上,不仅可以装饰年节,还可以指点娃娃,欣赏戏出,从而在实际意义上成就了其对戏曲艺术的传播与推广。

二、吆喝传唱的有声传播

美国学者M. 杰诺维茨于1968年提出了大众传播的概念:"由一些机构和技术所构成,专业化群体凭借这些机构和技术,通过技术手段(如报刊、广播、电视等)向为数众多、各不相同而又分布广泛的受众传播符号的内容。"①
从传播载体的角度看,在传播媒介相对有限的农耕时代,民间年画可以说是
人们娱乐生活、获取知识最为普遍的一种印刷媒介。"所谓印刷媒介,就是将
文字和图画等做成版、涂上油墨、印在薄纸上形成的报纸、杂志、书籍等物质
实体。"②用现代传播学理论来阐释,就信息的生产方式与传递方式,以及传
播过程的性质和受众的广泛性而言,杨柳青木版年画可以看作大众传播媒
介中的再现性印刷媒介。

　　从总体上讲,文字、绘画、摄影等,都属于印刷媒介。杨柳青木版年画和
这些印刷媒介一样,传播着文化知识、民间信仰和人文精神,但在传播方式
上,杨柳青木版年画却拥有一种不同于其他印刷媒介的独特之处。就物理
属性而言,印刷媒介将文字、图像印刷在实物载体上,以再现的方式传递知
识,传播信息。这种再现,基本上都是静态的展示,需要接受者主动去认知。
而杨柳青戏出年画中有一种独特的艺术样式叫作"叹十声",这类年画一般
都会有十段左右的唱词,旧时贩卖此类年画的人,往往在集市上依照画上所
绘之词高声唱赞,以招徕买者。这样,年画上所刻绘的戏出便通过贩卖者的
唱赞吆喝,传遍集市,从而使得戏出年画不仅能够以静态再现的方式传播戏
出,更可以通过声音的传递过程让年画上所刻绘的剧目实现更加有效的传
播与推广。

　　"叹十声"是清末民初在中国下层社会广泛流行的一种民间时调,多以
"十叹"的连章体制讲唱故事,具有明显的叙事性特质。《清车王府藏曲本》中
就有《王三公子叹十声》《小相公叹十声》《笔帖式十叹》《阔大爷叹十声》等剧
本。这些"唱叹"广泛地反映着清末民初的社会状况和普通民众的生存境
遇。杨柳青戏出年画巧妙地将这种"十叹"的形式与呈现戏出的民间年画相
结合,在画面上刻印出与戏出内容相关的十段唱词,让年画贩卖者以流行俗
曲的曲调唱赞叫卖,在客观上也起到了介绍剧情、推广戏出的传播作用。

　　戏出年画《代唱三国叹十声》(光绪,贡尖,63.5cm×112.5cm)可以说是
这类作品中的翘楚。此画作选取了十段"三国"故事,依次是:"蒋干盗书"
"单骑救主""草船借箭""连环计""讨荆州"(两幅)、"东吴招亲""张松献地
图""失街亭""铁笼山"。画作上的每个戏剧场面都附刻有一段唱词,以更明
确地表达故事情节。这些唱赞之词,采用了押韵的形式,每句字数长短有

---

①　[英]丹尼斯•麦奎尔,[瑞典]斯文•温德尔:《大众传播模式论》,祝建华、武伟译,上海译
　　文出版社,1987年,第7页。

②　邵培仁:《传播学》,高等教育出版社,2002年,第153页。

致,俚俗有趣,现誊录如下:"曹孟德下江南叹罢头一声,路上得荆州才得安宁,蔡瑁张允领水阵,有蒋干过江去要探东吴营;赵子龙保幼主叹罢第二声,想起了长坂坡胆战又心惊,一杆银枪无人挡,多亏了三千岁才能脱了身;诸葛亮去借箭叹罢第三声,算定了下大雾助我来成功,锣鼓齐鸣来讨战,得了那狼牙箭回营去报功;周公瑾破曹兵叹罢第四声,江又宽水又湧不能去行兵,庞统献定连环计,烧死了曹操的百万将合(和)兵;有孙权坐江东叹罢了第五声,文张昭武公瑾才得了太平,心中又想荆州地,枉费了人合(和)马落了一场空;鲁子敬讨荆州叹罢第六声,过江来到城内战战又惊惊,刘备孔明来接近,周都督一定要讨荆州城;刘玄德去招亲叹罢了第七声,思想起招亲事好不心惊,一去先拜乔国老,甘露寺相女婿然后把亲成;有刘璋坐西川叹罢第八声,可恨那贼张松卖国奸臣地图送,在荆州内勾来了刘玄德要夺我都城;司马懿到祁山叹罢第九声,在路上兴人马真来威风,一定要来到成都地,诸葛亮差马谡振守街亭城;姜伯约伐中原叹罢第十声,想当初我先师传授武艺通,山下一场战,只杀得司马昭影也无了踪。"

此幅年画上刻绘的每个戏出场景都包含两、三个核心人物,这些人物形象均以戏装扮相出之,有的人物形象还勾了脸谱,如画面左下角呈现戏出《铁笼山》中姜维与司马昭交战的场面[①],姜维画红色脸,眉眼处描黑,额头正中绘一太极图,与已然定型的姜维脸谱相差无几。画面上还呈现了多种舞台道具的使用情况,如桌椅等道具都铺了不同颜色花样的布帷,还有羽扇、旗幡、拂尘与各种刀枪把子。画面上文戏的场面,人物或坐或立,举手投足间满是戏曲表演的程式化动作;武戏的场面,人物或拿剑或持枪,工架劲道有力。年画名头上的"代唱",就是让贩卖年画的人用流行的俗曲曲调,唱出年画上刻绘的这些根据戏剧内容编写的唱赞之词,以找来顾客。这是杨柳青木版年画所拥有的独特样式,对于戏曲艺术而言,既精彩地留住了转瞬即逝的表演场面,也是以"唱赞"这种独特的声音传播实现了对剧目与剧情的有效推广。

杨柳青木版年画中还有一幅《唐僧取经叹十声》(清末,贡尖,58cm×

---

① 京剧传统剧目《铁笼山》,叙演诸葛亮死后,姜维继承其遗志,继续北上伐魏,困司马师于铁笼山的故事。按照《三国演义》的原著,姜维在铁笼山设计诱骗的是司马懿的次子司马昭。剧目为了更好地突出姜维的形象,将司马昭换为司马懿的长子、魏国大将司马师,并将其扮作了大花脸。杨柳青出品的此幅"代唱"年画,用标明人物与编写唱词的方式明确地指示出此一人物为司马昭,并以小生扮相出之,明显与剧目情节不同,而更忠实于小说原著。这样的角色配置也许是旧时戏曲舞台的演出实景,杨柳青戏出年画为我们留下了可待查证的珍贵一幕。

105cm），现藏于圣彼得堡俄罗斯民族学博物馆。该年画虽非三国题材，却也是一幅以"代唱"的方式传播戏曲艺术的经典之作。此幅年画刻绘的是《西游记》中的盘丝洞斗蜘蛛精、陷空山无底洞斗白鼠精、火焰山借芭蕉扇、通天河师徒落水等十个故事片段，每个片段上面也有一段语言诙谐、朗朗上口的唱词，既交代了故事情节，也将师徒四人的性格特点描绘得栩栩如生。如"第六声"："又八戒夸大口叹罢了第六声，牛头马面具是吾盟，兄弟们三人同是一样，吾比他二人有两个好眼精（睛），吾八戒不能行一定着吾取经，跟前头站的是具（巨）足王八精，不是八戒吾说大话，过了些洞无有吾那是不行。"文字下方，猪八戒为戏装扮相，双手出掌外撑，做右弓步，侧头正在和左边的女子交谈，这女子也是戏出装扮，左手持帕，手掌向外，垂于身侧，右手伸出食指，指向旁边，仿佛在质疑八戒所说的话。从人物的身段动作来看，这个片段刻绘的应是"四圣试禅心"的故事场景。画面上方的这段唱词，以猪八戒的口吻自夸本领，与图像所绘的情节巧妙地融合在一起，将猪八戒凡心未了、贪图女色、自私自夸的性格特征清晰地呈现出来。

这幅年画上的十个片段将戏出扮相的人物形象置于实景之中，虽非戏曲演出的舞台场面，却也呈现出丰富的戏曲元素，包括服饰、扮相、脸谱、身段、工架道具，等等。如无底洞斗白鼠精的片段，山门前，孙悟空、沙僧、白鼠精三人正在打斗，正中间的孙悟空头戴软罗帽，穿红色箭衣，围黄色披肩，系大带，脚穿薄底靴，左手紧握金箍棒，横于腰间，右手出掌，高高举起，右腿直立，牢牢抓住地面，左腿高台，脚尖朝地，以京剧表演中一个经典的蹁退姿势，呈现出一种戏剧艺术的雕塑美。这里的孙悟空还画了金眼圈、红色"倒摘桃"的脸谱，这种脸谱勾画的方式乃李万春先生在《闹天宫》《偷桃盗丹》中常用的笔法，结构简练，十分耐看，刘奎官扮演《弼马温》中的孙悟空也勾这类"倒摘桃"式脸谱。在传统戏曲舞台上，孙悟空的脸谱还有其他几种勾绘的方式，如杨小楼扮演昆曲剧目《安天会》所勾的脸谱是古朴大度的"一口钟"，李少春在《闹天宫》中所绘的脸谱是桀骜不驯的"倒葫芦"，张喜成在《火焰山》中所绘的脸谱是别具一格的"桃对桃"。此处孙悟空的脸谱虽然比较简单，却也鲜明地呈现了金眼圈、红桃子的经典元素，将旧时舞台演剧的精华保存了下来。

画面上，孙悟空身后的沙僧和白鼠精也都是戏装扮相，武姿工架劲道有力，开打场面十分紧张激烈而又活泼热闹，特别是白鼠精的武旦一角，虽然扮相与今日戏曲舞台所演的《无底洞》一剧相去甚远，但其双手舞剑的武打身段却极为优美而生动，令人观之回味无穷。此片段之上为"第七声"的唱词："沙僧取经叹罢了第七声，一路上过了个无底洞，孙猴又巴（把）头阵打，又沙僧跟定着捉妖孙悟空,又沙僧见无底洞正在当中,叫一声大哥金棍巴(把)他砸,吾(悟)空一人又巴(把)阵打,沙僧他保着师父就是唐僧。"这段唱词以沙僧的口吻出之,清晰地交代了这一片段所刻绘的故事情节。

特别值得一提的是,这幅年画的唱赞之词都是出自每个片段所刻绘的主要角色之口,在交代故事情节的过程中,也生动地表达了人物的内心世界。这些生动而俚俗的话语虽非戏曲表演中的唱词,却也充满了代言的味道,与戏剧艺术的"代言体"特质十分吻合。试想一下,在旧时繁华的街市之中,杨柳青木版年画的商贩们手举画幅,以"代唱"的方式声情并茂地唱出画面的内容,无疑会对年画所刻的戏出起到有效的推广作用。

此外,杨柳青木版年画中还有一幅《时兴代唱十美变戏法》,并非戏出之作,刻绘的是十位美人在花架旁玩耍变戏法的场景,铜锣开场,好不热闹。这些美人表演的戏法是当时社会上非常新鲜的"玩意儿",所以称作"时兴",年画上方的题名之后也有一段"代唱"的唱词,讲述着变戏法的故事。像这类带唱词的民间年画,都是由年画贩卖者在卖画时吆喝传唱出来的。可以想见,昔日站在天津街头贩卖年画的人一边唱一边吆喝,的确十分热闹,不仅很好地宣传了年画,也将其中的故事传唱出来。这样,便突破了年画艺术作为印刷媒介的静态空间属性,无论对于年画本身而言,还是对于年画所再现的戏出故事来讲,都实现了一种时空交融的有声传播过程。

美国裔伊朗心理学家艾伯特·梅拉比安将人类的信息交流分成三类:语言、非语言和其他有声传播,其中语言的沟通占7%,有声传播占38%,非语言的形体动态传播占55%。[①]在广播电视出现以前,有声传播的载体基本为人本身,像吟咏、朗诵、歌唱等有声传播方式在基本属性上可以看作艺术的实现方式,而吆喝传唱则更具备广而告之的宣传效果。杨柳青木版年画中这种"代唱""叹十声"的贩卖方式,无疑是一种典型的广告手段,其传播效果不言而喻。难能可贵的是,杨柳青木版年画中有一部分戏出之作也以这种题材出之,在呈现演出场景和戏曲故事的同时更配有唱赞之词,甚至以戏中人物的口吻出之,使得年画贩卖者在叫卖年画的过程中,客观上实现了对戏出的传唱与推广,从而也赋予了杨柳青戏出年画一种独特的戏曲传播价值。

---

① 参见[美]麦克斯韦尔:《连接:每个人都在沟通,但很少有人在连接》,刘善红等译,中国青年出版社,2013年,第39页。

第二节　传播效果

　　按照现代传播学理论,传播效果是传播行为所产生的有效结果,位于传播过程的最后阶段。从狭义的层面讲,传播效果强调传播者的传播行为是否实现其意图或实现目标的程度;从广义的层面讲,传播效果可以包括传播行为所引起的一切客观效果,包括对他人和周围社会所发生的实际作用。传播效果研究在传播学特别是大众传播学研究领域具有极其重要的地位,英国传播学家、荷兰阿姆斯特丹大学传播学终身教授丹尼斯·麦奎尔就曾强调,"大众传播理论之大部分(或许甚至是绝大部分)研究的是效果问题"①。传播活动所达到的效果可以有很多种:从传播者的角度看,可以分为预期效果与非预期效果;从时间的角度看,可以分为长期效果和短期效果;从效果的性质看,积极效果、消极效果与逆反效果;从效果的状态看,可以分为显见效果与潜在效果;从影响的层面看,可以分为政治效果、经济效果和文化效果,等等。这些探讨传播效果的理论,为本书的研究提供了参考。

　　在大众传播中,报纸、杂志、书籍、广播、电视、电影等媒介都具有各自不同的传播特点和传播优势,也必然能够实现不同的传播效果。在现代大众传播媒介出现之前,以图像为媒介的戏曲传播载体,除了年画之外,还有文本插图(包括剧本、小说等以戏曲扮相出之的插图版画)、器物图像(如瓷器、玉器上面的戏曲内容图案)与建筑图像(包括戏台、墓葬中的木雕、砖雕、石刻等戏曲图像)等,这些戏曲传播媒介也逐渐进入了我国戏曲传播学的研究视界。

　　可以说,随着戏剧戏曲学研究的广泛开展,戏曲图像已然成为学界关注的焦点。不过,此类研究大多从戏曲文物的视角展开,如刘念兹《戏曲文物丛考》(1986)考察了亳州花戏楼壁画,张淑贤《清宫戏曲文物考》(2008)考察了清宫的戏曲剧本图册,廖奔《中国戏剧图史》(2012)是一部围绕戏曲图像展开研究的学术专著。在现有的成果中以传播学为视角对戏曲图像展开研究的大多以插图版画为主要研究对象,例如李昌集、张筱梅的论文《戏曲的图像传播:一个值得关注的课题》,王省民的论文《图像在戏曲传播中的价

　　①　[英]丹尼斯·麦奎尔、[瑞典]斯文·文德尔:《大众传播模式论》,祝建华等译,上海译文出版社,1997年,第59页。

值——以"临川四梦"的插图为考察对象》，单永军的论文《试论戏曲经典的图像传播——以〈桃花扇〉为例》，赵春宁的论文《插图版画与中国古典戏曲的传播》，解丹的论文《晚明"才子佳人"戏曲版画插图中的视觉传播》，等等。而很少有学者将民间年画作为戏曲传播的载体来展开研究，探索其媒介属性与传播效果。可以说，同为印刷媒介的图像传播，民间年画相较于插图版画，也具有自身的独特之处。

按照媒介属性而言，民间年画与插图版画都是以瞬间性的时空定格为经典模式的大众传播媒介，但是，从传播效果来看，民间年画特别是杨柳青戏出年画要比插图版画更具三方面优势：其一，杨柳青木版年画以现场临摹的精湛技艺对舞台演出现场进行传真画像从而更具舞台定格的真实效果；其二，以文本的形式流传在民间的小说或者戏本虽然作为大众文学也很受广大民众的喜爱，但却不能满足文化水平不高的乡村居民的文化需要，而图文并茂、浅显易懂的民间年画则在接受的范围上明显更具优势，其巨大的销量就直接确定了其作为一种大众传播媒介，在影响效果上必然具有更明显的普及性与广泛性，就传播过程的时空效果而言，可以比文本插图传播得更加广远；其三，中国传统民间年画是承载和阐释社会精神的主要媒介，凝聚着民间社会的思想观念、宗教信仰与理想追求，在引导和形成社会精神的过程中，发挥着至关重要的作用，因此，民间年画在传播戏曲文化的过程中也更具明显的仪式性意味。

一、舞台写真的积极效果

从艺术形式的角度看，图像传播有一个明显的优势，就是特别善于处理时空的瞬间场景。这种优势对于戏曲艺术来说，既能够弥补演出传播的时间局限，也能够弥补剧本传播的文字障碍。图像传播可以通过瞬间定格式的艺术再现，将戏曲演出过程中最精彩的情节、最经典的亮相、最微妙的表情惟妙惟肖地记录下来，从而将舞台演出的现场画面留存下来，并通过销往大江南北的过程，将戏曲文化传播得更加广远。这种瞬间性的时空定格，构成了杨柳青戏出年画作为图像传播的经典模式。诚如单永军所讲，"图像艺术表现的是一个最典型、最精彩、最优美的一个定格瞬间"①。可以说，通过对人物形象与经典情节的瞬间定格，民间年画创造了市井民众在舞台之外观赏戏剧艺术的延展性空间。不能在勾栏瓦肆与城镇庙会观看戏剧表演的

---

① 单永军：《试论戏曲经典的图像传播——以〈桃花扇〉为例》，《民族艺术研究》，2013年第5期。

乡村百姓,通过对戏出年画的欣赏获得了品味戏曲场景、一饱眼福的机会。从这个意义上讲,戏出年画对戏曲艺术的传播与推广产生了积极的效果。

清代乾隆时期,文化领域中沉寂已久的戏曲艺术活跃起来,成为当时京津地区普通百姓文化生活的重要组成部分。距离京城不足百里的杨柳青人便看中了这个市场,清代的杨柳青年画店常常不惜花重金聘请有名的画师亲临戏园观摩名角的演出,所以戏中人物的优美身段、工架姿势、细腻表情,都得到了逼真的展现。可以说,在中国的民间年画领域,杨柳青戏出年画是最善于刻绘戏曲角色的表演程式的,很多精彩的戏出年画都是根据当时名伶的舞台形象直接临摹下来,从而真实地记录了戏剧表演过程中最精彩的情节瞬间,也使得昔日戏曲舞台的表演场景得以正面、真实地保存下来。

杨柳青出品的三国戏年画《辕门射戟》(横四裁,26cm×38cm)堪称这类戏出年画的典范。京剧传统剧目《辕门射戟》(一名《夺小沛》)是依据《三国演义》第十六回"吕奉先射戟辕门,曹孟德拜师淯水"改编而成。此幅年画展现的是这出戏中"箭飞中戟"的一瞬间:画面左端是吕布射戟,向右依次为刘备、纪灵站立观望。吕布为翎子生扮相,头戴紫金冠,挂白狐尾,内扎靠甲,外穿粉色长袍,右手剑指高扬,左手紧握弓背,双目炯炯有神,遥望画戟,胜券在握,意气风发;刘备居中而立,为老生扮相,挂髯口,戴武生巾,穿蓝色官衣,黑厚底靴,做丁字步,因吕布箭支射中戟上小枝而面露泰然之色。纪灵头戴扎巾盔,身穿墨绿长袍,勾脸谱,挂红色髯口,目视戟上箭支,右手上摆,左手甩袖,露出心中不悦而又无可奈何的神情。

京剧《辕门射戟》是小生行当的传统剧目,饰演吕布的演员不仅要扮相英俊潇洒、动作矫健灵活,而且剧中还有较重的唱工,要求声调铿锵有力、气势威猛逼人,平常小生若非嗓音坚挺清脆则不敢应工。据记载,《辕门射戟》是梅兰芳正式演出过的唯一一出反串小生戏。1919年9月11日,余叔岩为母亲庆祝寿辰,在正乙祠举办堂会,当时已成名旦的梅兰芳登台献艺,在压轴大戏《辕门射戟》中反串雉尾小生吕布,余叔岩特为梅兰芳配刘备一角,另由魏麻子扮演张飞,李寿山扮演纪灵,可谓名角荟萃、阵容整齐。演剧中,"梅兰芳扮相英俊,风度翩翩,唱腔刚健委婉,一洗脂粉之气,观众为之倾倒,把堂会推向高潮"[1]。此次演剧成为京剧史上的一段美谈,《辕门射戟》中的吕布一角,也成为梅兰芳演出中的反串经典。

杨柳青出品的此幅戏出年画格调淡雅,色彩匀净,人物表情栩栩如生,

---

① 马铁汉:《银号会馆——正乙祠》,见北京市宣武区政协文史资料委员会编《宣武文史》第1辑,1993年,第225页。

精彩地再现了戏曲演出过程中舞台人物的身段动作与心理世界。画面上摆放一椅、上铺椅垫、绑缚画戟的场面都形象地再现了旧时戏曲舞台的道具使用情况,而且,纪灵粘手甩袖的身段与目视画戟的神态,以及刘备翘起小指的动作和丁字步的站姿也都十分生动传神,特别是吕布一角,粉面威严,剑眉倒竖,朱唇微抿,神态威仪,从脸型上看与戏剧大师梅兰芳先生还颇有几分相似,他丁字步的站姿与左手握弓右手掐翎子的身段更是英姿勃勃、意气轩昂。这样的年画作品宛如舞台写真,虽非剧照,却也真切地呈现了戏曲演出的舞台场面,甚至是今天的我们,也能够通过对年画的欣赏,去品味昔日戏曲舞台的艺术魅力,可见其对戏曲艺术的传播与推广所产生的积极效果。

除了三国戏年画之外,杨柳青戏出年画还有一幅《摩天岭》(横四裁,25cm×39cm),取材于传统剧目《摩天岭》(亦称《卖弓计》),事见《说唐征东全传》第三十二回至第三十三回。故事讲唐太宗御驾亲征,薛仁贵家贫而投军,因武艺高强而屡建奇功,却被皇亲张士贵冒领功勋。一日,唐太宗出猎偶遇敌酋盖苏文。仓皇中,唐太宗马蹄陷入泥塘,幸而薛仁贵赶到,力战盖苏文,救出唐太宗。薛仁贵因而挂帅领兵进攻摩天岭。摩天岭山势险峻,守将猩猩胆、红慢慢武艺高强,勇悍善战,势难攻下。薛仁贵遂乔装小卒入山,遇卖弓老人毛子贞,得知其家中情况后将其杀死,冒充其子,推弓上山,结识一关守将周文、周武兄弟。周氏兄弟爱仁贵武艺,与之结拜。夜间,薛仁贵说明真相,并说服二人为内应,乘势攻山。最后,薛仁贵与周氏兄弟里应外合,杀死红慢慢,射伤猩猩胆,大破摩天岭。该剧为老生重头戏,尤以做工取胜。秦腔、河北梆子、湘剧等剧种均有此剧目。民国年间凤鸣科班出身的著名二靠老生李凤池擅演此剧,身段动作极其优美,一时无人能及。

此幅年画刻绘的是该剧中薛仁贵假冒卖弓人之子,与山中守将周文、周武相结识的场景。年画正中置一桌案,铺红色绿顶绣花桌帷,象征山中关口。画面左侧,薛仁贵头戴扎巾,身穿白底花纹箭衣,腰系大红丝鸾带,内穿红色水裤,足登高方靴。他右腿弓、左腿绷,手持弓弦,已将弓弦拉满,面向周氏兄弟,以示臂力无敌。画面右侧周文头戴扎巾额子,挂黑色髯口,身穿墨蓝色兰花纹样褶子。他左手抓住水袖,背向身后,右手做剑指,指向对面的薛仁贵,见其将弓拉满,面露惊色,为之赞叹。旁边的周武勾大花脸,插耳毛,头戴扎巾额子,挂黑色满髯,身穿绛紫色褶子。他一手捋髯,一手拉开大氅,与周文并肩观看薛仁贵拉弓的架势,不由得正色陷入沉思。画面上薛仁贵拉满弓弦的舞姿工架,以及周武架子花脸的表情神色,让年画欣赏者一看便可联想到戏曲舞台现场演出的紧张情节。该画设色清新雅致,堪为杨柳青戏出年画中的上品。

绘画艺术"满足于在空间中并列的动作或是单纯的物体,这些物体可以用姿态去暗示某一动作"①。可以说,杨柳青戏出年画以肖像描摹的方式,凝固了戏曲演出过程中最精彩的瞬间,情节进展中最具包蕴性的一刻,以美术作品的艺术张力承载了戏曲演出的舞台场景,从而,也实践了一种独具特色的戏曲传播过程。

与此同时,肖像的描摹也可以完成情节的再现。诚如韩丛耀所讲:"手绘图像原本呈现的意义不是事件的瞬间状态,而是要描述这一'整个事件'。但每一事件也总有那么一顷刻是可以很好地表现或感知这一事件的。"②也就是说,绘画作品所定格的精彩一瞬,可以为欣赏者提供联想的契机与想象的翅膀,由此串联起整个故事情节的完整内容,就像格式塔完形心理学所强调的,人类在视知觉的过程中,都具有填补空白的心理倾向和下意识。美国学者鲁道夫·阿恩海姆就曾强调:"在视觉形象的世界中,观者在观看一个物体的过程中,不仅会将物象自身印制在敏感的、可信的视觉器官上,更会主动地对物象进行探索,由此形成了观看过程……对形态的感知,绝对是一种积极主动的活动。"③民间年画作为一种大众传播媒介,以现场临摹的精湛技艺对舞台演出现场进行传真画像,不仅具有视觉直观性的基本特质,也给不能亲临舞台的乡村民众提供了一个创造性欣赏戏曲艺术的机会。可以看到,杨柳青戏出年画以栩栩如生的肖像描摹,凝结了生动的舞台瞬间,从而再现了惊心动魄的戏曲故事情节,也可以使受众在欣赏年画、玩味年画的过程中,通过视知觉的心理机制,完成对整出戏曲的延展性联想和创造性想象。也正因此,杨柳青戏出年画以其对舞台形象精彩瞬间的刹那再现,实践着其对戏曲情节动态叙事的空间化传播,而这种舞台写真的方式对戏曲艺术的传播效果而言,无疑是正面的、积极的。

二、扩展时空的广泛效果

从传播的时空效果来看,年画传播相较于插图版画等其他印刷媒介,也可以将戏曲信息传递得更加广远,而表现出扩展时空的广泛效果。

明代中期以后,随着书籍刊印的大幅增多,插图版画也成为承载戏曲信息的重要载体。就媒介空间而论,书籍插图的传播空间主要在市井坊间,可以说是市民文艺的形式之一。正如李昌集和张筱梅所讲:"由于戏曲图像的

---

① [德]莱辛:《拉奥孔:论诗与画的界限》,朱光潜译,人民文学出版社,1979年,第82页。
② 韩丛耀:《图像:一种符号学的再发现》,南京大学出版社,2008年,第258页。
③ [美]鲁道夫·阿恩海姆:《艺术与视知觉》,孟沛欣译,湖南美术出版社,2008年,第30—31页。

接受群体十分复杂,决定了戏曲图像在不同的文化圈具有不同的传播功能和效果,对文人阶层而言,戏曲图像是文字阅读的辅助,所以更注重对图像本身的艺术赏玩,很多著名画家如陈洪绶等,都曾参与戏曲插图的创作;而对缺乏文字阅读能力的普通大众,戏曲图像则是其在舞台之外接受戏曲最重要的媒介。"① 从文本插图的接受群体来看,市井文人居主流,其次是文化水平不高的市井平民。也正是因为能够接触到书籍并消费书籍的大多为市民阶层,因此插图版画对戏曲艺术信息的传播也往往更多地在市镇中展开。

相比之下,戏出年画则不仅仅是流行于城市的大众消费品,甚至可以上至宫廷,下达乡间,因此,其传播空间就更加广远。特别是天津的杨柳青木版年画,因其深受宋明宫廷绘画的影响,具有细腻精致、富丽典雅的特色,画店也都实力雄厚,在制作上采用半印半绘的方法,刻工精湛,笔法细腻,创造了雅俗共赏的独特品格,很多作品销往北京的王府,甚至供奉宫廷,深受上层达官贵人的喜爱,也因此极大地扩宽了其在民间的销路,正如王树村所讲:"自杨柳青年画流入宫中后,声明更加远扬,各地都争贴杨柳青年画引以为贵。"②

杨柳青年画历来深受城乡居民和乡村民众的喜爱,乾隆年间潘荣陛的《帝京岁时纪胜》"十二月""市卖"记有:"初十外则卖卫画门神、挂钱……"③此处的"卫画"指的就是天津的杨柳青年画。道光年间顾禄编著的《清嘉录》记载了春节期间苏州百姓抢购年画的热闹场景:"新年城内圆妙观尤为游人所争集。卖画张者,聚市于三清殿,乡人争买芒神、春牛图。"④ 王树村先生也曾为我们描述过杨柳青镇迎接八方画商的繁荣景象:"冬至前后,远近各地买画去卖之客商云集杨柳青,酒馆茶铺座无虚席,歌馆旅舍皆患人满。入晚,灯光辉煌,炉火正红,杨柳青镇上人马往来不绝,已无严冬腊月季节之感,客商挨家串户翻阅作坊新出之画样,画店摆酒设宴,红灯佳肴,拉拽主顾,每日如此。直到腊月初,货色都已交齐,商旅车马才分向四方散去,陆续走净之时,已近新年之时。这时近郊村镇之农,趁墟赶集,来到杨柳青画市,以廉价购买门神、灶王及各式挑剩之年画,以迎新岁。"⑤ 亦可见杨柳青木版年画受欢迎的程度,甚至在与其他产地的民间年画相互竞争的过程中,杨柳青出品的画作也往往更受民众喜爱,"上海印的年画、天津印的年画和民间

<hr>

① 李昌集、张筱梅:《戏曲的图像传播:一个值得关注的课题》,《文学遗产》,2007年第2期。
② 王树村:《中国民间年画史论集》,天津杨柳青画社,1991年,第15页。
③ (清)潘荣陛:《帝京岁时纪胜》,北京出版社,1961年,第35页。
④ (清)顾禄:《清嘉录》,王湜华,王文修注释,中国商业出版社,1989年,第24页。
⑤ 王树村:《中国年画史》,北京工艺美术出版社,2002年,第137页。

木版年画一起混淆的时候，乡下老百姓对这三类年间（画）分得清清楚楚。他们把上海印的叫洋画，买的人不多，而对天津石印的和民间木版印的年画，一抢就光"①。

不仅如此，杨柳青年画除了行销京津、华北几省外，还远销东北、陕西、内蒙古、新疆等地。其销路之广，可见一斑。诚如郑振铎先生所讲："商贩们叫卖年画，总在岁尾年头。他们大量地流行于广大的人民之间，为他们所喜爱喜见。山巅水涯无不到，穷乡僻壤无不入。是流传的最为普遍深入的东西。"② 可以说，杨柳青年画不仅深受市民阶层的喜爱，更被宫廷所接受，被乡间所认可。随着杨柳青年画被供奉到宫廷，被购置入乡村，画面所承载的戏曲信息也就随之上入宫廷，下达乡村，这是流行在市井坊间的插图版画所不具备的传播效果。也正是因为其接受群体的广泛性，成就了杨柳青年画作为传播载体在传播效果上可以呈现出扩展时空的广远性。

诚如何滢所讲："书籍、经卷、族谱等传统精英媒介，由于对受者有文化、经济和社会地位的潜在准入要求，所以其受者人数在总人口中所占比例不大。相对来说，民间木版年画传播影响广泛得多。"③ 如果说，书籍的严格审查限制了戏曲插图在宫廷的传播，乡野村民对文字的盲目限制了戏曲插图在农村的传播，那么，民间年画，恰恰因为其不受书籍与文字的牵连而独立成画的性质，以及杨柳青木版年画在工艺、审美和民俗方面的内涵，使其实现了扩展时空、更加广远的传播效果。无从翻阅剧本小说的宫廷中人，可以通过欣赏年画而获得对戏剧艺术的无限回味；不能亲身观看戏曲演出的乡野村民，可以在装饰年节的过程中实现对戏剧艺术的反复浏览。

与此同时，杨柳青木版年画也曾受到海外学者的关注。俄国汉学家是较早关注杨柳青木版年画的海外学者。俄罗斯也是当前收藏中国杨柳青年画数量最多的国家。俄国植物学家、科学院院士弗·列·科马罗夫曾先后于1896年和1897年两次来到中国东北采集植物，其间购买了约三百幅在东北各地销售的天津杨柳青木版年画。苏联汉学家、科学院院士瓦·米·阿列克谢耶夫被称为"年画狂人"，光绪三十三年（1907），他乘船沿大运河在杨柳青镇登陆，此行的目的就是考察和搜集杨柳青木版年画，在此后两年左右的时间里，他共收集了三千幅杨柳青木版年画，并将它们带回国分别珍藏在俄罗斯各大国家级博物馆中。

---

① 王树村：《中国民间年画史论集》，天津杨柳青画社，1991年，第243页。
② 郑振铎：《中国古代木刻画史略》，上海书店出版社，2006年，第212页。
③ 何滢：《木版年画：传播学的阐释》，《艺术百家》，2011年第5期。

俄罗斯当代汉学家、苏联科学院通讯院士李福清是阿列克谢耶夫的入室弟子,他从1962年开始,广泛调查整理了苏联藏中国小说、戏曲及其他文学作品相关的版画,还曾拜访"中国年画第一人"王树村先生,并先后于1990年和1991年出版了《苏联藏中国民间年画珍品集》的中文版与俄文版,该书共整理了206幅流传在苏联的中国年画,其中的绝大部分都是杨柳青木版年画。据李福清教授在《中国木版年画集成·俄罗斯藏品卷·序》中介绍,目前俄罗斯共有二十四家收藏机构藏有上百幅清代中期至民国年间的杨柳青木版年画,这其中有相当一部分为戏出之作。

此外,法国、日本、韩国、英国、美国、德国、瑞士等多个国家的学者都曾关注、购买并收藏过杨柳青木版年画。法国女汉学家达尼埃尔·埃利亚斯贝格对中国年画特别感兴趣,她于1978年出版了自己选编的《年画》一书,书中彩印了八十七幅戏曲小说题材的中国年画,其中也包括大量杨柳青出品的戏出年画。日本大正时期的中国戏曲史研究专家青木正儿被日本文部省派驻北京期间,收集了大量杨柳青木版年画,因为他在中国戏曲研究方面有很深的造诣,所以很多年画也都是戏出题材。大正十五年(1926)青木先生将自己的收藏品粘贴成册,藏于名古屋大学图书馆,这是杨柳青木版年画在日本最早、最集中的一批藏品。

王廷信教授曾将戏曲的传播划分为本位传播与延伸传播两个层次,指出:本位传播是对戏曲艺术最为直接的传播,"是指以某一戏曲剧目的舞台表演艺术为具体传播对象的传播";延伸传播是指在戏曲本位传播基础之上对戏曲艺术各类信息的传播,"延伸传播主要体现在广告发布、演出评论、新闻传递、知识教育以及对于造型艺术的渗透等方面"。进而强调,在传统的农耕社会,民俗是戏曲本位传播所依赖的特殊载体,延伸传播则主要依靠印刷媒介与各类造型艺术。相对于近距离传播,戏曲的延伸传播更加深远。[①] 诚如王教授所言,民间年画对戏曲艺术的传播应当属于延伸传播,所能达到的时空范围要更加广远。

可以看到,杨柳青木版年画不仅深受国内各阶层的喜爱,也经由海外汉学家们的收集、展览、出版的过程,传播到了多个国家,年画上所承载的戏出内容自然也被传播到了海外,为更多对中国文化感兴趣的人提供了欣赏年画、品味戏出的机会,甚至还引起了像青木正儿博士这样的戏曲研究专家的关注。因此,就传播的时空效果而言,杨柳青木版年画对戏曲艺术的传播与

---

① 王廷信:《戏曲传播的两个层次——论戏曲的本位传播和延伸传播》,《艺术百家》,2006年第4期。

推广可谓闳廓深远,意义非凡。

三、仪式意味的文化效果

从传播戏曲艺术的过程中所呈现出的文化效果来看,民间年画在戏曲传递信息的过程中,彰显出更加浓郁的仪式性意味。

美国学者詹姆斯•W. 凯瑞把传播研究分为传播的传递观与传播的仪式观两种①,可以说,民间年画对戏曲艺术的传播,既有着传递信息的功能,更显示出其传播过程中书写民间文化、凝聚民间信仰的仪式性意味。因此,就戏曲艺术的传播效果而言,如果说舞台演出与剧本传播更注重戏曲信息的线性"传递",那么,民间年画在传播戏曲故事与舞台演出场景的过程中则表现出更具仪式意味的文化效果。在凯瑞看来,"传播的起源及最高境界,并不是指智力信息的传递,而是建构并维系一个有秩序、有意义、能够用来支配和容纳人类行为的文化世界"②。

民间年画在中国传统社会的地位虽然不能与宗教信仰相等同,但其源于上古时期原始宗教祭祀的创制背景,及其在流传过程中对民间信仰的凝聚和民间秩序的维系,都体现出鲜明的仪式性意味。可以说,相较于其他画品,民间年画不仅装饰性最强,最富于观赏性和情节性,更易被广大下层民众所喜闻乐见,其在辞旧迎新的过程中也体现着鼓励勤劳、提倡孝悌、注重和睦的民间信仰和民众观念,堪具"从教化,助人伦"的启蒙与教育功能。清人李光庭在其《乡言解颐》中介绍"年画"一词时就曾明确指出:"然如《孝顺图》《庄家忙》,令小儿看之,为之解说,未尝非养正之一端也。"③ 特别是民间年画中的戏出之作,更有惩恶扬善、赞美勇武、尊崇忠良这类明显的传统道德观念,在刻绘戏文故事和舞台演剧的过程中,也同样发挥着传承教化、积淀信仰的仪式功能。当我们以这种仪式观的传播视角来考察杨柳青木版年画对戏曲艺术的传播现象时,亦可见出其在传播效果上的独特之处。

众所周知,杨柳青木版年画既是一种印刷媒介,其本身更是一种经典的民俗。在农耕文明漫长的岁月里,杨柳青木版年画随着年节风俗的演变而衍生为一种象征性、隐喻性的装饰艺术,在寓意吉祥的同时,更成为一种社会秩序与民间信仰的传承载体。可以说,作为维系津沽人民情感的纽带,杨柳青木版年画承载着广大民众对生活的理想、对善恶的判断、对美与艺术的

---

① [美]詹姆斯•W. 凯瑞:《作为文化的传播:"媒介与社会"论文集》,丁未译,华夏出版社,2005年,第4页。

② 同上,第7页。

③ (清)李光庭:《乡言解颐》,中华书局,1982年,第66页。

观念倾向。就像批评家斯蒂芬·巴恩所说:"尽管文本也可以提供有价值的线索,但图像本身却是认识过去文化中的宗教和政治生活视觉表象之力量的最佳向导。"①作为一种广泛流传在民间的传播媒介,杨柳青木版年画不仅完成了其对戏曲信息在广阔乡间的深远传播,更以其浸润民俗的力量,凝聚起了戏曲艺术与年画本身所共同具有的民间信仰,而表达出传播过程的仪式意味。

杨柳青木版年画中有一幅《三义图》(民国,镜心,36cm×58cm),画面正中置一桌三椅,铺红色桌帷,桌后墙上挂着海上日出的画幅,两边挂起龙凤图案的舞台幕布。桌前是刘、关、张三人的经典戏剧形象:刘备居中,关羽、张飞分坐左右,刘备头戴皇帽,挂髯,身穿红色烫金龙袍,黑厚底靴,左手扶玉带,右手抚髯;关羽戴盔,扎靠,挂三绺长髯,红脸,内扎靠甲,外穿墨绿色玉带官服,厚底靴,左手放在腿上,右手捋髯;张飞戴盔,勾脸,挂髯,穿黑色玉带官服,厚底靴,双手捋髯。这幅年画精彩地展示了三个戏曲人物最具代表性的舞台形象,如刘备以龙袍代表汉室正统的身份特征,关羽红脸长髯绿袍的形象展示着忠义的气节,张飞眉飞色舞的脸谱特征彰显着人物的喜剧性格。三人虽然端坐在舞台正中,但却不能归入可考见的"三国戏"剧目的情节之中,显然不是戏剧演出过程的舞台呈现。从画面构图的整体效果来看,这幅年画应是专门呈现刘、关、张这三个戏剧形象的画作,画幅取名"三义图",也意在展示凝聚在这三个戏曲形象之中的对忠、孝、节、义的推崇与信仰。

"刘关张桃园三结义"的故事源远流长,人们普遍把刘关张视为义结金兰的典范。罗贯中《三国演义》第一回中刘关张三人于桃园之中焚香盟誓:"念刘备、关羽、张飞,虽然异姓,既结为兄弟,则同心协力,救困扶危;上报国家,下安黎庶;不求同年同月同日生,只愿同年同月同日死。皇天后土,实鉴此心。背义忘恩,天人共戮!"他们三人生死不渝的兄弟义气也成为贯穿整个三国故事的主要线索,甚至在刘备大败,落魄潦倒、颠沛流离的时候,关飞、张飞都不离不弃,在刘备的整个事业中,犹如中流砥柱一般,发挥着至关重要的作用。桃园三结义所弘扬的精神理念也成为民间信仰中的主要内容。一方面,城市平民、乡村农民等生活在社会底层的人群都属于弱势群体,他们渴望有人可以互相帮助、互相扶持,在抱团取暖的过程中,渡过平安幸福的一生,因此,像刘关张这种互相扶持、生死与共的结义之交是人们所普遍信仰的理想友情;另一方面,刘关张三人的结义,除了兄弟之情外,还有

---

① [英]伯克:《图像证史》,杨豫译,北京大学出版社,2008年,第9页。

更加崇高的一面，那就是同心协力，救困扶危，上报国家，下安黎庶。生活在社会底层的普通民众也羡慕建功立业的英雄人物，也渴望实现自我价值，可以为黎民、为社会、为国家奉献自己的力量，拥有功成名就的人生。因此，我们认为杨柳青出品的此幅《三义图》（民国，镜心，36cm×58cm）在刻绘戏曲人物形象、传播戏曲文化的过程中，具有更加明显的凝聚民间信仰、维系社会秩序的功能，而表现出其传播过程的仪式性意味。

此外，杨柳青戏出年画中还有一幅《莲花湖》（民国，横三裁，30.4cm×50.4cm，早稻田大学图书馆藏），刻绘的是京剧《莲花湖》的主题。戏剧故事出自《三侠剑》，讲豪侠胜英震怒于结义八兄弟之秦天豹背弃当初盟誓，遂将其打死。秦天豹之子飞天鼠秦尤决意报仇，却错将胜英盟弟李刚刺杀而死。胜英遣弟子黄三泰、李志龙、五万年等捉拿秦尤，在酒肆中相遇格斗，黄三泰被秦尤砍伤。秦尤投往莲花湖韩秀处避难。胜英带领弟子追至莲花湖，先令黄三泰等弟子与韩秀比武，皆为韩秀所败。后胜、韩比武激战，胜英挫败韩秀，韩秀遂拜胜英为师。京剧中有《莲花湖》《收韩秀》等剧目。此剧为短打武生剧目，著名武生杨小楼先生曾演出此剧。

此幅年画作品有红色边框和"精""气""神"三字的底子。年画将三个戏出人物分别刻绘于精、气、神三字之上：年画右侧"精"字上刻绘的是胜英，他头戴鸭尾巾，挂黑色满髯，身穿蓝色英雄衣，扎绿色绣花腰巾，系红色大带，外披紫色绣花开氅，脚蹬高方靴，左手抒髯，右手做剑指，怒目而立，威严挺拔；画面左侧"神"字上刻绘的是韩秀，他头戴额子绣花扎巾，插翎子，挂狐尾，身穿红色箭衣，腰系蓝色大带，脚蹬高方靴，右腿正立，左腿高抬，双手向两侧推掌上扬，此一亮相，劲道有力；中间"气"字上刻绘的是黄三泰，他头戴蓝色绣花罗帽，红色绒插球，身穿蓝色绣花抱衣抱裤，腰系红色绣花大带，脚穿薄底靴，做左弓步，左手上扬，右手推向左侧腰间，转头看向右侧，仿佛在与韩秀对战。

该年画呈现的应该是莲花湖师徒比武的场景，画面没有舞台背景，也没有表明故事的时间、地点等具体细节，而是将戏装扮相的人物所呈现出的劲道优美的武姿工架刻绘在"精""气""神"三字之上，可以看出，创作此幅年画的画师是有意用这种方法将戏出人物的英雄气节凸显出来。《古今戏剧大观》所录《莲花湖》一剧开头便讲："韩秀与胜英，俱绿林豪侠也。"① 像这样武艺高强的绿林豪侠往往都有匡扶正义、锄强扶弱的古道热心，因此也是广大下层民众所普遍崇拜的英雄人物。此幅年画不仅精彩地刻绘了工架劲道的

---

① 中外书局编辑：《古今戏剧大观》第五册，中外书局，1921年，第47页。

戏曲人物，还刻意彰显着剧目所歌颂的豪侠精神与英雄气概，可以说，也是一幅凝聚民间信仰与市民观念的戏出年画，发挥了维系普通民众心灵与精神的社会功能，其在传递戏曲信息、传播戏曲文化的过程中，表现出浓厚的仪式性意味。而且，这样没有演剧细节的画作，把豪侠英雄平列在画面上，也可以令熟悉画面内容的观众，以画面人物为核心讲出不同情节的侠义故事，建构出比画面形象更加丰富的内容，从而开拓画面的欣赏空间，对于戏曲故事的传播与推广而言，也达到更为广泛、更为深远的影响效果。

可以看出，民间年画作为一种极具民俗意味的传播载体，不仅能够以视觉形象栩栩如生地承载与再现戏曲表演的身段动作与舞台场景，更能够以凝聚意志的力量，将戏曲艺术中的民间信仰整合为自身的精神内蕴，从而使其获得更充分的传播，更广远的传递。诚如马福贞所讲："作为印刷媒介，年画创造了农耕时代人类传播史上的文化奇迹。"①相较于西方社会的宗教信仰对人们精神的维系，中国传统社会主要以伦理精神来凝聚人心，而戏曲与年画则同为富于伦理精神而能够代表民间信仰的文化活动。也正因此，当民间年画承载并传递戏曲信息的时候，也在书写着活跃于下层社会的民间信仰，而彰显出比舞台演出与剧本文献等传播载体更具仪式意味的传播效果。

特别是当我们把戏出年画与戏曲插图放在一起进行比较的时候，可以看出：民间年画作为戏曲传播媒介，其对戏曲剧目的选择与接受，在相当程度上要受到广大民众的生活理想与审美观念的制约，其对戏曲剧目的承载与传播，也是为了迎合并引导这种在民间社会占据主导地位的思想观念与精神信仰；而戏曲插图的接受群体则主要集中在文人阶层，戏曲插图的繁荣也是与戏曲的雅化、文人化的步调相一致的。这样，在清代中期至民国年间戏曲艺术以平民化、大众化为特征而极速发展的历史过程中，戏曲插图的传播效力就明显要弱于戏出年画。因此，我们认为，同样作为戏曲艺术的传播媒介，同样具有图像传播的性质与特点，但是，就传播过程的文化效果而言，插图版画因其更注重商业利益而以信息的传递为主导，民间年画则因其更注重共同的观念契合与身份认同，而更具有仪式性的意味。

---

① 马福贞：《消失的媒介：农耕时代民间年画的功能和作用》，《河南大学学报（社会科学版）》，2007年第3期。

第六章　杨柳青木版年画的戏曲传播价值

　　民间年画是一种以视觉直观性为主要特征的浅显易懂的媒介形式,在我国以农耕为主的传统社会中,具有广泛的大众基础,可以说是一种具普及性、发行量大、覆盖面广的大众传播媒介。杨柳青木版年画作为中国四大年画之首,也以其精湛的画技、经典的角色和精彩的情节,发挥着宣传戏曲、传播戏曲的功能,而相比较于戏曲艺术的舞台传播与剧本传播,也表现出自身的特色。

　　本章在探索民间年画区别于其他传播媒介所表现出来的传播价值与传播特点的基础上,综合讨论杨柳青木版年画在传播戏出故事与戏曲表演过程中所表现出的戏曲传播价值。通过综合考察可以看出,作为一种平面的视觉媒介,杨柳青戏出年画传播古典戏曲的实践模式,既有接近舞台写生的演出现场传真,也有集多个场面于一幅画作的完整戏出呈现,还有"叹十声"类作品,更突破了视觉图像的媒介界限,在静态再现基础上,通过"代言"形式的声音传递过程创造了一种独特的戏曲传播现象。杨柳青戏出年画作为一种图像传播媒介,其传播戏曲艺术的实践模式,既成就了其传播戏曲艺术的独特效果,也赋予了其作为戏曲传播媒介的独特价值:戏曲文化的直观呈现与视觉整合,及凝聚民间信仰的传播过程与文化价值。

第一节　戏曲文化的直观呈现与视觉整合

　　美国学者 M. 杰诺维茨于1968年提出"大众传播"的概念。用现代传播学理论来反观中国传统民间年画,就信息的生产与传递方式,以及传播过程的性质和受众的广泛性而言,民间年画可以说是一种经典的大众传播媒介。

　　"所谓印刷媒介,就是将文字和图画等做成版、涂上油墨、印在薄纸上形成的报纸、杂志、书籍等物质实体。"①民间年画是中国特有的绘画体裁,大都用于旧历新年时张贴在门厅或内室的墙围之上,用以装饰环境、祝福新年,是城乡百姓喜闻乐见的艺术形式。从制作工艺来看,杨柳青木版年画多采用木版套印和手工彩绘相结合的方法,创立了鲜明活泼、喜气吉祥、富有感人题材的独特风格,具有笔法细腻、人物秀丽、色彩明艳、气氛祥和等特色,民间艺术的韵味浓郁,富于中国气派。因此,从传播载体的角度看,杨柳青木版年画即是大众传播中的印刷媒介。

当我们将杨柳青木版年画作为戏曲文化的传播载体来考察的时候,可以看出,通过对戏曲舞台演出场景的刹那写真与精细描摹,杨柳青戏出年画将昔日演剧的舞台场面直观地展现在欣赏者的面前,而呈现出其作为图像媒介的视觉直观的传播价值。与此同时,杨柳青戏出年画还有多种独特的体裁形式,可以将一出戏的多个情节刻绘于一个画面之上,令欣赏者观看一幅画作便可了解多个剧情,甚至是全部剧情,在呈现出其作为传播媒介的视觉直观性的同时,更具有一种视觉整合的传播意义。

一、戏出场面的直观呈现

从传播媒介的角度看,文字载体和绘画作品都属于再现性的印刷媒介系统,但是,相比较于文字载体,绘画作品特别是形象鲜明、色彩艳丽的民间年画便表现出了自身独特的媒介性质与传播价值,那就是视觉直观性。

文学与绘画属于不同的叙事系统,它们在艺术存在的时空属性上明显不同,这便构成了它们作为媒介形式的差异化空间。正如德国启蒙运动时期的文艺理论家莱辛在《拉奥孔:论诗与画的界限》一书的"前言"中所讲:"画和诗无论是从摹仿的对象来看,还是从摹仿的方式来看,却都有区别。"②莱辛以诗与画两种不同艺术的界限和关系为对象,探讨了文学与绘画在媒介、题材与感受路径三方面的区别,他强调,文学塑造的形象属于语言艺术,要依靠欣赏者的想象力才能产生审美意象,而图像则属于视觉艺术,就媒介性质而言,绘画运用线条和颜色进行形象描摹,可以直接呈现于视觉,令欣赏者获得直观的感受。

从杨柳青木版年画对中国传统戏曲艺术的传播而言,这种可视性再现也使其作为图像传播而具备了一种特定的优势:相对于文字载体对戏曲故事的抽象讲述和人物形象的间接表达,以图像描摹为主的民间年画则通过

① 邵培仁:《传播学》,高等教育出版社,2002年,第15页。
② [德]莱辛:《拉奥孔:论诗与画的界限》,朱光潜译,人民文学出版社,1979年,第82页。

形象塑造的鲜活手段完成了对戏剧故事与舞台场面的形象化、直观化的表达，在吸引观赏者注意力的同时，更能形成一种视觉冲击力，给观众带来直接的视觉快感和生动的审美体验。而且，中国古代的戏剧艺术自其成熟之日起，就是以市井艺术的姿态活跃在大众审美空间。对于文化水平不高的城乡平民而言，戏曲图像更是他们接受戏曲文化最重要的一种媒介形式，杨柳青戏出年画正是这种深受广大城乡民众喜爱的民俗产品。

通过查阅现存的年画作品和文献资料，我们可以看到，相比较于其他产地的民间年画，杨柳青木版年画的制作工序更繁复，刻绘技艺更精妙，成品数量更丰富，人物形象更加精彩传神，戏出佳作也最多。我们在第一编"画中有戏：承载与珍存"探讨杨柳青木版年画的戏曲文物价值的过程中，以大量的年画作品展示了杨柳青戏出年画对于昔日戏曲舞台的演出场景的丰富再现，此处不再赘述。可以说，杨柳青木版年画对戏曲艺术的形象再现，既是戏曲图像创造的过程，从客观上讲，也是戏曲文化得以传播的过程。在这一过程中，戏出年画作为印刷媒介的视觉直观性是非常明显的，在此简单列举一例。

戏出年画《回荆州》（清，横四裁，23cm×33cm）是杨柳青木版年画中的一幅精品，刻绘的是传统剧目《回荆州》中刘备听闻曹操起兵而神色大惊的"闯宫"一场。相比较于文字记录描述，这幅年画为人称道的地方，除了精准地描摹了戏剧人物的动作、神情外，还在于匠心独具地刻画了赵云的服饰，再现了津京演剧的形象特点。图中赵云的靠甲并无太多装饰，最吸引人眼球的，是他靠肚上的双龙戏珠与瞪目虎头的纹饰，与俊朗的面容和劲道的工架相映衬，经典地再现了常山赵子龙的大将风范，显得龙腾虎跃、威武大气，让人一看便会被赵云生动的舞台形象所深深吸引。可见，诉诸视觉的图像传播相比较于文字载体的叙事传播，在直观性与形象性方面表现得更加突出，也因此更容易被市井民众所接受。而随着年画作品被销往大江南北，作为传播媒介的杨柳青木版年画在强化戏剧作品艺术魅力的同时，也将戏曲人物的经典形象传播到舞台之外的广阔领域。

与此同时，杨柳青年画师还善于通过画面构图的巧妙安排来营造氛围，使人们在欣赏年画的过程中，经由视觉感知的愉悦效果而直观地了解戏出场面，体会戏剧情节。例如戏出年画《打金枝》（清，贡尖，54cm×96cm），该画为齐健隆画店出品，现藏于天津博物馆，刻绘的是皇宫御殿中唐代宗（应为唐肃宗）与皇后正在调解郭暧与公主二人，劝其和睦相处的戏剧情节，画面布景富丽堂皇，颇富皇家气象。这幅画在构图上一个最明显的特点就是，人物、背景都是对称的，就连生活用具也是这样。这种构图方法在杨柳青木版年画里是常见的,这也是为了取意吉祥而创造的一种形式,象征着成双成对、完美无缺,还可以使人们看上去便觉得整个画面四平八稳,感受到视觉愉悦的效果而深入到对画面形象和戏出场景的品味之中。

另外,杨柳青戏出年画还常常在实景山水的画面上呈现出戏曲人物的舞台装扮和演出过程的切末道具,也可以起到一种渲染戏出气氛的作用,从而强化人们的视觉欣赏力。在中国传统戏曲表演过程中,常用程式化的舞台布景与写意性的切末道具来渲染舞台氛围,例如用车轮旗代表车骑,用马鞭代表骑马,用小帐代表军营,用布城代表城池,等等。杨柳青木版年画中很多经典的戏出之作,在保留这类切末道具与舞台装置的同时,将戏出扮相、身段各异的人物形象置于实景山水之中,将文本插图的故事性与戏曲表演的抒情性巧妙地结合在一起,实现图像传播的精彩效果,正如张玉勤所讲:"一方面,可以让画面语言更具叙述性和表现力,另一方面,也让戏剧艺术以更加直白的方式在社会上流传,这也是戏出年画作为传播媒介,相比较于剧本、舞台,能将戏剧艺术传播得更加广远的原因之一。"①这同样是杨柳青戏出年画作为视觉直观的图像媒介在传播戏曲文化过程中所表现出的鲜明优势。

二、多种剧情的视觉整合

作为一门新兴的现代学科,图像传播学的主要研究内容之一是视觉信息,而视觉表现形式是建构视觉信息的主要手段之一,可以说只有具备了一定的视觉表现形式,图像传播才能够实现,而不同的视觉传达方式也会实现不同的传播价值,成就不同的传播意义。图像的表现形式也就是图像的言说方式、叙述方式。美国艺术史家马克·D.富勒顿在研究希腊艺术的叙事功能时,区分了"象征性"与"叙述性"两类图像造型,指出:"象征性造型,像女人体像、男人体像和葬礼场景都不是叙述某个事件,只是代表了某种物质或现象,而叙述性场景虽然也有象征性的,但它们主要和某个故事或事件相连,而且通常和神话故事相联系。"②显然,杨柳青戏出年画属于富勒顿在这里所讲的"叙述性"图像类型。

龙迪勇先生借鉴了富勒顿对希腊艺术"叙述性"图像的分析理论,指出"图像叙事首先必须使空间时间化——而这,正是图像叙事的本质"③,进而

---

① 张玉勤:《中国古代戏曲插图的图像功能与戏曲语汇》,《广西社会科学》,2011年,第6期。

② [美]马克·D.富勒顿:《希腊艺术》,李娜、谢瑞贞译,中国建筑工业出版社,2004年,第98页。

③ 龙迪勇:《空间叙事学》,生活·读书·新知三联书店,2015年,第419页。

按照空间的时间化特点,对"叙述性"图像的表达方式进行了两个模式的划分:单幅图像叙事和系列图像叙事,同时强调,单幅图像叙事又可以分成单一场景叙述、纲要式叙述和循环式叙述三个小类,分别体现出"最富于孕育性顷刻""时间并置""时间退隐"的特点。从图像言说方式的角度考察杨柳青戏出年画,我们可以看到,"单幅图像叙事"也是其呈现戏曲文化的主要类型,无论是其对戏曲演出过程中最精彩瞬间的精准刻绘,还是将戏曲人物与戏曲元素置于实景山水之中,亦或把戏装扮相的人物形象平列在画面之上,都生动地呈现了叙事性图像的上述特质,实现了其对戏曲文化的有效传播。

特别值得一提的是,杨柳青戏出年画中有很多优秀作品采用了巧妙的构图方式,将多个戏出融入一幅,让人们通过直观的视觉欣赏,感受和联想整个剧目的完整情节,从而打破了戏剧舞台表演的时空束缚,而呈现出年画艺术作为印刷媒介所特有的视觉整合性的传播价值。这类年画作品更接近于富勒顿和龙迪勇所说的"纲要式叙述"类型或"综合性叙述"类型。这种叙述方式在时间处理上的独特之处在于,"把相继发展的属于不同时段的'瞬间'提取出来,并通过一定的组合方式,把它们并置在同一个空间,表现在同一个画幅上"①。这种类型的叙事图像的最大优势就在于,它可以将时间进程和情节发展并置到同一幅画面上,从而呈现出视觉整合的媒介特质,实现更加精彩的传播过程。

戏出年画《全出白蛇传》(光绪版后印,贡尖,60cm×108cm)就是这样一幅经典的画作。王树村先生因为"像此幅年画般将多个不同时空完美地交织在同一个画面上,实属罕见",而认为"《全出白蛇传》堪称稀世珍品"②。此幅年画将传统剧目《白蛇传》中的《游湖》《借伞》《开药铺》《盗仙草》《斩蛇去疑》《水漫金山寺》《断桥》《合钵祭塔》八个场面融于一幅,错落有致、宛如一体。画面以纵向流淌的西湖水和横向架起的断桥分割为四个部分,其间又点缀以荷花绿植、仙舟古船、店铺街景、寺院粉墙、远山祥云,这些景物错落有致地交织在不同的故事情节中,使欣赏者看图浏览便可获知全部故事梗概,逐一细读,更是百看不厌,回味无穷。

画面右下角为"游湖借伞",许仙头戴鸭尾巾,身穿蓝色褶子,手撑一把油纸扇,坐在船上;岸边白素贞和小青头戴鱼婆罩,一着白裙,一着青裙,正在向许仙行万福礼。岸边绿树葱翠,水面上莲花点点,荷叶灿灿,一派生机盎然,渲染着和谐而美好的画面情境。

---

① 龙迪勇:《空间叙事学》,生活•读书•新知三联书店,2015年,第439页。
② 王树村:《戏出年画(下)》,北京大学出版社,2007年,第15页。

画面上方是回春堂药店,错落为两间房。药店中间竖挂起一个牌子,上写"回春堂各省川广云贵生熟药材",用这个牌子作为明显的标志,将回春堂药店分成了两个部分,右侧向外伸出,是店铺的样子,两面墙上有整齐的药斗子,许仙坐在案前向外张望,檐上还挂着蟾蜍膏药的装饰,以招徕顾客,这里呈现的是"许仙开药铺"的故事情节;左侧一间,向内缩进一些,画廊飞檐,雕梁黛瓦,颇为精致,厅内许仙、白素贞和小青三人围坐桌前,这里呈现的是"端午节白素贞饮雄黄酒";厅外左侧,是"斩蛇去疑"的片段,许仙站在后方,右手抬起,挡在头侧,满面惊恐,小青站在前方,右手高举利剑,左手指向地上小蛇,欲将之砍断。在这里,杨柳青年画师以回春堂药店为中心,用药店的招牌和廊柱分隔出三个小空间,呈现三段故事场面,又以房间的前后错落和台阶上下分隔出不同的空间,足见画师处理画面构图的精细。

画面左下方是"水漫金山寺"的情景,水面上泛起阵阵水花,庞大的鱼虾蟹蚌浮出水面,渲染着战事的胶着,一叶轻舟载着白素贞和小青二人,白素贞头戴鱼婆罩,身穿白裙,双手举剑于头顶,交叉成十字,小青也是头戴鱼婆罩,身穿青裙,手持双桨,稳住仙船。上方的金山寺露出白墙青瓦,寺前一团仙云托住法海及寺中众弟子,许仙被困在他们身后。法海左手持钵,右手指天,仿佛在劝说白素贞,他的两个弟子,一个向上撑掌,做武姿亮相,一个手拿兵器,欲下来捉妖。许仙头戴鸭尾巾,身穿蓝色褶子,左手举起挡在额前,惊惧不已。画面人物的动作表情,充满了程式化的戏出意味。这部分与上述"游湖借伞"的场面同在断桥前方,两只小船同在一片湖水之中,却形成了左右两侧一动一静的鲜明对比,充满了强大的艺术张力,亦可见画师构图设计的别出心裁。

画面左上方刻绘的是"白素贞盗仙草"的故事情节,前方白素贞单膝跪地,双手擎剑,高举于头顶,后面南极洞前腾云之上,仙童手举利剑正大步追出;画面再往左上蔓延,一户人家,房室整齐,祥云之上小青在前,正引着两个肩抗宝箱的人向外走,这里呈现的是"小青盗银"的场面;画面顶端正中间处,刻绘的是"状元祭塔"的场景,一叶轻舟之上,许士林拱手站立,船头放着香案,湖对岸雷峰塔于祥云之端露出一角。画面中间的断桥之上,许仙与白素贞和小青三人相会,画的是"断桥重会"。

年画全图刻绘俱精,繁而不乱,井然有序,是杨柳青戏出题材年画中不可多得的上品之作。此年画最为人称道的,就是画师在构图上的别具匠心。画师用西湖和断桥将全图划分为四大景区,又用画面背景把不同时间和不同空间的故事情节串联起来,十分独到。例如断桥前方,由西湖引出了《游湖借伞》与《水漫金山》两大情节。虽为同一片西湖水上,左右两侧却一静一动，一方是温情脉脉的游湖借伞，一方是白浪翻滚的水漫金山；再如回春堂一景，以粉墙廊柱和高低台阶，将画面分成错落有致的三个场面，既有宁静的坐堂卖药，也有热闹的饮雄黄酒，还有惊心的斩蛇去疑，又以祥云为边框，向上延伸出合钵斗法的场景。一个回春堂药店又涵盖了《雄黄阵》与《合钵》两段戏出。金山寺一景，占图上空间较大，人物动作复杂多样，表情神态各露心声，不仅充满戏出意味，更把白素贞、小青与许仙、法海的恩怨情仇浓缩在这一局部空间。整个戏出的角色故事借断桥而穿梭于不同的时空之中，最后又在断桥上让许仙与白素贞、小青再次相会。这位于画面正中间的断桥归结了白素贞和许仙的爱恨交织，让整出戏的前因后果都凝聚在了画面中央，也增强了视觉上的向心力，把全剧中情感最充沛的场面和最终的结局凸显出来。

可以看出，这样的年画作品以独到的画面空间布局，呈现出整个戏出的全部情节，不仅每个场面都刻绘精致，更能井然有序地串联起故事发展的因果结局。大景区划得简洁明了，小景区划分得错落有致，画面繁而不乱，满中出彩，让年画能够以视觉直观的形式呈现出更加丰富、更加完整的戏出内容，以视觉整合的力量极大地增强了画作的可读性与欣赏性，在一定程度上也增强了其对戏曲文化的有效传播。

杨柳青木版年画中还有很多条屏类的作品，也都是以"全出"的形式呈现丰富的戏剧情节，属于"纲要式叙述"类型，亦即"综合性叙述"类型的叙事图像。"条屏"是一种独特的年画形式，多幅小图在一起排印，既有相对独立的情节，也能够体现出故事的连续性，更具有独特的传播效果与传播价值。这类作品也有全出《白蛇传》（光绪，四条屏，32.5cm×59.5cm），包括"游湖借伞""开药铺""盗灵芝仙草""灵丹救夫，斩蛇去疑""水漫金山""辞师下山，断桥重见"等十六个画面，以画面"并置"的形式呈现了戏出的主要情节。

这种条屏类作品数量最多的当属"全出群英会"题材的画作，据笔者不完全统计，目前能够看到的清代中期至民国年间的杨柳青出品的"全出群英会"题材的八条屏共七幅，包括"蒋干盗书""太史慈拔剑免说军令""孔明智激周公瑾""舌战群儒""诸葛亮巧说东吴""鲁子敬引孔明遇诸葛瑾""定计破曹""曹操用蔡中、蔡和诈降东吴""孔明借箭给周瑜""周瑜用苦肉计""周瑜收蔡中、蔡和来降""阚泽下诈降书""张飞擒周瑜""油江计刘备欲取南郡""赵云取桂阳赵范认为宗兄""张飞拈阄要取桂阳""周瑜探曹营""曹孟德宴长江赋诗""庞统献连环"等场面。这些表现"全出群英会"的条屏中各小故事上标注的名称几乎均非剧目之名，也非小说章节之名，而更多的是对情节的通俗介绍，但画面人物都是戏出扮相，人物身段颇富程式化意味，武姿工架劲道有力，有戏曲道具的使用，也都以视觉直观的形式完整地呈现了传统剧目《群英会》的戏曲舞台情景，可以让人通过直观的视觉欣赏，而获得关于三国戏出更丰富的审美体验。

此外，杨柳青木版年画中还有一种体裁名为"炕围"。炕围画是在我国北方比较流行的一种民间的室内装饰画，是张贴于建筑内室土炕上的实用艺术形式。炕围画的形式构成一般都有固定的程式：上下两组边道按照一定的规格布置形成主体框架，边道的种类繁多，诸如玉带边、竹节边、卷云边、万字边、福寿边等，一般都是具有吉祥寓意的图案纹样反复连续而成，中间等距离安排以各种画空，画空又称"池子"，有长方形、圆形、菱形、扇形等多种形制，表现内容丰富，人物、花鸟、山水等无所不有，是炕围画的核心，就人物画而言，既有取材于历史典故、话本传说的作品，也有选用神话故事、戏曲故事的作品。其中戏出题材的作品，有的是经典戏曲选段的集锦式"会串"，有的则整本连台共现，十分精彩。炕围画既具有完整对称的形式美感，富于装饰性，又具有内容丰富的表现主体，令人百看不厌，画面构图总是饱满充实，色彩艳丽，刻绘生动，寄寓了普通民众对幸福生活的向往与希冀，深受人们的喜爱。

《三国故事炕围》（清末，炕围，35cm×56cm）廉增戴记出品，现藏于萨拉托夫拉吉舍夫艺术博物馆，是杨柳青炕围画中的一幅精品。此幅炕围应为连续的四幅，现存三幅①。这三幅边框纹样相同：上端是一对花篮，花篮左右各有一只盛放的牡丹溢出，象征着吉祥美满；底端是吉祥结与蝙蝠捧桃的连续纹样，寓意福寿绵延；左右两侧是由回字纹巧妙排列组合而成的蝙蝠形状，展翅欲飞，十分生动，四角各有一只红色小蝙蝠，代表了人们所普遍期望的幸福满门。画池中分别刻绘了《磐河大战》《草船借箭》《黄鹤楼》三个戏出的故事场景。第一幅《磐河大战》的戏出意味最浓，画面上刻绘的是公孙瓒被袁绍部将颜良、文丑追击，赵云赶来相救的场景。画面前方公孙瓒一手提剑一手握拳，以"大"字形站立，他目视前方，表情凝重，正处于危急时刻；颜良和文丑都勾了脸谱，一人手提大刀，一人肩上扛枪，对公孙瓒步步紧逼；后方中间处，赵云正飞身前来激战，他双手擎枪于脑后，右腿正立，左腿高抬，正是开打前最具动势的一种亮相，身段俊美、工架劲道。

《草船借箭》一幅，画师巧妙地使用祥云图案布局，既表达了借箭时的大

① 王树村等编选的《苏联藏中国民间年画珍品集》（人民美术出版社，1990年）中有一幅《长江夺阿斗》（横三裁，35cm×55cm，苏联科学院民族学博物馆藏），边框纹样与此完全相同，构图方式、画面设色与人物造型等艺术表达都与此幅炕围画十分相似，应是这幅《三国故事炕围》中残缺的部分。

雾天气,烘托了借箭的紧张气氛,也将长江中的草船与曹操营地恰当隔开,让人一看便知是两军对垒的战局。画面右下的主体部分刻绘的是诸葛亮与鲁肃,二人正在船舱中饮酒,谈笑风生;左侧是垒起的一个个头戴战盔的稻草人,稻草人身上已经插有箭只;画面左上方,曹操头戴相帽,手握宝剑,威严正立,他周围的军士们正紧张地向对岸张望。画面上,曹营的紧张气氛与草船中的闲情逸致形成了鲜明的对比,让年画以紧张的戏剧冲突呈现出令人回味无穷的欣赏意趣。

《黄鹤楼》一幅刻绘了周瑜在黄鹤楼上欲拉住刘备索讨荆州,赵云怒目阻止的一幕。画面上共有刘备、赵云、周瑜、鲁肃四人。画面右侧,刘备头戴王帽,身穿官衣,正向周瑜拱手;赵云头戴额子盔,手提利剑,站于刘备身后,他剑眉倒竖,眉头紧皱,威严正色,可见时局的紧张。画面左侧,周瑜头戴额子盔,插翎子,挂狐尾,他双手掏翎子,正逼近刘备;周瑜身后的鲁肃头戴短翅官纱,身穿蓝色官衣,手捻胡须,看向周瑜,仿佛在劝说。此图虽然也是写实的背景,但画面上露出一角的楼中摆设却是戏曲舞台上常用的一桌形制,桌子上还铺着绣有回字纹边的蓝色桌帷,桌子上放着一把酒壶、一只酒杯,象征了黄鹤楼宴饮的戏曲情节。

总体看来,此幅炕围画虽然背景写实,但有人物的戏装扮相,还有精美的脸谱呈现、程式化的道具使用,而且画面人物的武姿身段优美、工架劲道有力,富于浓厚的戏出意味,让人们在装饰卧室的同时,也可以坐在炕上欣赏戏出。可以说,这种融多个戏出场景于一幅的综合性叙事方式,成功地突破了舞台演剧的时空限制,把发生于不同时间段的戏出"瞬间"提取出来,巧妙地组合在一起,"并置"在同一个画面,既有效地延伸了戏出的展示空间,也使得年画本身充满了戏剧性意味。诚如法国杰出的雕塑艺术家罗丹所讲:"当它们在同一张画面或同一组群像里表现着几个连续的场面的时候,绘画和雕塑能做到和戏剧艺术相等的地步。"[①] 正是在这个意义上,我们认为杨柳青戏出年画以综合的视觉表达方式讲述了多个戏出故事,呈现了丰富的演剧的场面,对戏曲艺术的传播和戏曲文化的推广,产生了值得肯定的积极作用。

在近代京剧发展史上,有一句经典的流行语,叫作"北京学戏,天津唱红,上海赚钱"。可见,近代天津对京剧艺术的发展与传播具有举足轻重的作用。这一方面与天津作为京畿重镇有关,在传承了正宗京剧的审美韵味方面具有得天独厚的地理优势,使得天津成为近代京剧的重要演出基地;另

---

① [法]罗丹口述,葛塞尔记:《罗丹艺术论》,沈琪译,人民美术出版社,1978年,第42页。

一方面,也与各种大众传播媒介对名角演出的宣传与推广有直接的关系,诚如罗澍伟所讲,近代以来"适应一般城市居民生活水平和欣赏水平,富有民间色彩的通俗文化获得空前发展"①。当我们综合考察天津近代戏曲传播现象时,可以看到,《大公报》《益世报》《北洋画报》等报刊类的新兴"纸媒"以文字叙述和图片呈现的方式完成了戏曲艺术在城市的传播,与此同时,戏出年画则通过再现戏出场景与并置多种情节的方式将戏曲文化传播到了更为广阔的乡间,为经典剧目的流行与精彩演出的推广,起到了扩大宣传的作用,为其积累了更为广泛的群众基础,也因此在我国京剧艺术传播史上呈现出自身的意义与价值。

第二节　凝聚民间信仰的传播过程与文化价值

美国学者詹姆斯·W. 凯瑞曾用"传播的传递观"和"传播的仪式观"这两种不同的方式,对报纸的传播效果进行研究,而得出不同的结论。他指出,用传递观进行审视,媒介是一种发布新闻与知识,有时也提供娱乐的工具;而用仪式观审视,则是特定的世界观得到描述和强化的过程。在凯瑞看来,"从仪式的角度定义,传播一词与'分享'(sharing)、'参与'(participation)、'联合'(association)、'团体'(fellowship)及'拥有共同信仰'(the possession of a common faith)这类词有关。这一定义反映了'共性'(commonness)、'共有'(communion)、'共享'(community)与'沟通'(communication),这类词在古代有着同一性和共同的词根。凯瑞强调,传播的'仪式观'并非指讯息在空中的扩散,而是指在时间上对一个社会的维系;不是指分享信息的行为,而是共享信仰的表征(representation)"②。如果将传播的仪式观作为一种研究方法,当然也可以探讨作为图像传播的戏曲插图与民间年画等视觉图像,它们在传递信息的过程中也往往具有凝聚民间信仰、建构民间秩序的文化功能,而表现出一定的仪式意味。与此同时,当我们将民间年画与插图版画作比较的时候,更可以看到,民间年画作为一种传播媒介,其所具有的仪式性意味要更加明显,也更加丰厚。因此,我们也可以反其道而行之,将传递观与仪式观作为两种不同的方法,去关注

---

① 罗澍伟:《天津史话》,社会科学文献出版社,2000年,第183页。
② [美]詹姆斯·W. 凯瑞:《作为文化的传播:"媒介与社会"论文集》,丁未译,华夏出版社,2005年,第7页。

不同的传播媒介所具有的不同效果,及其所实现的不同传播价值。

传播的传递观与传播的仪式观是对传播学研究的两个方向,吴平平女士在《戏曲传播研究:起源与展望》一文中曾提及,目前学术界对戏曲传播学的研究"多关注'传递'意义上的传播,少探讨'仪式'意义上的传播"。进而指出,"随着全球化语境下文化多元化认识的深入,以及戏曲作为非物质文化遗产在今天人们生活中意义的关注越来越多,这种讨论(传播的仪式意味)应该也会逐渐多起来"①。可以说,将杨柳青木版年画作为戏曲传播媒介来展开研究,恰好可以实践这类传播过程的仪式意味的探索,这也是我国戏曲传播史上年画传播相比较于插图版画传播所彰显出的更为独特之处。虽然同为大众传播媒介,但是,插图版画隶属于畅销书的存在属性,决定了其作为大众消费品而与生俱来的通俗性与商业性特点,而民间年画虽然也与商业消费有着不可分割的联系,但却因其具有装饰年节的核心功能和隶属于民俗艺术的重要属性,它更注重的是媒介本身所包蕴的人生观与价值观,以及在认同这种人生观与价值观的过程中,接受群体所获得的身份认同,因而在戏曲传播的过程中彰显出更加浓郁的仪式性意味。

在中国传统社会,"年"作为"岁终大祭"本身就具有强烈的仪式性。《尔雅•释天》释"年"曰:"夏曰岁,商曰祀,周曰年。"《注》曰:"岁取星行一次,祀取四时一终,年取禾一熟,载取物终更始。""年"字甲骨文字形的上部为"禾",下面为"人",取义禾谷成熟,人在负禾。对于农耕民族来讲,"年"是最重要的岁时节令和生产周期。"年"起源于神农氏时代的蜡祭,由于禾谷一年一熟,所以在农事完结后的十二月举行祭祀活动,庆功狂欢,并祈盼来年五谷丰登。汉代蔡邕在《独断》中记:"腊者,岁终大祭。"②应劭《风俗通•祀典》云:"礼传曰,'夏曰嘉平,殷曰清祀,周曰大蜡,汉改曰腊'。腊者猎也,因猎取兽祭先祖也。或曰腊接也,新故交接,狎猎大祭以报功也。"③ 久而久之,"年"便成为汉民族和部分少数民族最重要的丰收节庆和祭祀活动,时至今日,过年也成为中国最隆重的传统节日。

由于"年"与农事活动密切相关,更是农作物收成丰硕与否的关键所在,因此,年画艺人便有意识地把天文历法、时令节气和农业常识以艺术的手法再现于年画之中,如《春牛图》《春耕图》等,不仅有效地发挥了指导农事活动的媒介作用,也在一定程度上反映了农耕民族重视节气规律,适时耕作的朴

---

① 吴平平:《戏曲传播研究:起源与展望》,《戏剧文学》,2009年第3期。
② (宋)范晔撰,(唐)李贤等注:《后汉书•志第五》,中华书局,2000年,第2121页。
③ 李琢光:《文史辞源》第三册,(台湾)天成出版社,1984年,第1871页。

素观念。入冬时,各地画坊往往先印春耕图景,清代顾禄《清嘉录•新年》卷一有载:苏州新年"城中玄妙观,尤为游人所争集。卖画张者,聚市于三清殿,乡人争买芒神春耕图"①。可见,民间年画在农耕时代传播岁时节令、农业常识的过程中,就不仅仅是"分享信息",而是"共享信仰"。杨柳青木版年画中也有很多表现农业耕作时令、传承重农劝勤观念的优秀作品,而且,随着清代戏曲艺术广泛流行于市井城乡,这类年画常常还融入了戏曲文化的元素,使得年画作品精彩地融合了装饰新年、凝聚信仰、传播戏曲的多种功能。

杨柳青木版年画《春耕畿田》(清,页尖,53cm×100cm)就是一个经典代表。《说文解字》释"畿"曰:"天子千里地,以逮近言之,则言畿也。"杨柳青出品的这幅年画刻绘的就是天子于京郊城外耕地的场景。年画采用的是传统文人山水画"一江两岸"的构图方式,年画正前方,画一黄色耕牛,牛前,一位穿茄花色官衣,头戴团翅纱帽,抹白色小花脸的京官,手牵缰绳,引牛拉犁;牛后,皇帝头戴王帽,身穿黄色龙袍,外罩红色斗篷,一手扶犁,一手捻髯,作犁田耕土状。皇帝身后有两位太监随侍,一位身穿粉色紧袖袍,手拿拂尘,一位身穿绿色紧袖袍,戴太监帽,手持曲颈黄龙伞,旁边停着华盖黄帷皇帝龙辇。犁旁,头戴如意翅天官帽、身穿白色袍带、脚蹬朝靴的一品太师,腕挎柳编水斗,在撒麦种。身旁,头戴方翅乌纱帽、身穿紫色官衣的顺天府太守,一边捋髯一边帮种耕田。画面中间,一池碧水,清波无纹。岸边上,正宫娘娘头戴凤冠,身穿红衣素裙,披帛绕身,目视皇帝。身旁有两位侍女,一位头戴红缨额子,身穿蓝色披肩白色长裙,双手捧一漆盒。另一位宫女手也是头戴红缨额子,身穿蓝色披肩红色长裙,手擎团凤障扇。画面左侧木桥之上,一位红衣素裙的宫娥肩担粥罐、菜篮,缓步而来。桥边绿柳扶风,一派春意盎然。画面右侧有重檐城楼,彩旗飘扬,城门前立一白象,象征"太平吉祥"。对岸西山起伏,绵延远方,山下有村落农舍,零星点缀,林亭寺塔,迤逦接连。

此幅年画描绘了封建社会,皇帝为祈求一年好收成、农业丰收后课粱有余,春天要到京都近处亲自耕种,以示不忘农业为治国之本的劝农之意。整个画面设色典雅清丽,图中人物的装扮恰似戏衣装束,还有充满喜剧色彩的在鼻梁中心抹一个白色"豆腐块"的勾脸县官,不仅传达着古代帝王重视农业、劝人农桑的政策,还充满了喜庆气氛,更有戏曲元素,使得年画作品在迎春吉祥的氛围中凝聚着人民普遍信仰的农耕理念,传承着人们所喜爱的戏曲文化。由此,作为传播媒介的杨柳青木版年画,就不仅仅实现了传递信

① (清)顾禄:《清嘉录》,王湜华,王文修注释,中国商业出版社,1989年,第24页。

息、传播戏曲的功能,更具有浓厚的意识形态意味,积淀并传承着民间的信仰和民众的观念,从而呈示出其在传播过程中的仪式性意义。

杨柳青木版年画中像《春耕畿田》这类凝聚着民间信仰、维系民间社会的作品还有很多,例如庆贺节俗类的《阖家欢乐,大过新年》(民初,贡尖,52cm×98cm),刻绘了新年时节的种种习俗,包括儿童给长辈拜年、合家包饺子、放鞭炮迎新春,等等,表达了人们喜迎新春的美好愿望;《庆赏元宵》(光绪,贡尖,58cm×102cm)刻绘了农历正月十五过元宵节孩子们吹唢呐、敲锣鼓、放花灯的民俗,画面上题诗一首:"吾今不禁逐年新,鼓吹升平共闹春。最好家家饶乐趣,买灯三日更欢欣。"该年画也表达着普通民众渴望太平盛世、国富民强的生活理想;《端阳节闹龙舟》(清末,贡尖,60cm×106cm)刻绘了农历五月初五人们过端午节,为纪念屈原而赛龙舟、吃粽子的风俗活动,岸边的亭子旁还有一男二女,做戏出扮相,似在表演《雄黄阵》,共庆端阳佳节,年画虽非戏出之作,却也充满了戏出意趣;《菓偈敬月图》(清末,贡尖,64cm×102cm)刻绘的是农历八月十五中秋之夜,皓月当空,妇女孩童们共拜蟾宫的景致,年画上方题名后还有一段文字:"月不在高,有魄则明。供不在多,有物则荣。中秋佳节,各尽虔诚;儿童上阶拜,妇女隔花迎。通灵有百果,肖像无一成。但见腾烟起,驾雾行,俨钟馗之嫁妹,类南极之造生。画既随人意,题应尽我情,或云者:何拘之?"该画设色艳丽,人物清隽,为清代中晚期年画艺术中的精品。年画不仅表现了人们拜月宫祈祷人寿年丰的传统习俗,画上的题词还套用了刘禹锡《陋室铭》的韵律,也反映着年画师创作中的自由思想和普通民众青睐文采的时尚态度。

此外,杨柳青木版年画其他日常生活题材的作品也都承载着广大民众的生活理想,而成为维系津沽人民情感的纽带,特别是很多画面上刻写题跋的年画作品,更是用雅俗共赏的诗文形式,明确地表达了画面要传达的思想观念。这种画面题写诗文的表达方式在我国其他产地的年画中并不多见,这既是杨柳青木版年画在艺术表现上的一种特征,也是其相较于其他产地年画,可以更明确、更集中地表达观念、塑造信仰的特色所在。我们通过整理杨柳青木版年画上的画面题词,可以看到,杨柳青木版年画所承载的民间传统观念主要包括:疾恶扬善与忠孝治家的传统美德、幸福美满与勤劳致富的生活理想、关注时政与爱国救亡的启蒙精神、诗情画意与雅俗共赏的审美趣味。这四个方面不仅实现了"共享信仰",也呈现了天津地域文化的独特韵味。关于杨柳青木版年画所承载的民间传统观念,后文将单独讨论,此处暂不展开。

就杨柳青出品的戏出年画来讲,这种承载民间观念的仪式意味也是非常浓厚的。王树村先生就曾讲过:"中国戏曲是千锤百炼而形成的表演艺术。成名角色都在北京帝都或天津城市演出,广大农村百姓难以得见。杨柳青年画将名角演出最精彩的表情动作、身段姿势,刻画成戏出画样,满足了穷乡僻壤中普通百姓对文化生活之要求,同时也反映了人民大众的美学观念和欣赏情趣。"①如上文曾提到的,杨柳青木版年画对"龙凤呈祥"戏曲题材的刻绘,就承载着广大民众向往美好生活、渴望吉祥喜庆的新年愿望;杨柳青戏出年画在画面构图上往往刻意突出赵云的英武形象,也承载着津沽人民仰慕一身是胆的大将气度,崇拜轻生重义的儒臣局量等民众观念与世俗信仰;《三义图》(民国,镜心,36cm×58cm)与《莲花湖》(民国,横三裁,30.4cm×50.4cm,早稻田大学图书馆藏)这类并非以突出情节为主的年画作品,更是以象征性的戏出形象,讲述着普通民众渴望实现自我价值,向往匡扶正义、惩恶扬善,可以为黎民、为国家奉献自己力量的社会理想。这些戏出之作,都在传播戏曲文化的过程中,发挥着建构民间信仰、维系民间社会的意识形态功能,而彰显出"传播的仪式观"所强调的文化价值。

其实,中国传统戏曲本身即具有祭祀性、仪式性的文化意蕴,围绕着这个问题也早已展开了戏曲文化学方面的研究,并且取得了很多成绩。例如齐如山先生在《戏班》(1935)中就曾讲道:"比方一人已经扮成关公,因无座位自搬板凳,则似关公搬板凳,有亵渎意矣,故不许。"②董每戡《说剧》(1950)中"说戏行祖师"一节也探讨了旧时艺人神灵崇拜的情况。中国台湾学者曾永义在《中国地方戏曲形成与发展的径路》一文中,也讲到很多民间小戏都是以宗教仪式为基础而形成的,例如安徽贵池、青阳一带的农民业余班社"在最后一场演出结束之前,必演《关公斩妖》以'祈福驱邪'"③。遗憾的是,目前还很少有学者从传播学的角度,探讨传播媒介、戏曲艺术与民俗信仰的三维互动。而当我们把研究的视野投注到作为戏曲传播载体的杨柳青木版年画上面的时候,这种传播过程的仪式性意味便以其装饰年节—传播戏曲—凝聚精神的三位一体而得以彰显出其自身的文化价值。

综上,我们将杨柳青木版年画作为传统戏曲的传播媒介来展开研究,可以看到,作为一种不同于戏曲艺术的舞台传播与剧本传播的大众传播媒介,杨柳青戏出年画在传播戏曲文化的过程中,彰显出了视觉直观性、情节延展

①　王树村:《杨柳青年画·民俗生活卷》(上),(台湾)汉声出版有限公司,2001年,第10页。

②　齐如山:《戏班》,北平国剧学会,1935年,第52页。

③　曾永义:《中国地方戏曲形成与发展的径路》,《台北研究院第二届国际汉学会议论文集》,台北研究院,1989年。

性与存续仪式性的独特文化意义。也正因此，我们认为杨柳青木版年画不仅是研究中国美术史的珍贵资料，也可以看作中国戏曲史研究领域中极为重要的文献，更是一种富于独特魅力的戏曲传播媒介。诚如薄松年先生在《中国木版年画：新春吉祥画》一书的序言中所说："现在对木版年画的研究与木版年画历史上曾取得的成就很不相称，处于极端薄弱的境地……对木版年画必须突破狭窄的范围，采取多学科、多方位、多视角的研究。"[1] 我们把民间年画作为戏曲艺术的传播媒介来展开研究，也正是希望可以通过跨学科的交叉研究来进一步呈现杨柳青木版年画所具有的审美内涵与传播价值。

---

[1] 冯敏：《新春吉祥画：中国木版年画》，黑龙江人民出版社，2005年，序言。

余论　杨柳青风:特色与推广

一、杨柳青木版年画的地域审美特性

天津杨柳青木版年画是中国年画艺术的代表,在中国民间文化史上占有重要的地位。挖掘、抢救、保护和传承杨柳青木版年画,对于研究天津地区的民俗文化,以及北方其他年画,乃至中国美术史等方面均体现出重要价值。此章我们运用图像分析和观念分析的方法,从人物形象分析和审美风尚解读两个方面对杨柳青出品的女性题材木版年画进行综合研究,进而挖掘并彰显杨柳青木版年画所体现出的中国民间艺术的独特魅力与审美情怀。

中国民间年画的源头最早可以追溯到周代,到北宋时期发展成为普通百姓喜闻乐见的一种民俗艺术样式。通过梳理留存下来的传世作品我们可以清楚看到,清代以前很少有以女性形象为主的年画作品,除了一些神像、天官或仙姑的形象,几乎没有世俗生活中的女性形象。直到明清时期,随着商品经济的逐渐繁荣,小说戏曲等市民艺术的开始蓬勃发展,民间年画也随之兴盛起来,不仅从小说戏曲中大量取材,更与小说戏曲等市民文艺一起彰显世俗人情,成为"近代市井生活的散文,是一幅幅平淡无奇却五花八门、多姿多彩的社会风习图画"①,女性形象也在年画中与日俱增,逐渐成为民间年画的主导题材之一。

杨柳青木版年画约产生于明代崇祯年间,到清雍正、乾隆至光绪初期发展到鼎盛阶段,当时最大的年画作坊要数戴廉增和齐健隆两家。戴廉增生于雍正十三年(1735),据戴家家谱记载,戴家在杨柳青设画店,到戴廉增时期已经是第九代。从齐家家谱也可得知,齐家康熙年间从山东来到杨柳青,开设裱画作坊,后逐渐发展为规模宏大的连锁画店。此外,杨柳青镇还有"爱竹斋""荣昌画店""李盛兴老画店""高庆云老画店"等多家画店。旧时流

---

① 李泽厚:《美的历程》,天津社会科学院出版社,2001年,第305页。

行一句话,"家家会点染,户户善丹青",可见杨柳青年画作坊的繁荣景况。这些画店不仅刻绘技艺精湛,经济实力雄厚,更能得时代风气之先,追随甚至引领京津一带的市民文化风尚。直到清末民初,军阀割据,战乱频繁,杨柳青镇的年画业才开始逐渐衰落。

盛极一时的杨柳青木版年画题材丰富,内容广泛,包括历史故事、民间传说、戏出场面、风俗时事、仕女娃娃、花鸟鱼虫、风景名胜、农家生活等,其中女性题材的创作,在清代的民间木版年画中可谓首屈一指,不仅风格细腻,形象清雅,背景也丰富多彩,足以彰显杨柳青木版年画的审美内蕴,在民间木版年画史上具有重要地位。

通过对现有资料的整理,我们可以看到,以女性形象为主体的杨柳青木版年画涉及的题材非常广泛,大致包括四类:一是世俗生活题材,例如《摘葡萄》(光绪,横三裁,34cm×59cm)吸收传统绘画的"平远"法,描绘了妇女照料儿童在郊外采摘葡萄的温馨场景;《游春仕女图》(乾隆,立屏·双幅,94cm×49.5 cm)可分可聚,分开两幅画面独立,合成一幅可为通景,描绘仕女在丫鬟的陪伴下于明媚春光中摘花赏景,画面色彩柔和明快,呈现出春日融融的欢愉气氛;《渔妇图》(光绪,竖三裁·双幅,70cm×42 cm)中渔妇姿态柔美而又动感灵活,肩挑渔具携儿童出门钓鱼,无限美感之中洋溢着浓郁的生活气息。这类作品大多取材于现实生活场景,气氛欢乐而融洽,反映了人们的生活理想与时代的世情风俗,洋溢着浓厚的生活气息。

第二类是吉祥寓意题材,例如《福善吉庆》(康熙—乾隆,贡尖,65.5cm×117.3 cm)画面富丽堂皇,描绘了贵妇与儿童炕上玩耍的情景,左边儿童放蝙蝠风筝,中间儿童手执纨扇,右边儿童持戟,戟上悬磬,取"蝠""扇""戟""磬"谐音,寓意"福善吉庆";《春风得意》(光绪二十八年,贡尖,59cm×109cm,高桐轩作)图画呈现的是仕女儿童于阳春三月的庭院中放风筝的情形,背景桃红柳绿错落有致,"双喜"字风筝迎风高飞,一路青云直上,寓意人生通泰,情趣旷达,画面题诗"夕阳春暮画图中,风鸢弯翔借好风;莫道儿童嬉戏意,青云有路总能通",故名"春风得意"。这类题材的年画立足于人民大众喜闻乐见的事物,往往色彩缤纷,气氛热烈,并且巧妙地通过谐音、比喻或象征的方法祈愿平安吉祥,表达民众对幸福生活的追求和美好品质的向往。

第三类是经典故事题材,例如《盗仙草》(乾隆,贡尖,84.2cm×157.5cm)取材于民间传说《白蛇传》,年画描述了白娘子和小青为救许仙飞奔昆仑山盗取仙草,途遇巡山鹤童,拔剑迎战的情景,两位蛇仙衣着清丽,形象优雅;《苏小妹三难新郎》(嘉庆,贡尖,59cm×108cm)取材于话本小说集《今古奇观》第十七卷,画面描述了苏小妹洞房花烛之夜,出了三道题目为难新郎秦少游的故事,人物姿态各呈心境,诗趣浓厚;《文姬归汉》(光绪,贡尖,62.5cm×110cm,高桐轩作)取材于历史故事,情节可见《三国演义》第七十一回,此图描绘了曹操遣使持金赎文姬归汉,文姬辞别匈奴左贤王,与二子诀别,启程归汉的场景,画面背景苍凉,文姬掩面泣别,意境饱满。这类年画取材于历史故事、神话传说、戏曲小说等人们熟知或喜爱的曲折生动的故事情节,画面人物或者聪敏智慧,或者情感执着,或者英勇善良,表现了人民群众的善恶观念与审美倾向。

第四类是新闻时事题材,这类年画大多属于"文明改良"新年画,存在于新旧时代的更迭阶段,要求男女平等、鼓励女子独立等新的思想观念也在女性形象的年画中体现出来,例如提倡兴办新式学堂,鼓励女子求学的年画《女子求学》(民国,横三裁,34.5cm×66 cm),这幅年画描绘了一名女子在向先生请教书上的问题,另一女子恭立在旁,边等边听,画面题款倡言:女子要自强,"快快的认些字,讲求些学问",改变男女不平等的地位;同为"改良年画"的《女学堂演武》(清末,贡尖,54cm×106 cm)表现了女子学堂操练的场景,这幅画不仅描绘出了女子穿短装持枪演练的场景,更从观念层面表现出天津市民提倡女子练武、以雪国耻的先进思想。这类年画在张扬新思想、新观念方面发挥了重要的媒介作用,不仅具有相当优秀的艺术价值,更具有一定的史料价值,是我们了解特定历史时期普通民众思想观念发展变化的有效途径。

通过分析这些女性题材的年画作品,我们可以深入解读普通民众的文化趣味与审美倾向,以及在传统审美观的指引下,民众对女性的观念。杨柳青木版年画是中国传统市民艺术的经典例证,以杨柳青女性主题年画为切入点,通过对五官与脸型、身型与姿态的形象分析,我们可以管中窥豹,了解近代市民阶层的女性观念与审美理想,进而解读整个社会的精神风貌与时代风尚。

(一)柳眉樱口:含蓄温润的阴柔品性

从五官与脸型来看,杨柳青木版年画中的女性形象大都柳叶弯眉,吊梢凤眼,鼻梁高挑挺拔,小口艳若樱桃,额头宽圆饱满,下巴修长、尖细而清秀,属于标准的"瓜子脸",体现出鲜明的传统女性审美观。中国古代就有赞扬女性美的民间俗语"柳叶眉,杏核眼,樱桃小口一点点"。杨柳青木版年画中的女性形象在五官上的特点就鲜明地呈示出传统文化的女性审美观念。

《诗经·卫风·硕人》塑造了一位"蝤首蛾眉"的传统美女,所谓"蛾眉",是用来比喻女子美丽的眉毛就像蚕蛾触须一般细长而弯曲,此后,弯曲纤细的蛾眉成为传统审美文化对女性容貌美的标准之一,屈原《离骚》有云"众女嫉余之蛾眉兮,谣诼谓余以善淫",这里"蛾眉"被作为女子容貌美丽的象征。南朝梁诗人高爽作诗《咏镜》:"初上凤凰墀,此镜照蛾眉。言照长相守,不照长相思。"在这里"蛾眉"甚至已经成为"传统美人"的代名词。

这种细弯的眉形在中国传统文化中又被称为"月眉"或"柳叶眉"。"月眉"强调的是女子的细眉有如初月一般,弦弯清丽,唐朝李贺作《昌谷诗》云:"泉樽陶宰酒,月眉谢郎妓。"清人王琦注曰:"梁武帝诗:容色玉耀眉如月。谓眉之湾环,状如初月也。"[1]"柳叶眉"同样强调眉形弯曲纤细的秀美特征,前蜀诗人韦庄在其《女冠子》词中讲道:"依旧桃花面,频低柳叶眉。"元代诗人杨维桢的《冶春口号》之六所言:"湖上女儿柳叶眉,春来能唱《黄莺儿》。"都以"柳叶眉"盛赞女子的容貌之美。

杨柳青木版年画中的女性形象,无论是表现女子世俗生活题材的作品,还是表现吉庆富贵等美好愿景的作品,亦或表现戏曲武打场面的作品,都是典型的"蛾眉""月眉"或"柳叶眉"。如《盗仙草》(乾隆版后印,贡尖,84.2cm×157.5cm),年画上白蛇与青蛇的形象,就眉形而言总是细长而弯,富有清秀的曲线美。而且,通过对杨柳青木版年画中女性眉眼的综合分析,我们可以看出,相比较于眼睛的黑亮神采,眉毛往往要显得颜色清淡得多,这同样体现出传统女性审美观念"蛾眉淡扫"的审美倾向,唐代杜甫就有"却嫌脂粉污颜色,淡扫蛾眉朝至尊"的著名诗句。在中国传统观念中,拥有细弯眉形的人,往往生性宽厚、温柔善良、感情细腻,而且思虑深远、聪慧敏锐,而"蛾眉淡扫"更呈现出传统女性含蓄温润的阴柔美。由此可以看出,就眉形而言,杨柳青木版年画中的女性形象立足于传统女性审美观念,在呈现女性眉形纤细秀弯之美的同时,彰显出中国传统文化对女性善良宽厚而又温柔含蓄的阴柔品性的赞美。

就嘴唇而言,杨柳青木版年画中的女性形象是标准的"樱桃小口",小巧、红润、饱满而又圆润,这是中国传统女性审美观的集中体现。唐代诗人白居易就曾以"樱桃小口"赞美自己的家妓樊素,留下千古名句"樱桃樊素口,杨柳小蛮腰";宋代词人苏轼的《蝶恋花·佳人》有云:"一颗樱桃樊素口。不爱黄金,只爱人长久。"张先有词"髻摇金钿落,惜恐樱唇薄"(《菩萨蛮·般涉调》),辛弃疾有词"何物比春风?歌唇一点红"(《菩萨蛮·席上分赋得樱桃》),欧阳修有词"樱唇玉齿。天上仙音心下事"(《减字木兰花》),都是以小巧圆润的樱桃红唇赞美女性。杨柳青木版年画的女性形象的嘴唇部分基本

---

[1]　(唐)李贺著,(清)王琦注释:《李贺全集》,王步高、刘林辑校汇评,珠海出版社,2002年,第261页。

都符合这种传统的女性审美观,同样呈示出女性娇小柔媚、饱满而又含蓄的审美倾向。

(二)吊梢凤眼:温柔妩媚的女性风姿

"点睛之笔"是中国传统人物画传达人物神情的精髓所在,《世说新语·巧艺》记载了一则关于东晋画家顾恺之的故事:"顾长康画人,或数年不点目睛。人问其故。顾曰:四体妍蚩本无关妙处,传神写照正在阿睹中。"① 顾恺之在这里提出了著名了"传神写照"的画学原理,强调画人物要想精准传神,应着眼于眼睛的点画,而"点睛"又是画中最难一笔,于此,汤用彤曾指出:"数年不点目睛,具见传神之难也。"② 眼睛灵动有神的处理同样也是杨柳青木版年画的重要步骤,流传下来的杨柳青年画制作画诀就十分强调眼睛是传达人物神情、表现人物特征的关键:"画贵者像诀:双眉入鬓,两目精神";"画贵妇像诀:目正神怡,气静眉舒";"画丫环像诀:眉高眼媚,笑容可掬";"画娃娃诀:小鼻大眼没有脖,鼻子眉眼一块儿凑"。③ 可以看出,就眼睛而言,杨柳青木版年画中的人物形象也是力求表现出与传统文化相表里的审美倾向。

从中国传统女性审美观念来看,源自《诗经》的"美目盼兮",强调的是美人眼波流动、顾盼有神的俊俏灵动之美。这种传神美目往往以"杏眼"的形状呈现出来,"杏眼"眼形较宽,外眦角较钝圆,黑眼珠、眼白露出较多,显英俊俏丽。唐代的《钟馗平鬼传》第三回有云:"幸遇着这个小低搭柳眉杏眼,唇红齿白,处处可人。"清代满族文学家文康所著《儿女英雄传》在第四回中同样讲道:"只见他生得两条春山含翠的柳叶眉,一双秋水无尘的杏子眼。"他们都把"杏眼"看作女子美目的象征。

同时,中国传统女性审美观念还特别推崇"凤眼"。"凤眼"眼睛狭长,后眼角微微向上翘动,灵动之中体现出一种温婉之美。明代小说家冯梦龙在他的《东周列国志》中就极力推崇这种细长灵动的美丽凤眼:"那夏姬生得蛾眉凤眼,杏脸桃腮,有骊姬、息妫之容貌……"(第五十二回)通过对杨柳青木版年画女性形象的眼睛作图像学分析,我们可以看到,杨柳青年画中的女性形象也有杏眼,例如《渔妇图》(光绪,竖三裁·双幅,70cm×42cm)中肩挑渔具的美丽妇人和《盗仙草》(乾隆版后印,贡尖,84.2cm×157.5cm)中两位蛇仙的形象都具有杏眼圆润、明眸善睐的特点,但是,这些女性形象更突出的眼

---

① 隗芾、吴毓华:《古典戏曲美学资料集》,文化艺术出版社,1992年,第22页。
② 汤用彤:《魏晋玄学论稿·言意之辨》,见《汤用彤学术论文集》,中华书局,1983年,第226页。
③ 王树村:《中国民间年画史论集》,天津杨柳青画社,1991年,第250页。

部特点是在呈现杏核眼黑白分明、明亮有神的基础上进一步加工,或者拉长形成凤眼,或者吊梢拉细眼角,更强调凸显女性温柔妩媚的一面。

总体看来,狭长上翘的凤眼是杨柳青女性形象在眼睛方面的主要特点。《金玉满堂》(康熙—乾隆版后印,贡尖,64cm×107cm,杨柳青年画店)也是一幅经典的作品,画中共两位女性,一为主妇,一为侍儿,两个形象都是细长凤眼,内眼角微微下垂,仿佛低敛含笑,眼珠黑白分明,炯炯有神,整个眼部狭长纤细,外眼角微微上翘,神情恬美而又富于灵动之气。这种细长凤眼在清代逐渐成为女性审美的固定标准,甚至与女子性情紧密联系在一起,李渔的《闲情偶寄·妆容部·眉眼》就曾写道:"相人必先相面,人尽知之,相面必先相目,人亦知之,而未必尽穷其秘。"在李渔看来,眉眼与"情性之刚柔,心思之愚慧"紧密相连,他进而指出"目细而长者,秉性必柔","目善动而黑白分明者,必多聪慧"。① 由此可见,杨柳青木版年画中的女性形象更加注重女性美温柔妩媚与品性聪慧的一面,进而体现传统女性在性情上的审美品质。

(三)高鼻垂耳:富贵宜家的母性情怀

就鼻子而言,杨柳青木版年画中的女性形象呈现出来的显著特点可以简单概括为三点:鼻子长、鼻梁高、鼻翼宽。鼻子较短是亚洲人常见的审美缺陷,容易给人一种愚钝不秀气的感觉,杨柳青年画往往通过垫高鼻梁根部的画法延长鼻子的长度,凸显女性的灵秀之美。同样,东方人大多鼻梁较塌,在普遍的审美观中,高鼻梁要更加漂亮一些,杨柳青木版年画中的女性形象大多鼻背平直、鼻梁高挑挺拔,体现出中国传统审美观对女性灵慧一面的要求。鼻翼宽在中国传统审美观中象征着财运与旺夫,杨柳青年画中的女性形象也都是鼻尖大小中等,尖圆适度,鼻翼饱满,形似半月,标准的有福之相。有的学者认为《中国民间画诀》描绘美人的"鼻如胆"强调的是鼻子的圆润与小巧,通过对杨柳青年画女性形象的图像分析,我们可以看到,这些美人的鼻子无论就长度、高度和宽度而言,都不显得小巧,"鼻如胆"在杨柳青年画中更强调的是女性鼻翼饱满而圆润的灵动之美,可谓鼻如胆悬。

从耳朵来看,杨柳青木版年画中的女性形象同样是"福相"的集中体现,这些女性无论贵妇还是侍儿,都是耳郭饱满,耳垂又长又厚,体现了东方人福寿之相在耳朵上的象征意味。在中国传统审美文化中,"双耳垂肩乃帝王之相",饱满肥厚的耳朵是荣华富贵的标志,"被西方人忌讳的'招风耳',在部分东方人看来是成功和幸福的象征"②。杨柳青年画中的女性形象就集中

① (清)李渔:《闲情偶寄》,华夏出版社,2006年,第127页。
② 方彰林、姜世正:《人体美学》,北京出版社,2000年,第22页。

体现了这种传统审美观。就人体的正常比例而言,耳郭的长轴,也就是耳轮上1/3处最高点与耳垂最低点的连线基本与鼻梁平行,杨柳青年画中的女性形象在耳朵的处理上,往往超越比例,采用拉长的变形手法,主要突出耳朵的宽大与厚实。

年画艺术植根于民间,反映人民的美好愿望和生活理想,用来装饰节日,含有祝福新年吉祥喜庆之意。从杨柳青木版年画对女性形象的处理,我们可以看出,拉长耳郭与耳垂相当于是对耳朵的变形处理,这种处理方式集中体现了普通民众对富贵与长寿等生活理想的真挚向往,表达着广大劳动人民寄托在女性身上的富贵宜家的母性情怀,也彰显出传统社会"厚德载物"的阴阳观对女性的总体要求。

天津的杨柳青镇素与河南开封的朱仙镇、山东潍坊的杨家埠、江苏的桃花坞一起拥有"年画四大家"的美誉,但是,由于各地审美观念的不同,杨柳青木版年画的女性形象也呈示出鲜明地域特色。如果说,桃花坞年画色彩明快,富有装饰性;绵竹年画线条古拙,色彩艳丽;杨家埠年画以柳枝烧灰描线作底版,线条粗放;朱仙镇年画雕刻粗健,造型古朴,富于乡土气息。那么,相比之下,杨柳青年画可以说是刻绘最细腻、格调最雅致的民间年画,体现着雅俗共赏的审美格调,其中的女性形象也明显融合了传统的女性审美观与大众的审美趣味。通过对上述几幅年画的欣赏,我们可以看到,杨柳青木版年画中的女性形象,大都柳叶弯眉、樱桃小口、吊梢凤眼、鼻梁高挑、耳郭饱满,彰显着中国传统文化对女性善良宽厚的阴柔品性与温柔妩媚的美女风姿的赞颂,这种审美观念在文人仕女画中也是普遍存在的;同时,杨柳青木版年画中的女性形象也生动地呈现着广大劳动人民寄托在女性身上的富贵宜家的母性之美,表达着普通民众对女性形象的期待与理想。

此外,杨柳青木版年画所具有的雅俗同赏的地域审美格调,还表现在其对传统诗歌及《三国演义》《红楼梦》等文学经典的接受与传播上面。杨柳青木版年画中有很多优秀的诗意画,例如《鸡声茅店月,人迹板桥霜》(光绪,贡尖,65.3cm×109.4cm)就是根据晚唐诗人温庭筠《商山早行》的诗意创作而成的,年画设色简淡雅致,巧妙地将市民大众的审美情趣与文人趣味相结合,创造出一种雅俗共赏的审美意境,既深受广大民众的喜欢,也在客观上对文学史上的经典诗歌起到了传播作用;"三国"题材与"红楼"题材的年画更是杨柳青木版年画的主要题材,这类年画选材于文学名著,实现了语言艺术向视觉艺术的转化,而年画在下层社会的广泛流传,也推动了文学经典向普通民众的传播与扩延,实践了民间年画特有的传播效应。

从总体上看,杨柳青木版年画虽以民间艺术著称,但却雅俗共赏,不仅承载着浓厚的广大下层人民的审美情趣与生活理想,也融入了相当丰富的文人审美倾向,体现出一种雅俗共赏的审美追求。这种雅俗共赏的文化品格也是清末民初天津城市文化的普遍倾向。可以说,天津的城市文化在近代集中表现为一种立足传统、中西融通的审美趣味,这主要取决于天津所处的独特地域环境。天津"地当九河要津,路通七省舟车",堪为畿辅首邑,繁华的经济和旺盛的人气,使其成为中国北方文化的荟萃之地。近代文化"南北论"的提出者梁启超先生在《中国学术思想变迁之大势》一文中曾指出:"北学务实际,重经验,守古之念重,保守之情厚,排外之力强;而南学齐物我,不崇先王,不拘于经验,不屑于实际,达观于世界之外。"①如梁启超所言,正是因为北方文化重经验、务实际、守传统,所以,虽然天津作为首批开埠通商的城市,其城市文化在中西文化交汇的过程中,必然会呈示出中西融通的审美特质,但总体而言,其对外来文化的突然侵袭表现得较为保守,对西方文化的接受和融会也需要一个逐渐适应和认同的过程,这种地域环境孕育出的市民艺术在呈示出融汇西学的过程中,也就表现出强烈的立足传统精神、坚守民族本位的审美意趣。

就版画而言,在清代末年和民国初年以后的上海,小校场木版年画逐渐被新崛起的"月份牌"画所取代,"所谓月份牌,实际上是为推销商品所作的广告宣传画,表现形式从中国传统年画中的节气表、日历表演变而来"②。"月份牌"画源于此时欧美资本大量输入上海,许多外国资本家为倾销商品而进行的广告宣传。画面以表现时装美女为主要形象,在艺术手法上初以中国传统工笔淡彩或重彩作表现,后来发展为以西洋擦笔水彩细腻的写实手法作表现,色彩明净鲜丽,并且大都用技术更为先进的铜版纸以胶版彩色精印,成为中国年画史上"商业美术"异军突起的一个新品种。

天津近代版画同样繁荣,但不同于"月份牌"画承载西方近代商业时尚的世俗审美趣味,杨柳青木版年画以传统的女性形象传达着市民社会对鲜明活泼、喜气吉祥、幸福安康的生活理想和艺术观念的认同;在表现手法上,同样以继承传统为主,在宋、元绘画传统的基础上,吸收明代木刻版画、工艺美术、戏剧舞台的形式,将木版套印和手工彩绘相结合,用木版雕出画面线纹后加以墨印,套过两三次单色版后,再以彩笔填绘。既有版味、木味,又有手绘的色彩斑斓与工艺性,生动地呈示着民间艺术的审美韵味,也因此凝聚了杨柳青木版年画的地域审美特性。

---

① 梁启超,《中国学术思想变迁之大势》,《新民丛报》,1902年,第3—58号。
② 阮荣春、胡光华:《中国近现代美术史》,天津人民美术出版社,2005年,第75页。

二、杨柳青木版年画的民间传统观念

杨柳青木版年画不仅承载着广大民众的生活理想,还融入了画面题跋等文人文化元素,格调精美,雅俗共赏。目前,有关杨柳青木版年画的研究成果,大多围绕着年画的整理与保存、生产与技艺、传承与发展等方面而展开。可以说,作为天津城市文化的代表,维系津沽人民情感的纽带,杨柳青木版年画还有许多值得深入研究的空间,画面题跋就是其中之一。梳理杨柳青木版年画中的画面题跋,并进而解读其中所包含的民间传统观念,也是我们挖掘杨柳青木版年画所凝聚的审美趣味与文化内蕴的有效路径,对于呈现杨柳青木版年画在中国民间美术史,乃至整个中国文化史中的独特地位具有一定的意义。

于绘画上题写诗词跋文,本是中国传统文人文化的一大特色。这种题写在画面上的诗文,打通了作为空间艺术的美术与作为时间艺术的文学两个门类,彰显出一种诗情画意的独特美感,成就了中国传统文人画在世界艺术史上的独特风姿。而当我们关注到杨柳青木版年画时,发现这种本属于高雅艺术的表现方式,在杨柳青木版年画中被巧妙地借鉴了,也成就了它区别于其他产地年画的审美风姿。

我们通过对杨柳青木版年画的画面题跋进行整理,解读了其中所蕴含的丰富内容,包括:疾恶扬善与忠孝治家的传统美德、幸福美满与勤劳致富的生活理想、关注时政与爱国救亡的启蒙精神、诗情画意与雅俗共赏的审美趣味,呈现出天津本土地域文化的独特韵味。

(一)传统美德:疾恶扬善与忠孝治家

作为中国"四大年画"之一,杨柳青木版年画的题材非常广泛,"巧画士农工商,妙绘财神菩萨。尽收天下大事,兼图里巷所闻,部分南北风情,也画古今逸事"①。这些年画作品不仅反映了人们的生活与民间的风俗,更传递着津沽人民的道德信仰与伦理规范,诸如仁、义、礼、智、信与诚、忠、恕、孝、悌等民族传统美德,在年画题跋中都有直接的表达。

《满堂富贵,辈辈封侯》(清,贡尖,60cm×108.5cm)是杨柳青年画精品之一,图画描绘的是一户富贵人家张灯结彩的豪宅厅堂,堂上高坐两位老者,老爷手捋长须,老妇怀抱如意,堂下子辈为官者手捧金银珠宝、绫罗绸缎,正携家眷子侄恭迎朝廷的赏赐。一家四世同堂,其乐融融。画面色彩喜庆而

---

① 潘元石:《杨柳青版画的艺术价值》,见潘元石,汪立峡等:《杨柳青版画》,台北雄狮股份有限公司,1976年。

不俗艳,表达着人们对美好生活的向往。画面上方共有二十二行题诗,鲜明地传递着广泛流传的民间信仰,特别是其中"忠厚传家常为善,诗书教子有仪方;齐家治国费心田,神清气盛忠义贤"四句,更集中呈现了传统社会人们所普遍信仰的忠厚、为善、诗教、修身、贤义等道德伦理观念。

这类作品还有爱竹斋画店出品的《春牛象》(清,贡尖,61cm×108cm),春回大地,万象更新,厅堂中孩子们正围绕着春牛、春象嬉戏玩耍,画面热闹喜庆,一派欣欣向荣之景。画面上方题诗三段,表达了春暖花开时节的美好期待,祝愿人们夫妻和睦,仕途通达:"遇春景换春风萌芽出土,春燕子满天飞桃李争春;艳阳天春光暖滋长万物,十三行打春牛万象更新。牛郎星过天河夫妻相会,织女星泪汪汪燕语莺声;重小燕搭神桥云登雨岸,穿北斗越紫薇银渡双星。作清官指日升家为宰相,穿蟒袍戴红顶赏换花翎;正一品如内阁门庭供奉,忠心出孝子门世代功臣。"诗歌活泼通俗,朗朗上口而又耐人品味,特别是最后四句,强调清廉爱民才能高升宰相,孝义忠厚才能世代功臣,把对富贵生活的美好期盼与民间信奉的伦理道德紧密联系在一起,表达了京津地区质朴纯洁的民间观念。

不仅如此,杨柳青年画题跋还广泛地传递着多方面的伦理道德观念。例如《治家格言》(光绪,贡尖,57cm×104cm),年画上刻有《朱子家训》全文,后附一词:"奉劝世人四件事,戒酒除花莫赌钱,千万别吸鸦片烟。"教人弃恶从善;《莫说谎话》(清末,横三裁,34cm×54cm)刻有正楷小字讲述"狼来了"的故事,文末强调"众位呀,想想罢,凡说谎的事,万做不得呀!"《不知自量》(清末,横三裁,36cm×54cm)告诫人们要懂得看人脸色:"凡人相处,都有个分寸,若是不知自量,一味逢人就亲近,必致讨了没趣罢。"《礼尚往来》(清末,横三裁,37cm×54cm)绘画狐狸与仙鹤的故事,题跋结尾总结"可见戏弄人,人也戏弄你,全是自己招出来的"。《家禽守信》(民初,横三裁,34cm×53cm)题有勉励人珍惜时间的文字:"世间最贵,惟此光阴,大禹惜寸,陶侃惜分,其逝如水,不可追寻,可贵可惜,甚于黄金。"

题写白话文解说画意,是杨柳青晚清年画的一大特色。这类年画如张映雪所讲:"反映当时人民对未来幸福生活的祈求和愿望,画中洋溢着浓厚的生活气息。凡属精品不仅具有艺术价值,还具有一定的史料价值。"[①] 可以说,杨柳青木版年画中的题跋,都以醒目的文字形式,表达了分明的爱憎观念与高尚的道德情操,传承着中华民族的传统美德。

---

① 张映雪:《杨柳青年画》,文物出版社,1984年,第3页。

（二）生活理想：幸福美满与勤劳致富

民间年画作为年节时张贴、装点节日喜庆气氛的民间美术产品，往往都表达着人民群众祈求吉祥如意，向往富足荣华的生活理想。杨柳青木版年画最令人感动的地方，恰恰在于其画面图案也是人们美好生活的寄托，而题跋诗词则表达着劝人勤劳致富、多读诗书、诚信赚钱的生活理念，让年画不仅是装饰品，更具有了厚重的思想性。

“庄稼忙”题材的年画，是全国各地年画的共同主题，表达着乡村农民热爱劳动、期盼丰收的生活理想，杨柳青木版年画中也有这类题材的创作，且年代较早，精品也多。著名年画师高桐轩刻绘的《同庆丰年》（光绪，贡尖，61.5cm×110cm）就是其中的经典代表之一。此幅年画借丰收的景象，寄托了人民大众向往年景太平、安居乐业、粮食丰收的生活理想。画面上黄色如金，绿色似玉，将秋收时节的繁忙与喜悦完美地呈现出来，设色雅丽，意境悠然。上方“同庆丰年”的题名后面，有几行行书题词：“年谷丰穰万宝成，筑场纳稼积如京。回思忘杏瞻蒲日，多少辛勤感倍生。”这几行题词，犹如点睛之笔，在呈现秋收喜悦的过程中，传递着稼穑之辛的感慨，劝人勤勉劳动，珍惜粮谷。

类似的作品还有《农家稼穑难》（清初，贡尖，60cm×106cm），此年画描绘的也是收割小麦后，上场轧谷、成粮入库场景，画面人物清俊，动作细腻，情节生动，景色宜人。画上题诗：“惟有农家稼穑难，终朝忙迫在场间；收来赶麦如山积，妇女咸歌大有年。”诗歌与图画融为一体，勤劳与丰收共筑一画，构图和谐，设色浓丽，精彩地再现了杨柳青早期年画的艺术格调。

《庄稼忙》（清，贡尖，52cm×104cm）表达了广大农民以种田为乐，春种秋收，勤劳致富，自由无拘的生活态度，恰如画面题跋所写：“世间乐，种庄田，我们总算头一行。自古更重尧访舜王，称的起是位大贤。不是吾庄农夸口，草帽一戴胜于做官，父母太爷管一县，庄稼老坐荒郊，指手为边，吾说这话如不信，鞭子一拿荒地为王。调动工人督办野场，以我独尊自称皇上。横骑牛背乐安然。”

《庄稼忙》（民国，横四裁，26cm×48cm）描绘秋收繁忙景象的同时，更以题写的谑词笑语取悦了读者。词曰：“四月里，麦上场，男女老少一起忙，轧碾推磨把饭做，孩子闹，妈妈娘，走道小伙两眼望；老婆挣口小伙装，你们二人有勾当。老婆听见我他闹，小伙回头细说详，我说今年好麦秋收万万粮。”青年男女一起劳动，表达了人们勤劳致富的美好理想。

此外，齐健隆画店刻绘的《渔家多子》（民国，贡尖，60.5cm×110cm）描绘了渔家悠然自得的水上生活，画面题诗云：“一家一个打渔舟，结合姻缘水上浮。博得人间多子颂,乘风破浪几生修。"让乘风破浪的艰辛生活潜浸在多子、多乐趣生活理想之中;《发财图,改良画》(光绪,贡尖,54cm×98cm)勉励人们通过用功读书,或者从事劳动去发家致富,画面左上方题写:"财宝,财宝,无人不说发财好,从小盼到大,自幼盼到老。发财不想生财道,只盼着天上往下掉。唉!财宝,财宝,你说这可怎么好?"语言通俗易懂,寓教于乐。《恩加乡里》(民初,横三裁,31cm×55cm)刻绘的是植树的场景,画面左侧题词讲述了东汉樊重恩加乡里的故事,结尾强调"吾人之理财处世,以他为法方好",劝人多方经营,勤劳致富。

(三)启蒙精神:关注时政与爱国救亡

杨柳青木版年画在承载津沽人民的道德伦理与生活理念的同时,也是新文化的传播工具,甚至参与到了广阔的社会斗争中,表达着下层人民反帝爱国的战斗激情和不屈不挠的民族精神。光绪帝的老师翁同龢就曾在庚午年七月二十一日的日记中提到"因杨柳青木版年画反映中国人民反帝斗争,帝国主义对清政府发出照会"的事件:"见到天津所刻焚教堂图及神机营折报,略言赫德与曾相要挟,仍是前语。"① 这里指的就是反映1870年天津教案的《火烧望海楼》年画。这类年画对市井大众起到了观念传播与思想激励的作用,画面上的题跋更以直观通俗的文字表达着新思想、新观念,也塑造了杨柳青木版年画关注时政与爱国救亡的启蒙精神。

《刘提督克复水战得胜全图》(光绪,贡尖,59.5cm×109.5cm)是这类年画的代表之一。这幅年画描绘的是近代史的"纸桥之役",刘提督即"黑水军"领袖刘永福。光绪九年(1883),法国侵略军进攻越南,并向北进犯我国边境,挑起了中法战争。刘永福率军在北宁(今河内东北部)与越南军民并肩作战,击退法国敌军。此图描绘的就是此役的战斗场面:近处波浪翻涌,敌我船只交错;远处山峰连绵,兵马往来穿梭。画面上配以文字解说战事:挂有"刘帅"战旗的舰艇前,一艘快艇在击沉敌舰后轻快撤退,前方两艘敌舰倾斜欲沉,舰旁书写"水雷火炮翻沉法人洋战船,露水活人不多"。舰旁炮弹飞花,水柱冲天,敌人非死即伤,狼狈逃窜。图上横题"刘提督克复水战得胜全图",旁有两行诗句"刘军城内地雷□,北宁埋伏火炮□",与画面的紧张战事交融一体,表达了我军同仇敌忾,誓死捍卫边境主权,绝不容别国来犯的抗争精神。

《爱国大扑满》(清末,横三裁,34cm×56cm)是戴廉增画店刻绘的反映"庚子赔款"这一丧权辱国事件,以及人们认购"国民捐"的爱国热情。画面

---

① (清)翁同龢:《翁同龢日记2》,陈义杰整理,中华书局,2006年,第790页。

刻绘大红门楼前，一男子正手拿长棍，站在一人高的扑满前讲演，画面上方题写说明文字："东安市场会友讲报社的卜先生，曾在报社门口摆一个大闷葫芦罐，六尺多高，上写'爱国大扑满'，并贴着许多'国民捐'的浅说。每天有一位张瀛曙先生对着闷葫芦罐演说爱国的道理。为的是让人家一边听、一边看，好感动热心。""庚子赔款"让我国首次有"公债"在京出现，戴廉增的这幅年画在反映时政的同时，也在赞美着国民自觉认购的爱国之情。

此外，杨柳青年画还有很多以文字辅助宣传新思想、新观念，传播启蒙精神的优秀年画：《女子求学》（清末，横三裁，36cm×54cm）题写："近来设立女学也不少咧，少年女子，要是趁此机会，快快的认些字，讲求些学问，渐渐的男女也就一样看待，没有轻视女子的拉，少年女子呀，快快的想想罢，可万别像从先那个样子拉！"年画提倡女子上学，改变不平等地位，更提出了男女平等的倡议，可见其思想的先进性；《小儿怒》（清末，横四裁，37cm×54cm）题写："小儿说：哎呀呀，中国百姓外国欺，欺来欺去要分离，那时乡绅做不成，乡绅为何心不动！"表达了小儿欲求学图强的奋进之心，对废除八股取士与兴办学堂起了宣传推动的作用；《儿童体操图》（清末，贡尖，52cm×105cm）题写："体操者，以锻炼身体发育腕力，解融四体机关之凝硬，矫正身体成育之不正，其目的使人皆成壮健之气体是也。"年画号召人们强身健体，自立自强。

这些年画作品上的诗词题跋多以白话写成，通俗易懂，记录着晚清人民反抗列强侵略、提倡爱国救亡、追求自由解放的时代呼声，以高度的政治激情和先进的启蒙精神，积淀了杨柳青木版年画的深刻思想性。

（四）审美趣味：诗情画意与雅俗共赏

杨柳青年画继承了宋、元绘画的传统，采用木版套印和手工彩绘相结合的方法，创立了鲜明活泼、喜气吉祥、富有感人题材的独特风格，具有笔法细腻、色彩明艳、气氛祥和、题词丰富等特色，民间艺术的韵味浓郁，又富于文人艺术的风雅之美，可谓诗情画意，雅俗共赏。

高桐轩，名荫章，清道光十五年（1835）出生于天津杨柳青，一生致力于绘画艺业，是著名的杨柳青画师之一。少时临摹画谱，善传真写影，中年进"如意馆"，供奉清廷，60岁后回家乡作画，开设雪鸿山馆画室。他创作的年画多汲取文人画的长处，集诗书画印于一体，独具风格，成就了杨柳青年画独特的审美趣味。

《瑞雪丰年》（光绪，贡尖，60cm×108.5cm）现收藏于天津博物馆，图绘岁末年近，雪霁天晴，一片银装素裹，园内梅花盛开，松竹秀翠，漏窗粉壁，暖阁玲珑，玉雕寒枝，花遮亭台，一派园林雪景，喜庆宜人。孩童们喜逢瑞雪满庭,不顾数九严寒,积雪堆狮,扫雪打仗,热闹嬉戏。华衣妇人也被孩子们的嬉闹声所吸引,怀抱婴孩,掀帘观看雪景。正所谓"瑞雪兆丰年",每个人的心中都充满了喜悦之情。画面上方题诗:"一时快雪喜晴烘,游戏场中六七童。好趁仓盈庾亿地,何方白战补天功。"落款"癸卯仲春月之吉,津西柳村高荫章桐轩氏戏作于(雪鸿山馆)西窗下",下方钤印章一枚。

这类创作还有《春风得意》(光绪,贡尖,59cm×109cm),此图借代孟郊《登科后》一诗"春风得意马蹄疾,一日看尽长安花"二句,刻画儿童们在放纸鸢,乘风高飞的美好场景。时值阳春三月,风轻日暖,屋前古柳老干新枝,绿叶苍翠,庭中回廊曲折连绵,百花盛开,远山凝黛,燕子高飞。画面右首上方题写:"夕阳春暮画图中,凤翯鸾翔借好风。莫道儿童嬉戏意,青云有路总能通。壬寅冬月津西柳屯居士桐轩高荫章戏作于雪鸿山馆。"画作抒发了儿童们放飞纸鸢,借风上云霄的得意心情,青云有路,更意味人生通泰,功名顺畅,也将普通民众对生活的理想付与诗情画意之中。

《庆赏元宵》(光绪,贡尖,62.5cm×109.5cm),图绘元宵佳节,梅花未谢,松竹返青,一家人共聚于松庭小院中,"鼓吹升平"欢闹元宵,画面左首上方题写:"金吾不禁逐年新,鼓吹升平共闹春。最好家家饶乐趣,买灯三日更欢欣。癸卯初夏抚六如大意于雪鸿山馆高荫章桐轩氏戏作。"下方钤印。画面上雕梁画栋,宫灯高挂,红绸结彩,喜庆洋洋,画面题诗也相得益彰,渲染着上元灯节的欢乐喜庆气氛。

王树村先生的《高桐轩》一书在论及高桐轩的晚岁刻绘时曾讲道:"杨柳青历代古版年画中,从未见有作者题诗并署真名于画面上的,画师自辟'雪鸿山馆'后,独破惯例,几乎幅幅都根据图中画意题诗一首,以使画中体现出来的意境更甄完美。"[①]杨柳青木版年画中诗书画印汇于一体的审美创造始于高桐轩,这类年画精雅别致,呈现了世俗生活独特的意趣,诗情画意,雅俗共赏。

可以说,杨柳青木版年画的画面题跋以文字的形式,调和了画面意境,不仅诗情画意两相宜,更明晰地陈述了京津民众对生活、对美的观念倾向。因此,对杨柳青木版年画的画面题跋进行梳理与解读,既可以呈示出积淀于年画中的民俗风情与传统观念,也可以此为切入点,展示天津地域文化的审美精神。这种雅俗共赏的审美追求,更是我们在当代推广杨柳青木版年画、发展天津文化产业的重要切入点。

---

① 王树村:《高桐轩》,上海人民美术出版社,1963年,第29页。

三、杨柳青木版年画的海外传播现状

杨柳青木版年画以藏品丰富、技艺精湛，被公推为"中国年画之首"。清代雍正、乾隆至光绪初期杨柳青年画发展到鼎盛阶段，当时，杨柳青全镇可谓"家家会点染，户户善丹青"，画店鳞次栉比，店中画样高悬，各地客商络绎不绝，成为名副其实的绘画之乡。

晚清时，天津作为直隶总督的驻地，成为李鸿章和袁世凯等兴办洋务和发展北洋势力的主要基地。1860年天津成为通商口岸后，西方多国在天津设立租界，天津又成为中国北方开放的前沿。近代的发展，造就了天津中西合璧、古今兼容的城市风貌，"近代百年看天津"已经成为世人共识。同时，天津近代的文化艺术积淀深厚，更有着杨柳青年画、泥人张彩塑、戏曲曲艺等精美的非物质文化遗产，可谓近代文化艺术的发祥地。这其中，杨柳青木版年画可以说是天津近代文化的翘楚，而伴随着近代脚步的到来，杨柳青木版年画也从天津走向了世界。

2006年5月，杨柳青木版年画被当时的文化部列入第一批国家非物质文化遗产名录，在当代跨文化传播浪潮的推动下，杨柳青木版年画再一次迎来了在世界文化舞台上绽放光彩的大好时机。但是，从学术研究的角度对杨柳青木版年画的传播问题进行考察的成果却并不多见，讨论其国际推广问题的更是凤毛麟角。通过检索以年画传播为主题的文献，我们仅找到李燕《清末杨柳青年画在新疆的传播及其启示》、方博《杨柳青年画在〈益世报〉上的传播》、李玉梅《明清时期天津杨柳青木版年画的传播历史考察》等零星几篇论文，韩国学者全仙英的博士学位论文《中国传统吉祥画在韩国的传播、演变与发展》也有涉及。另外，天津大学冯骥才教授可以说是杨柳青木版年画整理与研究的中流砥柱，他主编的大型丛书"中国木版年画集成"专门考察并出版了流传在俄国和日本的杨柳青木版年画，并梳理了杨柳青年画在俄国和日本的传播情况。

本节将在借鉴现有成果的基础上，以杨柳青木版年画的海外传播为主题，系统梳理现有文献，考察其海外传播现状，为进一步以数字传媒为出发点，思考如何拓宽国际视野，更好地实现杨柳青木版年画的文化传承与国际推广提供参考。

（一）杨柳青木版年画的海外传播

俄国汉学家是较早关注杨柳青年画的海外学者。俄罗斯也是当前收藏中国杨柳青年画数量最多的国家。

植物学家弗·列·科马罗夫于1896年和1897年先后两次来到中国东北

采集植物的过程中,购买了三百幅左右在东北各地销售的天津杨柳青年画。这批年画被带回俄罗斯后,科马罗夫在圣彼得堡国家地理协会举办了一次别开生面的年画展览,据冯骥才先生讲,"这应该是世界上第一次中国年画展"①。这次展览在当时只注重研究中国正统儒家思想的汉学家眼里并无太大学术价值,却引起了一位圣彼得堡大学东方系学生的兴趣,他就是后来被称为年画狂人的瓦·米·阿列克谢耶夫院士。

光绪三十三年(1907),阿列克谢耶夫乘船沿大运河在杨柳青镇登陆,他此行的目的就是对杨柳青年画进行考察和搜集,之后,他撰写了《1907年中国纪行》,并在其中写道:"我们来到了著名的中国北方年画生产地——杨柳青。这里的年画题材非常丰富。说实话,我不知道世界上哪一个民族能像中国人民一样用如此朴实无华的图画充分地表达自己。这里描绘了他们多彩的生活、神奇的世界。"②两年的时间,他共收集了三千幅杨柳青年画带回国,分别珍藏在俄罗斯各大国家级博物馆。

阿列克谢耶夫的入室弟子李福清是当代俄罗斯汉学家中对杨柳青年画研究最多的一位。李福清教授从1962年开始,广泛调查整理了苏联藏中国小说、戏曲及其他文学作品相关的版画,并于1986年由北京中华书局影印,出版了苏中第一次合作出版的"列藏本"。此后,李福清先生还拜访了"中国年画第一人"王树村先生,商讨合作整理苏联版画事宜,终于在1990年和1991年分别出版了《苏联藏中国民间年画珍品集》的中文版与俄文版。该书共整理了206幅流传在苏联的中国年画,其中的绝大部分都是杨柳青木版年画。2008年,受冯骥才先生委托,李福清教授主编了《中国木版年画集成·俄罗斯藏品卷》,系统考察了俄罗斯收藏在24家机构与2处私藏的上百幅杨柳青年画,并以书前写序、书后附文的方式,详细介绍了俄罗斯收藏与研究中国年画的情况。此书向我们呈现了当前杨柳青木版年画在苏俄传播的历史与现状,可以说是当前涉及杨柳青年画海外传播极为系统而翔实的总结之一。

上海徐家汇藏书楼收藏了一批以多雷神父为主的法国教士们于20世纪初期始至30年代止,从河北、江苏、安徽、浙江等地寻访征集而来的年画,其中,也有相当数量的杨柳青木版年画。多雷神父本名亨利·多雷,1895年出生于法国,1884年受天主教教会派遣来到中国,1931年病逝于徐家汇。

---

① 冯骥才:《年画行动:2001—2011木版年画抢救实录》,中华书局,2011年,第395页。

② [俄]瓦·米·阿列克谢耶夫:《1907年中国纪行》,阎国栋译,云南人民出版社,2001年,第23页。

多雷神父在华期间精心寻觅了流传在中国各地不同风格的民间年画,尤其注重搜集有关儒道佛等故事题材的图像资料,进行宗教方面的研究,于1911年至1938年间出版了汇集他毕生心血的多达18册的巨著《中国迷信研究》(*Recherches sur les Superstitions en China*),书中大量引用了他于1895—1931年间收集到的各类年画资料与民间画稿,包括隶属北方派系的杨柳青年画,并以主题演绎的方式对《麒麟送子》《富贵有余》《福禄寿》《一团和气》等杨柳青木版年画所反映的民间习俗进行了介绍。该书被爱尔兰籍耶稣会士甘沛澍译为*Researches into Chinese Superstition*。英文版出版后,经我国学者高洪兴译,李天纲审校,转译为《中国民间崇拜》十卷本出版。这套图书虽然站在阐释西方宗教理念的立场,多将中国年画看作种种迷信而予以批判,却也呈现出了西方非学术界研究的一种传播视角。

同时期的法国年画收集研究者,还有汉学家爱德华·夏尔纳。1907年,夏尔纳与时为学生的阿列克谢耶夫一起,历时五个月考察了中国北方五省的主要年画产地,收集了大批中国木版年画,因地处北方,杨柳青木版年画成为其中的佼佼者。法国女汉学家达尼埃尔·埃利亚斯贝格也对中国年画颇感兴趣,她于1978年出版了自己选编的《年画》,书中彩印了87幅戏曲小说题材的中国年画,并在前言中介绍了夏尔纳先生来华收集年画的事情:"1907年,汉学家爱德华·夏尔纳携年轻助手俄国人阿列克谢耶夫到中国搜集民间年画,得238种,后遗赠给了亚洲协会。该收藏的这些珍品,非但以其时汉学寥落,雅爱中国民间艺术者庶几无人之故,且在于中国版画虽印数浩瀚,却以兵火水灾之祸,所余不多了。"她还提出,此时"宗教题材年画已有研究,略为人知,惟戏剧与文学题材者,至今少有人涉及……"①该书对戏曲小说题材年画的关注,呈现出杨柳青木版年画在法国被关注的新方向。

日本也是较早关注中国年画的国度,不过,与俄国收藏杨柳青木版年画最多形成对比,日本则是收藏桃花坞年画最多。江户中期的学者森岛中良的《惜字帖》现藏于早稻田大学图书馆,这是一本清朝民间版画的画册,里面就有很多小型的桃花坞年画;同时期的幕府大臣大田南亩著有《南亩莠言》一书,该书第二卷"唐朝双陆"中也收有标明"桃花坞中桂正兴造"的《西游记》题材年画。明治到昭和时期,中国通泽村幸夫,从民间信仰的角度考察并收藏了流传在江浙一带的民间年画;冈田伊三郎也收藏了很多中国年画,他曾在昭和六年(1931)于日本东京美术所做过一次公开展览,此次陈列的

---

① ［法］达尼埃尔·埃利亚斯贝格:《亚洲艺术·第35卷·年画》,巴黎远东法国学校出版社,1978年。

展品经黑田源次整理成古版画图录,次年由东京美术研究所出版,这可以说是日本公开出版的第一批中国年画版图,也是桃花坞年画在日本最早的出版记录。此外,西村春吉、中山善次、通口弘等也都是以"姑苏"版画为主展开收藏、研究活动。

相比之下,日本学者对杨柳青木版年画的关注要晚近一些。大正时期的中国戏曲史研究专家青木正儿堪为代表。青木正儿博士被日本文部省派驻北京期间,收集了大量杨柳青年画,因他在中国戏曲方面造诣很深,所以很多年画也都是戏出题材。大正十五年(1926)青木博士将收藏品粘贴成册,藏于名古屋大学图书馆,这是杨柳青年画在日本最早、最集中的一批藏品。冯骥才先生在编辑出版《中国木版年画集成》的过程中,经俄罗斯李福清院士推荐,由日本学者三山陵主编《日本藏品卷》,这次出版活动不仅大规模地整理了流传在日本的杨柳青年画,还邀请了一批学者对日本的年画研究进行介绍,包括泷本弘之的《近现代日本的中国民间版画研究史及诸问题》、青木隆幸的《经由长崎的中国民间版画》、小林邦久的《早稻田大学图书馆所藏的中国民间版画资料》等。

经过这些学者的努力,俄国、法国和日本成为目前收藏杨柳青年画最多的三个国家。

此外,英国的康帕富尔,德国的卫礼贤,加拿大的詹姆斯·弗莱斯,美国的梁庄爱伦、曼素恩,韩国的全仙英等也都作过年画收集与研究。在国外出版的包含杨柳青木版年画的图册,以及与之相关研究性文献大致还有:德国德累斯顿出版的《中国版画》(1961)、韩国郑炳模的学术论文《韩国民画与中国民间年画的比较》(2006)、韩国全仙英的博士学位论文《中国传统吉祥画在韩国的传播、演变与发展》(2013)、美国梁庄爱伦的《19世纪末印刷媒介中的传统娱乐活动》(2015)等,以及英文文献 *The Cult of Happiness: Nianhua, Art, and History in Rural North China* (by James A. Flath, Pacific Affairs, University of British Columbia,2004), *Social Narratives in Yangliuqing"Nianhua"of the 1930s* (by James A. Flath, Arts Asiatiques, Vol. 66, Imagerie en Asie orientale (2011), pp. 69 - 82), *Two Images of Socialism: Woodcuts in Chinese Communist Politics* (by Chang - Tai Hung, Comparative Studies in Society and History, Vol. 39, No. 1(Jan., 1997), pp. 34-60), *the Male Bond in Chinese History and Culture*, (by Susan Mann, The American Historical Review, Vol. 105, No. 5 (Dec., 2000), pp. 1600-1614)等。

笔者还整理了目前藏有杨柳青年画的海外收藏机构,大致包括:圣彼得堡国立艾尔米塔什博物馆、萨拉托夫拉吉舍夫艺术博物馆、喀山大学民族学博物馆、早稻田大学图书馆、名古屋大学图书馆、海杜美术馆、静冈市立芹泽銈介美术馆、秋田市立红炼瓦乡土馆、巴黎法国国家图书馆、德国汉堡民俗博物馆、捷克布拉格美术展览馆、奥地利维也纳民俗博物馆、英国大英博物馆、美国芝加哥自然历史博物馆、高丽美术馆等。另外,据记载,杨柳青年画还在俄罗斯、日本、美国、法国、英国、意大利、德国、澳大利亚、韩国、泰国、新加坡、加拿大、马来西亚等许多国家展出过。

(二)传播现状分析

通过对杨柳青木版年画海外传播情况的大致梳理,我们可以看出:首先,从积极的一面讲,杨柳青木版年画已经得以在世界文化舞台上崭露头角,不仅在世界上很多国家的收藏机构中都有藏品,而且还曾多次展出;同时,对杨柳青版年画的整理与研究工作也已经展开,出版了一定的藏品画册和学术论文、学术专著,在收藏和出版领域也有了一定的影响。

与此同时,我们也可以看到,杨柳青木版年画虽然早已声名远播,却也明显后劲不足:第一,因为许多早期的年画搜集和研究者是从社会学、宗教学、戏剧学等视角来接触杨柳青木版年画,这些学者虽然让杨柳青年画走出了国门,但却较少给予正面介绍,也掩盖了杨柳青年画本身所具有的艺术性、审美性与文化性;第二,杨柳青木版年画虽然已被推广到世界上的许多国家,但是除了俄罗斯和日本有比较系统的收藏和研究之外,在其他国家还不成规模;第三,虽然有些海外学者关注到了中国的杨柳青木版年画,并且展开了一定的研究,但是与天津本土研究的交流和互动比较少,海外文献的翻译工作也有待进一步展开,以确定杨柳青木版年画在海外传播的真实面貌。

前些年笔者在澳大利亚参加塔斯马尼亚大学的学术交流活动时,曾带上几幅杨柳青木版年画送给熟识的澳洲学者和韩国学者,并做了简短的交流。他们对这种颜色饱满、艳丽喜庆的作品很喜欢,但了解不多。这也从一个侧面反映出:虽然澳洲作为移民国家,观念开放,文化杂糅,但中国的民间年画还没有真正打入其中;同时,韩国与我们地理毗邻,文化近源,虽有人关注,却也还没能达到普遍的认知。因此,进一步反思杨柳青木版年画的海外推广问题,对于深入推广天津本土艺术、发展天津文化艺术事业,以及复兴传统文化、实现中国文化走向世界具有实际意义。

四、品牌定位与国际推广的策略思考

21世纪,数字技术的进步不仅拉近了世界的距离,更推动了新媒体的发展,从互联网平台到手机平台,媒介形态不断更新,信息传播拥有了前所未有的捷径,为杨柳青木版年画的国际推广提供了更广阔的传播空间。对杨柳青木版年画进行明确的品牌定位,并进而将这种传统的年画艺术与现代的数字技术相结合,充分利用新媒体传播,是实现其文化传承与国际推广的新方向。

(一)品牌定位

天津卫视《拾遗•保护》是一档专门介绍中国地方文化遗产的节目。该节目每集八分钟,用系列纪录片的形式,解读民间技艺的文化基因和历史传承的渊源流变,并努力挖掘民间技艺背后的文化价值。《杨柳青年画》就是这档栏目的代表性成果之一。在纪录片中,杨柳青年画被定位为一种文化品牌展开介绍,其优秀与成功之处值得我们借鉴。

纪录片《杨柳青年画》于2010年4月26日首播,共有四集:第一集《历史溯源》讲述了在杨柳青这座建立于北宋景德年间的秀丽小镇上,如何诞生了中国年画史上影响最大的流派——杨柳青年画。第二集《可以撕下来读的书》介绍了杨柳青年画代表性的主题与丰富的素材,及其鲜明的教育功能,和维系情感、承载观念的作用。第三集《新中国的年画》展示了杨柳青年画与时俱进的人文情怀。第四集《古老的技艺》重点呈现了杨柳青年画传统的手工技艺,彰显出民间技艺的工匠精神与独特审美。

四集整合在一起虽然只有三十二分钟的时间,却以极大的包蕴力浓缩了杨柳青木版年画的所有重要信息,最大限度地展示了杨柳青年画的独特魅力和文化价值。具体说来,纪录片经典地呈现了杨柳青木版年画的三个"最",我们可以将这三个"最"看作定位杨柳青年画文化品牌的三个核心理念。

1.品种最多,题材最丰

杨柳青木版年画是天津特有的民间艺术形式,与苏州桃花坞年画并称"南桃北柳",2006年5月被当时的文化部列入第一批国家非物质文化遗产名录。作为中国"四大年画"之一,杨柳青木版年画与其他年画相比,第一个优势体现在题材方面,杨柳青年画有上千个品种,是中国年画中题材最多的一个流派。

纪录片首先用鲜明的视觉形象,向人们展示了杨柳青年画最经典的题材——娃娃抱鲤鱼。《莲年有余》是杨柳青木版年画最有代表性的作品,画面正中一个胖娃娃"童颜佛身,戏姿武架",怀抱红身金尾鲤鱼,手拿一株盛开的莲花,身后的红莲绿叶相映成趣,画面喜气洋洋,给人以生机勃勃之感。中央美术学院薄松年教授在纪录片第一集中向我们介绍了这幅年画的审美意蕴:"谈到娃娃画,最早我们可以看到,从敦煌壁画里面表现西方极乐世界,行善的人生在西方极乐世界,是在莲花当中诞生的,所以就出现了莲花童子这样一类绘画,到后来呢,就逐渐脱离宗教产生变异,在宋代的时候,就有专门画娃娃的一些画家,这样一种题材的出现适应了在年节时候人们对美好生活的一种愿望,特别是对子孙繁衍、后代前途的一种关注。这样,这种题材就被杨柳青年画所继承下来。它用一种巧妙的谐音寓意的手法,比如莲花象征连续不断,鱼象征富裕,娃娃象征子孙兴旺。这样,就形成连年有余的这样一种美好的寓意。"纪录片通过专家访谈让观众对杨柳青年画经典题材的审美意味获得了一次专业性的解读。

借助于大众传播的媒介做专业的访谈,也是这一纪录片的亮点之一。年画本属于一种民间艺术,广泛流传于民间,像娃娃抱鲤鱼这类审美形象也都是世人熟知的。但是,这一形象背后的象征意味与文化内蕴却不见得人人知晓,纪录片借助于视觉传播的直观性让人们在轻松愉悦的审美欣赏过程中,收获了一次专业学习的机会,可谓难能可贵。

通过对现存杨柳青木版年画的系统整理,我们可以发现,除了娃娃鲤鱼之外,杨柳青木版年画的题材非常广泛,包括历史故事、民间神话、文学经典、戏曲演出、风俗时事、花鸟鱼虫、风景名胜、格言劝解等,可谓"巧画士农工商,妙绘财神菩萨。尽收天下大事,兼图里巷所闻,部分南北风情,也画古今逸事"①。杨柳青年画以丰富的形式,记录了时人的生活,也承载了人们对幸福生活的祈求与愿望,凝聚着人们对善恶、美丑的观念倾向,因而,成为维系津沽人民情感的纽带。也正因此,张映雪认为杨柳青年画"反映了当时人们的生活、生产状况和风俗习惯。反映当时人民对未来幸福生活的祈求和愿望,画中洋溢着浓厚的生活气息。凡属精品不仅具有艺术价值,还具有一定的史料价值"②。可以说,纪录片以视觉呈现的方式,让人们在声光电影的欣赏过程中,真切地体验杨柳青木版年画的多样品种与丰富题材,以及由此传递出的普通民众对美、对生活的观念与情感。

---

① 潘元石:《杨柳青版画的艺术价值》,见潘元石,汪立峡等:《杨柳青版画》,台北雄狮股份有限公司,1976年。

② 张映雪:《杨柳青年画》,文物出版社,1984年,第3页。

2.刻绘最细,格调最雅

数百年来,杨柳青木版年画以中国最精致、最细腻的年画著称于世,主要就在于它独特的勾、刻、印、绘的制作流程,这种工艺在其他年画中都不曾见到。纪录片以严谨的逻辑,提炼出了杨柳青木版年画不同于其他地区年画的独特之处:

首先,杨柳青木版年画的刻版与其他年画不同。杨柳青木版年画在刻版的工艺上不像其他年画那样主要用铁线描的方法,粗细一致,除了要忠实原作以外,杨柳青年画还要求忠实于绘画的笔法和描法,比如衣纹用钉头鼠尾笔法,脸部是一种细如游丝的笔锋,眼部则特别注重传神的效果。这样,刻出来的版,虽然看起来是平面的,但是用手一摸就会发现,它的线条是有立体感、层次感的,就像纪录片第四集中杨柳青年画第六代传人霍庆有所说,这种刻版"差一毫米,它的力度都不一样","每一凿的轻重,每一刻的曲直,都显示出日积月累的功力"。霍庆有甚至做过一个粗略的统计,他最复杂的一块画版,竟然雕刻了十几万刀,每一刀都被他称为"如履薄冰"。可见,杨柳青年画刻工细腻之说,名不虚传。

其次,杨柳青年画的彩绘艺术,也是独一无二的。毋庸置疑,民间年画是为大众在新年时节祈求吉祥喜庆而创的,它所表现的是世俗生活的情趣,有活泼的生命,有鲜艳的色彩。而杨柳青木版年画则不同于大多数地方年画,它不仅保持着传统年画的版味,更突出了手工彩绘细腻明快的风格,线条秀雅,画面灵动,俨然一幅中国工笔画。因为杨柳青木版年画的色彩不同于其他年画中强烈夺目的原色,它使用的是自然纯粹的植物色与矿物色,经过精细的调制,色彩丰富,润泽柔丽,所以杨柳青木版年画能够历经百年颜色依旧鲜艳如新。

再次,纪录片还经典地呈现出杨柳青年画在彩绘技法上的两个绝活。一个是开脸。杨柳青木版年画的开脸相当漂亮,清代宫廷流行西洋画,杨柳青镇的很多画师就借鉴了西方这种明暗对比的光线处理方法,又跟传统国画结合在一起,在敷色时,画师把笔压成扁笔,一边沾水,一边沾色,这样就由红到粉红到白,一次性完成过渡。另一个是"画门子"。这是杨柳青木版年画绘制过程中最奇异的地方。绘制年画时,画师要站在地上,往门板上画,而且所画的画都是倒着的。画室里一排排随意开合的门板,即是"画门子",印上了轮廓的宣纸贴在上面,作画的人就站在画门子前面一边画一边端详,直到满意为止。正是这一系列独具特色的刻绘工艺,成就了杨柳青木版年画不同寻常的审美意境。

3.研究最早,价值最高。

年画作为一种民间艺术样式,以前很少受到文化人的关注,正是从杨柳青木版年画这里,开启了中国学术界对民间年画的整理与研究。纪录片以浓郁的人文关怀,通过追溯历史,向我们呈示了杨柳青木版年画走进学术视野的过程。

第三集《新中国的年画》向我们讲述了新中国成立后民间年画迈进学术历程的第一步:1959年,中国历史上诞生了有关民间年画最早的一本理论著作——《杨柳青年画资料集》。此书一经出版,就在莱比锡国际书展荣获银奖,这在当时的中国出版界是十份罕见的重大事件。此书的作者就是被誉为"中国年画第一人"的已故中国艺术研究院研究员王树村先生。

今天,对非物质文化遗产的保护与传承已经成为时人关注的热点问题,对杨柳青木版年画的整理与研究也取得了丰硕的成果。而当我们面对成绩时,既需要思考下一步的发展方向,也需要回味开创者的筚路蓝缕之功。纪录片在提出对杨柳青木版年画的传承所寄托的希望时,也怀着虔敬的态度梳理了年画研究的历史,并采访了当时已经86岁高龄的王树村先生。当时,先生已经身患癌症六年,虽久居病房,却依然一边戴着氧气管,一边研究杨柳青年画的资料,每天如此。用王老的话说,他和年画的缘分是一辈子的。纪录片的这一场景感人至深,我们既感慨老一辈学人的坚守与执着,也对继承前辈的成果、进一步深研坚定了信念。如果说纪录片用解说词呼喊出的对杨柳青木版年画传承的倡导,在于以理服人;那么,此刻呈现出的老一辈学者感人的画面,则是以情动人。

特别值得一提的是,纪录片还向人们呈示了中国民间年画最具文献价值的一类——戏出年画,这也是杨柳青木版年画最具学术意义的一类。纪录片第二集《可以撕下来的书》向我们讲道:清代乾隆时期,文化领域沉寂已久的戏曲艺术活跃起来,乾隆就是其中最大的推崇者,一时间上行下效,戏曲艺术成为当时京津百姓文化生活的重要组成部分。而距离京城不足百里的杨柳青人也看中了这个市场。清代的杨柳青画店大多实力雄厚,他们不惜花重金聘请有名的画师亲临戏园观摩名角的演出,所以戏中人物的优美身段、工架姿势、细腻表情,都得到了逼真的展现,甚至连角色的盔头冠戴、袍服靠甲、车骑布城都写实无误,宛若用相机现场抢拍的照片。

也正因此,杨柳青木版年画除了装饰年节之外,更以精彩的刻绘技艺承载了戏曲艺术发展的信息,而彰显出戏曲文物的价值和戏曲传播的价值,于戏曲史研究大有裨益。诚如王树村先生所讲:"在当时摄影术还未普遍应用、录像机尚未发明的年代里,年画中的戏出题材之作,确为今天戏曲艺术发展之研究者,准备了难得的形象资料。"①

可以看出,不同于现代广泛传播的流行音乐或者影视剧艺术,同样作为市民文艺,也曾经活跃在市井乡间的民间艺术才是一座城市最地道的审美精华,彰显着独特的地域风情和民间习俗。杨柳青木版年画就是这样一种经典的民间艺术,因为诞生于民间,它维系着津沽人民的情感和思绪;因为流行在民间,它承载着广大民众对生活、对美、对艺术的观念倾向。纪录片以极大的信息含量,开阔的全景视野和宏大的叙述方式,为观众展现出一幅气象万千的历史文化长卷,唤起人们对于民间文化的记忆,也传播着民间文化的审美信息,更帮助我们定义杨柳青年画的文化品牌。

除了纪录片向我们呈现的这三个核心概念,杨柳青木版年画与其他产地年画相比,还要一个重要的特点,就是有相当一部分年画文人气息浓郁,而呈现出雅俗共赏的审美品格。我们可以把这一特点定义为文人趣味,雅俗共赏。

4.文人趣味,雅俗共赏。

中国古代市民阶层审美文化诞生于勾栏瓦肆的"俗文艺",可以说市民艺术的本质在"俗",但其审美精神却不仅止于"俗"。随着历史的脚步向近代的迈进,市民阶层审美文化在其发展过程中不断地模糊着"雅"与"俗"的界限,社会各阶层的喜好、士人的积极参与,都使得产生于瓦肆勾栏的市井技艺沾染了更多士大夫的审美情趣而逐渐向"雅"的方向演进。

特别是士商关系在清代至近代的互动,更推动了市民审美向文人趣味的偏向,形成了一种雅俗共赏的审美追求。清代以至民国年间,天津杨柳青木版年画中的许多优秀作品,都向我们呈示出浓厚的文人趣味:就题材而言,近代杨柳青木版年画有很多表现文人雅士、隐逸风情和诗歌意境等文人艺术崇尚的高雅内容;就形式而言,近代杨柳青木版年画借鉴了文人画艺术融诗、书、画、印于一体的综合特征,许多优秀的年画不再是单纯的图像,而是有题跋、有署名、有印章,呈示出一种文人艺术文化意味;就风格而言,近代的杨柳青木版年画也不都是喜庆的、喧闹的、体现市井风情的"俗艳之色",也有相当一部分作品设色淡雅、风格虚静空灵,体现出中国传统艺术崇尚简淡、闲雅、虚静、空灵的美学特征。

杨柳青木版年画有一幅精品画作《鸡声茅店月,人迹板桥霜》(光绪,贡尖,65.3cm×109.4cm),此画是根据晚唐诗人温庭筠《商山早行》的诗意创作而成的,描写了北方暮秋季节,士农工商各色行旅在鸡鸣时分,离开山村客

---

① 　王树村:《中国年画史》,北京工艺美术出版社,2002年,第195页。

栈赶集上店的忙碌情景:画面右侧有一座茅屋草舍,屋前凉棚搭架,高挂指路灯笼,旅店山墙下伸出一根长杆,挑起笊篱,下挂红布彩条,表明这是一间迎来送往的旅店,屋后草垛高垒,草垛顶上一只雄鸡正迎着落月报晓,一株老树,虬枝伸展,枝干上落满白雪;门楼前,店主正在拱手送客,一位身穿蓝色长袍的旅客拱手告别,两位身穿短衣长裤、肩扛包袱和粗布口袋的旅客已经离开旅店,边走边谈,仿佛同路经商的过客;店前有三头毛驴驮着两只口袋向前赶路,一个赶脚的人头戴毡帽,手拿鞭子赶驴前行,后面一个肩搭布袋的旅客紧紧跟随;远处河水平静如画,近处溪水潺潺,一座板桥横跨水面,板桥上一个身穿浅蓝色长袍的青年书生骑马在前,中间一个骑驴老农头戴鸭尾帽,身穿蓝布袄,回首观望,后面一个身穿蓝衣蓝裤的帮工正推着独轮车载运粮食;河对岸一派寒林萧索,山村人家隐没林间,远山起伏连绵,白雪覆盖山顶,一片苍茫,画面上方中央,题名"鸡声茅店月,人迹板桥霜"。

此幅年画设色简淡雅致,风格虚静空灵,作为《商山早行》的诗意画,颇具审美意境。温庭筠的这首五律,描写了旅途寒冷凄清的早行景色,字里行间流露出游子在外的孤寂之情和浓浓的思乡之意,诗歌通过霜、茅店、鸡声、人迹、板桥、月这六个意象,把山村黎明特有的景色,细腻而又精致地描绘出来,是文学史上写羁旅情愁的名篇,尤其是诗的颔联"鸡声茅店月,人迹板桥霜",更是脍炙人口,极受推崇。

这幅创作于光绪年间的杨柳青木版年画,本属于市民文艺的行列,所表现的内容也是城市乡村大众所喜欢的劝诫题材:告诫人们勤劳致富,交通不便,羁旅难行,亦是人生道路曲折艰险,因此,需要珍惜时光,尽早赶路,才能使学子出仕,农商富足。年画巧妙地将市民大众所喜闻乐见的艺术题材用富于文人趣味的艺术手法表现出来,创造出一种雅俗共赏的审美意境。

年画《南村访友》(光绪十五年,版屏,122cm×65.5cm)也是一幅满溢文人趣味的精品之作。此画描绘的是一位士大夫装束的中年男子拄着竹杖到老友家拜访,祖孙门外迎客的生活场景:画面右方勾勒出屋舍一角,竹木小楼,清简淡雅,檐前棕榈,绿色缤纷,屋后古柏,虬枝参天;屋内门旁老妻拄杖而立,儿媳身穿淡绿衣裙,坐在红色花墩上正在哺育怀中幼儿,膝下抚着一个黄衣儿童,向门外张望;门前身着淡蓝衣衫的老友携两个孙儿拱手迎客;屋前草地青翠茂盛,屋后水波纤缓澹淡,水天相接的地方一片苍茫,远处是碧空的大量留白;画面右上方留白的地方几行行书竖排题诗:"槿下犬迎吠,遥识南村友。殷勤乳下孙,先我乱趋走。久别勿言去,恰熟新酿酒。解篱撷园葵,携壶向高柳。前宿君家时,共醉值邻叟。兹翁故矍铄,日来安好否。"诗后题跋"己丑龙华会日仿新罗山本人,清溪樵子钱慧安并记于双管楼中",

后钤印"吉生",与画面题跋遥相呼应。

从整体看，画面人物形象俊秀，人物置身于竹屋、古柏、野水的深秋景色里，给人一种幽雅宁静的审美感受；年画设色以黄、绿、蓝为主，间杂红色，色彩淡雅，又不失生活气息，色调风格由浓艳转向淡雅，突出了文人画的审美趣味；画面构图也别具一格，打破了杨柳青年画长期以来饱满对称的构图设计，采用了大量留白和题写诗文等文人画元素，创造了一种意境清幽而又雅俗共赏的审美特征，令人耳目一新。

此画由晚清著名的海派画家钱慧安所作。钱慧安天资聪颖，少年时代就曾从民间画师的写真技艺中汲取营养，早年非常关注明代仇英、唐寅、陈洪绶的画风，继而学习费丹旭、改琦、上官周等名家，善画人物、仕女，姿容闲雅，笔意遒劲，其画人物、仕女多取材于祈福吉祥的民间故事，脸型丰满，形体上下小、中间大，形同青果，寓意喜庆吉祥，线描作细线鼠尾干笔，衣褶动势多，向纵处收敛，劲健俊俏，非常适合时尚的市民趣味。

光绪中叶，钱慧安应邀北上，先后为天津杨柳青的齐健隆、爱竹斋等画铺出年画样稿，画技处于鼎盛期的钱慧安为齐健隆画店、爱竹斋等作坊创制了大量年画彩稿，内容多为民间传说、古人诗句等百姓喜闻乐见的题材，包括《钟馗嫁妹》《竹林七贤》《桃源问津》《南村访友》《张敞画眉》《春风得意》《皆大欢喜》《谢庭咏絮》，以及脍炙人口的《刘姥姥醉卧怡红院》《薛蘅芜讽和螃蟹咏》《史湘云偶填柳絮词》等红楼故事和唐人诗意稿样等数十种。

钱慧安处于晚清社会变革时期，他的人物画继承了传统绘画的精髓，特别是民间年画的优良传统，同时注意吸收西洋美术的特点，取其精华，适当吸收，在人物五官的表现上，以线条勾画后略加淡墨渲染，面容的立体感和质感出神入化，勾画侧面或半侧面人物轮廓时，也施以巧妙的透视处理，使得人物姿态更趋自然，他还在杨柳青木版年画中尝试着用顿挫转折且富装饰意味的"铁线描"来表现人物的衣纹及配景花木竹石等，在不违背杨柳青木版年画的创作规律、不破除其艺术特征的前提下，将文人画的神韵、院体画的精髓成功扩展到杨柳青木版年画的创作之中，既贴近日常生活，又能以雅写俗，俗而不媚。

《北京岁时记》云："画坊杨柳青，属天津，印版设色，俗称'卫抹子'，早年戏剧外，丛画中多有趣者，如雪园图、围景（狩猎图）、渔家乐、桃花源、乡村景、广东丰年、他骑骏马我骑驴之类皆是。光绪中，钱慧安至彼，为出新裁，多拟故典及前人诗句，色改淡匀，高古俊逸。"[1] 在钱慧安的影响下，杨柳青

---

① 《北京岁时记》，见王彬、崔国政辑，《燕京土录》(上)，光明日报出版社，2000年。

木版年画逐渐凝定了雅俗共赏的审美指向,诚如邵洛羊所讲,"他深深把住立'品'这个关口,他的画,俗而不庸,俗而不媚,俗而不妖,俗而不备",他的画作给人的印象是"恬静、谨慎、明洁、秀逸、醇正,像他的人,境淡品清"①。

与钱慧安一起,奠定杨柳青木版年画的艺术风格,实现民间艺术雅俗共赏审美境界的,还有一位杨柳青镇的本土画家——高荫章。

高荫章,字桐轩,河北静海杨柳青人,自幼即嗜好绘画,学画中画法,遂工写真,32岁曾入清廷如意馆为慈禧太后画像,后往来京津,为人画像及行乐图,60岁后,开始集中精力创作民间年画,并开设雪鸿山馆画室,所作年画独具风格,雅俗共赏,精工之极,堪在一般士大夫画家之上。

年画《瑞雪丰年》(光绪二十九年,贡尖,63cm×110.5cm)是高荫章的代表作品之一,该画描绘了一幅园林雪景:画面远处寒云密布,白雪皑皑,近处暖阁回廊,雕梁画栋,几个儿童在庭院中堆雪狮子,欢乐嬉戏;画面中间三个儿童在扫雪成堆,供给雕塑雪狮,左边暖阁旁,一座硕大的雪狮已经成型,如玉雕一般,晶莹而威严,一个身穿红色长袄,头戴蓝色风雪帽的儿童正在为雪狮勾画眉眼,另一个身穿绿袄的小儿正蹲在雪狮的爪前;图画中,回廊曲折,建筑巧丽,雕镂花窗,粉壁闲雅,廊前屋后,红梅绽放,古柏遒劲,翠竹顶雪,棕榈散叶,可谓碧落寒云暖阁粉妆,寓意冬尽春来,一片生机盎然。画面上题名"瑞雪丰年",后附行书小诗:"一时快雪喜晴烘,游戏场中六七童,好趁仓盈庾亿地,何妨白战补天功。"诗末署文"癸卯仲春月之吉,津西柳村高荫章,桐轩氏戏作于(雪鸿山馆)西窗下",文末钤印。这幅年画同样设色雅致,意境幽深而寓意喜庆,文末的题跋诗文更彰显出一股浓郁的文人趣味和雅俗共赏的审美风情。

综上可见,"品种最多,题材最丰"是杨柳青木版年画与其他年画相比的第一个优势,"刻绘最细,格调最雅"展现出了杨柳青木版年画不同于其他地区年画所表现出的艺术旨趣与独特风格,"研究最早,价值最高"积淀了杨柳青木版年画的文化意义与学术价值,"文人趣味,雅俗共赏"则塑造了杨柳青木版年画的文艺情怀与审美品格。这四个方面共同铸就了杨柳青木版年画的文化内涵与人文价值,我们可以据此实现对杨柳青木版年画的文化定位,并进而展开对其传承传播的策略思考。

(二)策略思考

随着时代的进步,数字技术的广泛应用推动了新媒体的多样发展,信息

---

① 邵洛羊:《雅洁素淡,清穆平和——析钱慧安人物画》,见《洛羊画谭》,上海画报出版社,2004年,第177页。

传播拥有了前所未有的捷径，也为杨柳青木版年画的国际推广提供了更广阔的传播空间。如何将传统的年画艺术与现代的数字技术相结合，充分利用新媒体传播，是民间年画实现文化传承与国际推广的新方向。由此，我们在对杨柳青木版年画进行品牌定位之后，针对其数字化推广策略做了如下思考：

第一，有效利用数字化传播媒介进行传播与推广。随着"互联网+"时代的到来，人类信息的传播正经历着以互联网传播为主的新媒体阶段。我们可以借鉴国外非物质文化遗产保护与推广的相关数字化项目来思考杨柳青年画的推广策略。1992年联合国教科文组织启动了"世界的记忆"项目，以在世界各国推动文化遗产的数字化传播。美国建设有全国性的虚拟图书馆"美国记忆"工程，涉及书面与口头文字、静态和动态影像、音频记录、印刷品、乐谱等各种资源，免费向公众提供。著名的英国泰特在线网是一个集英国传统古典音乐、现代音乐及利物浦地方音乐的在线数据库。近年来，冯骥才先生带领天津大学冯骥才文学艺术研究院开发建设了"中国木版年画数据库"，该项目借鉴了国外非物质文化遗产保护方面的经验，利用数字化的方式保存了弥足珍贵的年画资源。如果在此基础上，能够搭建一个开放性的交互交流平台，让数字化技术不仅可以保护与传承非物质文化遗产，更可以让公众在此平台学习知识、交流信息，将会更有效地实现杨柳青木版年画的传播与推广。

第二，与此同时，增加多语种导览项目，推动杨柳青木版年画的对外宣传与海外传播。杨柳青木版年画具有浓厚的地域文化特色和民族文化特色，在进行年画推广和宣传的时候，也要时刻以国际视野重视网站与自媒体的外文建设。目前，我们已经拥有了诸如年画博物馆、文化信息网等相关政府网站及非物质文化遗产网站，杨柳青年画博物馆也建设了开放的公众号，通过定期推送向大众介绍与推广年画知识。这类网站与媒体的资源虽然比较丰富，但是语种较少，年画中所包含的语言信息，还需要借助各语种自身的翻译才能实现信息的有效传播，特别是人名、地名、神名，以及谐音词、双关语、典籍传说等，不仅要有准确的翻译，还可以适当使用直译加注释，以及增补性、解释性的翻译方法，充分考虑多语种接受者的各种思维习惯、语言表达方式和信息需求。这就需要在建设数字化项目的同时，有意识地建设多语种导览项目，适当增补相关文化信息，呈现出年画作品的独特韵味和内在含义，帮助异国读者准确理解和获取相关信息，从而更好地实现对外宣传。

天津杨柳青年画为中国"四大年画"之一，与苏州桃花坞年画并称"南桃北柳"，在现存的年画艺术中，杨柳青木版年画以藏品丰富、技艺精湛，被公推为"中国年画之首"。考察杨柳青木版年画海外传播现状，探索其文化传承的方法与走向国际的推广策略，既有利于天津文化产业、艺术事业的发展，也可以促进中国非物质文化遗产的保护与推广，助力传统文化的全面复兴，实现中国文化走向世界。

附 录

一、清代中期至民国年间杨柳青戏出年画图录整理

对于清代中期至民国年间的杨柳青戏出年画的搜集汇总,被誉为"中国年画第一人"的已故中国艺术研究院研究员王树村先生以此为专题做过详尽的考证和整理,出版有《戏出年画》(上、下卷)(2007),他的《图说〈三国演义〉民间珍品遗产之一》(2007)、《中国戏出年画》(2006)、《杨柳青墨线年画》(1980)中也都整理了部分戏出年画。王树村还同俄罗斯汉学家李福清教授一起整理206幅流传在苏联的中国年画,出版有《苏联藏中国民间年画珍品集》(1990),其中也包括很多杨柳青出品的戏出年画。此外,张道一先生主编的《老戏曲年画》(1999)也对晚清民国杨柳青出品的戏出题材年画作品进行了整理和介绍。

抛开戏出专题,天津大学冯骥才教授堪称国内杨柳青年画抢救与整理的扛鼎之人,冯教授主持出版的《中国木版年画集成·杨柳青卷》(2009)运用文化学、人类学的方法,在田野调查的基础上,对天津杨柳青年画的历史和现状进行了深入全面的调查与总结,共约15.5万字,图片900幅,其中就包括大量戏出题材的年画作品。另外,《中国木版年画集成·俄罗斯藏品卷》(2009)与《中国木版年画集成·日本藏品卷》(2011)分别是俄罗斯、日本收藏中国木版年画的部分,两卷共收录年画770余幅,也包含一定数量的杨柳青戏出年画,同样是中国民间文化遗产抢救工程的重要成果。

阿英的《中国年画发展史略》(1954年)、毛再生编《杨柳青年画》(1957),以及天津市艺术博物馆编《杨柳青年画》(1984)是年画研究与整理较早的成果,其中也涉及戏出年画问题的讨论和戏出年画图片的呈现。《清末年画荟萃》编委会编《清末年画荟萃:上海图书馆藏精选》(2000)以中、英、法三种语言介绍了上海图书馆藏清末精品年画,其中也包括部分杨柳青戏出年画。另外,廖奔的专著《中国戏剧图史》(2012),冯骥才的专著《天津年画史图录·以画过年》(2009),以及天津大学冯骥才文学艺术研究院主办《年画研究》等

刊物刊载的文章也会涉及戏出题材，有一些戏出年画图片。

笔者也曾参观一些年画展览，如"'义成永'年画艺术文献展——实物、技艺与口述""杨柳春风——中国美术馆藏杨柳青古版年画展"等，从中也收获了一些未曾在以上书刊中呈现的杨柳青戏出年画。为便于同行学者查阅，现将收集到的杨柳青戏出年画图录编排如下，以上著述中重复出现的年画只列其一。

王树村《戏出年画(下)》(北京大学出版社,2007年)整理出的杨柳青戏出年画图片资料有：

1.《长坂坡》,乾隆—嘉庆,横三裁,34cm×58cm

2.《长坂坡》,清,横四裁,22.5cm×40cm,线版

3.《截江夺斗》,清末民初,横四裁,26cm×37cm,线版

4.《回荆州》,清,横四裁,23cm×33cm

5.《辕门射戟》,清,横四裁,26cm×38cm

6.《凤仪亭》,光绪,横四裁,24cm×41cm,线版,荣昌画店

7.《取成都》清,横三裁,55cm×86cm,线版

8.《天水关》,清,横四裁,25cm×41cm,线版

9.《博望坡》,民国,横三裁,54cm×86cm,线版

10.《全出白蛇传》,贡尖,62cm×106cm,天津杨柳青年画店

11.《雄黄阵》,乾隆,横三裁,31cm×55cm

12.《断桥》,竖四裁,29cm×23.5cm,线版

13.《春秋配》,清,横三裁,34cm×56cm

14.《春秋配》,横四裁,21cm×31cm

15.《绣鞋记》,清,横三裁,34cm×58cm,齐健隆

16.《伐子都》, 横四裁,23cm×30cm

17.《文昭关》,横四裁,23cm×33cm

18.《风尘三侠》,横四裁,22cm×35cm

19.《摩天岭》,横四裁,25cm×39cm

20.《无底洞》,横四裁,24cm×35cm

21.《双锁山》,横四裁,23.5cm×34cm

22.《梅降雪》,横四裁,26cm×42cm,廉增戴记

23.《拾玉镯》,横四裁,24cm×36cm

24.《莲花湖》,横四裁,26cm×38cm

25.《老少换》,横四裁,24cm×30cm,廉增戴记

26.《打金枝》,贡尖,54cm×96cm,天津杨柳青年画店

27.《狄青招亲》,贡尖,60cm×102cm,戴廉增

28.《拿高登》,贡尖,60cm×104cm,齐健隆

29.《桑园寄子》,横四裁,28.5cm×40cm,线版

30.《临潼关》,横四裁,24.5cm×38cm,线版

31.《秦琼卖马》,横四裁,25cm×41cm,线版

32.《四杰村》,横四裁,25cm×38cm,线版

33.《刺巴杰》,贡尖,58cm×102cm,线版

34.《朱痕记》,横四裁,24cm×34cm,线版

35.《胭脂虎》,横四裁,26cm×40cm,线版

36.《浣花溪》,横四裁,28cm×36cm,线版

37.《银空山》,横四裁,28cm×38cm,线版

38.《大登殿》,横四裁,26cm×41cm,线版

39.《下河东》,横四裁,27cm×38cm,线版,齐健隆

40.《沙陀国》,横四裁,25cm×42cm,线版

41.《贺后骂殿》,横四裁,27cm×40cm,线版

42.《金沙滩》,横四裁,24cm×42cm,线版

43.《打韩昌》,横四裁,27cm×39cm,线版

44.《清官册》,横四裁,27cm×39cm,线版

45.《穆家寨》,横三裁,31cm×55cm,线版,天津杨柳青年画店

46.《柳林池》,横四裁,26cm×40cm,线版

王树村《图说〈三国演义〉民间珍品遗产之一》(百花文艺出版社,2007年)整理出的杨柳青戏出年画图片资料有:

47.《夺阿斗》清,线版

48.《龙凤配》清,条屏

49.《回荆州》清,线版

50.《胭粉计》清,线版

51.《连环计》清,线版

52.《借东风》清,线版

53.《提亲受辱》清,条屏

54.《铜雀台》清,线版

55.《黄鹤楼》清,线版

56.《黄鹤楼》清

57.《黄鹤楼》,清,线版,齐健隆画店

58.《借云》,清,线版

59.《借云》,清,线版

60.《反西凉》,清,线版

61.《祭江》,清,线版

62.《马跳檀溪》,清

63.《捉放曹》,清,线版

64.《汉阳院》,清,线版

65.《曹操逼宫》,清

66.《三国演义八条屏》,清末民初,条屏

67.《三国演义八条屏》,清,条屏

68.《三国演义八条屏》,清,条屏

王树村《杨柳青墨线年画》(人民美术出版社,1980年)整理出的杨柳青戏出年画图片资料有:

69.《走马荐诸葛》,线版,戴廉增画店

70.《大破金锁阵》,线版

71.《渭水河》,线版

72.《楚灵王贪恋细腰宫》,线版,齐健隆

73.《秦始皇》,线版,和贸怡画店

74.《昭君出塞》,线版

75.《马潜龙走国》,线版

76.《三盗芭蕉扇》,线版

77.《选元戎》,线版

78.《冲霄楼盗盟单》,线版,廉增戴记

79.《忠义堂》,线版

80.《收陆文龙》,线版

81.《二进宫》,线版

82.《宋金郎团圆破毡笠》,线版

83.《画春园拿九花娘》,线版

84.《落马湖》,线版

王树村《杨柳青年画·民俗生活卷》(汉声出版有限公司,2001年)整理出的杨柳青戏出年画(包括曲艺题材年画)图片资料有:

85.《端阳节闹龙舟》,清末,贡尖,60cm×106cm,彩色

86.《春耕畿田》,清,贡尖,53cm×100cm,彩色

87.《春耕畿田》,清,贡尖,53cm×100cm,线版

88.《丑末寅初》清末,贡尖,60cm×104cm,彩色

89.《独流高跷会》,光绪,贡尖,54cm×106cm,彩色

90.《独流高跷会》,光绪,贡尖,54cm×106cm,线版

91.《玩学闹戏》清末,贡尖,62cm×108cm,彩色

92.《特别改良新闻皮谣》,民国,贡尖,54cm×106cm,线版

93.《特别大鼓维新时调》,民国,贡尖,45cm×87cm,线版

94.《词演取长沙》,民国,横四裁,24cm×34cm,线版

王树村等编选《苏联藏中国民间年画珍品集》(人民美术出版社,1990年)整理出的杨柳青戏出年画图片资料有:

95.《鞭打芦花》,横三裁,33cm×56cm,廉增戴记画店,苏联地理学会藏

96.《凤仪亭》,横三裁,30cm×45cm,戴廉增画店,苏联艾尔米塔什博物馆藏

97.《群英会》,横三裁,26cm×45cm,戴廉增画店,苏联艾尔米塔什博物馆藏

98.《长江夺阿斗》,横三裁,35cm×55cm,苏联科学院民族学博物馆藏

99.《紫金关》,横三裁,32cm×58cm,齐健隆画店,苏联科学院民族学博物馆藏

100.《打三鞭,还二铜》,横四裁,28cm×38cm,永裕合画店,苏联艾尔米塔什博物馆藏

101.《罗成卖绒线》,贡尖,60cm×100cm,苏联科学院民族学博物馆藏

102.《宫门挂玉带》,贡尖,56cm×100cm,盛兴厚画店,圣彼得堡公共图书馆藏

103.《琵琶洞》,横三裁,34cm×59cm,国家东方民族艺术博物馆藏

104.《醉写番表》,横四裁,28cm×40cm,戴廉增画店,苏联艾尔米塔什博物馆藏

105.《杨贵妃醉酒》,横三裁,38cm×58cm,合茂怡画店,圣彼得堡公共图书馆藏

106.《胭脂虎》,横三裁,35cm×60cm,圣彼得堡公共图书馆藏

107.《打樱桃》,横三裁,30cm×47cm,戴廉增敬记,苏联艾尔米塔什博物馆藏

108.《打龙袍》,竖四裁,35cm×25cm,李盛兴老画店,苏联地理学会藏

109.《南清宫仁宗认母》,贡尖,56cm×102cm,苏联艾尔米塔什博物馆藏

110.《人才驸马》,横三裁,32cm×58cm,圣彼得堡公共图书馆藏

111.《镇潭州》,竖三裁,58cm×32cm,庆德厚画店,圣彼得堡公共图书馆藏

112.《六月雪》,贡尖,55cm×100cm,存义永画店,苏联科学院民族学博物馆藏

113.《丁郎寻父》,贡尖,60cm×100cm,廉增戴记,苏联地理学会藏

114.《二进宫》,竖三裁,57cm×35cm,庆德厚画店,圣彼得堡公共图书馆藏

115.《马芳困城》,贡尖,58cm×100cm,圣彼得堡公共图书馆藏

116.《三疑计》,横三裁,30cm×48cm,苏联地理学会藏

117.《忠孝全》,横四裁,28cm×40cm,苏联艾尔米塔什博物馆藏

118.《捉拿郎如虎》,贡尖,55cm×100cm,苏联艾尔米塔什博物馆藏

119.《二进宫 南阳关》,横幅,25cm×54cm,苏联艾尔米塔什博物馆藏

120.《蝴蝶杯 赶三关》,横幅,25cm×50cm,苏联艾尔米塔什博物馆藏

121.《花园赠珠 断桥》,横幅,22cm×44cm,苏联艾尔米塔什博物馆藏

122.《赛昭君 滚盘珠》,横三裁,32cm×55cm,苏联艾尔米塔什博物馆藏

123.《戏曲八出(一)》(牧羊图、法门寺、捉放曹、醉写番表、佘塘关、伐子都、回荆州、昭君出塞),贡尖,54cm×103cm,苏联地理学会藏

124.《戏曲八出(二)》(宫门挂带、武昭关、破孟州、临潼关、黄鹤楼、无题、双沙河、定军山),贡尖,52cm×100cm,苏联地理学会藏

125.《时兴十二月斗花魁》(双钗记、走雪山、占花魁、珍珠衫、戏牡丹、赠珠、十里亭、刺目、坐楼、捡柴、天河配、借伞),贡尖,55cm×100cm,苏联科学院民族学博物馆藏

126.《万寿无疆》,贡尖,64cm×100cm,苏联科学院民族学博物馆藏

王树村《中国戏出年画》(北京工艺美术出版社,2006年)整理出的杨柳青戏出年画图片资料有:

127.《大登殿》,线版

128.《四郎探母》,六合店

129.《八郎探母》

130.《包文正打龙袍》,德兴画店

131.《赵家楼》,戴廉增画店

132.《戈红霞比武》

133.《杨香武二盗九龙杯》

134.《拿探花蜂尹亮》

135.《拿谢虎》,盛祥画店

136.《蔡天化》,瑞生画店

137.《叭蜡庙》,万合隆画店

138.《叭蜡庙》

139.《李平入府》,兴顺成画店

140.《捉放曹 四郎探母》

141.《百花点将 双沙河》,兴顺成画店

142.《皇后骂殿》,南公兴店

王树村《中国年画史》(北京工艺美术出版社,2002年)整理出的杨柳青戏出年画图片资料有:

143.《取城(成)都》,民国,石印

冯骥才主编《中国木版年画集成·杨柳青卷》(中华书局,2009年)整理出的杨柳青戏出年画图片资料有:

144.《长坂坡》,清,贡尖,63cm×113cm,健隆号

145.《龙凤配》,清,贡尖,61.5cm×107cm,廉增戴记

146.《回荆州》,清,贡尖,64cm×108cm

147.《辕门射戟》,清,横三裁,34cm×60cm

148.《让城(成)都》,清,贡尖,57cm×104cm,齐健隆画店

149.《让城(成)都》,横三裁,33cm×60cm

150.《天水关》,清,竖三裁,61.1cm×36.3cm,齐健隆画店

151.《八门金锁阵》,贡尖,62.5cm×107cm

152.《张辽威震逍遥津》,贡尖,64cm×110.5cm

153.《曹操大宴铜雀台》,贡尖,65cm×114cm

154.《孙夫人祭江》,清,横三裁,33.3cm×59cm,齐健隆画店

155.《战磐河》,清,竖三裁,62cm×38cm,齐健隆画店

156.《三顾茅庐》,贡尖,63cm×111cm

157.《刘玄德南漳逢隐沦》,横三裁,34cm×60cm

158.《姜伯约斗阵困邓艾》,清,贡尖,59cm×102.2cm

159.《代唱三国叹十声》,民国,贡尖,63.5cm×112.5cm

160.《三国演义单条屏》,清末民初,单幅条屏,33cm×110cm,祥顺画店,霍庆有收藏

161.《三国演义八条屏》,清末民初,八条屏,62cm×110cm(四幅)

162.《建安七子》,贡尖,64cm×113cm

163.《刘二姐赶庙》,清中期,横三裁,35cm×57cm,粉本

164.《小花园》,道光,横三裁,35cm×57cm,粉本,齐健隆

165.《清河桥》,清,贡尖,61.9cm×107cm,齐健隆画店

166.《代(带)子上殿》,清,贡尖,61.4cm×107cm

167.《鸿门设宴》,清,贡尖,61.3cm×106.5cm,廉增戴记

168.《海潮珠》,清,横三裁,35cm×60cm,廉增戴记

169.《打金枝》,光绪,贡尖,57.5cm×105cm,齐健隆画店

170.《全家福》,光绪,贡尖,58cm×106cm,齐健隆画店

171.《刺巴杰》,光绪,横三裁,35cm×61cm,爱竹斋画店

172.《杏元合番》,民国,横三裁,36.3cm×61.1cm,荣昌画店

173.《还二铜》,竖三裁,60cm×34cm

174.《镇潭州》,竖三裁,60cm×34cm

175.《文彦赶府》,横三裁,33.1cm×59.5cm

176.《金沙滩》,横三裁,34cm×60cm

177.《狄青招亲》,贡尖,62.5cm×109cm,廉增戴画店

178.《打龙袍》,清,竖三裁,61.1cm×36.2cm,齐健隆画店

179.《打龙袍》,清,竖三裁,61.1cm×36.2cm,散蓝,齐健隆画店

180.《打龙袍》,清,贡尖,57.5cm×107.5cm,齐健隆画店

181.《拿谢虎》,清代,横三裁,36.4cm×61.4cm,廉增戴记

182.《连环套》,横三裁,34cm×59cm

183.《疯僧扫秦》,横三裁,34cm×60cm

184.《元宝树》,横三裁,34cm×60cm,戴廉增公记

185.《宝莲灯》,清,横三裁,35cm×57cm,廉增戴记

186.《大观茶园》,清末,贡尖,61cm×107cm

187.《郓州庙》,光绪,横三裁,35cm×61cm,爱竹斋画店

188.《女子爱国》,光绪三十二年,横四裁,23cm×30cm,齐健隆画店

189.《毛师弟盗丹破五雷》,贡尖,63cm×112cm

190.《赵州桥》,横三裁,33cm×60cm

191.《吕庙斗法》,横三裁,34cm×60cm

192.《断桥相会》,横三裁,35cm×57cm

193.《宇宙锋秦二世纳妃》,竖三裁,112cm×63cm

194.《大闹满春园》,清,贡尖,61.7cm×107cm,廉增戴记

195.《活夹孟绝海》清,贡尖,61.8cm×107cm,廉增戴记

196.《金水桥(一)》,光绪,横三裁,34cm×58.5cm,爱竹斋画店

197.《金水桥(二)》,光绪,横三裁,34cm×59cm,爱竹斋画店

198.《大登殿》,嘉庆,贡尖,59cm×107.5cm,齐健隆画店

199.《四郎探母》,清,贡尖,61.8cm×107.5cm

200.《辕门斩子(一)》,光绪,横三裁,34cm×58.5cm,爱竹斋画店

201.《辕门斩子(二)》,光绪,横三裁,33cm×58cm,爱竹斋画店

202.《岳飞收何庆元》,清,贡尖,60.6cm×107.1cm,戴廉增公记

203.《收陆文龙》,贡尖,65cm×115cm

204.《牛头山》,贡尖,63cm×112cm

205.《凤凰山救赵匡胤》,贡尖,65cm×115cm

206.《祝家庄》,清,横三裁,34cm×60cm,爱竹斋画店

207.《李逵负荆》,贡尖,64cm×118cm

208.《庆顶珠》,贡尖,64cm×114cm

209.《四霸天大闹普球山》,清,贡尖,61.7cm×107cm,戴廉增公记

210.《众侠义破黑水湖》清,贡尖,58.9cm×103.3cm,戴廉增公记

211.《冲霄楼盗盟单》,贡尖,63cm×114cm,廉增戴记

212.《众五义拿白菊花》,清,贡尖,60.5cm×106.5cm,李盛兴老画店

213.《双拜花堂》,贡尖,64cm×118cm

冯骥才主编《中国木版年画集成·俄罗斯藏品卷》(中华书局,2009年)整理出的杨柳青戏出年画图片资料有:

214.《大战长板(坂)坡》,清末,贡尖,60cm×106cm,喀山大学民族学博物馆藏

215.《当阳长板(坂)坡》,晚清,贡尖,60cm×106cm,圣彼得堡国立艾尔米塔什博物馆藏

216.《长江夺阿斗》,清末,贡尖,56cm×99cm,圣彼得堡国立艾尔米塔什博物馆藏

217.《长江夺阿斗》,清末,横三裁,29cm×48cm,喀山大学民族学博物馆藏

218.《龙凤配》,清末民初,横三裁,30cm×50cm,庆源号画店,喀山大学民族学博物馆藏

219.《辕门射戟》,清末,贡尖,52cm×94cm,莫斯科奥芙香尼科娃收藏

220.《天水关收姜维》,清末,贡尖,50cm×95cm,李福清收藏

221.《张辽威震逍遥津》,清末民初,贡尖,64cm×110cm,萨马拉州艺术博物馆藏

222.《空城计》,清末,横三裁,27cm×44cm,永庆合画店,喀山大学民族学博物馆藏

223.《黄鹤楼》,清末,横四裁,26cm×52cm,莫斯科国立东方民族艺术博物馆藏

224.《黄鹤楼》,清末,竖三裁,58cm×35cm,戴廉增画店,圣彼得堡国立艾尔米塔什博物馆藏

225.《三气周瑜》,清末,贡尖,47cm×87cm 永庆和画店,喀山大学民族学博物馆藏

226.《武侯上表,二出祁山》,清末,贡尖,46cm×97cm,义兴画店,喀山大学民族学博物馆藏

227.《大战张郃》,清末,贡尖,53cm×92cm,喀山大学民族学博物馆藏

228.《鲁肃二次讨荆州》,清末,贡尖,55cm×96cm,李福清收藏

229.《三国故事条屏》,光绪,条屏,55cm×61cm,李福清收藏

230.《三国故事条屏》,光绪,条屏,55cm×61cm,李福清收藏

231.《三国故事炕围》,清末,炕围,35cm×56cm,廉增戴记,萨拉托夫拉吉舍夫艺术博物馆藏

232.《昭君出塞》,清末,横三裁,32cm×54cm,圣彼得堡国立艾尔米塔什博物馆藏

233..《昭君和北蕃(番)陈杏元和番》,清末,横四裁,22cm×55cm,莫斯科国立普希金造型艺术博物馆藏

234.《九曲黄河阵》,清末,贡尖,52cm×96cm,圣彼得堡俄罗斯国家图书馆藏

235.《东周故事》,清末,条屏,105cm×28cm,哈巴罗夫斯克(伯力)边区博物馆藏

236.《文昭关》,清末,横幅,27cm×54cm,李福清藏

237.《龙凤旗插花》,清末民初,横三裁,33cm×58cm,增兴厚画店,萨马拉州艺术博物馆藏

238.《全家福》,清末,贡尖,57cm×103cm,鄂木斯克历史方志博物馆藏

239.《罗成大战庆云波》,清末,贡尖,53cm×101cm,圣彼得堡俄罗斯科学院彼得大帝人类学与民族学博物馆(珍宝馆)藏

240.《红(虹)泥(霓)关》,清末,炕围,25cm×29cm,喀山大学民族学博物馆藏

241.《翠华(花)宫》,清末,炕围,30cm×52cm,喀山大学民族学博物馆藏

242.《打三鞭还二铜》,清末,横幅,28cm×38cm,永裕合画店,莫斯科奥芙香尼科娃藏

243.《乾坤带》,清末,横幅,23cm×33cm,莫斯科奥芙香尼科娃藏

244.《金殿献玉影》,清末,条屏(局部),32cm×28cm,阿穆尔共青城造型艺术博物馆藏

245.《薛仁贵征西》,清末,贡尖,54cm×101cm,庆德厚王记画店,圣彼得堡美术学院藏

246.《薛岗(刚)大闹花灯》,清末,贡尖,56cm×101cm,庆德厚画店,圣彼得堡俄罗斯国家图书馆藏

247.《举鼎观画》,清末,横幅,24cm×37cm,喀山大学民族学博物馆藏

248.《拿金钱豹》,清末,横三裁,35cm×58cm,圣彼得堡国立艾尔米塔什博物馆藏

249.《唐僧取经叹十声》,清末,贡尖,58cm×105cm,圣彼得堡俄罗斯民族学博物馆藏

250.《巴家寨》,清末,横幅,22cm×41cm,戴廉增画店,莫斯科特列季亚科夫画廊藏

251.《满园春》,清末,横幅,28cm×40cm,戴廉增画店,圣彼得堡国立艾尔米塔什博物馆藏

252.《唐代戏曲故事》,清末,条屏,100cm×27cm,盛兴厚画店,阿穆尔共青城造型艺术博物馆藏

253.《郭子仪带子上朝》,清末,条屏(局部),31cm×28cm,盛兴厚画店,阿穆尔共青城造型艺术博物馆藏

254.《戏曲条屏故事》,清末,对屏,55cm×16cm,55cm×15cm,喀山鞑靼斯坦共和国国家博物馆藏

255.《少华山》,清末,横幅,25cm×34cm,奥拉宁鲍姆市中国宫藏

256.《胭脂虎》,清末,横幅,29cm×36cm,戴廉增画店,奥拉宁鲍姆市中国宫藏

257.《赶三关》,清末,横幅,27cm×44cm,喀山大学民族学博物馆藏

258.《回龙阁》,清末,横幅,30cm×40cm,万泰号画店,莫斯科国立普希金造型艺术博物馆藏

259.《沙坨(陀)国》,清末,横四裁,25cm×50cm,齐健隆画店,李福清藏

260.《沙陀国李存孝打虎》，清末，贡尖，62cm×109cm，圣彼得堡国立艾尔米塔什博物馆藏

261.《飞虎山》，清末民初，贡尖，54cm×99cm，莫斯科国立东方民族艺术博物馆藏

262.《五龙二虎锁彦章》，清末，贡尖，51cm×94cm，永庆和画店，喀山大学民族学博物馆藏

263.《张生游寺》，清末，横幅，24cm×37cm，莫斯科国立东方民族艺术博物馆藏

264.《高君保招亲》，清末，贡尖，52cm×100cm，莫斯科奥芙香尼科娃藏

265.《刘金定杀四门》，清末，贡尖，55cm×103cm，喀山大学民族学博物馆藏

266.《佘唐（塘）关》，清末，竖幅，43cm×30cm，隆昌画店，圣彼得堡俄罗斯科学院彼得大帝人类学与民族学博物馆（珍宝馆）藏

267.《木（牧）虎关》，清末，横三裁，30cm×50cm，戴廉增画店，李福清藏

268.《南北合》，清末，贡尖，45cm×91cm，喀山大学民族学博物馆藏

269.《烟（胭）粉计》，清末，贡尖，46cm×84cm，永庆和画店，喀山大学民族学博物馆藏

270..《太君辞朝》，清末，贡尖，54cm×101cm，喀山鞑靼斯坦共和国造型艺术博物馆藏

271.《回龙传》，清末，条屏，98cm×29cm，

272.《破军山收钟雄忠孝节义》，清末，贡尖，52cm×99cm，喀山大学民族学博物馆藏

273.《拿白菊花》，清末，贡尖，58cm×97cm，奥拉宁鲍姆市中国馆藏

274.《众五义拿白菊花》，清末，贡尖，51cm×103cm，圣彼得堡俄罗斯科学院彼得大帝人类学与民族学博物馆（珍宝馆）藏

275.《续小五义故事》，清末，条屏，101cm×28cm，喀山鞑靼斯坦共和国造型艺术博物馆藏

276.《买（卖）胭脂 掩门计》，清末，炕围，30cm×52cm，阿穆尔共青城造型艺术博物馆藏

277.《玉玲珑》，清末民初，横幅，20cm×37cm，戴廉增画店，莫斯科特列季亚科夫画廊藏

278.《浔阳楼》，清末，贡尖，53cm×92cm，莫斯科奥夫香尼科娃藏

279.《青（清）峯（风）寨》，清末，横三裁，33cm×58cm，庆德厚画店，圣彼得堡俄罗斯国家图书馆藏

280.《九龙山》,清末,贡尖,51cm×97cm,圣彼得堡俄罗斯科学院彼得大帝人类学与民族学博物馆(珍宝馆)藏

281.《镇潭州大战杨再兴》,清末,炕围,33cm×57cm,万和隆画店,莫斯科木偶戏博物馆奥布拉兹佐夫故居藏

282.《朱贤(仙)镇收陆文龙》,清末民初,贡尖,50cm×99cm,李福清藏

283.《白蛇传》,清末,贡尖,62cm×106cm,庆德厚画店,圣彼得堡国立艾尔米塔什博物馆藏

284.《许仙游湖》,清末,炕围,32cm×56cm,齐健隆画店,圣彼得堡俄罗斯国家图书馆藏

285.《镖伤三友》,清末,横三裁,34cm×58cm,庆德厚画店,圣彼得堡俄罗斯国家图书馆藏

286.《小放牛》,清末民初,横三裁,33cm×58cm,萨马拉州艺术博物馆藏

287.《戏凤》,清末,横幅,28cm×37cm,戴廉增画店,奥拉宁鲍姆市中国馆藏

288.《一封(捧)雪》,清末,横四裁,27cm×50cm,同益盛画店,李福清藏

289.《教子》,清末,横幅,25cm×37cm,恒裕厚画店,喀山大学民族学博物馆藏

290.《双官诰》,清末,横三裁,30cm×54cm,广义德画店,萨拉托夫拉吉舍夫艺术博物馆藏

291.《李良坐殿头进宫》,清末,横幅,31cm×45cm,李福清藏

292.《二进宫》,清末,横三裁,28cm×49cm,和茂怡画店,圣彼得堡俄罗斯国家图书馆藏

293.《马芳困城》,清末,贡尖,58cm×100cm,圣彼得堡俄罗斯国家图书馆藏

294.《春秋配》,清末,贡尖,51cm×99cm,喀山大学民族学博物馆藏

295.《莲花湖》,清末,横四裁,25cm×51cm,万寿长画店,圣彼得堡俄罗斯科学院彼得大帝人类学与民族学博物馆(珍宝馆)藏

296.《拿花得雷》,清末,横三裁,30cm×50cm,喀山大学民族学博物馆藏

297.《画春园拿九花娘》,清末,贡尖,61cm×101cm,奥拉宁鲍姆市中国宫藏

298.297.《拿九黄七珠》,清末,炕围,33cm×57cm,万和隆老画店,莫斯科木偶戏博物馆奥布拉兹佐夫故居藏

299.298.《蔡天伦》,清末,横四裁,25cm×52cm,李福清藏

300.299.《郝家院》,清末民初,横幅,20cm×39cm,莫斯科特列季亚科夫

画廊藏

301.《拿费德功》,清末民初,贡尖,59cm×101cm,广盛增画店,萨拉马州艺术博物馆藏

302.《八(趴)蜡庙》,清末,横幅,27cm×48cm,同益盛画店,李福清藏

303.《连环套》,清末,横幅,28cm×47cm,同益盛画店,李福清藏

304.《逛花船》,清末,横幅,24cm×37cm,戴廉增画店,圣彼得堡国立艾尔米塔什博物馆藏

305.《小放牛》,清末,横幅,25cm×43cm,戴廉增敬记画店,奥拉宁鲍姆市中国宫藏

306.《小上坟》,清末,横四裁,27cm×50cm,圣彼得堡俄罗斯国家图书馆藏

307.《打灶王》,清末,横幅,28cm×48cm,齐健隆画店,李福清藏

308.《打灶王》,清末,横幅,28cm×37cm,戴廉增画店,圣彼得堡国立艾尔米塔什博物馆藏

309.《双摇会》,清末,炕围,31cm×55cm,戴廉增画店,莫斯科国立东方民族艺术博物馆藏

310.《老少换》,清末,横三裁,35cm×65cm,戴廉增画店,圣彼得堡国立艾尔米塔什博物馆藏

311.《卖绒花》,清末,横三裁,35cm×57cm,合茂怡画店,圣彼得堡俄罗斯国家图书馆藏

312.《白万斋》,清末,横幅,27cm×41cm,戴廉增画店,奥拉宁鲍姆市中国宫藏

313.《天河配 长坂坡》,清末,横三裁,35cm×59cm,圣彼得堡国立艾尔米塔什博物馆藏

314.《小车会》,清末,横四裁,28cm×51cm,裕升德画店,喀山大学民族学博物馆藏

315.《万寿无疆》,清末,贡尖,63cm×107cm,戴廉增老画店,圣彼得堡国立艾尔米塔什博物馆藏

316.《时兴京秧歌》,清末,横四裁,27cm×51cm,裕升德画店,莫斯科国立东方民族艺术博物馆藏

冯骥才主编《中国木版年画集成·日本藏品卷》(中华书局,2011年)整理出的杨柳青戏出年画图片资料有:

317.《画题不详》(吴国太、孙尚香、两侍女),清末(同治—光绪)

318.《取桂阳城》,民国,横三裁,35cm×58.4cm,义兴合,早稻田大学图书馆藏

319.《八门金锁阵》,民国,贡尖,59.6cm×107.6cm,义成永,早稻田大学图书馆藏

320.《走马荐诸葛》,民国,贡尖,60.7cm×106cm,源画店,早稻田大学图书馆藏

321.《战宛城》,民国,贡尖,59.1cm×108.1cm,戴廉增敬记,早稻田大学图书馆藏

322.《收严颜》,清末,横三裁,35.5cm×58.5cm,戴廉增,早稻田大学图书馆藏

323.《曹子建七步成诗》,民国,横三裁,34.8cm×47.6cm,义兴合,早稻田大学图书馆藏

324.《长安城七雄闹花灯》,民国(1925),贡尖,60cm×105cm,正兴德亨记,名古屋大学图书馆藏

325.《大破锁阳城》,民国,贡尖,59cm×107.7cm,义成永本号,早稻田大学图书馆藏

326.《华振芳大闹王伦府》,清末民初,横三裁,35.4cm×58.1cm,恒源永,早稻田大学图书馆藏

327.《四杰村》,民国,贡尖,59.4cm×108.9cm,义成永本号,早稻田大学图书馆藏

328.《淮安府救罗焜》,民国,贡尖,59.4cm×108.8cm,恒源永,早稻田大学图书馆藏

329.《下河东》,清末民初,横三裁,35.6cm×58.6cm,戴廉增,早稻田大学图书馆藏

330.《四郎探母》,民国,贡尖,59.3cm×108.4cm,戴廉增老画店,早稻田大学图书馆藏

331.《武松打店》(《十字坡》),民国(1925),横三裁,30cm×50cm,名古屋大学图书馆

332.《芦林坡》,民国,贡尖,57cm×108cm,早稻田大学图书馆藏

333.《庆顶珠》,民国(1925),贡尖,60cm×105cm,正兴德亨记老画店,名古屋大学图书馆藏

334.《蝴蝶杯》,民国(1925),贡尖,60cm×105cm,正兴德亨记老画店,名古屋大学图书馆藏

335.《讲经说法 五穆落凡》,民国,贡尖,59.1cm×104.3cm,早稻田大学

图书馆藏

336.《收陆文龙》,民国,贡尖,59.3cm×108.2cm,义成永画店,早稻田大学图书馆藏

337.《展昭比武》,清末民初,横三裁,35.6cm×58.5cm,戴廉增,早稻田大学图书馆藏

338.《拿白菊花》,民国,贡尖,59.4cm×106.6cm,义成永本号,早稻田大学图书馆藏

339.《郑州庙 拿谢虎》,民国,贡尖,59.4cm×109.1cm,早稻田大学图书馆藏

340.《落马湖》,民国,贡尖,59.8cm×109.4cm,戴廉增,早稻田大学图书馆藏

341.《落马湖》,民国,贡尖,59.2cm×109.3cm,亨通和,早稻田大学图书馆藏

342.《紫金山》,民国,贡尖,59.4cm×106.4cm,早稻田大学图书馆藏

343.《宋家堡》,民国,贡尖,59.4cm×109.6cm,戴廉增敬记,早稻田大学图书馆藏

344.《溪皇庄 拿花得雷》,民国,贡尖,59.4cm×109.4cm,早稻田大学图书馆藏

345.《莲花湖》,民国,横三裁,30.4cm×50.4cm,早稻田大学图书馆藏

346.《全出刘大人私访》,民国,贡尖,59.4cm×108.6cm,早稻田大学图书馆藏

347.《双钗记 杨大人救收义女》,民国,贡尖,60cm×105cm,名古屋大学图书馆藏

348.《林香保拜客老杨洪》,民国,贡尖,61cm×106.5cm,义兴合,名古屋大学图书馆藏

349.《感亲孝祖》,民国(1925),贡尖,60cm×105cm,正兴德亨记,名古屋大学图书馆藏

350.《赵华阳三盗鸳鸯裤》,民国,横三裁,34.7cm×58.6cm,义兴合,早稻田大学图书馆藏

冯骥才《天津年画史图录·以画过年》(河南美术出版社,2009年)整理出的杨柳青戏出年画图片资料有:

351.《三义图》,民国,镜心,36cm×58cm石印,岑大维藏

352.《大观茶园》,清,贡尖,59cm×107cm,线版,跳龙门乡土艺术博物

馆藏

353.《白玉杯》,清,贡尖,61cm×110cm,跳龙门乡土艺术博物馆藏

354.《探亲家》,民国,镜心,37cm×51cm,石印,富华,岑大维藏

355.《高跷会》,光绪六年(1880),横三裁,35cm×58.5cm,大树画馆藏

天津市艺术博物馆编《杨柳青年画》(文物出版社,1984年)整理出的杨柳青戏出年画图片资料有:

356.《当阳长板(坂)坡》,光绪,贡尖,64cm×114.5cm

357.《赵子龙单骑救主》,光绪,贡尖,58cm×105.5cm

358.《赵云截江夺阿斗》,光绪版,贡尖,70.5cm×116cm,杨柳青年画店

359.《东吴招亲》,光绪,贡尖,68.9cm×118cm

360.《回荆州》,清,贡尖,64cm×114cm

361.《辕门射戟》,光绪,横三裁,34cm×60.5cm,荣昌画店

362.《八门金锁阵》,光绪,贡尖,71cm×118cm

363.《张辽威震逍遥津》,光绪,贡尖,70.5cm×116cm

364.《宇宙锋秦二世纳妃》嘉庆版,版屏•双幅,49cm×92cm

365.《打金枝》,嘉庆—道光,贡尖,57.5cm×105cm,天津杨柳青年画店

366.《大登殿》,嘉庆—道光,贡尖,59cm×107.5cm

367.《李逵大闹忠义堂》,光绪,贡尖,69cm×115.5cm

368.《祝家庄》,光绪,横三裁,34cm×60cm

369.《大登殿》,光绪,横三裁,34cm×59cm

370.《辕门斩子》,光绪,横三裁,33cm×58cm

371.《程咬金搬兵》,光绪,贡尖,70.5cm×119cm

372.《庆顶珠》,光绪,贡尖,62cm×103cm

373.《二进宫》,光绪,贡尖,61.8cm×103cm

374.《刺巴杰》,光绪,横三裁,34cm×60cm

375.《冲销楼》,光绪,横三裁,35.5cm×60.5cm,李盛兴老画店

376.《龙虎斗》,光绪,竖三裁,61.5cm×36cm

377.《白蛇传》,光绪,四条屏,32.5cm×59.5cm(包括《游湖借伞》《开药铺》《盗灵芝草》《灵丹救夫 斩蛇去疑》《水漫金山寺》《辞师下山 断桥重见》六幅)

378.《炕围画》(部分)光绪,炕围,29.5cm×122.4cm,墨线,画《白蛇传》《西厢记》《背娃入府》等戏曲故事。

阿英《中国年画发展史略》(朝花美术出版社,1954年)

379.《回荆州》,彩色版

380.《反西凉》,线版

381.《战北原》,单色版

毛再生编《杨柳青年画》(朝花美术出版社,1957年)整理出的杨柳青戏出年画图片资料有:

382.《莲花湖》,清末,线版

383.《恶虎村》,清末,线版,齐健隆

384.《庆顶珠》,清末,线版

385.《打金枝》,清末,线版

386.《西厢记》》,清末,线版

张道一主编《老戏曲年画》(上海画报出版社,1999年)整理出的杨柳青戏出年画图片资料有:

387.《长坂坡》,民国,增兴画店

388.《长江夺阿斗》,民国,增兴画店

389.《龙凤配》,民国,横三裁,33.9cm×57.8cm,增兴画店

390.《回荆州》,民国,横三裁,33.9cm×57.6cm,增兴画店,沃伦斯坦藏品

391.《草船借箭》,民国,增兴画店

392.《苦肉计》,民国,增兴画店

393.《箭射蓬索》,民国,增兴画店

394.《让成都》,民国,增兴画店

395.《取桂阳》,民国,增兴画店

396.《反西凉》,民国,增兴画店

397.《姜维兵败牛头山》,民国,增兴画店

398.《姜维劫粮》,民国,增兴画店

399.《呼家将年画》,清,八条屏

400.《庞相父女 领旨出兵》,清

401.《赵普花园 呼延龙招赘》,清

402.《庞贼三打祝家庄》,清

403.《庞妃定计 捉拿胡文贤》,清

404.《碧桃、梅仙 兄妹相认》,清

405.《兄弟交兵 父子相认》,清

406.《姐妹救驾》,清

407.《大王庄母子起行》,清

408.《双驸马大拜华堂》,清

409.《祝家庄庞毛虎被捉》,清

410.《大破五行阵》,清

《清末年画荟萃》编委会编《清末年画荟萃:上海图书馆藏精选》(人民美术出版社,2000年)整理出的杨柳青戏出年画图片资料有:

411.《龙凤配》,清末,方子,隆合画店

412.《甘露寺》,清末,横三裁,万兴画店

413.《回荆州》,清末,横三裁

414.《取北原》,清末,横三裁,三盛昌画店

415.《三顾茅庐》,清末,贡尖,东永吉画店

416.《木兰从军》,清末,贡尖

417.《韩有棋(歧)投降》,清末,横三裁

418.《韩有棋(歧)洞房花烛》,清末,横三裁

419.《圣赐全家福》,清末,横三裁

420.《于宝林(尉迟宝林)创山图》,清末,横三裁,义盛昌画店

421.《罗章跪楼》,清末,横三裁,瑞生画店

422.《算粮登殿》,清末,横三裁,天津元记画店

423.《驾后骂殿》,清末,横三裁,亨通号

424.《双沙河》,清末,横三裁,兴顺成

425.《双锁山》,清末,横三裁,亨通号

426.《红桃山》,清末,横三裁,义盛昌画店

427.《忠孝节义》,清末,横三裁,瑞生画店

428.《幽州城内南北合(和)好》,清末,横三裁,义合店

429.《梁山》,清末,横三裁

430.《吕蒙正接彩球》,清末,横三裁

431.《君臣大意(义)》,清末,横三裁

432.《烈女传》,清末,横披,盛祥画店

433.《新刻三盗九龙杯》,清末,天津元记画店

434.《拿费德功》,清末,横三裁,亨通号

435.《拿黄龙吉(隆基)》,清末,横三裁,万兴画店

436.《落马湖》,清末,横三裁,义盛昌画店

437.《武(伍)员杀府》清末,方子,隆合老店

438.《四郎探母》,清末,方子

廖奔《中国戏剧图史》(人民文学出版社,2012年)整理出的杨柳青戏出年画图片资料有:

439.《定军山》,清,竖三裁,24.6cm×38.2cm,戴廉增画店

440.《油江口》,清,贡尖,58cm×96.5cm

441.《全本四郎探母回令》

天津大学冯骥才艺术研究院《年画研究》(2013年)整理出的杨柳青戏出年画图片资料有:

442.《龙凤配》,民国,贡尖,57cm×106cm,弗赖斯藏品

443.《东吴招亲》,民国,贡尖,61cm×105cm,弗赖斯藏品

444.《回荆州》,民国,贡尖,61cm×102cm,弗赖斯藏品

"'义成永'年画艺术文献展——实物、技艺与口述"展整理出的杨柳青戏出年画图片资料有:

445.《空城计》,清代,贡尖,56cm×102cm,墨线,义成永画店,杨仲达收藏

"杨柳春风——中国美术馆藏杨柳青古版年画展"整理出的杨柳青戏出年画图片资料有:

446.《赵子龙单骑救主》,清,贡尖,58cm×104cm,版印笔绘,中国美术馆藏

447.《捉放曹》,清,横三裁,32cm×54cm,版印笔绘,中国美术馆藏

448.《火烧葫芦谷》,嘉庆,贡尖,61cm× 110cm,中国美术馆藏

其他馆藏:

449.《打龙袍》,清,竖三裁,36cm×64cm,版印笔绘,李盛兴老画店,中央美术学院图书馆藏

450.《苦肉计 柴桑口 火烧濮阳 华容道》,民国,天津恒昌彩印局,北疆博物院藏

451.《刮骨疗毒 张松献地图 战长沙 金雁桥》,民国,天津恒昌彩印局,

北疆博物院藏

452.《济公传全图第一张》,民国,天津恒昌彩印局,北疆博物院藏

453.《胡(呼)延庆打擂》,清末,福顺兴画店,北疆博物院藏

二、本书图表

参考文献

一、历史文献

1.（唐）张彦远：《历代名画记》，上海人民美术出版社，1964年。

2.（宋）范晔撰，（唐）李贤等注：《后汉书•志第五》，中华书局，2000年。

3.（宋）罗烨：《醉翁谈录》，古典文学出版社，1957年。

4.（宋）司马光：《资治通鉴》第六十五卷，国学网。

5.（宋）郑樵：《通志二十略》，王树民点校，中华书局，1995年。

6.（明）罗贯中：《三国演义》，岳麓书社，1986年。

7.（明）张岱：《陶庵梦忆》，文化艺术出版社，2015年。

8.（清）崔旭：《津门竹枝词》，凤凰出版社，2011年。

9.（清）顾禄：《清嘉录》，王湜华，王文修注释，中国商业出版社，1989年。

10.（清）华鼎元：《梓里联珠集》，张仲点校，天津古籍出版社，1986年。

11.（清）贾桢等：《筹办夷务始末（咸丰朝）》，中华书局，1979年。

12.（清）罗惇曧：《鞠部丛谈校补》，李宣倜校补，樊增祥批注，马鳙点校，浙江人民美术出版社，2016年。

13.（清）李光庭：《乡言解颐》，中华书局，1982年。

14.（清）李渔：《李笠翁曲话》，陈多注释，湖南人民出版社，1980年。

15.（清）李渔：《闲情偶寄》，华夏出版社，2006年。

16.（清）潘荣陛：《帝京岁时纪胜》，北京出版社，1961年。

17.（清）翁同龢：《翁同龢日记2》，陈义杰整理，中华书局，2006年。

18.（清）学秋氏：《续都门竹枝词》，北京出版社，1962年。

19.（清）杨静亭：《都门纪略》，广陵书社，2003年。

20.（清）余治：《得一录》，（台湾）华文书局，1969年

21.（清）张焘：《津门杂记》，凤凰出版社，2011年。

22.（清）昭梿：《啸亭续录》，江苏广陵古籍刻印社，1984年。

二、学术专著

23. 阿甲：《阿甲论戏曲表导演艺术》，文化艺术出版社，2014年。

24. 阿英：《中国年画发展史略》，朝花美术出版社，1954年。

25. 北京市艺术研究所：《京剧传统剧本汇编续编——丑角戏》，北京出版社，2013年。

26. 北京市艺术研究所、上海艺术研究所：《中国京剧史（上卷）》，中国戏剧出版社，2005年。

27. 蔡毅：《中国古典戏曲序跋汇编》第3册，齐鲁书社，1989年。

28. 曹意强：《艺术史的视野——图像研究的理论、方法与意义》，中国美术学院出版社，2007年。

29. 车文明：《20世纪戏曲文物的发现与曲学研究》，文化艺术出版社，2001年。

30. 陈恬、谷曙光本卷主编，《京剧历史文献汇编·清代卷8·笔记及其他》，凤凰出版社，2011年。

31. 陈卫星：《传播的观念》，人民出版社，2004年。

32. 董每戡：《说剧》，文光书店，1950。

33. 段炼：《视觉的愉悦与挑战——艺术传播与图像研究》，河北美术出版社，2010年。

34. 范景中：《美术史的形状I：从瓦萨里到20世纪20年代》，中国美术学院出版社，2003年。

35. 范景中：《美术史的形状II：西方美术史的文献和书目》，中国美术学院出版社，2003年。

36. 方彰林、姜世正：《人体美学》，北京出版社，2000年。

37. 冯骥才：《天津年画史图录·以画过年》，河南美术出版社，2009年。

38. 冯骥才：《年画行动：2001—2011木版年画抢救实录》，中华书局，2011年。

39. 冯骥才：《中国木版年画集成·俄罗斯卷》，中华书局，2009年。

40. 冯骥才：《中国木版年画集成·日本藏品卷》，中华书局，2011年。

41. 冯骥才：《中国木版年画集成·杨柳青卷》，中华书局，2007年。

42. 冯敏：《新春吉祥画：中国木版年画》，黑龙江人民出版社，2005年。

43. 冯天瑜、杨华，《中国文化发展轨迹》，上海人民出版社，2000年。

44. 傅谨：《梅兰芳全集》第4卷，中国戏剧出版社，2016年。

45. 葛兆光，《思想史研究课堂讲录》，生活·读书·新知三联书店，

2005年。

46. 郭庆光：《传播学教程》，中国人民大学出版社，1999年。

47. 韩丛耀：《图像：一种符号学的再发现》，南京大学出版社，2008年。

48. 洪再辛选编，《海外中国画研究文选》，上海人民美术出版社，1991年。

49. 胡绪伟：《中国戏曲传播论》，南方出版社，2009年。

50. 黄克保：《戏曲表演研究》，中国戏剧出版社，1992年。

51. 黄钧、徐希博：《京剧文化词典》，汉语大词典出版社，2001年。

52. 黄仕忠：《清车王府藏戏曲全编》，广东人民出版社，2013年。

53. 黄天骥、康保成：《中国古代戏剧形态研究》，河南人民出版社，2009年。

54. 黄竹三：《黄竹三学术论文自选集》，三晋出版社，2015年。

55. 霍庆有、俞彬文：《中国民间杨柳青木版年画技法》，中国劳动社会保障出版社，2009年。

56. 金丹元，《中国艺术思维史》，上海文化出版社，2004年。

57. 金勇勤：《卿本戏痴：小王桂卿》，上海人民出版，2015年。

58. 李洪春：《京剧长谈》，中国戏剧出版社，1982年。

59. 李洪春：《戏曲把子功》，文化艺术出版社，2015年。

60. 李泽厚，《美的历程》，天津社会科学院出版社，2001年。

61. 李泽厚，《中国古代思想史论》，天津社会科学院出版社，2003年。

62. 李琢光：《文史辞源》第三册，(台湾)天成出版社，1984年。

63. 廖奔：《中国戏剧图史》，大象出版社，2000年。

64. 廖奔、刘彦君：《中国戏曲发展史》第四卷，山西教育出版社，2000年。

65. 刘道广，《中国艺术思想史纲》，江苏美术出版社，2009年。

66. 刘东升：《花前谈艺录》，新华出版社，2008年。

67. 刘念兹：《戏曲文物丛考》，中国戏剧出版社，1986年。

68. 柳诒徵，《中国文化史》，世界书局，1989年。

69. 龙迪勇：《空间叙事学》，生活·读书·新知三联书店，2015年。

70. 陆贵山：《文艺源流辞典》，文化艺术出版社，1994年。

71. 罗澍伟，《近代天津城市史》，中国社会科学出版社，1993年。

72. 罗澍伟：《天津史话》，社会科学文献出版社，2000年。

73. 马桂珍等：《天津风物志》，天津人民出版社，1985年。

74. 梅兰芳：《梅兰芳回忆录》，东方出版社，2013年。

75. 孟繁树:《中华艺术通史·清代卷》(上编),北京师范大学出版社,2006年。

76. 齐如山:《齐如山全集》,(台湾)联经出版公司,1979年。

77. 齐如山:《戏班》,北平国剧学会,1935年。

78. 潘元石,汪立峡等:《杨柳青版画》,台北雄狮股份有限公司,1976年。

79. 彭吉象主编,《中国艺术学》,高等教育出版社,1997年。

80. 钱穆,《中国文化史导论》,商务印书馆,1994年。

81. 《清末年画荟萃》编委会:《清末年画荟萃:上海图书馆藏精选》,人民美术出版社,2000年。

82. 阮荣春、胡光华:《中国近现代美术史》,天津人民美术出版社,2005年。

83. 邵洛羊:《洛羊画谭》,上海画报出版社,2004年。

84. 邵培仁:《传播学》,高等教育出版社,2002年。

85. 沈倩:《戏曲文物:宋代戏曲文物与宋代演出》,上海远东出版社,2015年。

86. 舒惠芳、沈泓:《凡尘俗子:民间年画中的温情风俗》,中国工人出版社,2007年。

87. 苏移:《京剧发展史略》,北京燕山出版社,2013年。

88. 谭霈生:《论戏剧性》,北京大学出版社,2009年。

89. 谭志湘、李一主编,《中华艺术通史》(清代卷),北京师范大学出版社,2006年。

90. 汤用彤:《汤用彤学术论文集》,中华书局,1983年。

91. 天津社会科学院历史研究所:《天津简史》,天津人民出版社,1987年。

92. 天津市地方志编修委员会:《天津通志 旧志点校卷 中》,天津社会科学院出版社,2001年。

93. 天津市地方志编修委员会办公室,天津市文化局:《天津通志·文化艺术志》,天津社会科学院出版社,2007年。

94. 天津市艺术博物馆:《杨柳青年画》,文物出版社,1984年。

95. 天津市政协文史资料委员会:《京剧艺术在天津》,天津人民出版社,1995年。

96. 天津杨柳青画社:《中国吉祥图案》,台北笛藤出版,2006年。

97. 万如泉等:《京剧人物装扮百出》,文化艺术出版社,1998年。

98. 王彬、崔国政辑,《燕京土录》,光明日报出版社,2000年。

99. 王伯敏:《中国美术通史》第六卷,山东教育出版社,1996年。

100. 王佩林:《京剧舞台服饰应用汇编》,北京市戏曲(艺术)学校编印,2000年。

101. 王树村:《高桐轩》,上海人民美术出版社,1963年。

102. 王树村:《戏出年画》,北京大学出版社,2007年。

103. 王树村等:《苏联藏中国民间年画珍品集》,人民美术出版社,1990年。

104. 王树村:《图说〈三国演义〉民间珍品遗产之一》,百花文艺出版社,2007年。

105. 王树村:《杨柳青墨线年画》,人民美术出版社,1980年。

106. 王树村:《杨柳青年画·民俗生活卷》,(台湾)汉声出版有限公司,2001年。

107. 王树村:《中国民间画诀》,上海人民美术出版社,1982年。

108. 王树村:《中国民间美术史》,岭南美术出版社,2004年。

109. 王树村:《中国民间年画史论集》,天津杨柳青画社,1991年。

110. 王树村:《中国戏出年画》,北京工艺美术出版社,2006年。

111. 王向阳:《梨园趣闻录》,浙江大学出版社,2014年。

112. 隗芾、吴毓华:《古典戏曲美学资料集》,文化艺术出版社,1992年。

113. 翁偶虹:《记忆所及的几场义务戏》,政协北京市委员会文史资料研究委员会编,《京剧谈往录续编》,北京出版社,1988年。

114. 吴藕汀:《戏内戏外》,吴小汀整理,中华书局,2008年。

115. 徐慕云:《梨园外纪》,生活·读书·新知三联书店,2006年。

116. 徐子方:《曲学与中国戏剧学论稿》,东南大学出版社,2012年。

117. 徐子方:《艺术与中国古代文学》,人民出版社,2009年。

118. 徐子方:《艺术与艺术史论》,东南大学出版社,2016年。

119. 薛宝琨:《骆玉笙和她的京韵大鼓》,黑龙江人民出版社,1984年。

120. 杨春:《淮北花鼓戏音乐研究》,人民音乐出版社,2013年。

121. 姚文放:《中国戏剧美学的文化阐释》,中国人民大学出版社,1997。

122. 叶长海:《中国戏剧学史稿》,上海文艺出版社,1986年。

123. 张道一:《老戏曲年画》,上海画报出版社,1999年。

124. 张道一:《中国木版画通鉴》,上海画报出版社,1999年。

125. 张庚:《戏曲艺术论》,中国戏剧出版社,1980年。

126. 张庚:《张庚戏曲论著选辑》,文化艺术出版社,2014年。

127. 张淑贤:《清宫戏曲文物》,上海科学技术出版社,商务印书馆(香港)有限公司,2008年。

128. 张雯《图像与文本之距——清代杨柳青〈红楼梦〉年画对原著的"接受"与"重构"》,线装书局,2011年。

129. 张映雪:《映雪美术论述集》,天津杨柳青画社,2009年。

130. 赵山林:《中国戏曲传播接受史》,上海世纪出版集团,2008年。

131. 甄光俊:《甄光俊戏剧文汇》,天津古籍出版社,2013年。

132. 郑传寅:《传统文化与古典戏曲》,湖北教育出版社,1990年。

133. 郑传寅:《中国戏曲文化概论》,武汉大学出版社,1993。

134. 郑振铎:《中国古代木刻画史略》,上海书店出版社,2006年。

135. 中国唱片社:《新编大戏考》,上海文艺出版社,1981年。

136. 中国美术全集编辑委员:《中国美术全集•绘画编•民间年画》,人民美术出版社,2006年。

137. 中国曲艺志全国编辑委员会,《中国曲艺志•天津卷》编辑委员会:《中国曲艺志•天津卷》,中国ISBN中心出版社,2009年。

138. 中国戏曲志编辑委员会:《中国戏曲志•天津卷》,中国ISBN中心出版社,2000年。

139. 中外书局编辑:《古今戏剧大观》第五册,中外书局,1921年。

140. 周明泰:《京剧近百年琐记》,(台湾)传记文学出版社,1974年。

141. 周笑先,蒋锡武:《高盛麟表演艺术》,武汉出版社,1998年。

142. 周怡白:《中国剧场史》,中国戏剧出版社,2016年。

143. 周贻白:《中国戏曲发展史纲要》,上海古籍出版社,1979年。

144. 朱立元、张兴德等著:《西方美学通史》(第七卷),上海文艺出版社,1999年。

145. 朱瘦竹:《修竹庐剧话》,中国戏剧出版社,2015年。

146. [俄]康定斯基:《论艺术的精神》,查立译,中国社会科学出版社,1987年。

147. [德]狄德罗:《狄德罗美学论文选》,张冠尧等译,人民文学出版社,1984年

148. [德]莱辛:《拉奥孔:论诗与画的界限》,朱光潜译,人民文学出版社,1979年。

149. [德]黑格尔:《美学》(第一卷),朱光潜译,商务印书馆1979年。

150. [德] H. R. 姚斯、[美]R. C. 霍拉勃:《接受美学与接受理论》,周宁、金元浦译,辽宁人民出版社,1987年。

151. [德]卡尔·洛维特:《雅各布·布克哈特》,楚人译,商务印书馆,2013年。

152. [德]康德:《判断力批判》,宗白华译,商务印书馆,1964年。

153. [俄]鲍·阿尔佩尔斯等:《俄罗斯名家论演技》,中国戏剧出版社,1985年。

154. [俄]别林斯基:《别林斯基论文学》,梁真译,新文艺出版社,1958年。

155. [俄]斯坦尼斯拉夫斯基:《斯坦尼斯拉夫斯基全集》第2卷,林陵史、敏徒译,中国电影出版社,1959年。

156. [俄]瓦·米·阿列克谢耶夫:《1907年中国纪行》,阎国栋译,云南人民出版社,2001年。

157. [法]丹纳:《艺术哲学》,傅雷译,人民文学出版社,1983年。

158. [法]达尼埃尔·埃利亚斯贝格:《亚洲艺术·第35卷·年画》,巴黎远东法国学校出版社,1978年。

159. [法]罗丹口述,葛塞尔记:《罗丹艺术论》,沈琪译,人民美术出版社,1978年。

160. [美]哈罗德·布鲁姆:《影响的焦虑》,徐文博译,三联书店,1989年。

161. [美]哈罗德·布鲁姆:《误读图示》,朱立元、陈克明译,天津人民出版社,2005年。

162. [美]劳逊:《戏剧与电影的剧作理论与技巧》,邵牧君、齐宙译,中国电影出版社,1978年。

163. [美]鲁道夫·阿恩海姆:《艺术与视知觉》,孟沛欣译,湖南美术出版社,2008年。

164. [美]洛夫乔伊:《存在巨链——对一个观念的历史的研究》,张传有、高秉江译,江西教育出版社,2002年。

165. [美]洛夫乔伊:《观念史论文集》,吴相译,江苏教育出版社,2005年。

166. [美]马克·D.富勒顿:《希腊艺术》,李娜、谢瑞贞译,中国建筑工业出版社,2004年。

167. [美]麦克斯韦尔:《连接:每个人都在沟通,但很少有人在连接》,刘善红等译,中国青年出版社,2013年。

168. [美]欧文·潘诺夫斯基:《图像学研究:文艺复兴时期艺术的人文主题》,戚印平、范景中译,上海三联书店,2011年。

169. [美]伊佩霞:《剑桥插图中国史》,赵世瑜等译,山东书画报出版社,

2001年。

170. [美]约翰·霍华德·劳逊：《戏剧与电影的剧作理论与技巧》，邵牧君、齐宙译，中国电影出版社，1989年。

171. [美]詹姆斯·W.凯瑞：《作为文化的传播"媒介与社会"论文集》，丁未译，华夏出版社，2005年。

172. [日]川濑健一：《中国传统年画图录》，日本东洋思想研究所，1982年。

173. [日]吉泽诚一郎：《近代天津的庙会与民间文化》，《近代中国社会与民间文化——首届中国近代社会史国际学术研讨会论文集》，2005年。

174. [日]田仲一成：《中国戏剧史》，北京大学出版社，2011年。

175. [日]中冢亮：《青木文库藏图像资料目录》，《名古屋大学中国语学文学论集》第二十一辑，2009年。

176. [瑞士]雅各布·布克哈特：《君士坦丁大帝时代》，宋立宏、熊莹、卢彦名译，上海三联书店，2006年。

177. [瑞士]雅各布·布克哈特：《意大利文艺复兴时期的文化》，何新译，商务印书馆，1979年。

178. [意大利]克罗齐：《历史学的理论和历史》，田时纲译，中国社会科学出版社，2005年。

179. [英]彼得·伯克：《图像证史》，杨豫译，北京大学出版社，2008年。

180. [英]丹尼斯·麦奎尔，[瑞典]斯文·温德尔：《大众传播模式论》，祝建华、武伟译，上海译文出版社，1987年

181. [英]E.H.贡布里希：《瓦尔堡思想传记》，李正本译，商务印书馆，2018年。

182. [英]E.H.贡布里希：《象征的图像：贡布里希图像学文集》，杨思梁、范景中译，广西美术出版社，2017年。

183. [英]怀特海：《观念的冒险》，周邦宪译，陈维政校，贵州人民出版社，2007年。

184. [英]科林伍德：《艺术原理》，王至元、陈华中译，中国社会科学出版社，1985年。

三、学术论文

185. 陈曼娜：《天津近代戏剧艺术产业化初探——以茶园戏曲经济为个案》，《华中师范大学学报（人文社会科学版）》，2006年第2期。

186. 冯俊杰：《戏曲文物学的兴起及主要成就》，《戏曲艺术》，1999年

第4期。

187. 高小康：《中国近古艺术观念：从有法到无法》，《东方丛刊》，2001年第1期。

188. 何滢：《木版年画：传播学的阐释》，《艺术百家》，2011年第5期。

189. 黄竹三：《戏曲文物的历史信息价值》，《戏剧艺术》，1992年第2期。

190. 康保成：《试论戏剧的本质与中国戏曲的特色》，《古典文学研究集刊》第一辑，南方出版社，1999年。

191. 李昌集、张筱梅：《戏曲的凸显传播：一个值得关注的课题》，《文学遗产》，2007年第2期。

192. 李洪春：《梨园琐谈》，北京市戏曲研究所编，《戏曲论汇（第一辑）》，永乐店印刷厂，1983年。

193. 李静：《清末民初戏曲女班刍论》，《文艺争鸣》，2011年第15期。

194. 梁启超，《中国学术思想变迁之大势》，《新民丛报》，1902年第3—58号。

195. 马福贞：《消失的媒介：农耕时代民间年画的功能和作用》，《河南大学学报（社会科学版）》，2007年第3期。

196. 马铁汉：《银号会馆——正乙祠》，见北京市宣武区政协文史资料委员会编《宣武文史》第1辑，河北省香河县第二印刷厂，1993年。

197. 单永军：《试论戏曲经典的图像传播——以〈桃花扇〉为例》，《民族艺术研究》，2013年第5期。

198. 王宁：《哈罗德·布鲁姆和他的"修正式"批评理论》，《南方文坛》，2001年第2期。

199. 王树村：《民间画样与画诀》，《民间工艺》，1984年创刊号。

200. 王省民：《图像在戏曲传播中的价值——以"临川四梦"的插图为考察对象》，《戏曲艺术》，2010年第1期。

201. 王廷信：《戏曲传播的两个层次——论戏曲的本位传播和延伸传播》，《艺术百家》，2006年第4期。

202. 王兴昀：《民国天津戏曲演出业述略（1912—1937）》，《兰台世界》，2013年第4期。

203. 吴平平：《戏曲传播研究：起源与展望》，《戏剧文学》，2009年第3期。

204. 徐凌霄：《三国志·三国演义·三国戏》，《剧学月刊》，1933年第5期。

205. 徐子方：《戏曲史研究不可或缺的五幅图像》，《艺术学界》，2012年第2期。

206.《杨柳青年画之现状》，《经济半月刊》，民国十六年，第一卷第三期。

207. 杨秀玲：《天津戏剧院团现状及发展路径研究》，《戏剧文学》，2013年第8期。

208. 叶慕秋：《灯彩火彩谁应提倡，谁应废止》，《戏剧月刊》，1936年第33期。

209. 俞为民：《论中国戏曲的艺术形态及其美学特征》，《浙江艺术职业学院学报》，2009年第2期。

210. 张士闪：《中国传统木版年画的民俗特性与人文精神》，《山东社会科学》，2006年第2期。

211. 曾永义：《中国地方戏曲形成与发展的径路》，《台北研究院第二届国际汉学会议论文集》，台北研究院，1989年。

212. 张玉勤：《明刊本〈琵琶记〉插图的"戏剧性"呈现》，《民族艺术》，2013年第2期。

213. 张玉勤：《中国古代戏曲插图的图像功能与戏曲语汇》，《广西社会科学》，2011年第6期。

214. 甄光俊《梨园百花艳 敢为天下先——百余年来天津戏曲创新发展轨迹回眸》，《戏曲艺术》，2011年第1期。

215. 甄光俊：《杨柳青年画中的戏出映像》，《年画研究》，文化艺术出版社，2015年9月。

216. 郑立水：《天津的戏园》，《天津文史资料选辑》第51辑，天津人民出版社，1990年。

217. 周信芳：《剧史、剧照、剧评的重要》，《半月戏剧》，1946年，第6卷第1期。

218. [德]埃德加·温德著，杨思梁译：《瓦尔堡的"文化科学"概念及其对美学的意义》，《中央美术学院学报》，2018年第3期。

219. [日]田仲一成：《清代会馆戏剧考——其组织·功能·变迁》，《文化艺术研究》，2012年第3期。

四、英文文献

220. David. Nathan, Andrew J. Rawski, Evelyn S. [Ed.] Johnson. *Popular Culture in Late Imperial China*. Univ. of California Press. 1985.

221. Everette. Dennis and Ellen Wartella. *American Communication Research: The Remembered History*. Mshwah, New

Jersery, Lawrence Erlbaum Associates, Inc. 1996.

222. Eve Stryker Munson & Catherine A. Warren. *James Carey a Critical Reader*. University of Minnesota press, 1997.

223. Harold Bloom, *Poetry and Repression, New Haven*. Yale University Press. 1976.

224. James A Flath. *The Cult of Happiness: Nianhua, Art, and History in Rural North China*. University of British Columbia. 2004.

225. McIntyre. Tanya. *Chinese New Year Pictures: the Process of Modernisation, 1842—1942*. University of the Sunshine Coast PhD.

226. Terry Eagleton. *Literary Theory: An Introduction*. Second edition, Blackwell Publishers. 1996.

后 记

呈现在眼前的书稿是我主持的国家社科基金艺术学项目的研究成果。遥想当年,毕业之初,我怀着紧张、激动的心情走进了天津外国语大学,成为一名人民教师,开启了教书育人的职业生涯,也迎来了科研工作的全新挑战。庆幸的是,在当时学院院长余江教授的指点下,工作后的第一年我便获批了天津市艺术科学规划项目《天津近代市民艺术观念研究》,也正是在这个项目的研究过程中,我开始关注天津近代的市民文化与民间艺术,并对杨柳青木版年画产生了极大的兴趣。感谢余江教授对我的培养与指导。

在南京读博期间,曾随恩师徐子方教授学习中国戏剧史课程。徐老师是中国古代戏曲学会常务理事,在戏剧戏曲学研究方面有着深厚的造诣,跟随业师学习的日子令我受益匪浅。工作之后也经常向老师请教学术问题,在恩师的启迪下,我找到了将自己的专业特长与地方文化及学科特色结合起来的研究路径,成功获批国家社科基金艺术学项目《杨柳青木版年画的戏曲文物价值与戏曲传播价值研究》。在项目研究的过程中,也曾受到徐子方师和王廷信教授的指点,在此深表感激。整个项目的研究历时五年,其间备受天津外国语大学国际传媒学院和科研处的关怀与支持,在此一并谢过。

本书获得天津外国语大学出版资助,谨此致谢。天津人民出版社编辑老师为本书的出版做了大量的工作,其敬业精神与对学术著作的热情令我深深感佩。在此书出版之际,也要向长期以来关心和支持我的家人和朋友们表示诚挚的谢意。

感恩之情无以言表,我愿以在学术道路上的更加勤奋和努力来回报万一。

洪畅

2021年秋于天津